大数据专业应用型人才培养规划教材

商务智能方法与应用

朱立才　许桂秋　主编

浙江科学技术出版社

图书在版编目（CIP）数据

商务智能方法与应用 / 朱立才，许桂秋主编. -- 杭州：浙江科学技术出版社，2020.1（2024.1重印）
大数据专业应用型人才培养规划教材
ISBN 978-7-5341-8898-5

Ⅰ. ①商… Ⅱ. ①朱… ②许… Ⅲ. ①电子商务－智能技术－高等学校－教材 Ⅳ. ①F713.361

中国版本图书馆CIP数据核字（2020）第001917号

主　　编　朱立才　许桂秋
副 主 编　袁小洁　杨维明　阎　奔　张　晴
　　　　　温远远　钟　静　郜　丹

丛 书 名　大数据专业应用型人才培养规划教材
书　　名　商务智能方法与应用
主　　编　朱立才　许桂秋

出版发行　**浙江科学技术出版社**
　　　　　杭州市体育场路 347 号　邮政编码：310006
　　　　　办公室电话：0571-85176593
　　　　　销售部电话：0571-85176040
　　　　　网　址：www.zkpress.com
　　　　　E-mail：zkpress@zkpress.com
排　　版　杭州真凯文化艺术有限公司
印　　刷　浙江新华数码印务有限公司
经　　销　全国各地新华书店

开　本	787×1092　1/16	印　张	21
字　数	480 000		
版　次	2020 年 1 月第 1 版	印　次	2024 年 1 月第 3 次印刷
书　号	ISBN 978-7-5341-8898-5	定　价	69.80 元

责任编辑　张祝娟　**文字编辑**　方　晴　**责任校对**　顾旻波
责任美编　金　晖　**责任印务**　叶文炀

前　言

党的二十大报告指出，新一轮科技革命和产业变革深入发展，国际力量对比深刻调整，我国发展面临新的战略机遇。习近平总书记多次强调，信息化为我国抢占新一轮发展制高点、构筑国际竞争新优势提供了有利契机，为中华民族带来了千载难逢的机遇。当前，数字技术日益成为创新驱动发展的先导力量，开启了一次具有全局性、战略性、革命性意义的数字化转型，带动人类社会生产方式变革、生产关系再造、经济结构重组、生活方式巨变。

我们已经进入大数据时代，数据已成为各行各业的重要资产，显得如此重要。商业数据作为一种特殊的数据，更有其独特的价值。基于数据的管理模式将成为商业管理的主流。但如何利用好商业数据，将数据变为信息，进而转化为知识，为企业决策提供服务是大数据时代必须考虑的问题。由此，商务智能应运而生，所谓商务智能是指企业利用现代信息技术收集、管理并分析结构化与非结构化的商业数据和信息，创造并积累商务知识和见解，改善商务决策水平，采取有效的商务行动，完善各种商务流程，提升各方面的商务绩效，增强综合竞争的智慧和能力。商务智能一般由数据仓库、在线分析处理、数据挖掘、数据备份和数据恢复等部分组成。商务智能的实现涉及软件、硬件、咨询服务及应用。

商务智能既需要坚实的理论基础，又需要各种工具和方法的支撑，是一门实践性很强的课程。读者在学习中宜采取理论与实践相结合的方式。本书既有商务智能基础知识、核心技术的介绍，也有解决实际问题的案例分析，包括商务智能在零售、客户关系管理、电信、教育、电子商务等领域的应用。全书共9章，具体内容如下。

第1章介绍了商务智能的基础知识与关键技术，并提供了一个掌握商务智能基本技术的实验。

第2章介绍了商务智能中的数据管理技术——数据仓库。通过实验构建一个简单的数据仓库。

第3章介绍了商务智能的数据分析方法——在线分析处理。通过实验实现对数据立方体的切片、切块、旋转等数据分析操作。

第4章介绍了商务智能在零售业中的应用，包括零售业商务智能现状、客户关系管理、零售管理业务优化以及日常经营分析等，并且提供了购物清单关联性分析综合案例。该案例利用Weka智能分析软件，对销售数据进行了关联性分析，从而了解超市如何摆放产品才有利于提高销售额。

第5章介绍了商务智能在金融行业的应用，包括金融行业现状、金融行业的重要性和必要性、在银行信贷决策中的应用以及在银行盈利性分析系统中的应用，并提供了财政收入影响因素分析。

第6章介绍了商务智能在客户关系管理中的应用，包括客户关系管理、客户细分、客户识别、客户流失、客户维度与属性以及复杂的客户行为等，并提供了航空客运信息挖掘综合案例。该案例通过从航空客运信息源数据中挖掘处理数据，建立数据模型，预测潜在客户。

第7章介绍了商务智能在电信行业的应用，包括大客户资料分析、网络状况分析、客户流失分析、电信客户细分、预防电信欺诈等，并提供了移动用户分析综合案例。通过对本章内容的学习，读者可以初步掌握商务智能在电信行业的应用方法。

第8章介绍了商务智能在电子商务领域的应用，包括智能搜索、电子商务情感分析、智能推荐技术等，并提供了消费者评论数据情感分析综合案例。通过对本章内容的学习，读者可以初步掌握商务智能在电子商务行业的应用方法。

第9章介绍了商务智能在医疗卫生行业的应用，包括医疗卫生行业的现状、实施的必要性、应用前景以及应用实例分析，并提供了中医证型关联性分析。

本书可作为高等院校计算机和信息管理等相关专业的商务智能课程教材。建议安排课时为64课时，教师可根据学生的接受能力以及高校的培养方案选择教学内容。

由于编者水平有限，编写时间仓促，书中难免存在疏漏和不足之处，恳请广大读者批评指正。

编著者

2024年1月

目 录

第1章 商务智能概述

本章通过介绍商务智能产生的背景，引出了商务智能的概念、发展历程、基本架构、关键技术、意义及其引入后所产生的价值等内容。

通过本章的学习，旨在让读者了解商务智能的基本知识点，对于商务智能有一定理论基础的读者可有选择地学习本章内容。

本章重点

◎ 商务智能的概念。

◎ 商务智能的基本架构。

◎ 商务智能的关键技术。

1.1 商务智能产生背景

随着信息化时代的发展，尤其是大数据时代的到来，数据存储成本不断下降，企业数据总量正在以惊人的速度增长。数据是企业最重要的资源，而据统计表明，目前国内企业对数据的有效利用率不足7%，很多企业都是依靠传统理念进行商业决策的，并没有充分的信息支持，这往往导致企业付出惨重的代价。因此如何正确、有效地利用企业信息化资产，将这些数据转化为对企业有利的知识和信息，使得商务智能有效地应用到企业决策中，提高企业管理水平，已经成为智能企业和传统企业产生差异的重要因素。商务智能的兴起并非偶然，它会为企业带来新的生命力。

1.1.1 商务智能产生的原因

随着信息时代的发展，特别是大数据时代的到来，企业面临着前所未有的机遇和挑战。如何正确、及时地响应市场需求，快速占领市场，是每个企业急需解决的问题。

在数据爆炸的今天，互联网、政府、医疗、教育、企业资源计划系统（ERP）、供应商、客户每分每秒都在不断向企业输送信息。各个企业在面临庞大的数据时，如何正确、及时、有效地将数据转化为信息，将信息转化为知识，最终支持企业决策，是商务智能发展的驱动力。商务智能产生的原因，可概括为如下几点。

1. 急切的分析型需求

中国经济经历了20世纪90年代以来快速发展的近30年，涌现出了一大批有财力、有活力的公司，特别是改制后的大型国有企业、知名民营企业等，其整体建设都逐步向国际领先企业靠拢，在2000年前后陆续积极建设了核心业务系统。例如，电讯行业的计费系统、生产制造业的MES、零售分销行业的ERP系统等，都基本在这一时期快速得到实现。这些系统让操作人员在工作流程化、规范化方面取得了长足进步，资金流得到了严格控制和监管。

随着这些系统的完善，特别是业务系统数据的积累，公司业务分析及决策人员发现基于业务系统基础数据的各种分析对其决策非常有帮助，因此在工作过程中越来越依赖系统数据。这一时期其分析工作普遍采用如下流程：

（1）先从业务系统导出数据到Excel，然后通过Excel进行加工，最后生成报表。

（2）生成的报表除了支持自己工作之外，还可以传递到相关部门和领导。

在这个分析过程中普遍存在如下突出的问题：

（1）业务系统压力大。业务系统数据量越来越大，从业务系统查数据、导数据越来越慢，并且频繁地导入、导出数据严重影响业务系统的工作效率。

（2）制作手工报表时间长。导数据加上Excel数据加工时间，一般情况下制出周报、月报最少需要1～2天，耗时太长。

（3）数据不统一。每个部门都有分析人员，大家都在各自出报表和做分析，数据和分析结果难以共享，并且汇总到领导那里的数据容易“打架”，数据不统一。

（4）决策难以深化。大量时间用于数据处理，没时间对数据进行分析，发现问题之后难以做相关的深入分析，除非再花更多时间。

（5）日志数据量大。在电子商务行业，其核心数据还是日志，如点击日志、搜索日志等，这些数据一开始就非常庞大，传统行业还可以导出用Excel处理，但对于系统日志Excel的数据支撑是无能为力的。

这些问题在业务系统运营之后一直存在，并且随着时间的推移，特别是发展快的公司带来数据量的激增，问题变得更加明显。

2. 企业精细化管理需要商务智能支撑

企业精细化管理的核心思想是快、精、准，这些基本要求都需要商务智能的强力支撑。

（1）快。要求自上而下的实时把控，第一时间发现问题需要商务智能支持，特别是高层领导对全公司问题都能够第一时间发现，就需要对各种流程控制系统里面的数据进行分析，发现异常。

（2）精。能对问题追根溯源，需要商务智能的向下钻取、向上钻取、交叉分析、关联分析等基本技术支撑，否则看到问题也不知道原因在哪里。

（3）准。就是要求问题落实到人，例如，问题出在谁身上，谁该受到惩罚，谁该进行工作改进等。

3. 数据中蕴含的知识可以帮助企业进行优化升级

“数据—知识—操作—数据”这样一个信息闭环其实就是“实践—总结—再实践”

的一个螺旋式上升过程，如果在这个过程中缺少数据到知识的一步，那就是简单重复的操作；而加入知识总结这样一个分析之后的实践，则是有提升的实践，其必然结果是促使员工工作不断得到修正和优化，企业管理不断升级。所以说商务智能系统对数据进行知识化是企业优化升级的必然需求。

4. 知识产品化

在电子商务行业，不论是B2B还是B2C，知识可以提升网站的友好性，让网站设计者了解用户的习惯和行为，设计出符合用户操作的流程和功能；还可以根据买家的行为提供个性化的商品推荐，帮助用户提升工作效率和采购效果，提升他们对网站的认可度；另外对于卖家来说，在网站进行产品推广之后，迫切希望知道推广有没有效果，改进之处在哪里。

企业为了更迅速、更准确地把握自身的问题和市场的状况，都需要将数据转换为知识，在知识中获得利润，帮助企业快速崛起，这就是商务智能产生的原因。

1.1.2　商业决策需要商务智能

在信息化时代，企业智能化已经成为企业生存之本，企业资源计划、客户关系管理（CRM）和供应链管理（SCM）等提高企业管理效率的平台积累了大量的业务数据，但是目前为止，这些数据还没有被有效地利用起来。怎样把企业的信息化资产转变为企业需要的信息和知识，从而为管理者的决策提供有效的数据支持，是商务智能首要关心的问题。商务智能从业务上可以划分为五个层次。

（1）告诉企业发生了什么——提供事先预制好的报告、企业平衡记分卡或综合管理“仪表盘”，利用集中管理的关键绩效指标（KPI），解决企业运营绩效问题，监控企业的发展，将复杂的报告用简单的方式表现出来。当利用“仪表盘”和记分卡时，用户可以扩展到很多的部门和客户。

（2）让企业探索为何发生——也叫例外分析，业务部门可以从固定的报表、报告和一些关键的KPI中，得到很多相关的信息，但是当发现问题时，需要了解为何发生这些问题。这时，就需要即席查询和在线分析处理（OLAP）。业务分析员经常需要根据问题的需要完成分析和报告。在很多情况下，业务分析员和决策制定者都需要一套商务智能的工具，通过访问集成好的数据仓库，获得需要的信息。

（3）让用户实时看到现在发生了什么——这个层次是实时的信息分析。企业决策层建立当前情况下的业务战略和决策。为了该层次的成功，需要获得实时的数据，查询并解决即时发生的问题。因此，运营模式和业务流程会发生较大的变化。例如，当客户因某种原因对服务不满，需要退出服务或者退货时，相关客户服务人员发现这个客户是企业的大客户，他应该迅速将情况反馈给大客户经理，大客户经理可以很快查找到该客户的消费记录，并马上和客户联系，争取挽留客户，而不是当客户流失后才着急和客户联系。

（4）帮企业预见即将发生什么——企业决策者仅仅了解现在还远远不够，将来会发生什么、风险的预测和评估也是非常重要的。企业还需要统计分析的功能，来帮助分析客户的细分、预测客户的行为、预言客户业务的趋势、辨认欺诈行为等。需要这种模型的客户群是非常大的，由于它需要复杂的算法、统计模型和大量的数据，所以需要支持大数据量的处理能力，像并行算法和网格计算是极其必要的。

（5）希望发生什么——决策是由系统提供的，系统的数据是从运营系统得到的。例如，由Web页获得，或者基于市场条件和用户需求进行的特价、促销活动得到。可以建立清楚的决策和业务政策，让事件沿着正确的轨迹、朝着预定的方向行进，达到预期的目标。

商务智能的技术基础是数据仓库（Data Warehouse）、在线分析处理（Online Analytical Processing）、数据挖掘（Data Mining）等，其中数据仓库用来存储和管理数据，其数据从运营层获取；在线分析处理用于把这些数据转化成信息，支持各级决策人员进行复杂查询和在线分析处理，并以直观易懂的图表把结果展现出来；数据挖掘指从海量的数据中提取出隐含在数据中有用的知识，以便做出更有效的决策，提高企业智能，如图1-1所示。

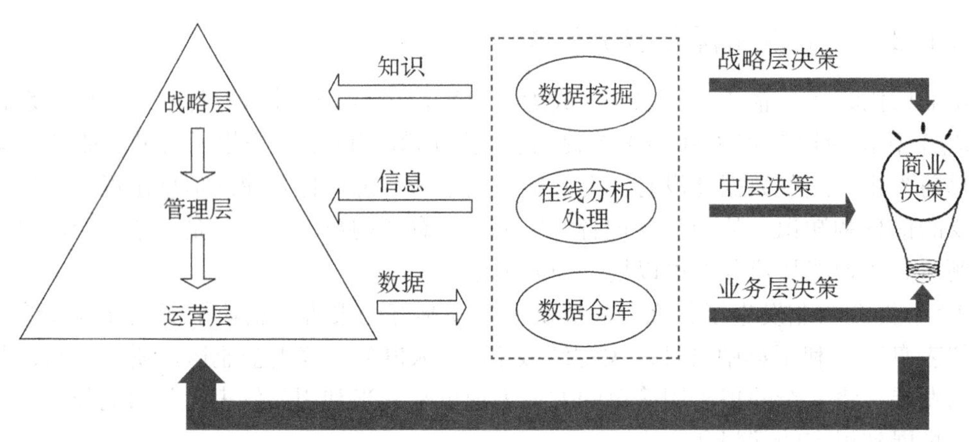

图1-1　商务智能运行示意图

一个好的商务智能解决方案，可以帮助企业从大量的数据中获取有价值的信息和知识，并提供分析和统计预测的工具。例如，民生银行采用商务智能后，使用Hyperion Intelligence（Oracle旗下的产品）帮助民生银行的各级人员实现数据查询、报表展示和决策分析等功能。业务人员在基于Web的客户端进行数据查询、分析，直接生成灵活多样的图表报告；管理人员通过使用Hyperion Intelligence对业务的现状和趋势进行交互式分析，跟踪业务发展动态，及时解决经营过程中出现的问题。

1.1.3　企业智能化管理需要商务智能

随着现代通信技术、计算机网络技术以及现场总线控制技术的飞速发展，数字化、网络化和信息化正日益融入人们的生活之中，人类正大步迈入人工智能时代。

国务院发展研究中心企业研究所所长马骏曾说过："智能化是一个大的趋势，是一个比较长的历史过程。手机目前已经智能化，汽车、电视等正在智能化过程当中，一些传统企业如桌椅、板凳等也开始智能化，所有企业逐渐智能化是一个大的趋势。"

商务智能系统应用人工智能、数据挖掘、数据仓库等先进技术，按照企业的既定目标，对大量的企业数据进行分析和挖掘，找寻出隐藏的、未知的知识或验证已知的规律，从而支持企业的管理与决策，提高企业的核心竞争力。

1.2　商务智能简介

随着经济的全球化，市场竞争日益激烈，只有及时、准确、有效地把握市场动态，改善客户关系，提高企业的核心竞争力，企业才会长久健康的发展。有人指出，随着企业信息化的发展，各种应用系统产生的数据量平均18个月就翻一番。但是随着大数据时代的到来，数据量急剧膨胀，“数据量平均18个月就翻一番”的说法已经不成立了，数据量正在以更快的速度进行增长。如何利用这些数据资产，从中挖掘出对企业有利的信息，从而为决策者的决策提供高质量的数据支持是企业管理者需要考虑的重要问题。加之数据存储、数据分析、数据挖掘等技术的不断成熟，成本不断下降，企业的各种应用系统也在不断地累加数据，这些因素都促进了商务智能的发展。商务智能可以把各种数据及时地转换为支持决策的信息和知识，帮助企业管理者了解客户的需求、预测市场变化趋势以及行业的发展方向，进而进行有效的决策，提高企业的核心竞争力，快速占领市场。

提到“商务智能”这个词，普遍认为是加特纳集团（Gartner Group）在1996年第一次提出来的，但事实上IBM的研究员Hans Peter Luhn早在1958年就用到了这一概念。他将“智能”定义为对事物相互关系的一种理解能力，并依靠这种能力去指导决策，以达到预期的目标。商务智能通常被理解为将企业中现有的数据转化为知识，帮助企业做出明智的业务经营决策的工具。这里所谈的数据包括：来自企业业务系统的订单、库存、交易账目、客户和供应商等，来自企业所处行业和竞争对手的数据以及来自企业所处的其他外部环境中的各种数据。而商务智能能够辅助的业务经营决策，既可以是操作层的决策，也可以是战术层和战略层的决策。为了将数据转化为知识，需要利用数据仓库、在线分析处理工具和数据挖掘等技术。因此，商务智能从技术层面上来讲不是新技术，它是将数据仓库、数据挖掘、在线分析处理等技术进行整合，最终形成一个完整的解决方案，帮助企业进行决策。它可以根据大量企业内、外数据发现隐匿在其中的商机或威胁，了解企业和市场的现状、把握趋势、识别风险、理解企业业务状况，从而提高企业核心竞争力，为企业带来更多价值。

1.2.1　商务智能的概念

商务智能的概念最早在1996年由加特纳集团提出，加特纳集团将商务智能定义为：商务智能描述了一系列的概念和方法，通过应用基于事实的支持系统来辅助商业决策的制定。商务智能技术提供使企业迅速分析数据的技术和方法，包括收集、管理和分析数据，将这些数据转化为有用的信息，然后分发到企业各处。

商务智能从产生以来发展非常迅速，但是目前尚不成熟，企业界基于自己的出发点对商务智能的概念都有着或多或少的不同理解，如表1-1所示。

表1-1　企业界对商务智能的概念

企业界	商务智能的概念
Business Objects（SAP）	商务智能是一种基于大量数据的信息提炼的过程，这个过程与知识共享和知识创造密切结合，完成了从信息到知识的转变，最终为企业创造更多的利润
IBM	商务智能是一系列技术支持的简化信息收集、分析的策略集合
Microsoft	商务智能是任何尝试获取、分析企业数据，以便更清楚地了解市场和顾客，改进企业流程，更有效地参与竞争的过程
IDC	商务智能是下列软件工具的集合：终端用户查询和报告工具、在线分析处理工具、数据挖掘软件、数据集市、数据仓库产品和主管信息系统
Oracle	商务智能是一种商务战略，能够持续不断地对企业经营理念、组织结构和业务流程进行重组，实现以顾客为中心的自动化管理
SAP	商务智能是通过收集、存储、分析和访问数据以帮助企业更好决策的技术
Data Warehouse Institute	商务智能是把数据转换成知识，并把知识应用到商业运营的一个过程
王茁	商务智能是企业利用现代信息技术收集、管理和分析结构化和非结构化的商务数据和信息，创造和累计商务知识和见解，改善商务决策水平，采取有效的商务行动，完善各种商务流程，提升各方面商务绩效，增强综合竞争力的智慧和能力

通过表1-1可以看出，不同的企业对商务智能的定义倾向于从技术、应用的角度，更多的是从商务智能的过程去描述并理解商务智能。在商务智能发展的早期，加特纳集团认为商务智能是数据仓库、数据集市、查询报表、数据分析、数据挖掘以及数据备份与恢复等辅助企业解决问题的技术及其应用。而在2007年的商务智能峰会上，商务智能有了新的定义，有的学者认为商务智能可视为一个伞状的概念，其内容包括分析应用、技术架构、平台以及实践。这意味着业界对商务智能的认识跳出了技术的范畴，商务智能不再仅仅是技术工具的集合。

综上所述，商务智能是融合了先进信息技术与创新管理理念的结合体，集成了企业内外的数据，并对数据进行加工处理并从中挖掘出知识，为企业创造更多的商业价值；面向企业战略并服务于战略层、管理层、运营层，指导企业经营决策，提升企业核心竞争力，达到数据到知识再到利润的转变，从而为企业创造更多的效益。

1. **数据**

数据是用来记录、描述和识别事物的符号，是对客观事物的性质、状态以及相互关系等进行记载的物理符号或这些物理符号的组合。它是可识别的、抽象的符号。

它不仅是狭义上的数字，还可以是具有一定意义的文字、字母、数字符号的组合，图形、图像、视频、音频等，也是客观事物的属性、数量、位置及其相互关系的抽象表示。例如，“0、1、2……”“阴、雨、下降、气温”“学生的档案记录、货物的运输情况”等都是数据。数据经过加工后就成为信息。

2. **信息**

信息是指对数据进行收集、管理以及分析的结果，是经过一系列的提炼、加工和集成后的数据。信息与数据既有联系，又有区别。数据是信息的表现形式和载体，可以是符号、文字、数字、语音、图像、视频等。而信息是数据的内涵，信息是加载于数据之上、对数据作具有含义的解释。数据和信息是不可分离的，信息依赖数据来表达，数据则生动具体地表达出信息。数据是符号，是物理性的；信息是对数据进行加工处理之后所得到的并对决策产生影响的数据，是逻辑性和观念性的。数据是信息的表现形式，信息是数据有意义的表示。数据是信息的表达、载体，信息是数据的内涵，它们是形与质的关系。数据本身没有意义，数据只有对实体行为产生影响时才成为信息。

3. 知识

知识是人类对物质世界以及精神世界探索的结果总和。知识也是人类在实践中认识客观世界（包括人类自身）的成果，它包括事实、信息的描述或在教育和实践中获得的技能。知识是人类从各个途径中获得的经过提升总结与凝练的系统的认识。

4. 三者之间的关系

数据、信息、知识这三者是依次递进的关系，代表着人们认知的转化过程。数据指的是未经加工的原始素材，表示的是客观的事物。而通过对大量的数据进行分析，可以从中提取出信息。人们有了大量的信息后，会对信息进行总结归纳，将其体系化，就形成了知识。数据、信息、知识的层次关系如图1-2所示。

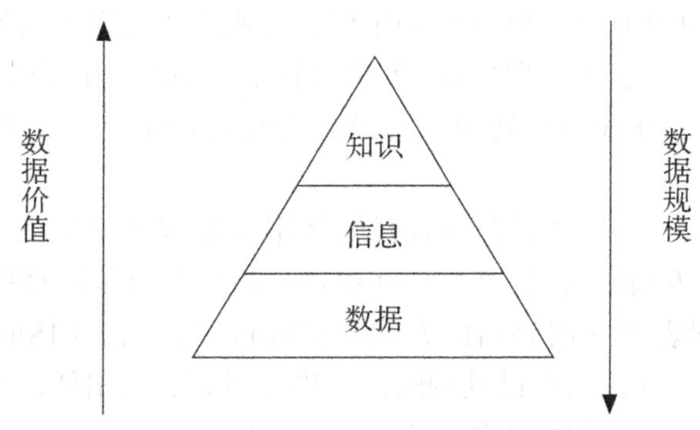

图1-2　数据、信息、知识的层次关系

数据是宝贵的财富，只有充分有效地利用这种财富，识别信息、获取知识、辅助商务决策，才能从中获取价值。数据、信息、知识和决策之间的关系如图1-3所示。

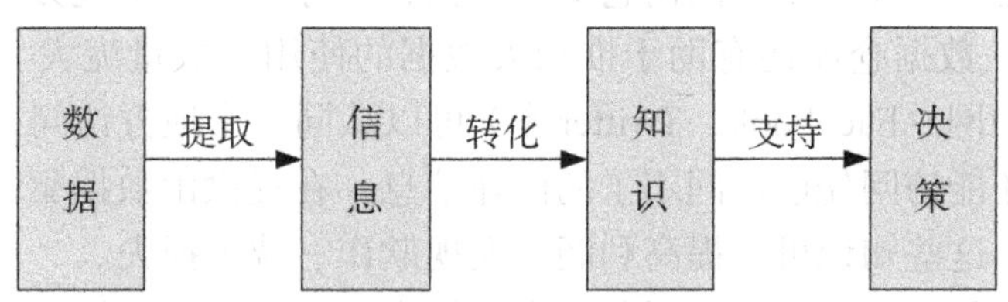

图1-3　数据、信息、知识和决策之间的关系

1.2.2　商务智能的发展

商务智能作为企业信息化的高端产品，其发展即依赖于相关技术的进步，又依赖于日益竞争激烈的市场环境下企业对商务智能的认知。

1865年，理查德·米勒·德文斯（Richard Millar Devens）在《商业趣闻百科全书》*Cyclopædiaof Commercial and Business Anecdotes*中提出了“商务智能”一词。他用这个词来描述银行家亨利·福尼斯（Henry Furnese）通过收集信息并根据这些信息，先于竞争对手采取行动，从而获利。

1958年，IBM计算机科学家汉斯·彼得·卢恩（Hans Peter Luhn）撰文讨论了利用技术来收集商务智能的潜力。按照今天的理解，商务智能就是利用技术来收集和分析数据，将之转换成有用的信息，并根据这些信息，“先于竞争对手”采取行动。从本质上说，现代版的商务智能是利用技术，在正确的时间、依据正确的信息迅速且有效地做出决策。

1968年，只有那些具备专业技能的人，才能把数据转换成可用的信息。那时，多个来源的数据通常储存在筒仓中，研究报告呈碎片化，彼此脱节，可以做出多种不同的解读。埃德加·科德（Edgar Codd）认识到，这是个严重的问题。1970年，他发表了文章，改变了人们思考数据库的方式。他的关于建立“关联式数据库模型”的提议获得了巨大关注，被全世界所采纳。

决策支持系统（DSS）是第一个数据库管理系统。很多学者都认为，现代版的商务智能是从DSS数据库演化而来。20世纪80年代，商业人士发现了商务智能的价值，于是商务智能供应商的数量大增。那期间，各种各样的工具纷纷面世，目标是以更简单的方式访问和组织数据。在线分析处理、主管信息系统（EIS）和数据仓库应运而生，与DSS协同工作。

20世纪70年代末，企业高层管理者开始使用互联网来探究商业信息。EIS由此诞生，为高管提供决策方面的支持。EIS旨在提供“简化”决策过程所需的、适当的、最新的信息，强调以图表和易用界面的方式来呈现这些信息。EIS的目标是把高管变成“亲自动手”的用户，让他们自己处理邮件、进行研究、做出任命和阅读报告，而不是通过中间人接收这些信息。但由于作用有限，EIS渐渐退出市场。

20世纪80年代，企业开始经常使用内部数据分析解决方案（由于受到当时计算机系统的限制，这通常在下班后和周末进行），因此数据仓库开始流行。在数据仓库出现之前，企业需要大量的数据冗余，以便向参与决策的所有人提供有用的信息。数据仓库将通常储存在多个地方（往往是部门筒仓）的数据，储存在同一个地方，大幅缩短了访问数据所需的时间。数据仓库还有助于推动大数据的使用。数量庞大、形式多样的数据（电子邮件、互联网、Facebook、Twitter等）可以从同一个地方访问，这不仅节约了时间和资金，并且还能访问先前访问不了的商业信息。在提供由数据驱动的知识方面，数据仓库潜力巨大，这些知识可以提高利润、发现欺诈、减少损失。

1988年，在罗马举行的多路数据分析大会结束后不久，商务智能开始作为一个技术概念出现。在这场大会上得出的结论促使人们开始简化商务智能分析，并使之对用户更加友好。商务智能企业大量涌现，每家新公司都提供新的商务智能工具。在那个时期，商务智能有两项基本功能：产生数据和提供报告，并以适当的方式组织和呈现数据。

20世纪末至21世纪初，商务智能服务开始提供简化的工具，降低决策者对工具的依赖度。这些工具更易于使用，而且可提供所需且有效的功能。商业人士可以通过直接与数据打交道的方式，收集数据，获取知识。

1.2.3　商务智能的要求

商务智能主要是为帮助企业决策者进行决策，据调查，一些决策者担忧的主题已经持续三十多年，目前为止仍没有被解决，主要内容如下。

➢ “我们收集了大量数据，但我们无法访问它。”
➢ “我们需要把数据按每一种方式进行分片和切割。”
➢ “商界人士需要轻松获取数据。”
➢ “告诉我什么是重要的。”
➢ “我们整个会议都在争论谁拥有正确的数字，而不是做决定。”
➢ “我们希望人们利用信息来支持基于事实的决策。”

这些问题驱动了商务智能系统的基本需求，商务智能系统的信息必须易于访问，且内容也必须是可以理解的。数据对业务用户来说是直观和明显的，而不仅仅只考虑到开发人员。数据的结构和标签以及词汇应该模仿业务用户的思维过程。业务用户通常希望将数据分离并进行无限制的组合，访问数据的业务智能工具和应用程序必须简单易用，且必须以最少的等待时间将查询结果返回给用户。

商务智能系统必须始终提供信息。商务智能的基本要求为数据是可信的。各种来源的数据必须经过仔细地搜集、清洗，以保证数据质量。而且需要在适合用户消费时才能发布。

商务智能系统必须适应变化。用户需求、业务条件、数据和技术都可能发生变化，因此商务智能系统设计必须将这一因素考虑其中，确保不会出现现有的数据或应用程序失效的情况。当业务区向数据仓库提交新问题和新数据时，不应该更改或中断现有的数据和程序。如果系统必须要进行修改，则要求设计者应进行适当的解释，使这些更改对用户透明。

商务智能系统必须及时提供信息。当商务智能用于操作决策时，原始数据可能需要在几个小时、几分钟甚至几秒钟的时间内转化为有用的信息。

商务智能系统必须保证信息资产的安全。例如，一个企业的珠宝销售订单存放在数据仓库中，至少数据仓库中保存了客户的信息，而这些信息落在有些人手中可能会造成一定的伤害。因此商务智能系统必须有效地控制企业机密信息的访问。

商务智能系统必须帮助企业改进决策的权威性和可信赖程度。数据仓库必须有正确的数据来支持决策。商务智能最重要的输出是基于所呈现的分析数据做出的决策，这些决策提供了只有商务智能才可以带来的业务影响和价值。

企业必须接受商务智能系统，并认为它是成功的。使用最好的产品和平台构建一个解决方案并不是最重要的。如果业务用户不接受商务智能系统并且不进行使用，那么即使再好的解决方案也没有用武之地。商务智能和业务软件不同，用户别无选择必须使用业务软件，而商务智能的使用有时却是可以选择的。

1.2.4 商务智能的价值

商务智能之所以越来越重要，是因为无知是现代企业的最大威胁，不知不觉的风险是巨大的，而一知半解可能比一无所知危害更大，因为一知半解可能会导致企业带着错误的念头做出决定和采取行动。商务智能所要做的就是充分利用企业在日常经营中积累的大量数据，并将它们转化为信息和知识来免除企业中的瞎猜行为和无知状态。

商务智能解决方案在商业决策中的作用主要体现在以下几个方面。

1. 改善客户关系管理

企业正在逐渐从“以产品为中心”转换为“以客户为中心”，商务智能可利用客户关系管理结合在线分析处理和数据挖掘等技术，处理大量的交易记录和相关客户资料，对客户进行分类，然后针对不同的客户制定相应的服务策略。例如，金融行业利用商务智能把客户数据整合后进行分析，帮助企业减少客户流失。

商务智能为客户、员工、供应商、股东和大众提供关于企业及其业务状况的有用信息，从而提高企业的知名度，增强整个信息链的一致性。利用商务智能，企业可以在问题变成危机前很快地对它们加以识别并解决。商务智能也有助于加强客户的忠诚度，一个参与其中并掌握充分信息的客户更加可能购买产品和服务。

2. 提供可盈利性分析

利用商务智能可以得到最精准、最及时的信息，帮助企业赢得竞争优势。商务智能解决方案可以帮助企业分析利润的来源、各类产品对利润总额的贡献程度、广告费用是否与销售成正比。商务智能可通过详细的目标数据，协助企业制定降低成本的决策。在美国，有许多保险、租赁和金融服务公司都已经感受到了商务智能的好处。

3. 改善业务洞察力

商务智能可减少管理者收集数据、获取信息所花费的时间，加速决策过程，保证在正确的时间让决策者可以接收到正确的信息。商务智能可以用来帮助企业理解业务的推动力量，认识哪些是趋势、哪些是非正常情况和哪些行为正在对业务产生影响，并及时调整策略。例如，兴业证券利用SCAMA把数据整合后进行分析，辅助企业高层进行企业关键业绩指标分析、竞争对手分析以及投资收益分析等。

4. 提高绩效管理

商务智能可根据SCM、ERP、CRM、HR、E-Business中的数据进行提取并计算出企业业务活动的各项关键绩效指标，也可以用来确立对员工的期望，帮助他们跟踪并管理其绩效，并将这些绩效指标提供给企业各级管理者，管理者以此快速做出决策。

1.3 商务智能基础

1.3.1 商务智能的基本架构

如图1-4所示，商务智能是由业务层、技术层、功能层、组织层和战略层5个层面自下而上构成的层次机构。

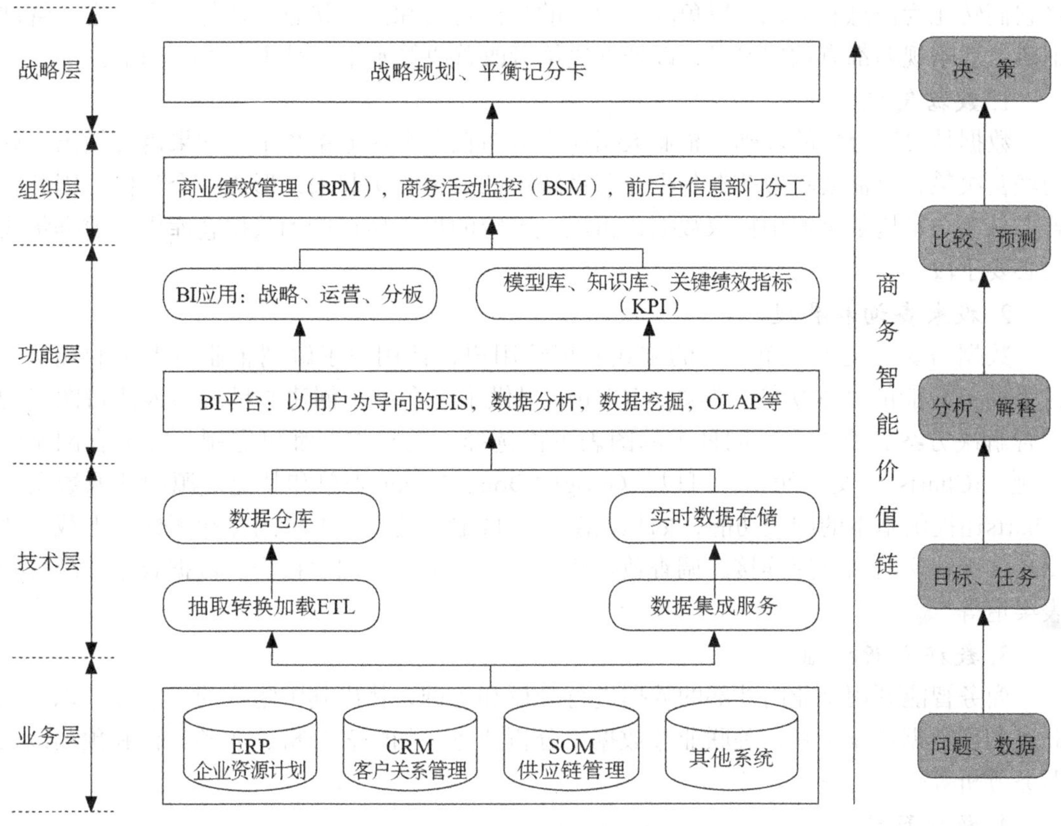

图1-4　商务智能系统架构图

（1）业务层，指企业的业务系统，如企业资源计划（Enterprise Resource Planning，ERP）、客户关系管理（Customer Relationship Management，CRM）、供应链管理（Supply Chain Management，SCM）和其他系统，这些系统是商务智能获取数据的来源地。

（2）技术层，负责对来自业务层的原始数据进行抽取、转换、加载等加工，并把处理好的数据放入数据仓库，以及利用数据集成服务将数据进行实时存储。

（3）功能层，将技术层处理好的数据进行分析，以辅助运营和决策支持，并将得到的模型库、知识库以及关键绩效指标提供给组织层。这些分析软件分为以用户为导向的EIS、数据分析、数据挖掘、OLAP等。

（4）组织层，将功能层得到的数据分析结果、各种知识信息等，利用商业绩效管理（Business Performance Management，BPM）、业务活动监控（Business Activity Monitoring，BAM）、前后台信息部门分工等，确保商务智能的实施。

（5）战略层，在以上4层的支撑下，实施战略规划，并利用“平衡记分卡”管理企业绩效，真正实现商务智能全球化、虚拟化、透明化。

1.3.2　商务智能的功能

商务智能是一整套方案，就是充分利用企业在日常经营过程中产生的大量数据，并将它们转化为信息和知识，以免除企业中的瞎猜行为和无知状态，让每一个决定、管理细节、战略规划都有数据参考，以辅助决策者改善决策水平。其主要功能如下：

1. 数据集成

数据是决策分析的基础。企业数据通常分布在多个业务系统中，如果需要做出正确的经营决策，就需要将散落在各个业务系统中的数据收集起来，形成一个整体。因此，若要从多个异构数据源中提取数据，再经过一定的加工后存储到数据仓库中，数据集成是必要手段。

2. 报表查询和展现

数据需要以更加简单明了的方式展现给用户，让用户了解到企业与市场的现状，这是商务智能的基本功能。例如，iCharts 提供了一个用于创建并呈现引人注目图表的托管解决方案，有许多不同种类的图表可供选择，每种类型都可定制，以适合网站的主题。iCharts 有交互元素，可以从Google Doc、Excel 表单和其他来源中获取数据。iCharts还提供基本的图表功能，如私人图表、自定义模板、上传图片和图标、下载高清图片、无线实时数据库连接、调查数据集、大型数据集、图表报告、数据收集、品牌图表渠道等。

3. 数据分析挖掘

商务智能利用企业内外部的数据进行分析和挖掘，找出其中隐藏的信息和知识。因此可利用数据挖掘工具，关联业务数据，分析业务。如顾客分析、业务分析和预测以及财务分析等。

4. 数据预警

商务智能集成了大量的数据，基于这些数据可以对企业内部业务信息，以及外部市场状况进行准确的把控，在危机发生前就能利用数据实时加载呈现，指标预警。提前将企业危机进行化解。

5. 数据管理

由于商务智能集成了大量的企业内部数据以及外部环境、行业信息等外部数据，因此需要对数据和报表的权限进行管理，防止信息外露，给企业带来不可估量的损失。

6. 决策支持

决策支持系统是辅助决策者通过数据、模型和知识，以人机交互方式进行半结构化或非结构化决策的计算机应用系统。它是管理信息系统（MIS）向更高一级发展而产生的先进信息管理系统。它为决策者提供分析问题、建立模型、模拟决策过程和方案的环境，调用各种信息资源和分析工具，帮助决策者提高决策水平和质量。由于商务智能集成了企业内外部数据，决策者即可根据这些数据制定自身的竞争战略。

1.4　商务智能关键技术

商务智能利用多项技术相互配合，从大量数据中找寻隐匿在其中的信息，然后将这些信息转化为知识，进而辅助决策者进行商业决策，它是一种决策的辅助手段。此外，商务智能还是一套完整的解决方案，将数据预处理、数据仓库、数据挖掘、在线分析处理以及数据可视化技术结合起来应用到商业活动中。商务智能从大量异构数据源中收集数据，经过抽取、转换和加载的过程，将数据存储到数据仓库中，然后利用数据分析、挖掘工具和在线分析处理工具对信息进行再加工，将信息转变为可辅助决策的知识，最后将知识利用可视化工具以简单易懂的报表等形式展示给用户，以实现技术服务与决策的目的。

1.4.1 数据预处理

1. 数据预处理的概念

数据预处理（Data Preprocessing）是指在主要的处理之前对数据进行的一些处理。

2. 进行数据预处理的原因

现实世界中数据大体上都是不完整、不一致的脏数据，无法直接进行数据挖掘，或挖掘结果差强人意。为了提高数据挖掘的质量，从而产生了数据预处理技术。

3. 数据预处理方法

（1）数据清理。通过填写缺失的值、光滑噪声数据、识别或删除离群点并解决不一致性来“清理”数据。主要是达到如下目标：格式标准化、异常数据清除、错误纠正、重复数据的清除。

（2）数据集成。将多个数据源中的数据结合起来并统一存储，建立数据仓库的过程实际上就是数据集成。

（3）数据变换。通过平滑聚集、数据概化、规范化等方式将数据转换成适用于数据挖掘的形式。

（4）数据归约。数据挖掘时数据量往往非常大，对数据进行挖掘分析需要很长的时间，数据归约技术可以用来得到数据集的归约表示，它的数据量要小得多，但仍然基本保持了原数据的完整性，并且归约后的结果与归约前的结果相同或几乎相同。

数据清理、数据集成、数据变换、数据归约等，这些数据处理技术在数据挖掘之前使用，大大提高了数据挖掘模式的质量，降低实际挖掘所需要的时间。

1.4.2 数据仓库

1. 数据仓库的概念

数据仓库之父比尔·恩门（Bill Inmon）在1991年出版的*Building the Data Warehouse*（《建立数据仓库》）一书中所提出的定义被广泛接受——数据仓库是一个面向主题的（Subject Oriented）、集成的（Integrated）、相对稳定的（Non-Volatile）、反映历史变化的（Time Variant）数据集合，用于支持管理决策（Decision Making Support）。

2. 数据仓库的特点

（1）数据仓库是面向主题的。操作型数据库的数据组织面向事务处理任务，而数据仓库中的数据是按照一定的主题域进行组织的。主题是指用户使用数据仓库进行决策时所关心的重点方面，一个主题通常与多个操作型信息系统相关。

（2）数据仓库是集成的。数据仓库的数据来自分散的操作型数据库，将所需数据从原来的数据中抽取出来，进行加工与集成、统一与综合之后才能进入数据仓库。

数据仓库中的数据是在对原有分散的数据库数据进行抽取、清理的基础上经过系统加工、汇总和整理得到的，必须消除源数据中的不一致性，以保证数据仓库内的信息是关于整个企业的一致的全局信息。

（3）数据仓库是不可更新的。数据仓库的数据主要供企业决策分析之用，所涉及的数据操作主要是数据查询，一旦某个数据进入数据仓库以后，一般情况下将被长期保留。也就是说，数据仓库中一般进行大量的查询操作，但修改和删除操作很少，通常只需要定期的加载、刷新。数据仓库中的数据通常包含历史信息，系统记录了企业从过去某一时点（如开始应用数据仓库的时点）到当前的各个阶段的信息，通过这些信息，可以对企业的发展历程和未来趋势做出定量分析和预测。

（4）数据仓库是随时间而变化的。传统的关系型数据库系统比较适合处理格式化的数据，能够较好地满足商业商务处理的需求。稳定的数据以只读格式保存，且不随时间改变。

3. 数据仓库成功案例

（1）Agrofert。农业、食品和化工集团Agrofert 发现，随着企业的快速发展，旗下子公司已经有160多个不同的系统在运行，很难提供统一的报告，而且支持和许可成本也不断上升。如果每新购一个系统就扩大一次基础架构，显然不是一种可以扩展的战略。Agrofert采用SAP ERP应用程序作为其部分子公司的共享服务，目的是将其逐渐推广到整个企业，这些应用程序在两个地点的IBM Power Systems 服务器上集中管理。公司从混合数据库环境（包括Oracle和Microsoft SQL Server）迁移到IBM DB2，将IBM DB2 作为其标准数据库，同时还为关键的业务数据部署集中的存储系统。迁移后，不再需要本地系统，能够极大地降低企业管理、支持和许可成本；借助IBM DB2 可降低许可费用，简化管理并减少员工教育及培训；整合的存储有助于降低成本，而IBM DB2深度压缩将会降低总体存储需求，总成本估计减少20%。

（2）Disney。Disney每年都有10亿美元的商品销售收入，而建立一个ERP系统来处理这些信息是极具挑战性的。最新的集中式ERP系统是设计用来处理商品管理、存货管理和相关业务过程的。但是Disney也希望平衡财务和业务智能报告和业务分析系统，这意味着需要建立一个新的数据仓库。Disney在该项目中所使用的一些产品包括SAS分析软件和Teradata数据仓库技术。最新的集中式ERP、数据仓库和分析系统可以帮助Disney更好地管理存货、分析销售额和预报特定领域的商品需求。

1.4.3 数据挖掘

1. 数据挖掘的概念

数据挖掘一般是指从大量的数据中通过算法搜索隐藏于其中的信息的过程。数据挖掘通常与计算机科学有关，并通过统计、在线分析处理、情报检索、机器学习、专家系统（依靠过去的经验法则）和模式识别等诸多方法来实现上述目标。

2. 数据挖掘发展历程

（1）第一阶段：电子邮件阶段。这个阶段可以认为是从20世纪70年代开始的，平均的通讯量以每年几倍的速度增长。

（2）第二阶段：信息发布阶段。从1995年起，以Web技术为代表的信息发布系统，爆炸式地成长起来，成为目前Internet的主要应用。中小企业如何把握好从“粗放型”到“精准型”营销时代的电子商务。

（3）第三阶段：EC（Electronic Commerce），即电子商务阶段。EC在美国也才刚刚起步，之所以把EC列为一个划时代的标志，是因为Internet的最终主要商业用途就是电子商务。同时反过来也可以说，若干年后的商业信息，主要是通过Internet传递。Internet即将成为商业信息社会的神经系统。1997年年底，在加拿大温哥华举行的第五次亚太经合组织非正式首脑会议（APEC）上，美国总统克林顿提出敦促各国共同促进电子商务发展的议案，引起了全球的关注，IBM、HP和Sun等国际著名的信息技术厂商宣布1998年为电子商务年。

（4）第四阶段：全程电子商务阶段。随着软件服务模式（Software as a Service，SaaS）的出现，软件纷纷登录互联网，延长了电子商务链条，形成了当下最新的“全程电子商务”概念模式，也因此形成了一门独立的学科——数据挖掘与客户关系管理。

3. *数据挖掘成功案例*

（1）数据挖掘帮助改善客户信用评分。Credilogros Cía Financiera S.A. 是阿根廷第五大信贷公司，资产估计价值9570万美元，对于Credilogros而言，重要的是识别与潜在预先付款客户相关的潜在风险，以便将所要承担的风险最小化。

该公司的第一个目标是创建一个与公司核心系统以及两家信用报告公司系统交互的决策引擎来处理信贷申请。同时，Credilogros还在寻找针对它所服务的低收入客户群体的自定义风险评分工具。除此之外，其他需求还包括解决方案能在其35个分支办公地点和200多个相关销售点中的任何一个实时操作，包括零售家电连锁店和手机销售公司等。

最终Credilogros 选择了SPSS公司的数据挖掘软件PASW Modeler，因为它能够灵活并轻松地整合到Credilogros的核心信息系统中。通过PASW Modeler，Credilogros将用于处理信用数据和提供最终信用评分的时间缩短到了8秒以内。这使Credilogros能够迅速批准或拒绝信贷请求。该决策引擎还使Credilogros能够最小化每个客户必须提供的身份证明文档，在一些特殊情况下，客户只需提供一份身份证明即可批准信贷。此外，该系统还提供监控功能。Credilogros目前平均每月使用PASW Modeler处理35000份申请。仅在实施3 个月后就将贷款支付失职问题减少了20%。

（2）数据挖掘帮助实时跟踪货箱温度。DHL是国际快递和物流行业的全球市场领先者，它提供快递、水陆空三路运输、合同物流解决方案，以及国际邮件服务。DHL的国际网络将超过220个国家及地区联系起来，员工总数超过28.5万人。在美国食品药品监督管理局要求确保运送过程中药品装运的温度达标这一压力之下，DHL的医药客户强烈要求提供更可靠且更实惠的选择。这就要求DHL在递送的各个阶段都要实时跟踪集装箱的温度。

虽然由记录器方法生成的信息准确无误，但是无法实时传递数据，客户和DHL都无法在发生温度偏差时采取任何预防和纠正措施。因此，DHL的母公司德国邮政世界网（DPWN）通过技术与创新管理（TIM）明确拟定了一个计划，准备使用RFID技术在不同时间点全程实时跟踪装运的温度。通过IBM全球企业咨询服务部绘制决定服务的关键功能参数的流程框架。DHL获得了两方面的收益：对于客户来说，能够使医药客户对运送过程中出现的装运问题提前做出响应，并以低成本全面切实地增强了运送可靠性；对于DHL来说，提高了客户的满意度和忠实度，为保持竞争差异奠定坚实的基础，并增长新的收入来源。

1.4.4 在线分析处理

1. 在线分析处理的概念

在线分析处理（Online Analytical Processing ，OLAP）是使分析人员、管理人员或执行人员能够从多种角度对从原始数据中转化出来的、能够真正为用户所理解的、并真实反映企业维特性的信息进行快速、一致、交互地存取，从而获得对数据的更深入了解的一类软件技术——OLAP委员会的定义（请特别注意，这是一类技术，而非特指某软件或管理方法）。

2. 在线分析处理的目标

满足决策支持或多维环境特定的查询和报表需求，它的技术核心是“维”这个概念，因此OLAP也可以说是多维数据分析工具的集合。

3. 在线分析处理的特性

（1）快速性。用户对OLAP的快速反应能力有很高的要求，主要是指计算机的计算反应速度，系统应能在5秒内对用户的大部分分析要求做出反应，但对业务数据的实时信息却很难反应。

（2）可分析性。OLAP系统应能处理与应用有关的任何逻辑分析和统计分析。

（3）多维性。多维性是OLAP的关键属性。系统必须提供对数据的多维视图和分析，包括对层次维和多重层次维的完全支持。

（4）信息性。不论数据量有多大，也不管数据存储在何处，OLAP系统应能及时获得信息，并且管理大容量信息。

1.4.5 数据可视化

1. 数据可视化的概念

数据可视化是指将大型数据集中的数据以图形、图像形式表示，并利用数据分析和开发工具发现其中未知信息的处理过程。

2. 数据可视化的基本手段

数据可视化主要是借助于图形化手段，清晰有效地传达与沟通信息。但是，这并不意味着数据可视化就一定因为要实现其功能用途而令人感到枯燥乏味，或者是为了看上去绚丽多彩而显得极端复杂。为了有效地传达思想概念，数据可视化的美学形式与功能需要齐头并进，通过直观地传达关键的方面与特征，从而实现对相当稀疏而又复杂的数据集的深入洞察。然而，设计人员往往并不能很好地把握设计与功能之间的平衡，从而创造出华而不实的数据可视化形式，无法达到其传达与沟通信息的主要目的。

数据可视化与信息图形、信息可视化、科学可视化以及统计图形密切相关。当前，在研究、教学和开发领域，数据可视化乃是一个极为活跃而又关键的领域。数据可视化实现了成熟的科学可视化领域与较年轻的信息可视化领域的统一。

3. 数据可视化的发展历程

数据可视化领域的起源，可以追溯到20世纪50年代计算机图形学的早期。当时，人们利用计算机创建出了首批图形图表。

（1）第一阶段：科学可视化。1987年，由布鲁斯·麦考梅克、托马斯·德房蒂和玛克辛·布朗所编写的美国国家科学基金会报告*Visualization in Scientific Computing*（意为“科学计算之中的可视化”），对这一领域产生了大幅度的促进和刺激。这份报告强调了新的基于计算机的可视化技术方法的必要性。随着计算机运算能力的迅速提升，人们建立了规模越来越大、复杂程度越来越高的数值模型，从而造就了形形色色、体积庞大的数值型数据集。同时，人们不但利用医学扫描仪和显微镜之类的数据采集设备产生大型的数据集，而且还利用可以保存文本、数值和多媒体信息的大型数据库来收集数据。因而，就需要高级的计算机图形学技术与方法来处理和可视化这些规模庞大的数据集。短语“Visualization in Scientific Computing”后来变成了“Scientific Visualization”（即“科学可视化”），而前者最初指的是作为科学计算之组成部分的可视化，也就是科学与工程实践当中对于计算机建模和模拟的运用。

（2）第二阶段：信息可视化。最近，可视化也尤为关注数据，包括那些来自商业、财务、行政管理、数字媒体等方面的大型异质性数据集合。20世纪90年代初期，人们发起了一个称为“信息可视化”的新的研究领域，旨在为许多应用领域之中对于抽象的异质性数据集的分析工作提供支持。因此，21世纪人们正在逐渐接受这个同时涵盖科学可视化与信息可视化领域的新生术语“数据可视化”。

（3）第三阶段：数据可视化。一直以来，数据可视化就是一个处于不断演变之中的概念，其边界在不断地扩大，因而，最好对其加以宽泛的定义。数据可视化指的是技术上较为高级的技术方法，而这些技术方法允许利用图形、图像处理、计算机视觉以及用户界面，通过表达、建模以及对立体、表面、属性和动画的显示，对数据加以可视化解释。与立体建模之类的特殊技术方法相比，数据可视化所涵盖的技术方法要广泛得多。

1.5　商务智能的相关应用

商务智能旨在提高企业智能化，增强企业核心竞争力，及时把控市场状况，为企业带来价值，所以越来越多的企业加入商务智能应用的行列之中。商务智能目前应用的主要行业包括零售、金融、客户关系、电信、教育、电子商务和医疗业等，尤其是零售、金融和电信业等信息化比较成熟的行业。

1.5.1　商务智能在零售业的应用

面对利润率较低、竞争更激烈的零售业，企业能否对产品、品牌、销售、库存、客户等各类数据进行及时有效的决策就显得至关重要。商务智能可帮助零售企业更智能地把握客户的购买习惯，使商品配置更趋于合理。其主要有以下几方面的应用。

（1）销售分析。销售分析以商业销售数据为分析对象，分析商业销售情况，包括商品类型的销售结构、供货商销售毛利贡献排行情况、品种毛利贡献情况、销售金额增长趋势、销售毛利增长趋势、销售毛利率变化趋势、主题主打商品销售趋势、供应商销售金额区间分析、商品品种销售金额区间分析、库存销售规模区间分析等。

（2）商品分析。商品分析的主要数据来自销售数据和商品基础数据，据此产生以分析结构为主的分析思路。主要分析的数据有商品价格分析、商品流通周期分析、商品利润效率分析等，从对这些数据的分析中产生商品广度、商品深度、商品淘汰率、重点商品、畅销商品、滞销商品、季节商品等多种指标，并通过对指标的分析来指导企业调整商品结构，加强商品的竞争能力和合理配置。

（3）财务分析。基于数据仓库技术的财务分析满足企业领导对各业务部门费用支出情况的查询要求，并实现对应退款、应付款的决策分析。企业决策层通过使用这一功能，可进一步提高从现金流量、资产负债、资金回收率等角度决策企业运营的科学化管理水平。

（4）会员卡分析。会员卡分析主要是对会员卡消费行为进行分析，主要分析会员卡消费金额比重、会员卡消费走势、会员卡消费特征（会员卡主要消费哪些类别的商品）、会员卡资金流通周期等。

1.5.2 商务智能在金融业的应用

金融业是较早引入商务智能的行业之一，目前商务智能为金融业带来了如下的一些应用。

（1）客户利润率分析。了解各个客户当前的和长远的利润率，尽量提高对高价值客户的销售，减少用于低价值顾客的成本。

（2）信用管理。了解各产品的信用状况，建立不同客户的全部信用模式，及早帮助客户避免信用问题的发生，预测信用政策变化所产生的影响，减少信用损失。

（3）规范整合金融企业资源，进行成本控制、获利分析和绩效评估。

（4）评估、模拟、分析和控制市场风险以及运营风险。

1.5.3 商务智能在客户关系管理的应用

客户关系管理，企业活动面向长期的客户关系，以求提升企业成功的管理方式，其目的之一是要协助企业管理销售循环：识别新客户、保留旧客户、提供客户服务及进一步提升企业和客户的关系，并运用市场营销工具，提供创新式的、个性化的客户商谈和服务，辅以相应的信息系统或信息技术（如数据挖掘和数据库营销）来协调所有公司与顾客间在销售、营销以及服务上的交互。商务智能在客户关系管理中有如下的一些应用。

（1）客户智能。客户智能是典型的商务智能应用领域，通过整合、分析客户相关的数据，得到洞察客户的信息和知识，帮助企业优化客户管理的决策能力，从而提升客户价值，增强客户满意度的概念、过程、方法和应用的集合。客户智能的实时过程有数据集成、客户知识获取以及客户知识应用这三个阶段。

（2）数据挖掘。对于海量的客户数据，需要用到数据挖掘技术来分析和处理，发现其中有价值的客户信息，用于支持企业的市场影响、销售或客户服务决策等。

1.5.4 商务智能在电信行业的应用

在最近十年里，商务智能在电信行业中具有广泛的应用，比如：

（1）固定电话行为分析。了解顾客对长话、短话、信息等的需求，通过对相关数据进行关联分析，对用户的分类、消费能力、消费习惯、消费周期等诸多方面进行分析和预测。

（2）优惠策略预测仿真。通过一些优惠策略来鼓励用户使用对应的电信业务，可以增加企业利润额。因此，利用商务智能技术实现优惠策略模型的方阵，可以根据仿真结果提示企业所制定的优惠策略是否得当，并指导其进行调整和优化。

（3）欠费和动态防欺诈行为分析。通过分析得出不同用户的信誉度，从而避免催费、停机、拆机等举措误伤到偶尔欠费的、非恶意欠费的用户。

（4）客户关系管理分析。在电信行业里，赢得新客户的代价远高于保留一个老客户。因此，利用数据分析得出客户的忠诚度、利润、未来走向等信息，能够帮助电信从业者在保留老客户的同时又能提供如何吸引新客户的决策信息。

另外，还有经营成本与收入分析、网络管理和网络优化分析和动态报表等电信行业的相关应用场景。

1.5.5　商务智能在教育行业的应用

商务智能在企业的管理和决策过程中使用较为广泛，但大学或教育机构实际上也是企业。在教育上应用商务智能，能有效地管理教学及其他日常工作的运转，能提高学校的管理效率及决策的正确性，提高竞争力。

（1）学生管理方面。可使用互联网自然生成学生轨迹，分析学生的行为和偏好，针对性地对学生进行分析。

（2）课程管理方面。可以根据学校现有的数据进行分析，制定更合理的课程安排，如课程设置、教室安排等。

（3）教工管理方面。可以帮助学校了解目前教职工课堂教学情况、教室评价情况、工作压力情况等，帮助学校考评。

（4）科研管理方面。可以帮助学校进行更好的科研管理。

1.5.6　商务智能在电子商务的应用

随着电子商务的不断发展，越来越多的企业和个人通过网络进行交易，享受电子商务提供的便利。同时，大量的电子商务活动导致海量数据的累积，而这些数据本身的复杂度也使许多有用的知识被埋没。许多学者开始探索如何把海量数据转换成能被识别且直接使用的有用知识，这也是目前电子商务的迫切需求。商务智能在电子商务的应用主要有以下几个方面。

1. 智能搜索

智能搜索用到的主要相关技术如下：

（1）网络机器人。分析、获取互联网的链接和读取各链接所对应的网页内容是其主要功能。

（2）搜索条件的获取和分析。提取查询条件中词汇和逻辑关系等有效成分，通过知识库获取关键词的同义词、近义词及相关词。

（3）信息的搜索和排序。

2. 情感分析

情感分析应用到电子商务中，就是通过对商品所有的讨论数据进行分析，挖掘出已购买过的用户对该商品的情感倾向，为其他用户提供有价值的参考，同时这个结果也可以作为商家推荐商品的依据。

电子商务情感分析工作流程主要包括评论数据的收集及处理、情感词的扩充、词向量模型及情感分析模型的建模与训练、基于规则的数据分析。

3. 智能推荐

通过预测顾客的偏好和兴趣，来帮助顾客找到需要的信息、商品等，同时也提升商品的销售额。利用个性化商品推荐，也可以帮助商家有效提升用户的生命周期价值和转化率。

根据用户的注册、浏览、交易和评论等历史行为数据对其兴趣进行建模，然后把用户模型中的兴趣需求信息和推荐对象模型中的特征信息进行匹配，同时使用相应的推荐算法进行计算筛选，找到用户可能感兴趣的推荐对象，然后推荐给用户。

1.5.7 商务智能在医疗卫生行业的应用

随着信息技术、互联网、物联网的不断发展，促进了各医疗机构信息化水平的提高，也将医疗领域推向了大数据时代。目前商务智能在医疗卫生行业的应用主要有以下几个方面：

（1）国民健康保障。国民健康与政策强相关，其重点是推进公共卫生建设、预防控制疾病。通过应用商务智能，可以更好地解决疫苗库存供应不匹配、接种体验差以及接种咨询量大等问题。

（2）医疗行业发展。医疗卫生行业的发展与服务建设强相关，其重点是提升行业服务质量和运营效率，提高机构影响力。在医疗卫生行业的发展中，最主要的主体是医院，推进公立医院改革是保障和改善民生的重要举措。线下就医，线上推进信息化建设，线上线下相结合提升医院的运营效率和服务质量，同时通过商务智能平台实时监控各系统数据，实现辅助精细化管理。

（3）个人健康管理。随着国家经济的迅速发展，越来越多的人更加关注个人健康，通过商务智能系统辅助建立个人健康档案，就能帮助医生对患者进行更全面的健康状况评估，开展健康管理和健康干预，提高生活质量，尤其对慢性疾病的管理和预防有着至关重要的作用。

实验一　销售数据预处理

【实验名称】销售数据预处理

【实验目的】

（1）熟悉Linux系统、MySQL、Insight等系统和软件的安装和使用。
（2）了解大数据处理的基本流程。
（3）熟悉数据抽取、转换、装载方法。
（4）熟悉在不同类型数据库之间进行数据相互导入导出。

【实验背景】

本实验利用到两个数据源：employeeinfotable.sql代表员工信息表；salesinfotable.sql表示销售信息表。使用Insight连接MySQL数据库服务进行数据抽取、转换和装载。

【实验原理】

Insight 产品是一个综合平台，用户可以通过该平台对数据进行访问、集成、操作、可视化以及分析。无论数据存储在平面文件、关系型数据库、Hadoop 集群、NoSQL 数据库、分析数据库、社交媒体流、操作型存储中，还是存储在云中，Insight 产品都可帮助用户发现、分析并可视化数据，即使用户没有编码经验，也可以找到所需的解决方案。有编程经验的用户可以使用Insight提供的 API 自定义报表、查询、转换或扩展功能。

【实验环境】

（1）Ubuntu16.04。
（2）Insight 8.2。

【建议课时】

4课时。

【实验步骤】

一、数据准备

首先需要将sql文件导入数据库mysql中。

1．打开终端，下载sql文件

```
sudo –i
wget http://i9000.net:8888/sgn/LMS/BI/1/employee_info_table.sql
wget http://i9000.net:8888/sgn/LMS/BI/1/sales_info_table.sql
```

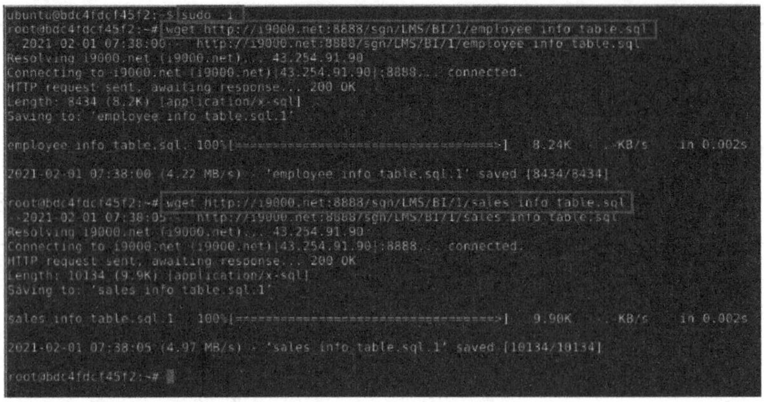

2．从终端启动数据库服务

```
sudo –i
service mysql start
mysql –uroot –p123456
show databases;
```

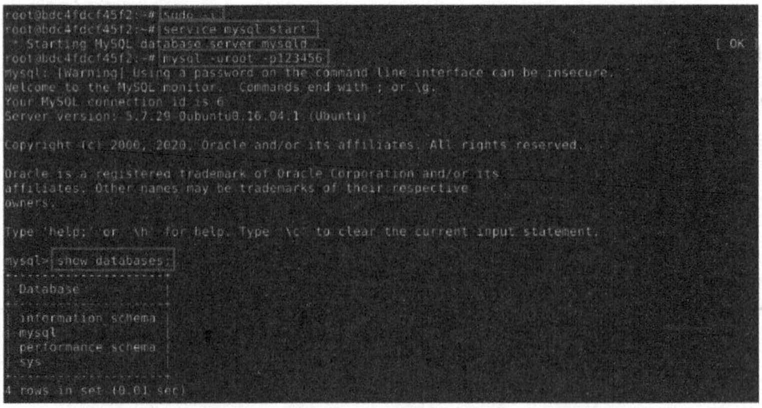

3．使用数据库mysql

```
use mysql
```

```
mysql> use mysql
Reading table information for completion of table and column names
You can turn off this feature to get a quicker startup with -A

Database changed
```

4．导入sql文件（根据自己实验机实际情况补充实验路径）

```
source employee_info_table.sql;
source sales_info_table.sql;
```

```
mysql> source employee_info_table.sql;
Query OK, 0 rows affected (0.00 sec)

Query OK, 0 rows affected (0.00 sec)

Query OK, 0 rows affected, 1 warning (0.00 sec)

Query OK, 0 rows affected (0.01 sec)

Query OK, 1 row affected (0.00 sec)

Query OK, 1 row affected (0.00 sec)

Query OK, 1 row affected (0.00 sec)

Query OK, 1 row affected (0.00 sec)

Query OK, 1 row affected (0.00 sec)

Query OK, 1 row affected (0.01 sec)
```

```
mysql> source sales_info_table.sql;
Query OK, 0 rows affected (0.01 sec)

Query OK, 1 row affected (0.00 sec)

Query OK, 1 row affected (0.00 sec)

Query OK, 1 row affected (0.00 sec)

Query OK, 1 row affected (0.01 sec)

Query OK, 1 row affected (0.00 sec)

Query OK, 1 row affected (0.00 sec)

Query OK, 1 row affected (0.00 sec)

Query OK, 1 row affected (0.00 sec)

Query OK, 1 row affected (0.00 sec)

Query OK, 1 row affected (0.00 sec)
```

以上准备工作完成后，开始正式进入实验过程。

二、数据抽取

1. Insight连接SQL数据库

双击打开Insight客户端。

登录界面如下图。

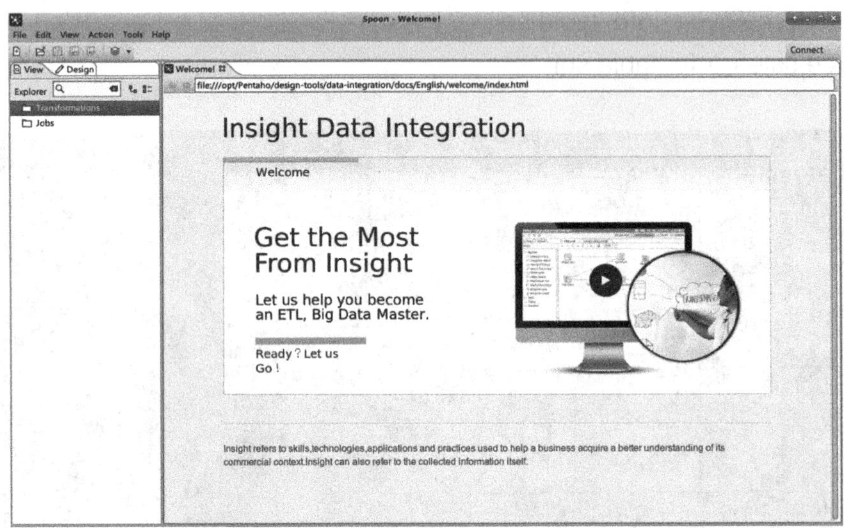

建立一个新的Transformations。“File”→“New”→“Transformation”，如下图所示。

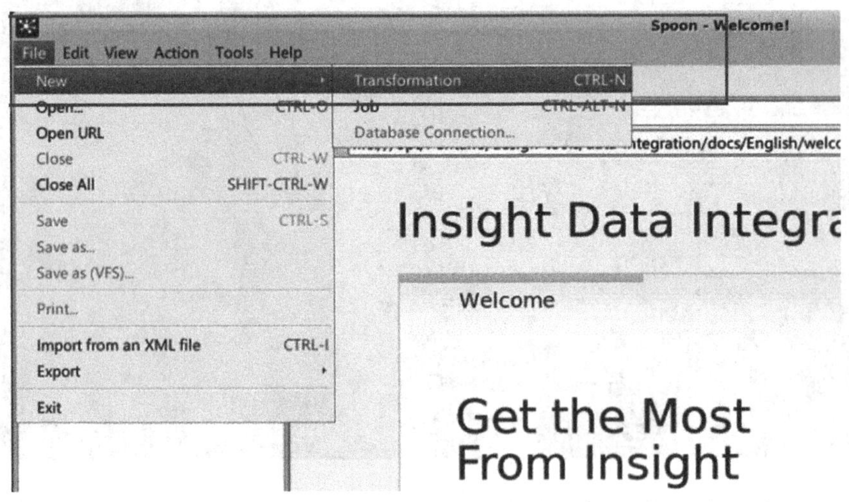

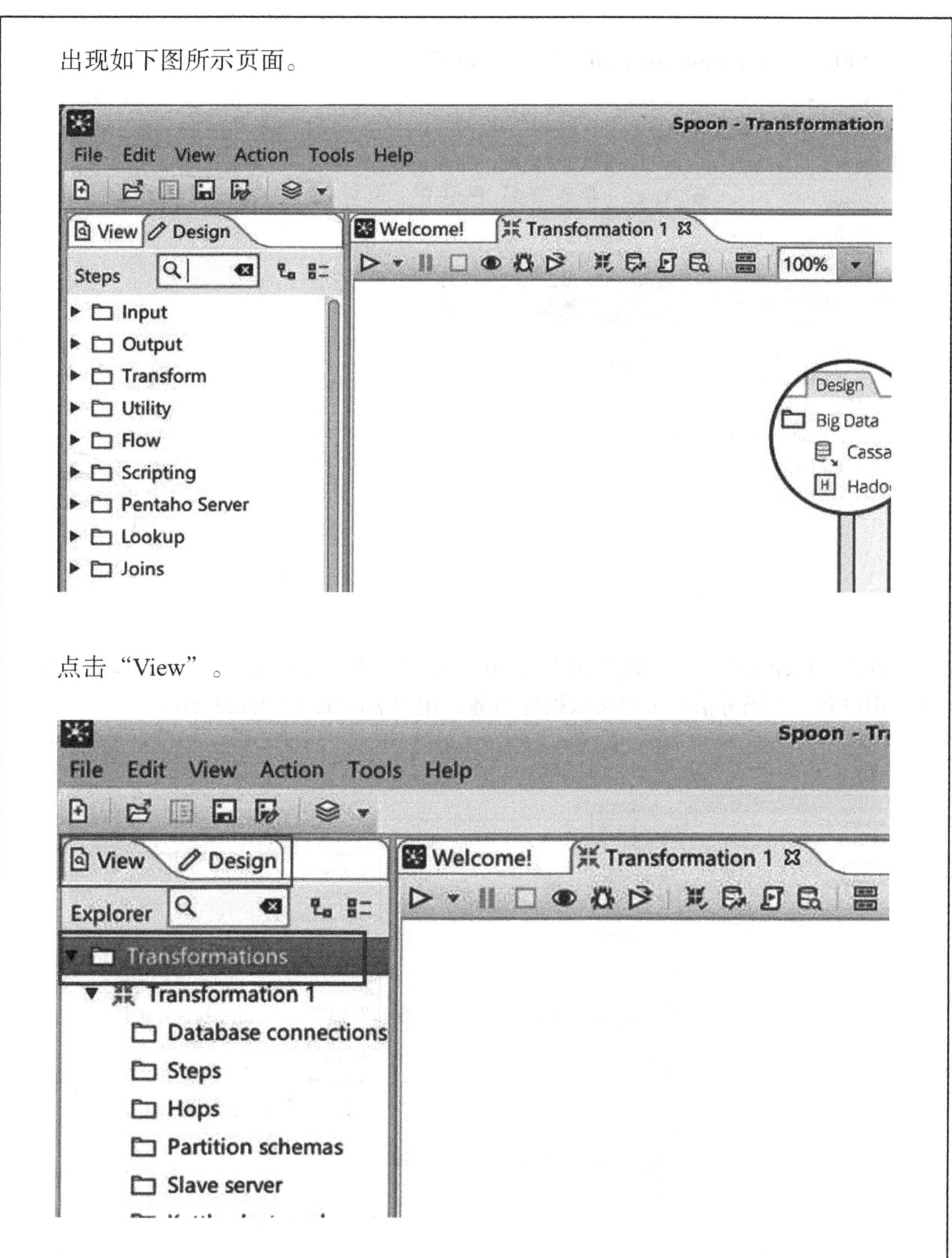
出现如下图所示页面。
Spoon - Transformation
File Edit View Action Tools Help
View Design
Welcome! Transformation 1
Steps
100%
Input
Output
Transform
Utility
Flow
Scripting
Pentaho Server
Lookup
Joins
Design
Big Data
点击"View"。
Spoon - Tr
File Edit View Action Tools Help
View Design
Welcome! Transformation 1
Explorer
Transformations
Transformation 1
Database connections
Steps
Hops
Partition schemas
Slave server

右键点击“Database connection”→“New”。

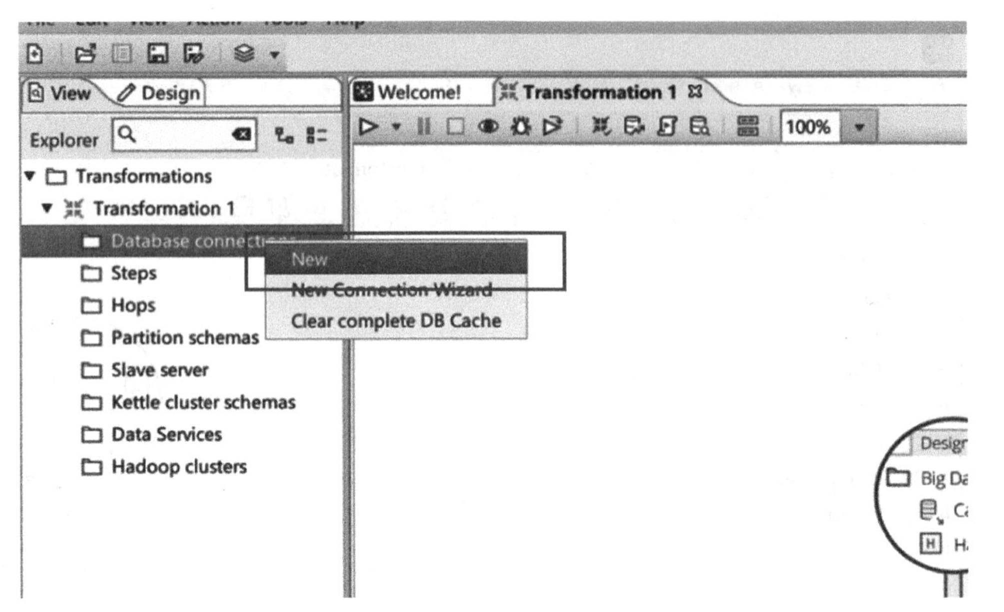

点击“General”→“MySQL”，填上对应的IP（需映射）、数据库名、端口号、用户名、密码等信息（连接数据库服务，用户名root，密码123456）。

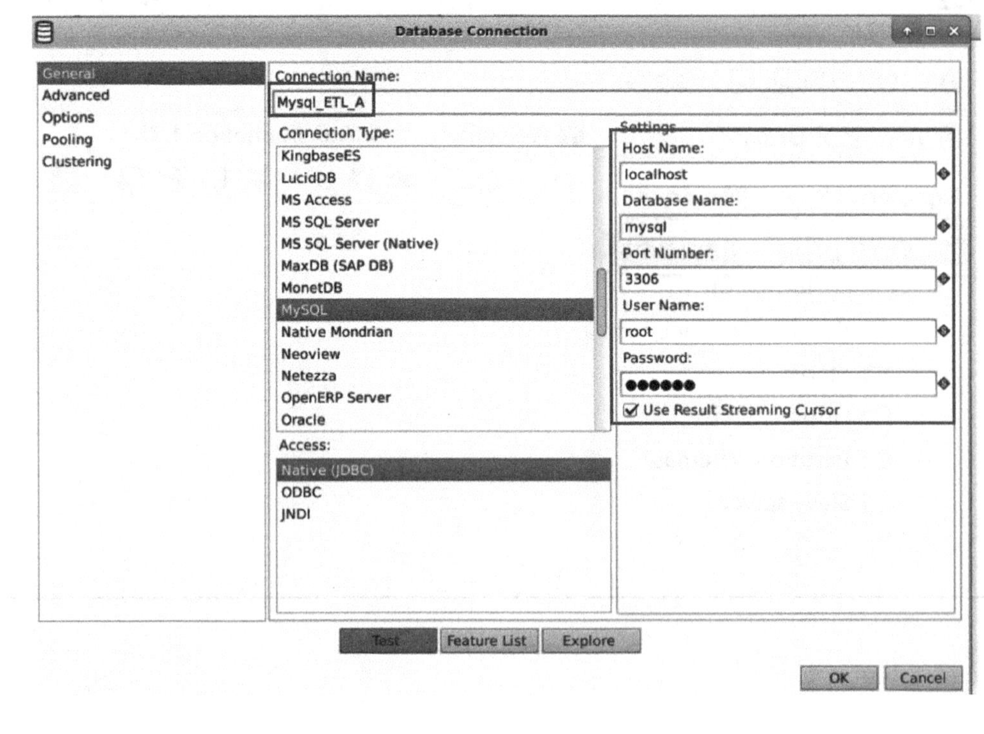

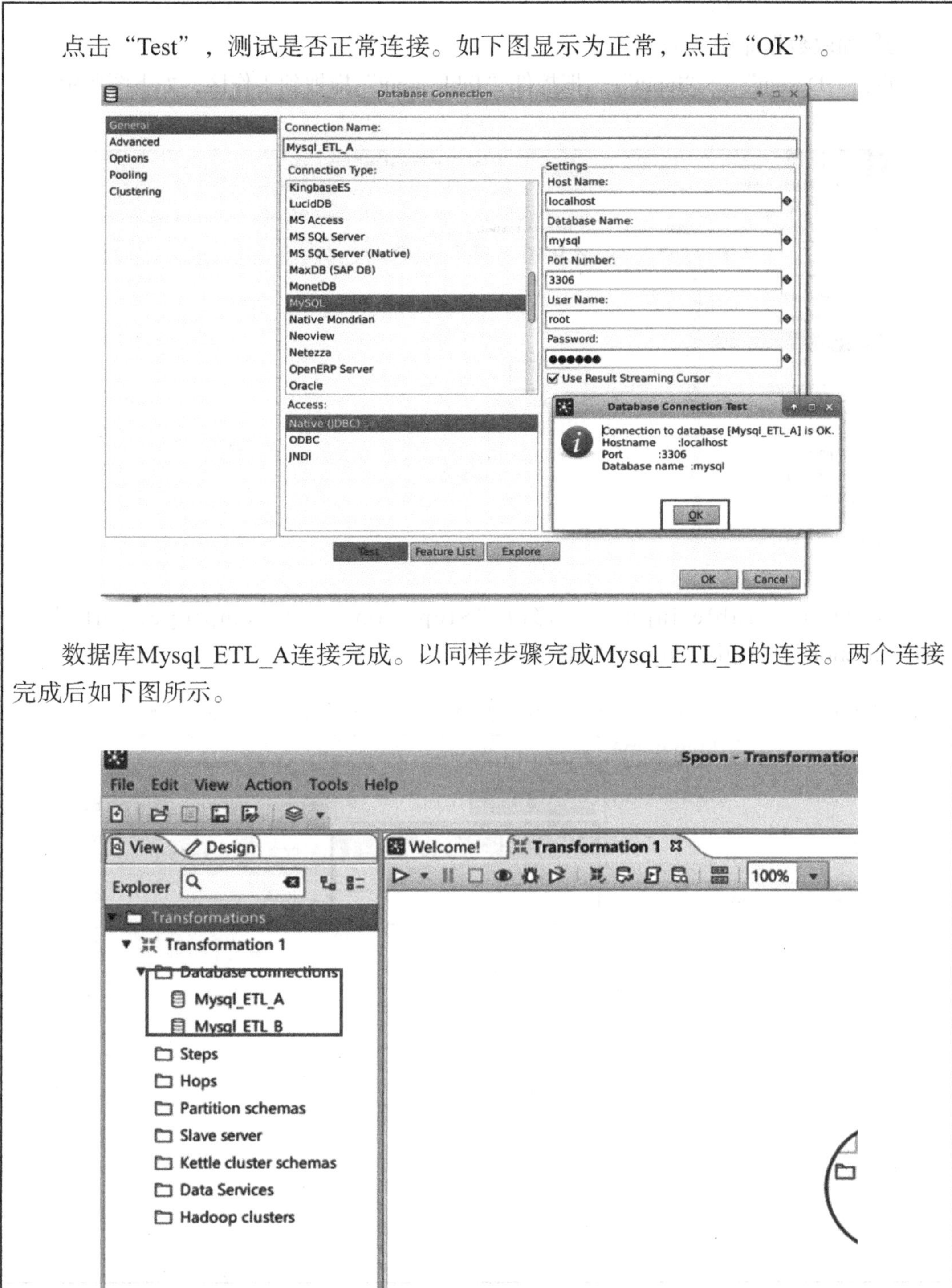

点击“Test”，测试是否正常连接。如下图显示为正常，点击“OK”。

数据库Mysql_ETL_A连接完成。以同样步骤完成Mysql_ETL_B的连接。两个连接完成后如下图所示。

2．抽取数据库中数据

点击“Design”→“Input”，把控件“Table input”拖拽到工作区，如下图所示。

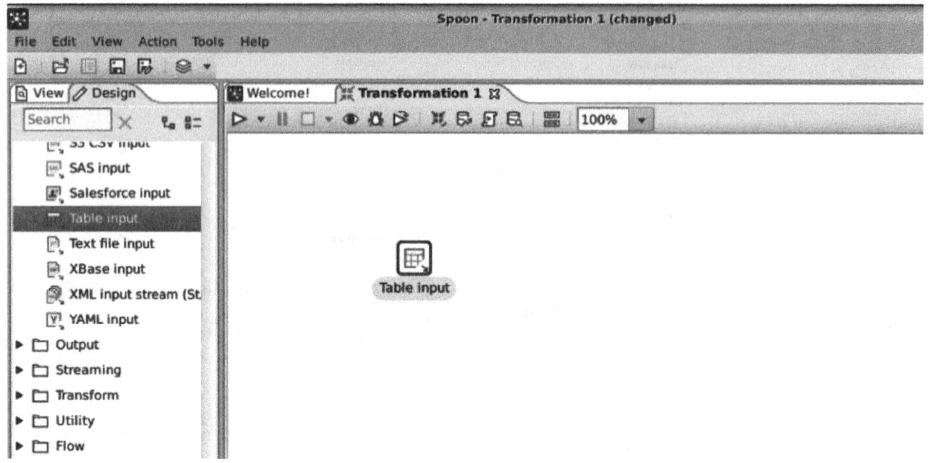

双击打开“Table input”。修改“Step name”为“employee_info”，“Connection”栏选中“Mysql_ETL_A”。

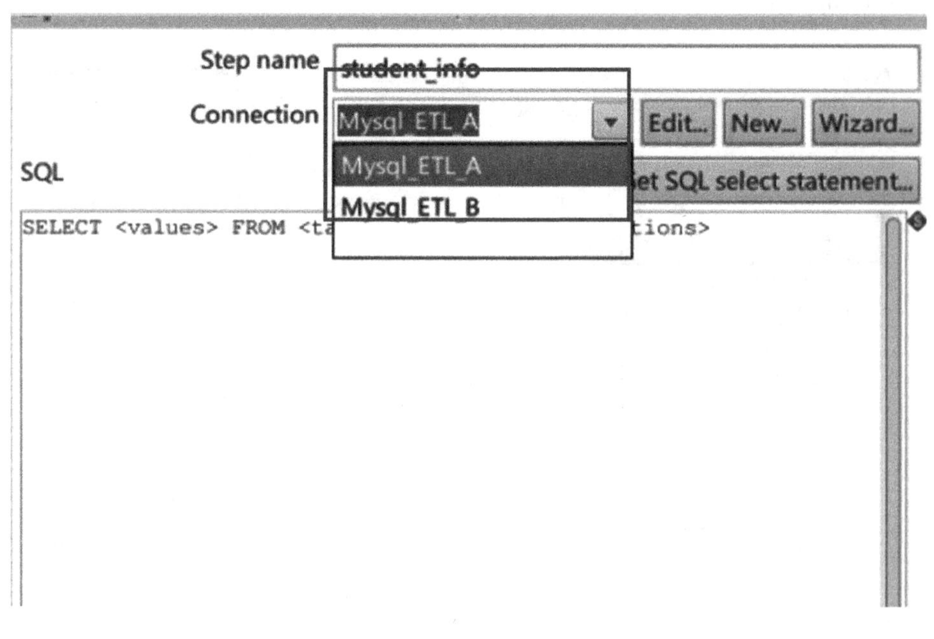

选中要抽取数据的表，“Get SQL select statement”→“Mysql_ETL_A”→“Tables”→“employee_info_table”。点击“OK”。

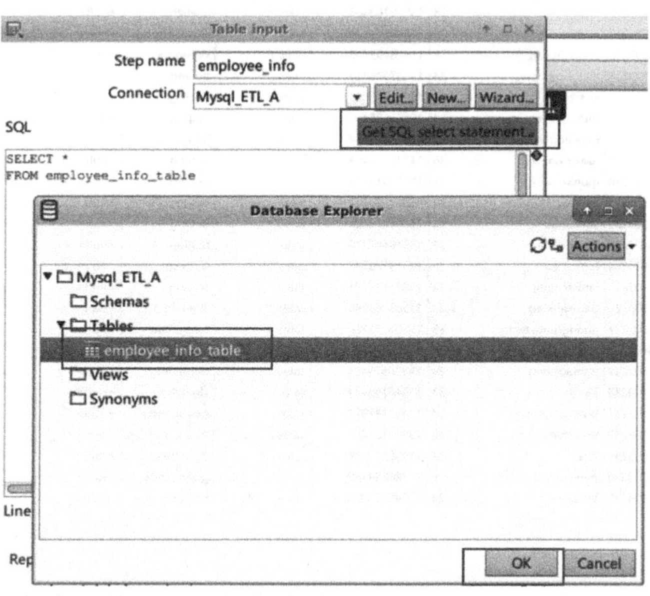

选择“Preview”可预览数据表中数据。

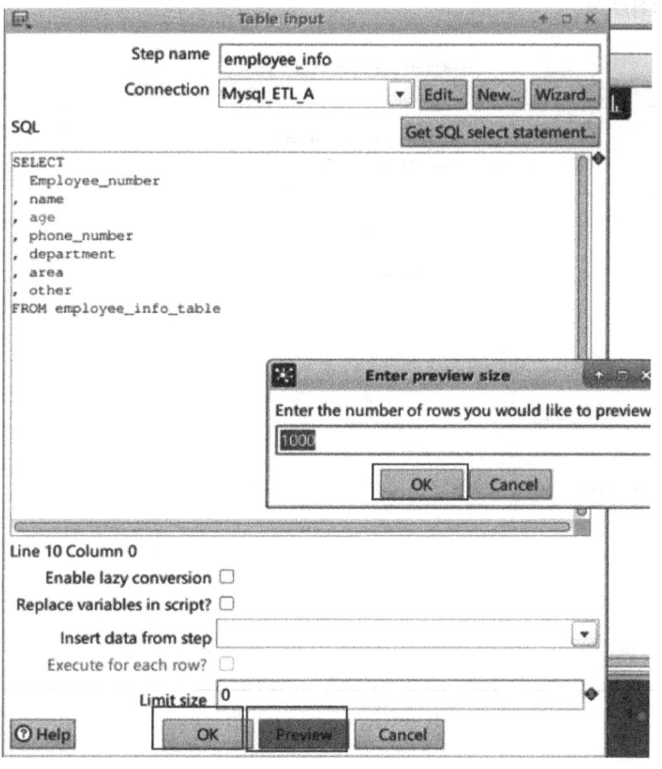

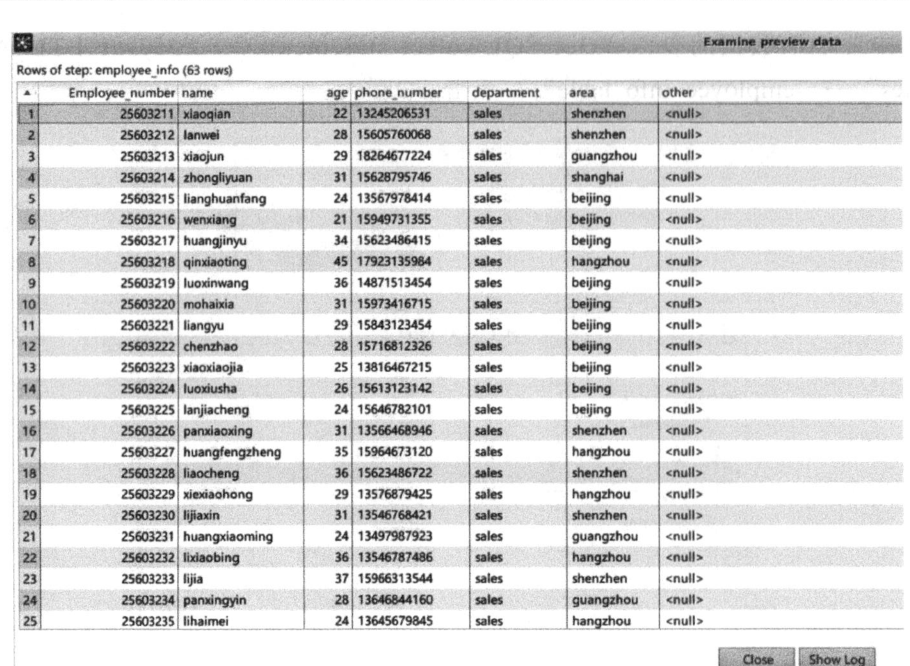

Examine preview data

Rows of step: employee_info (63 rows)

	Employee_number	name	age	phone_number	department	area	other
1	25603211	xiaoqian	22	13245206531	sales	shenzhen	<null>
2	25603212	lanwei	28	15605760068	sales	shenzhen	<null>
3	25603213	xiaojun	29	18264677224	sales	guangzhou	<null>
4	25603214	zhongliyuan	31	15628795746	sales	shanghai	<null>
5	25603215	lianghuanfang	24	13567978414	sales	beijing	<null>
6	25603216	wenxiang	21	15949731355	sales	beijing	<null>
7	25603217	huangjinyu	34	15623486415	sales	beijing	<null>
8	25603218	qinxiaoting	45	17923135984	sales	hangzhou	<null>
9	25603219	luoxinwang	36	14871513454	sales	beijing	<null>
10	25603220	mohaixia	31	15973416715	sales	beijing	<null>
11	25603221	liangyu	29	15843123454	sales	beijing	<null>
12	25603222	chenzhao	28	15716812326	sales	beijing	<null>
13	25603223	xiaoxiaojia	25	13816467215	sales	beijing	<null>
14	25603224	luoxiusha	26	15613123142	sales	beijing	<null>
15	25603225	lanjiacheng	24	15646782101	sales	beijing	<null>
16	25603226	panxiaoxing	31	13566468946	sales	shenzhen	<null>
17	25603227	huangfengzheng	35	15964673120	sales	hangzhou	<null>
18	25603228	liaocheng	36	15623486722	sales	shenzhen	<null>
19	25603229	xiexiaohong	29	13576879425	sales	hangzhou	<null>
20	25603230	lijiaxin	31	13546768421	sales	shenzhen	<null>
21	25603231	huangxiaoming	24	13497987923	sales	guangzhou	<null>
22	25603232	lixiaobing	36	13546787486	sales	hangzhou	<null>
23	25603233	lijia	37	15966313544	sales	shenzhen	<null>
24	25603234	panxingyin	28	13646844160	sales	guangzhou	<null>
25	25603235	lihaimei	24	13645679845	sales	hangzhou	<null>

Close　Show Log

以上完成了“employee_info_table”表的数据抽取，以同样的步骤完成“sales_info_table”表的抽取。

完成后如下图所示。

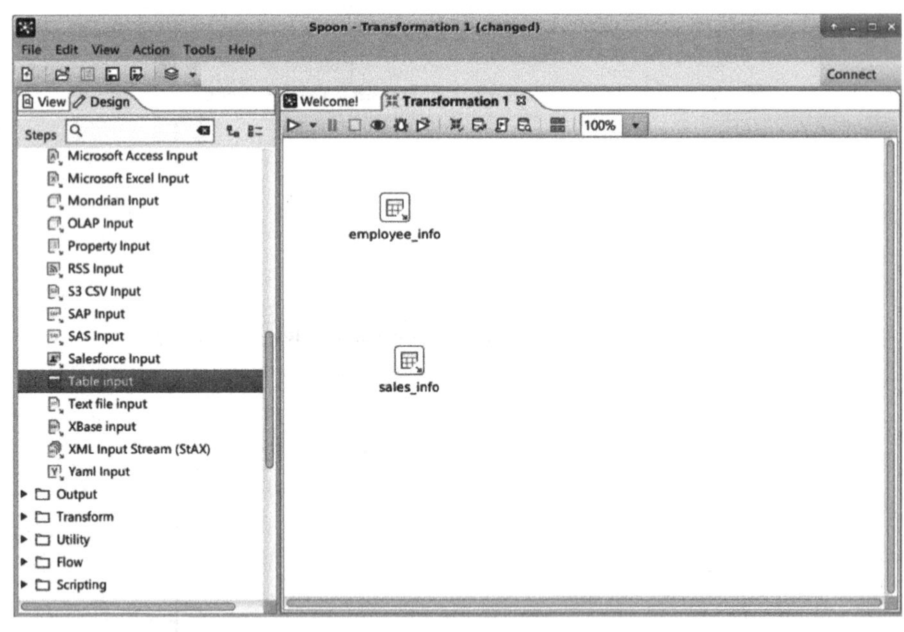

三、数据转换

1．对学生信息表进行整理排序

在左侧“Design”中找到“Sort rows”，设置成“employee_info”的下一步（按住键盘上的“Shift”键用鼠标左键先后点击“employee_info”和“Sort rows”完成连接）。

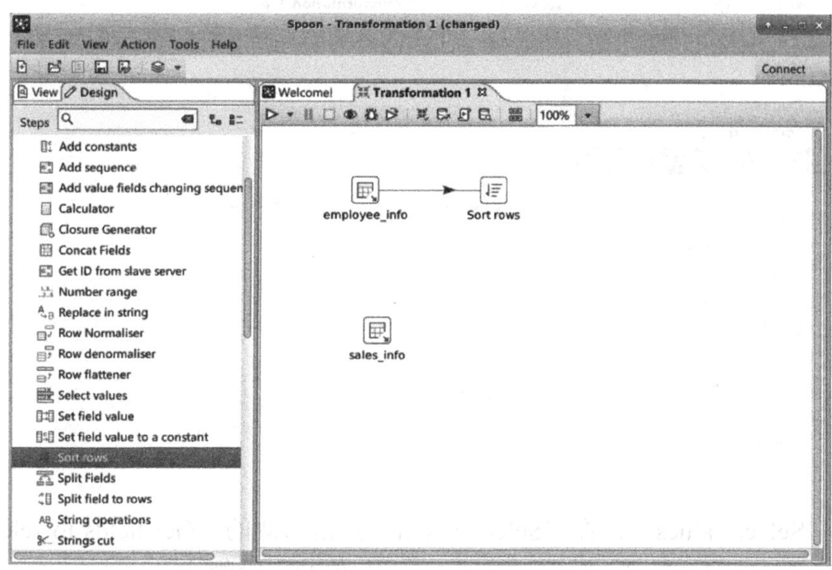

设置“Sort rows”，点击“Get Fields”，获得“employee_info”中的字段，删除不需要的字段，此处留下“Employee_number”一个字段，选择升序排序，点击“OK”。

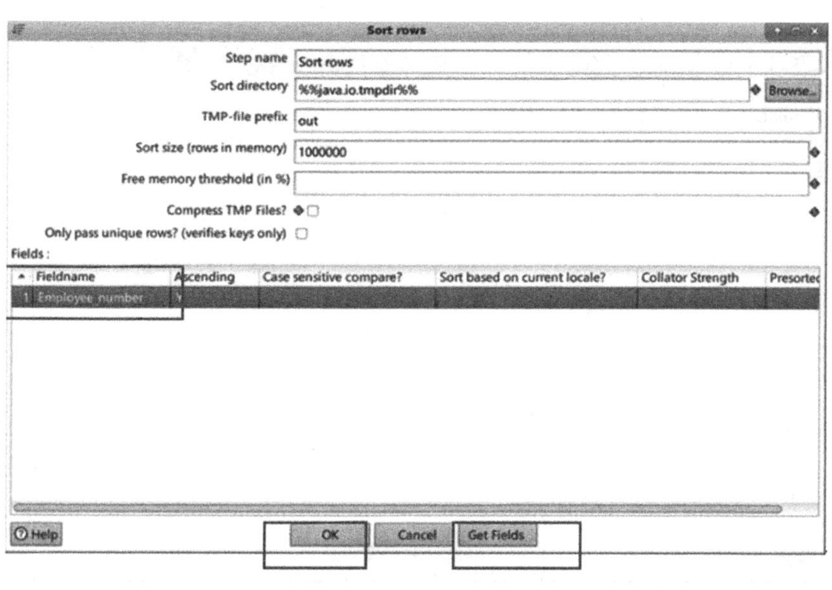

2．对销售信息表进行数据整理

在左侧“Transform”中找到“Select values”，设置成“sales_info”的下一步。

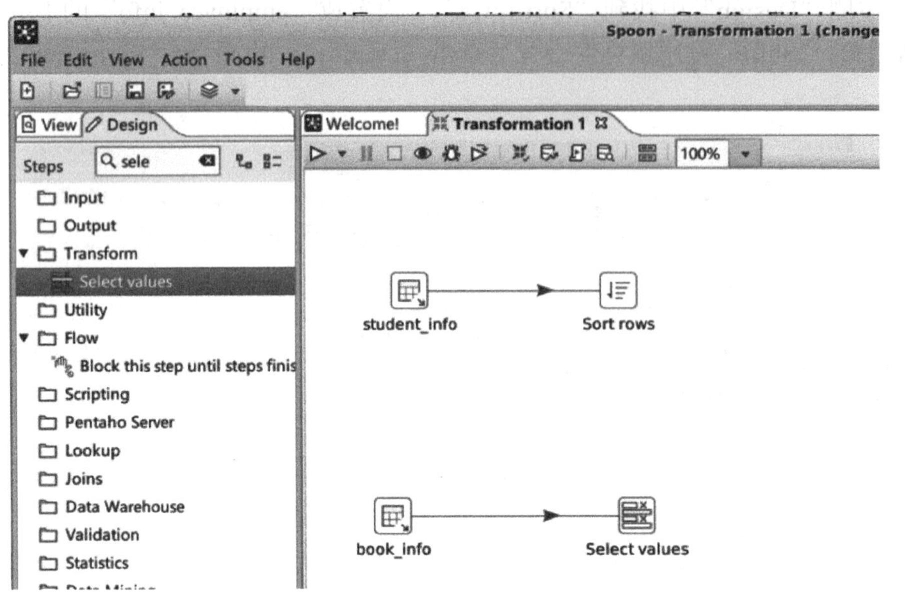

设置“Select values”，在“Select&Alter”点击右侧的“Get fields to select”，留下“Employee_number”“sales”“profits”，其他的字段删除。

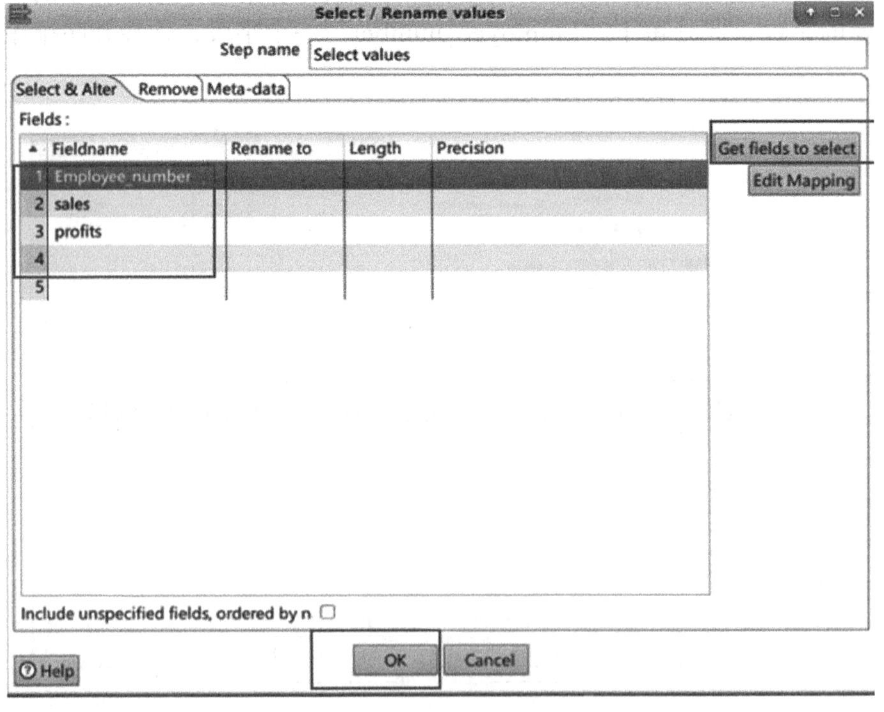

在"Select values"后连接一个新的"Sort rows 2"，按照"Employee_number"进行升序排序。

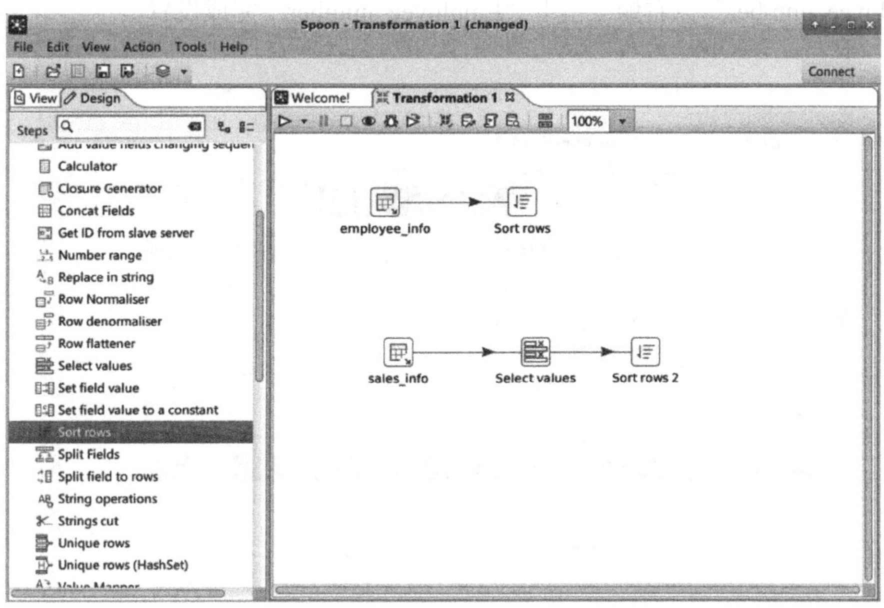

3．完成两个信息表的整合

在左侧"Joins"栏下找到"Merge Join"，将其设置为"Sort rows"和"Sort rows 2"的下一步。

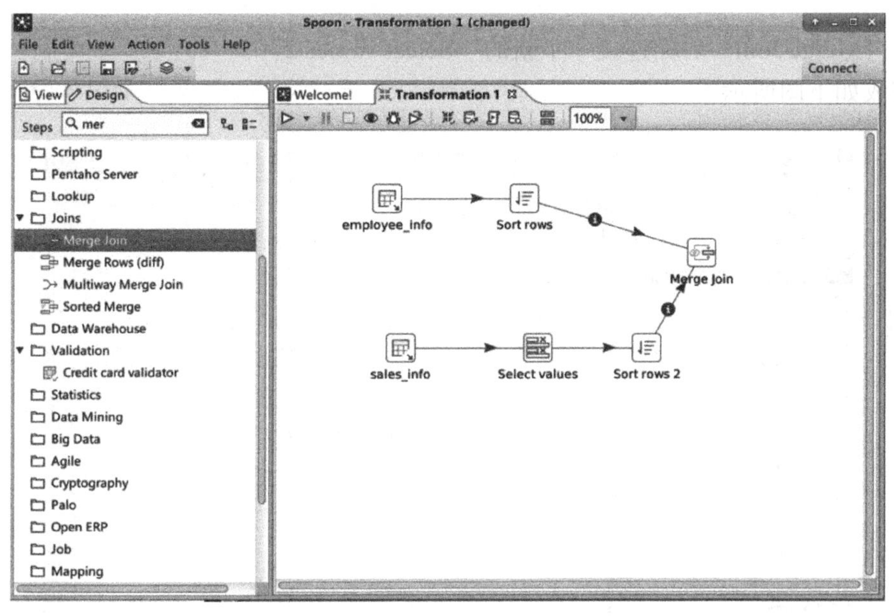

设置“Merge Join”。“First Step”设置为“Sortrows”，“Second Step”设置为“Sort rows 2”；分别点击左下方和右下方的“Get key fields”。左侧留下“Employee_number”，右侧也留下“Employee_number”完成设置。

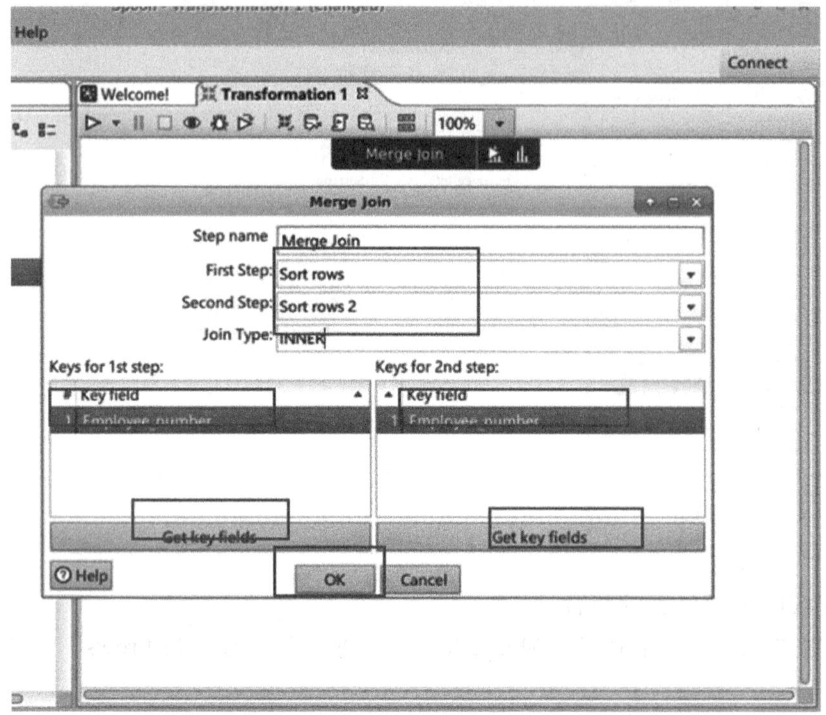

在“Merge Join”后面连接一个新的“Select values 2”。

完成如下图所示。

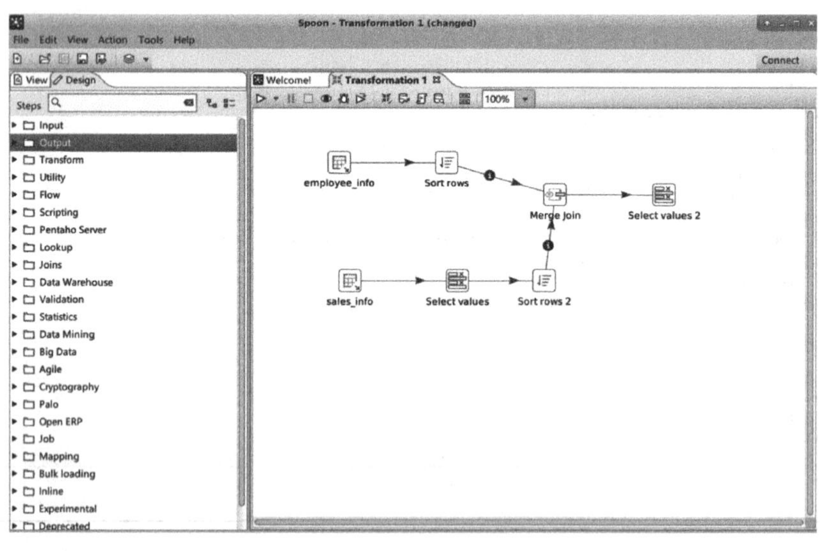

设置“Select values”，在“Select&Alter”“Remove”中依次点击右侧的“Get fields to remove”，在“Remove”中留下“department”“other”“Employee_number_1”，即把这三个字段删除掉。点击“OK”完成。

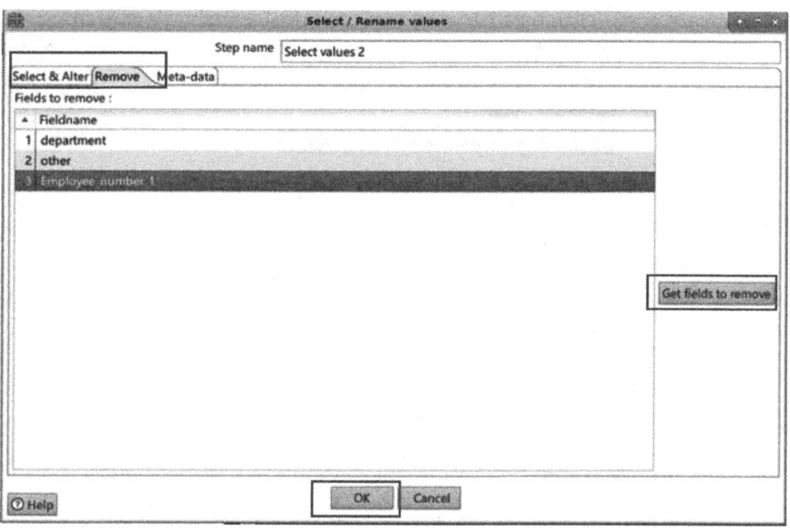

四. 数据装载

把整理好的数据表保存到数据库中。

在左侧“output”栏中找到“Table output”，连接到“Select values”后面。设置“Target table”名字为“employee_sales”，保存到“Mysql_ETL_B”数据库。

2．点击下方的“SQL”，弹出窗口，点击“Execute”。

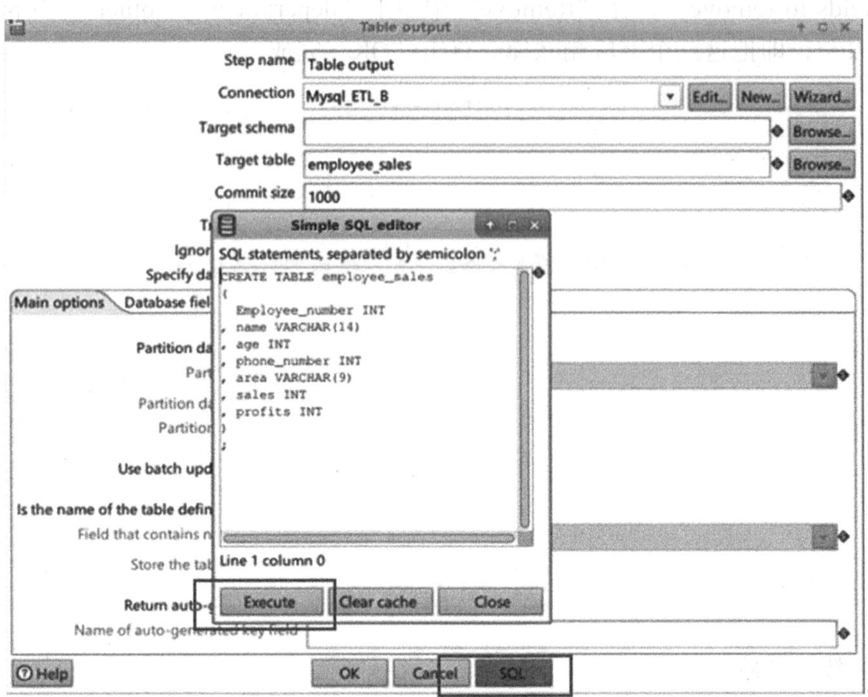

完成后退出窗口，保存此“Transformation”，运行。

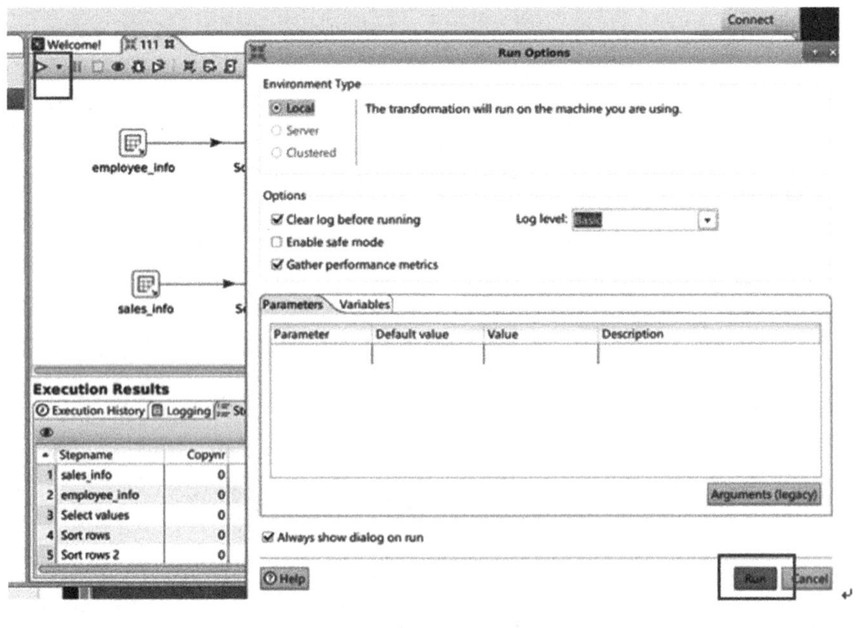

所有组件都有绿色勾勾则为正常运行完毕，出错时有相应提示，根据提示修改错误。

【实验总结】

本实验使用“Insight”连接“MySQL”数据库进行数据抽取、数据转换和数据装载，通过本实验主要了解使用“Insight”进行数据分析。

第2章 数据仓库

本章首先介绍什么是数据仓库，其具有什么样的特点，拥有什么样的结构，与数据库有什么区别和联系，以及数据仓库和商务智能之间的关系。通过这些概念性的内容引出数据仓库的关键性技术ETL、数据仓库如何建模以及数据仓库的工具Hive。

通过本章的学习，旨在让读者了解数据仓库的基本知识点，对于数据库有一定理论基础的读者可有选择地学习本章内容。

本章重点

◎ 数据仓库的基本概念。

◎ ETL。

◎ 数据仓库模型。

开篇小插曲　恒丰银行利用基于大数据平台的数据仓库获胜

恒丰银行传统数据仓库是建立在IOE（IBM、ORACLE、EMC）传统架构体系上的，已接入的数据源系统有30多个，配套建立监管数据集市、数据分析集市、风险数据集市三个主要数据集市，负责十几个管理应用和监管系统的数据需求，下游建有银行管理类系统，如综合经营分析系统（管理驾驶舱）、自定义查询平台等，并为各分行提供数据下发服务。

随着恒丰银行各类业务的快速发展以及与外部机构跨界合作的展开，历史数据越来越多，半结构化数据、非结构化数据也越来越多，数据的统一存储和处理面临硬件成本和访问压力等问题，原有的技术架构体系越来越不适应业务发展要求，无法满足金融科技环境下银行对大数据的应用创新需求。

恒丰银行处于业务发展的新阶段，新业务模式的创新对数据信息服务的总体能力提出了新的要求：需要一个低成本、可线性扩展的统一数据处理平台，解决企业多个数据应用形成数据孤岛，导致数据资源难以共享、数据标准不一、存在大量冗余数据的问题。但现有的主流数据库技术因为系统架构陈旧，已经不能满足业务发展需要，开源大数据技术在商业银行企业级应用场景下还有诸多不完善的地方。

2015年，恒丰银行在开源软件、国产大数据平台的基础上，自主设计开发建设了企业级大数据应用平台，利用全新的大数据平台技术全面重构了企业数据仓库应用，满足了海量结构化与非结构化数据的低成本加工存储、快速统计分析、业务模型探索、实时分析与决策等需求。结合大数据技术服务能力，升级改造原有的渠道、授信管理、审计、客户管理等系统，在客户服务、风险管理、内部管控、流程优化、营销管理等多个业务领域提升了恒丰银行的运营效率和市场竞争力。

目前，基于大数据平台的数据仓库已全面上线，并支撑全行统一数据管理与数据服务。通过本次项目的技术实践和应用系统的逐步落地，恒丰银行实现了成本管理与业务管控的双效提升。

在经济效益层面，经初步估计，企业数据应用的总体硬件投入成本将降为原来的1/5～1/10，数据库软件授权许可费更是只有原来的1/20。同时由于各应用建构在同一个数据平台上，每个应用减少了大量的共性数据加工和数据共享代码开发，软件开发成本也得到了降低，预计每年可为恒丰银行节约上千万元的软硬件投入和系统运维成本。

在生产效率层面，原有的传统数据仓库的数据量批处理一次往往需要4～5小时，新一代大数据平台的分布式计算能力，结合内存处理技术，处理同样数据量级的工作仅需数十分钟，大大提升了营销、风控、运营等业务流程的响应能力。考虑到系统实现的新技术能力以及业务分析团队获得更高时效性的数据资源和更快的数据分析和建模能力，能创造的隐性业务价值也是非常可观的。大数据平台逐渐成为全行数据管控的枢纽和压舱石。恒丰银行通过大数据平台构建数据仓库的项目实践，逐渐建立了全行数据综合服务体系，即报表和查询体系、基于专业引擎的数据计算访问体系、数据分析服务体系、数据挖掘体系，最终形成了数据应用价值到最终用户的合理传导机制。

思考题

1. 为什么对恒丰银行来说，利用大数据技术的数据仓库如此重要？
2. 恒丰银行面临的商业挑战或机遇是什么？
3. 在恒丰银行使用新的数据仓库之后，数据仓库为其带来了什么好处？

2.1　数据仓库的概念

随着数据库技术和企业管理系统的不断发展和普及，人们已不再满足于一般的业务处理。随着大数据时代的到来，数据规模的扩大越来越明显，如何能够更好地利用数据，从数据中提取商业价值，已经成为企业制胜的关键。举例来说，数据库系统可以很好地支持事务处理，实现对数据的“增删改查”等功能，但是却不能提供很好的决策分析支持。因为事务处理首先考虑响应的及时性，多数情况都是在处理当前数据，而决策分析需要考虑的是数据的集成性和历史性，对分析处理的时效性要求并不高。所以为了提高决策分析的有效性和完整性，人们逐渐将一部分或者大部分的数据从在线事务处理系统中剥离出来，从而形成今天的数据仓库系统。

2.1.1 什么是数据仓库

数据仓库之父比尔·恩门在1991年出版的*Building the Data Warehouse*（《建立数据仓库》）一书中所提出的定义被广泛接受——数据仓库是一个面向主题的、集成的、相对稳定的、反映历史变化的数据集合，用于支持管理决策。

数据仓库的主要功能是将在线事务处理经年累月所累积的大量资料，通过数据仓库理论所特有的数据存储架构，对数据进行系统的分析整理，以利于各种分析方法的进行，如在线分析处理、数据挖掘等，并进而支持如决策支持系统（DSS）、主管资讯系统（EIS）的创建，帮助决策者可以在大量资料中，快速有效地分析出有价值的信息，以利于决策的拟定以及快速回应外在环境变动，帮助建构商务智能系统。

2.1.2 数据仓库的特点

传统的在线事务处理强调的是更新数据库，即向数据库中添加、更新、删除信息，而数据仓库则是强调从数据库中提取信息、利用信息。因此数据仓库的特点有如下几个方面。

（1）数据仓库中的数据是面向主题的。操作型数据库的数据组织面向事务处理任务，各个在线事务处理系统之间各自分离，而数据仓库中的数据是按照一定的主题域进行组织的。主题是一个抽象的概念，是指用户使用数据仓库进行决策时所关心的重点方面，一个主题通常与多个操作型信息系统相关。

（2）数据仓库中的数据是集成的。面向事务处理的操作型数据库通常与某些特定的应用相关，数据库之间相互独立，并且往往是异构的。而数据仓库中的数据是在对原有分散的数据库数据进行抽取、清理的基础上经过系统加工、汇总和整理而得到的，必须消除源数据中的不一致性，以保证数据仓库内的信息是关于整个企业的一致的全局信息。

（3）数据仓库中的数据是相对稳定的。操作型数据库中的数据通常实时更新，数据根据需要及时发生变化。数据仓库的数据主要供企业决策分析之用，所涉及的数据操作主要是数据查询，一旦某个数据进入数据仓库以后，一般情况下将被长期保留，也就是数据仓库中一般进行大量的查询操作，但修改和删除操作很少，通常只需要定期加载、刷新。

（4）数据仓库中的数据是反映历史变化的。操作型数据库主要关心当前某一个时间段内的数据，而数据仓库中的数据通常包含历史信息，系统记录了企业从过去某一时间点（如开始应用数据仓库的时间）到目前的各个阶段的信息，通过这些信息，可以对企业的发展历程和未来趋势做出定量分析和预测。

2.1.3 数据仓库结构

数据仓库的目的是构建面向分析的集成化数据环境，为企业决策提供数据支持。其实数据仓库本身并不“生产”任何数据，同时自身也不“消费”任何的数据，数据仓库的数据来源于外部，并且开放给外部应用，这也是为什么叫“仓库”，而不叫“工厂”的原因。因此，数据仓库的基本架构主要包含的是数据流入、流出的过程，可以分为三层——源数据、数据仓库、数据应用。如图2-1所示。

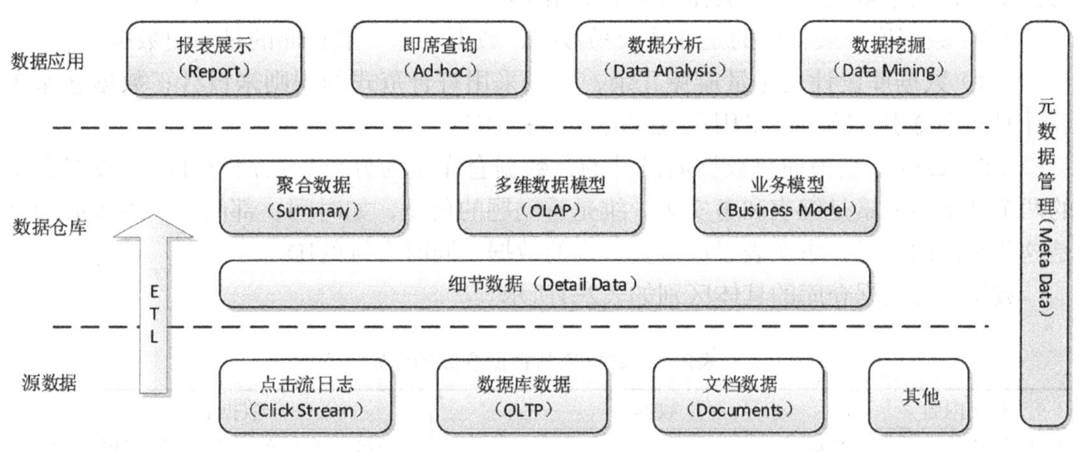

图2-1　数据仓库的基本架构

从图中可以看出数据仓库的数据来源于不同的源数据，并且分析处理后的数据被提供给各种外部应用，数据流入数据仓库后向上层应用开放，数据仓库只是中间集成化数据管理的一个平台，对应图2-1的层次结构如下。

（1）源数据层（ODS）。此层数据无任何更改，直接沿用外围系统的数据结构和数据，不对外开放。

（2）数据仓库层（DW）。包括主题明细宽表、轻度汇总、跨主题域关联汇总、业务模型Cube。可将此层看作口径的统一和沉淀，在此层之上可考虑建设信息中心（指标池）。

（3）数据应用层（DA）。前端应用直接读取的数据源，根据报表、专题分析需求而计算生成的数据。

数据仓库从各数据源获取数据及在数据仓库内的数据转换和流动都可以认为是ETL（抽取Extra，转化Transferm，装载Load）的过程，ETL是数据仓库的流水线，也可以认为是数据仓库的血液，它维系着数据仓库中数据的新陈代谢，而数据仓库日常管理和维护的大部分工作就是保持ETL的正常和稳定。

2.1.4　数据仓库与数据库

数据库是数据仓库的基础。数据库是为了捕获数据而设计的；而数据仓库是为了分析数据而设计的，是在数据库已经大量存在的情况下，为了进一步发现数据资源、支持决策而产生的，数据仓库并不是所谓的“大型数据库”，并不能取代数据库而独立存在。目前，大部分数据仓库还是用关系型数据库管理系统来管理的。可以说，数据库和数据仓库相辅相成、各有千秋，它们两者的主要区别如下：

（1）数据结构。数据库中的建模一般遵循三范式，而数据仓库的建模有特定的方式，一般采用维度建模，使用这种建模方式的原因是便于建立OLAP，提高统计查询效率等。

（2）数据仓库中数据通常来源于多个不同的在线事务处理系统数据库（存储多年的数据），数据量较大，一般作为企业数据中心用。

（3）数据库一般存储的是在线交易数据，数据仓库一般存储的是历史数据。

（4）数据库设计是尽量避免冗余，一般采用符合范式的规则来设计；数据仓库在设计时会有意引入冗余，采用反范式的方式来设计。

（5）数据库是为捕获数据而设计的，数据仓库是为分析数据而设计的。数据仓库的两个基本的元素是维表和事实表。维是看问题的角度，如时间、部门等，维表放的就是这些东西的定义，事实表里放着要查询的数据，同时有维的ID。

数据库与数据仓库的具体区别如表2-1所示。

表2-1　数据库与数据仓库的区别

对比内容	数据库	数据仓库
数据内容	当前值	历史的、存档的、归纳的、计算的数据
数据目标	面向业务操作程序，重复处理	面向主题域，管理决策分析应用
数据特性	动态变化、按字段更新	静态，不能直接更新，只能定时添加
数据结构	高度结构化、复杂、适合操作计算	简单，适合分析
使用频率	高	中到低
数据访问量	每个事务只访问少量记录	有的事务可能要访问大量记录
对响应时间的要求	以秒为单位计量	以秒、分钟，甚至小时为计量单位

2.1.5　数据仓库和商务智能的关系

在第1章我们已经了解到商务智能从技术层面上来讲不是新技术，它将数据仓库、数据挖掘、在线分析处理等技术进行整合，最终形成一个完整的解决方案，为企业提供决策支持。也就是说，数据仓库是商务智能的基础，如果没有数据仓库，商务智能将无法实现。两者间的关系如图2-2所示。

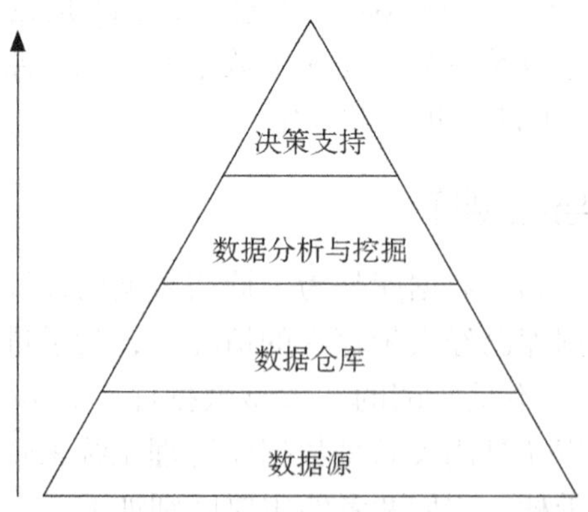

图2-2　数据仓库和商务智能之间的关系

2.2　ETL过程

ETL（Extract-Transform-Load）是将在线事务处理系统的数据经过抽取、转换之后加载到数据仓库的过程，目的是将企业中分散、零乱、标准不统一的数据整合到一起，为企业的决策提供分析依据。ETL 是 BI 项目的一个重要环节，也是构建数据仓库的重要一环。用户从数据源抽取出所需的数据，经过数据清洗，最终按照预先定义好的数据仓库模型，将数据加载到数据仓库中去。

ETL的实现有多种方法，常用的有三种：一是借助ETL工具（如Oracle的OWB、SQL Server 2000的DTS、SQL Server 2005的SSIS服务、Informatic等）实现；二是采用SQL方式实现；三是采用ETL工具和SQL相结合的方法实现。前两种方法各有优缺点，借助工具可以快速地建立起ETL工程，屏蔽复杂的编码任务，提高速度，降低难度，但是缺少灵活性。SQL方法的优点是灵活，提高ETL运行效率，但是编码复杂，对技术要求比较高。第三种方法综合了前面两种的优点，会极大地提高ETL的开发速度和效率。

2.2.1　数据抽取

源数据库中的业务数据一般都是十分繁杂的，但数据仓库的数据是面向主题的，源数据库中的一些数据可能并不是该决策所需要的，所以在源数据导入到数据仓库之前，需要先确定哪些数据是与该决策相关的，数据的抽取可以过滤掉许多不必要的数据，有效减少数据仓库的存储消耗。

数据抽取的主要工作如下：

（1）确定数据源的数据及其含义。源数据库的设计者与数据仓库的设计者往往不是同一个人，这样就会导致数据仓库设计者对源数据库中的数据所表达的含义并不是很清楚，这就需要数据仓库设计者对源数据库的数据进行分析和理解，确定源数据及其含义。

（2）确定需要提取的文件、库表、字段。源数据库中的库表设计往往是以业务实现为目的的，而数据仓库往往只关心与当前主题相关的数据，不必要的库表和字段就可以省略。

（3）确定数据的抽取频率。数据仓库的数据需要定期进行更新，因此对于不同的数据源需要确定抽取的频率，如每月、每周或者每天一次。

（4）确认是否需要导入外部数据，如果需要，则要确定以何种方式导入。有时候数据的来源不仅仅是传统的关系型数据库，还可能是外部txt文件或者Excel文件等，针对这种外部文件数据的抽取，可以培训业务人员利用数据库工具将这些数据导入到指定的数据库，然后从指定的数据库中抽取，或者借助工具实现。

（5）确定出现数据抽取异常时该如何处理。当出现与某一源数据库连接失败，或者其他影响数据抽取的意外情况时，需要确认具体的处理办法。

（6）确定数据输出的目标位置和输出的格式。

2.2.2 数据转换

数据仓库的数据来自多种数据源，不同的数据源可能由不同的平台提供，使用不同的数据库管理系统，数据格式也可能不同。源数据在被加载到数据仓库之前，需要进行一定的数据转换，数据转换的任务主要是进行不一致的数据转换、数据粒度的转换，以及一些商务规则的计算。

（1）不一致的数据转换。这个过程是一个整合的过程，将不同在线事务处理系统的相同类型的数据统一，如同一个供应商在结算系统的编码是XX0001，而在CRM中的编码是YY0001，这样在抽取过来之后统一转换成一个编码。

（2）数据粒度的转换。在线事务处理系统一般存储非常明细的数据（细粒度），而数据仓库中的数据是用来查询和分析的，需要多种不同粒度的数据。一般情况下，会将在线事务处理系统数据按照数据仓库粒度进行聚合。

（3）商务规则的计算。不同的企业有不同的业务规则、不同的数据指标，这些指标有的时候不是简单的加减就能完成的，这个时候需要在ETL中将这些数据指标计算好了之后存储在数据仓库中，以供分析使用。

2.2.3 数据清洗

数据清洗的任务是过滤不符合要求的数据，将过滤的结果交给业务主管部门，确认是否已经过滤并由业务单位修正之后，再进行抽取。不符合要求的数据主要包括不完整的数据、错误的数据、重复的数据三大类。

（1）不完整的数据。这一类数据主要是数据中一些应该有的信息缺失，如缺少供应商的名称、分公司的名称、客户的区域信息、在线事务处理系统中主表与明细表不能匹配等。对于这一类数据要过滤出来，按缺失的内容分别写入不同Excel文件提交给客户，要求在规定的时间内补全，补全后才能写入数据仓库。

（2）错误的数据。这一类错误产生的原因是在线事务处理系统不够健全，在接收输入后没有进行判断，直接写入后台数据库造成的，如数值数据输成全角数字字符、字符串数据后面有一个回车操作、日期格式不正确、日期越界等。这一类数据也要分类处理。对于类似全角字符、数据前后有不可见字符的问题，只能通过写SQL语句的方式找出来，然后要求客户在在线事务处理系统修正之后抽取。日期格式不正确的或者是日期越界的这一类错误会导致ETL运行失败，这一类错误需要去在线事务处理系统数据库用SQL的方式挑出来，交给业务主管部门要求限期修正，修正之后再抽取。

（3）重复的数据。对于这一类数据，特别是维表中会出现这种情况，将重复数据记录的所有字段导出来，让客户确认并整理。

数据清洗是一个反复的过程，不可能在几天内完成，只有不断地发现问题、解决问题。对于是否过滤、是否修正一般要求客户确认。对于过滤掉的数据，应写入Excel文件或者数据表。在ETL开发的初期可以每天向业务单位发送过滤数据的邮件，促使他们尽快地修正错误，同时也可以作为将来验证数据的依据。数据清洗需要注意的是不要将有用的数据过滤掉，对于每个过滤规则要认真验证，并要用户确认。

2.2.4　数据装载

数据转换、清洗结束后，需要把数据装载到数据仓库中，通常分为以下几种方式。

（1）初始装载。一次对整个数据仓库进行装载。

（2）增量装载。在数据仓库中，增量装载可以保证数据仓库以及源数据变化的同期性。

（3）完全刷新。周期性地重写整个数据仓库，有时也可能对一些有特点的数据进行刷新。

在初始装载完成后，为维护和保持数据的有效性，可以采用更新和刷新的方式，更新是对数据源的变化进行记录，刷新则是对特定周期数据进行重载。

2.3　数据仓库模型与工具

2.3.1　数据模型

为什么要进行数据仓库建模？源数据在进行清洗和转换之后，需要装载存储到数据仓库之中，数据存储的质量取决于数据模型的质量。如果把数据看作图书馆里的书，我们希望看到它们在书架上分门别类地放置；如果把数据看作城市的建筑，我们希望城市规划布局合理；如果把数据看作电脑文件和文件夹，我们希望文件夹组织方式能符合自己的习惯，而不是糟糕混乱的桌面，经常为找一个文件而不知所措。

数据模型就是数据组织和存储方法，它强调从业务、数据存取和使用角度来合理存储数据。Linux的创始人Torvalds有一段关于“什么才是优秀程序员”的话：“烂程序员关心的是代码，好程序员关心的是数据结构和它们之间的关系”，这能够说明数据模型的重要性。只有数据模型将数据有序地组织和存储起来之后，大数据才能得到高性能、低成本、高效率、高质量的使用，一般可以从四个方面概括数据仓库模型的价值。

（1）性能。良好的数据模型能帮助用户快速查询所需要的数据，减少数据的I/O吞吐量，提高使用数据的效率。

（2）成本。良好的数据模型能极大地减少不必要的数据冗余，也能实现计算结果复用，极大地降低存储和计算成本。

（3）效率。良好的数据模型在业务或系统发生变化时，可以保持稳定或轻易地实现扩展，提高数据的稳定性和连续性。

（4）质量。良好的数据模型能改善数据统计口径的不一致性，减少数据计算错误的可能性。

数据模型是抽象描述现实世界的一种工具和方法，是通过抽象的实体及实体之间的联系，来表示现实世界中事务相互关系的一种映射。在这里，数据模型表现的抽象是实体和实体之间的关系，通过对实体和实体之间关系的定义和描述，来表达实际业务中的具体业务关系。

在整个数据仓库模型的设计和架构中，既涉及业务知识，也涉及具体技术。模型设计者既需要具有丰富的行业经验，同时，也需要一定的信息技术来帮助实现数据模型。

最重要的是，模型设计者还需要一个非常适用的方法论，来针对业务进行抽象、处理、生成各个阶段的模型。

2.3.2 如何建设数据仓库模型

建设数据仓库模型是整个数据仓库建设中一个非常重要的部分，它对数据仓库工作的性能有着至关重要的作用，如何建设数据仓库模型需要了解以下几点内容。

1. 数据仓库数据模型架构

数据仓库的数据模型架构和数据仓库的整体架构是紧密关联的。首先来了解一下整个数据仓库的数据模型应该包含哪几部分。如图2-3可以很清楚地看到，整个数据仓库模型的架构分成5大部分，每个部分都有其独特的功能。

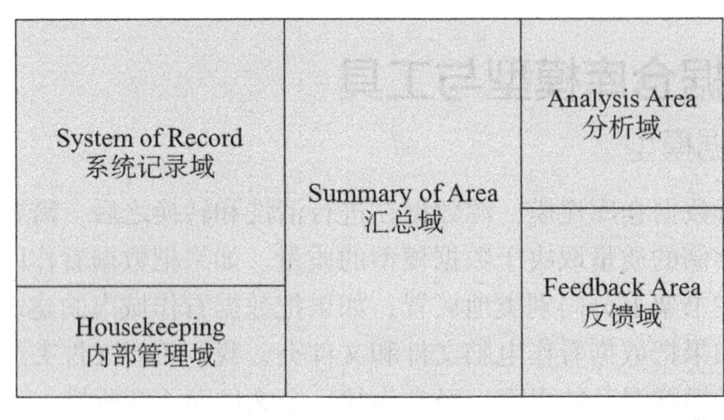

图2-3 数据仓库模型架构

（1）系统记录域（System of Record）。这部分是主要的数据仓库业务数据存储区，数据模型在这里确保了数据的一致性。

（2）内部管理域（Housekeeping）。这部分主要存储数据仓库用于内部管理的元数据，数据模型在这里能够帮助进行统一的元数据的管理。

（3）汇总域（Summary of Area）。这部分数据是来自系统记录域的汇总，数据模型在这里保证了分析域的主题分析性能，满足了部分的报表查询。

（4）分析域（Analysis Area）。这部分数据模型主要用于各个业务部分的具体主题业务分析。这部分数据模型可以单独存储在相应的数据集市中。

（5）反馈域（Feedback Area）。可选项，这部分数据模型主要用于相应的前端反馈数据，数据仓库可以根据业务的需要设置这一区域。

通过对整个数据仓库模型的数据区域的划分可知，一个好的数据模型，不仅仅要对业务进行抽象划分，而且对实现技术也要进行具体的指导，它应该涵盖从业务到实现技术的各个部分。

2. 数据仓库建模阶段划分

数据仓库的数据建模大致分为四个阶段，如图2-4所示。

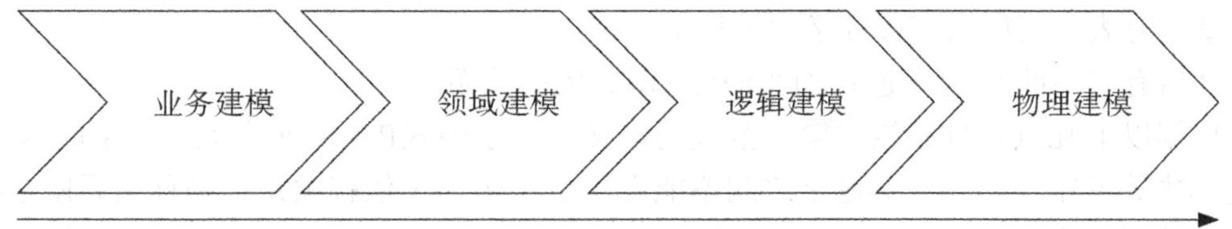

图2-4　数据仓库的建模阶段划分

（1）业务建模。这部分的建模工作，主要包含以下几个部分。

➢ 划分整个单位的业务，一般按照业务部门进行划分，进行各个部分之间业务工作的界定，理清各业务部门之间的关系。

➢ 深入了解各个业务部门内的具体业务流程并将其程序化。

➢ 提出修改和改进业务部门工作流程的方法，并将其程序化。

➢ 数据建模的范围界定，整个数据仓库项目的目标和阶段划分。

（2）领域建模。这部分的建模工作，主要包含以下几个部分。

➢ 抽取关键业务概念，并将之抽象化。

➢ 将业务概念分组，按照业务主线聚合类似的分组概念。

➢ 细化分组概念，理清分组概念内的业务流程，并将其抽象化。

➢ 理清分组概念之间的关联，形成完整的领域模型。

（3）逻辑建模。这部分的建模工作，主要包含以下几个部分。

➢ 业务概念实体化，并考虑其具体的属性。

➢ 事件实体化，并考虑其属性内容。

➢ 说明实体化，并考虑其属性内容。

（4）物理建模。这部分的建模工作，主要包含以下几个部分。

➢ 针对特定物理化平台，做出相应的技术调整。

➢ 针对模型的性能考虑，对特定平台做出相应的调整。

➢ 针对管理的需要，结合特定的平台，做出相应的调整。

➢ 生成最后的执行脚本，并对其进行完善。

3. 数据仓库建模方法

目前业界较为流行的数据仓库建模方法非常多，这里主要介绍范式建模法、维度建模法、实体建模法等几种方法，每种方法其实从本质上讲就是从不同的角度看业务中的问题。

（1）范式建模法（Third Normal Form，3NF）是构建数据模型常用的一个方法，主要利用技术层面上的方法解决关系型数据库的数据存储问题。目前，在关系型数据库中的建模方法，大部分采用的是三范式建模法。

范式是数据库逻辑模型设计的基本理论，一个关系模型可以从第一范式到第五范式进行无损分解，这个过程也称为规范化。在数据仓库的模型设计中目前一般采用第三范式，它有着严格的数学定义。从其表达的含义来看，一个符合第三范式的关系必须具有以下三个条件。

①所有表中的数据都为原子数据，不可再分。

②所有表中的所有字段都必须依赖主关键字。

③所有表中的非主关键字之间不能有函数依赖关系。

根据以上几点条件归纳出第三范式的定义：关系模式R中的非主关键字不能依赖于其他非主关键字，即非主关键字之间不能有函数（传递）依赖关系，则称关系R是第三范式。数据仓库模型的建设方法和在线事务处理系统的企业数据模型类似。在在线事务处理系统中，企业数据模型决定了数据的来源，而企业数据模型也分为两个层次，即主题域模型和主题域逻辑模型。同样，主题域模型可以看成是业务模型的概念模型，而主题域逻辑模型则是域模型在关系型数据库上的实例。范式建模法如图2-5所示。

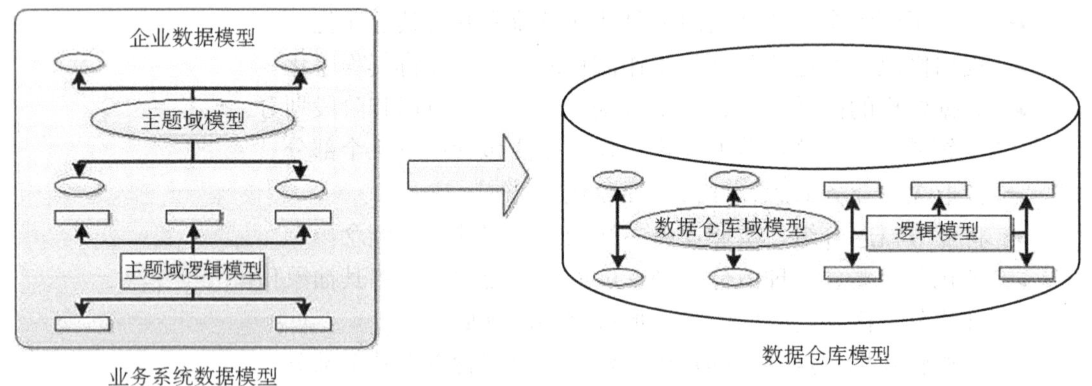

图2-5　范式建模法

从业务系统数据模型转向数据仓库模型时，同样也需要有数据仓库域模型，即概念模型，同时也存在域模型的逻辑模型。业务模型中的数据模型和数据仓库模型稍微有一些不同。主要区别如下：

①数据仓库的域模型应该包含企业数据模型的域模型之间的关系，以及各主题域的定义。数据仓库的域模型的概念比在线事务处理系统的主题域模型范围更加广。

②在数据仓库的逻辑模型需要从在线事务处理系统数据模型的逻辑模型中抽象实体、实体的属性、实体的子类，以及实体的关系等。

范式建模法的最大优点就是从关系型数据库的角度出发，结合在线事务处理系统的数据模型，能够比较方便地实现数据仓库的建模。但其缺点也是明显的，由于建模方法限定在关系型数据库之上，在某些时候反而限制了整个数据仓库模型的灵活性、性能等，特别是考虑到数据仓库的底层数据向数据集市的数据进行汇总时，需要进行一定的变通才能满足相应的需求。因此，在实际的使用中可参考使用这一建模方式。

（2）维度建模法最简单的描述就是，按照事实表、维度表来构建数据仓库、数据集市。这种方法最被人广泛知晓的名字就是星型模式。维度建模法如图2-6所示。

维度建模法的架构中典型的是星型架构。星型模式之所以被广泛使用，在于它以下几个优点。

①针对各个维度做了大量的预处理，如按照维度进行预先的统计、分类、排序等。通过这些预处理，能够极大地提升数据仓库的处理能力。

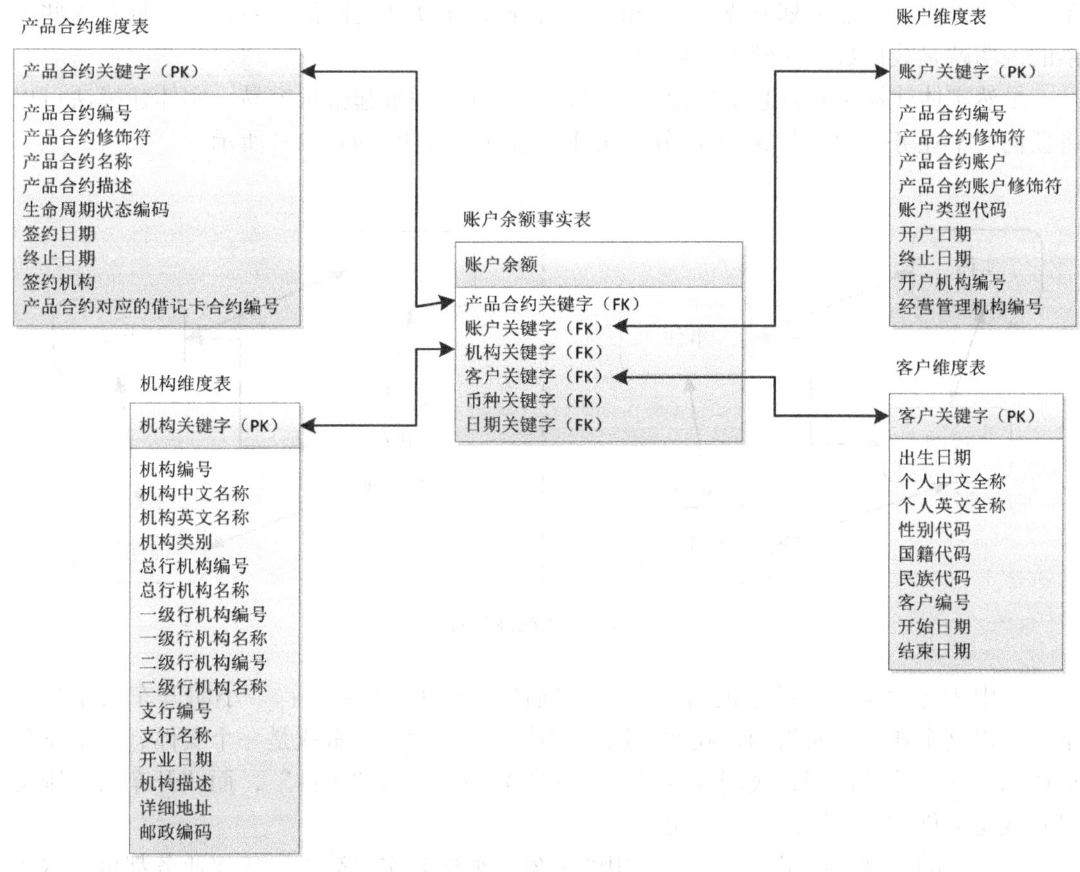

图2-6　维度建模法

②维度建模非常直观，紧紧围绕着业务模型，可以直观地反映出业务模型中的业务问题。

③不需要经过特别的抽象处理，即可以完成维度建模。

但是，维度建模法的缺点也是非常明显的，主要有以下几点。

①由于在构建星型模式之前需要进行大量的数据预处理操作，因此会导致大量的数据处理工作。

②当业务发生变化，需要重新进行维度的定义时，往往需要重新进行维度数据的预处理。而在这些预处理过程中，往往会导致大量的数据冗余。

③如果只是依靠单纯的维度建模，不能保证数据来源的一致性和准确性，而且在数据仓库的底层，不是特别适用维度建模的方法。

维度建模的领域主要适用于数据集市层，它最大的作用其实是解决数据仓库建模中的性能问题。维度建模很难提供一个能够完整地描述真实业务实体之间复杂关系的抽象方法。

（3）实体建模法并不是数据仓库建模中常见的方法，它来源于哲学的一个流派。从哲学的意义上说，客观世界应该是可以细分的，客观世界可以分成由一个个实体，以及实体与实体之间的关系组成。那么我们在数据仓库的建模过程中完全可以引入这个抽象的方法，将整个业务划分成一个个的实体，而每个实体之间的关系，以及针对这些关系的说明就是我们数据建模需要做的工作。

虽然实体建模法粗看起来好像有一些抽象，其实理解起来很容易。实体建模法可以将任何一个业务过程划分成3个部分，实体、事件和说明，如图2-7所示。

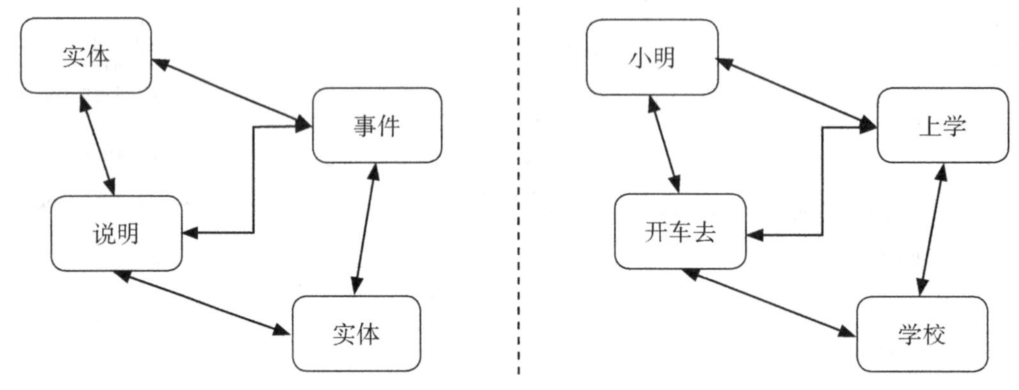

图2-7 实体建模法

图中表述的是一个抽象的含义。如果描述一个简单的事实："小明开车去学校上学。"以这个业务事实为例，我们可以把"小明""学校"看成是一个实体，"上学"描述的是一个业务过程，我们在这里可以抽象为一个具体"事件"，而"开车去"则可以看成是事件"上学"的一个说明。

从上面的举例可以了解，我们使用的抽象归纳法其实很简单，任何业务都可以看成以下3个部分。

- 实体：主要指领域模型中特定的概念主体，指发生业务关系的对象。
- 事件：主要指概念主体之间完成一次业务流程的过程，特指特定的业务过程。
- 说明：主要是针对实体和事件的特殊说明。

由于实体建模法，能够很轻松地实现业务模型的划分，因此，在业务建模阶段和领域概念建模阶段，实体建模法有着广泛的应用。因此，在没有现成的行业模型的情况下，可以采用实体建模的方法，和客户一起理清整个业务的模型，进行领域概念模型的划分，抽象出具体的业务概念，结合客户的使用特点，完全可以创建出一个符合客户需要的数据仓库模型来。但是，实体建模法也有着先天的缺陷，由于实体建模法只是一种抽象客观世界的方法，注定了该建模方法只能局限在业务建模和领域概念建模阶段。因此，到了逻辑建模阶段和物理建模阶段，则是范式建模法和维度建模法发挥长处的阶段。

2.3.3 数据仓库建模样例

目前，我国的社保主要分为养老、失业、工伤、生育、医疗保险和劳动力市场这六大块主要业务领域。在这六大业务领域中，目前养老和失业的系统已经基本完善，已经有一部分数据开始联网检测。而对于工伤、生育、医疗和劳动力市场这些业务，有些地方发展的比较成熟，而有些地方还不够成熟。

1. 业务建模阶段

基于以上的背景介绍，在业务建模阶段，就能轻易地划分相应的业务。因此，在业务建模阶段，基本上确定本次数据仓库建设的目标、建设的方法、以及长远规划等，如图2-8。

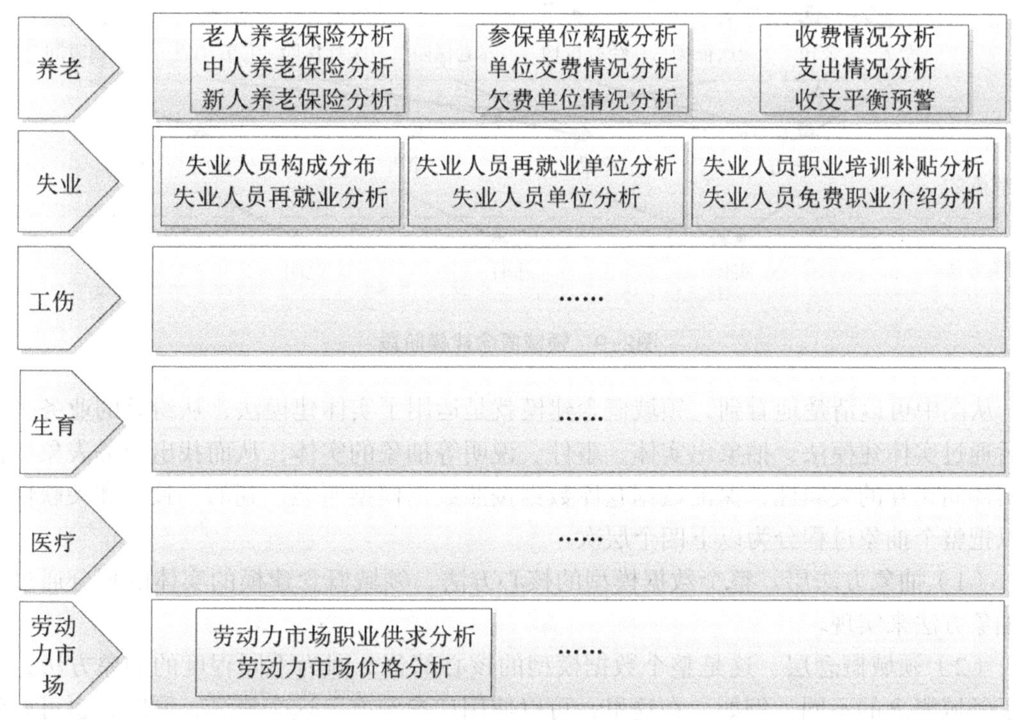

图2-8　业务建模阶段

如图2-8将整个业务很清楚地划分成了几个大的业务主线，例如，养老、失业、工伤、生育、医疗、劳动力市场等几个大的部分，随后基于这些大的模块，在每个业务主线内，考虑具体的业务主线内需要分析的业务主题。因此，业务建模阶段其实是一次和业务人员梳理业务的过程，在这个过程中，不仅能帮助技术人员更好地理解业务；另一方面，也能够发现业务流程中的一些不合理的环节，加以改善和改进。同时，业务建模阶段的另一个重要工作就是确定数据建模的范围，例如，在某些数据准备不够充分的业务模块内，可以考虑先不建设相应的数据模型。等到条件充分成熟的情况下，再来考虑数据建模的问题。

2. 领域概念建模阶段

领域概念建模阶段是数据仓库数据建模的一个重要阶段，由于在业务建模阶段已经完全理清相应的业务范围和流程，因此，在领域概念建模阶段最主要的工作就是进行概念的抽象，整个领域概念建模的工作层次如图2-9所示。

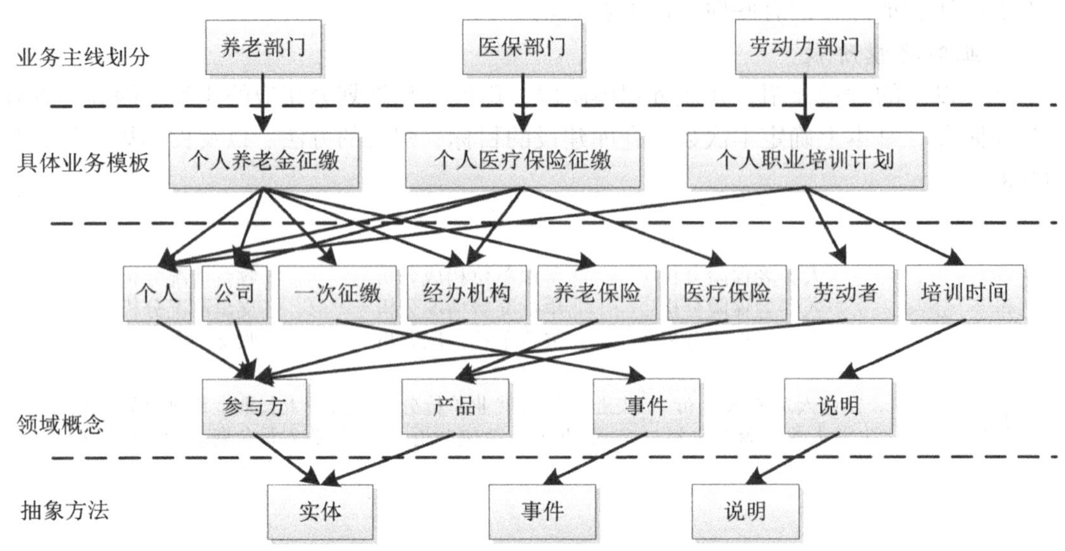

图2-9　领域概念建模阶段

从图中可以清楚地看到，领域概念建模就是运用了实体建模法，从纷繁的业务表象背后通过实体建模法，抽象出实体、事件、说明等抽象的实体，从而找出业务表象后抽象实体间相互的关联性，保证数据仓库数据按照数据模型所能达到的一致性和关联性。可以把整个抽象过程分为以下四个层次。

（1）抽象方法层。整个数据模型的核心方法，领域概念建模的实体的划分通过这种抽象方法来实现。

（2）领域概念层。这是整个数据模型的核心部分，因为不同程度的抽象方法，决定了领域概念的不同。例如，在这里，可以使用"参与方"这个概念，同时，也可以将其分成四个概念："个人""公司""劳动者"和"经办机构"。而在构建模型的时候，可以参考业务的状况以及模型的需要，选择抽象程度高的概念或者是抽象程度低的概念。相对来说，抽象程度高的概念，理解起来较为复杂，需要专业的建模专家才能理解，而抽象程度低的概念，较适合于一般业务人员理解，使用起来比较方便。

（3）具体业务模板层。主要是解决具体的业务问题，从图中可以看出，具体的业务层，其实只是领域概念模型中实体之间的一些不同组合而已。因此，完整的数据仓库的数据模型应该能够相应满足灵活多变的前端业务的需求，而其本身的模型架构具有很强的灵活性。这也是数据仓库模型所具备的功能之一。

（4）业务主线划分层。这个层次主要划分大的业务领域，一般在业务建模阶段就已经完成这方面的划分了，通过大的业务主线来划分整个业务模型大的框架。

通过领域概念建模，数据仓库的模型已经被抽象成一个个的实体，模型的框架已经搭建完毕，下面的工作就是给这些框架注入有效的机体。

3. 逻辑建模阶段

通过领域概念建模之后，虽然模型的框架已经完成，但是还有很多细致的工作需要完成。一般在这个阶段，还需要做非常多的工作，主要包括以下几个方面。

（1）实例化每一个抽象的实体。例如，在上面的概念模型之后，需要对“人”和“公司”等这些抽象实体进行实例化。主要是，需要考虑“人”的属性包括哪些，在业务模块中，用到的所有跟“人”相关的属性是哪些，需要将这些属性都附着在数据模型的“人”这个实体上，例如“人”的年龄、性别、受教育程度等。同理，对其他属性同样需要做同样的工作。

（2）找出抽象实体间的联系，并将其实例化。主要考虑的是“事件”这个抽象概念的实例化，例如，对于养老金征缴这个“事件”属性的考虑、对于失业劳动者培训这个“事件”属性的考虑等。

（3）找出抽象事件的关系，并对其进行说明。主要是要针对“事件”进行完善的“说明”。例如，对于“事件”中的地域、事件等因素的考量等。

在逻辑建模阶段，主要考虑抽象实体的一些细致的属性。通过逻辑建模阶段，才能够将整个概念模型完整串联成一个有机的实体，从而完整地表达出业务之间的关联性。

4. 物理建模阶段

物理建模阶段是整个数据建模的最后一个阶段，这个过程其实是将前面的逻辑数据模型落地的一个过程。考虑到数据仓库平台的不同，因此，数据模型的物理建模过程可能会稍微有一些不同，在这个阶段主要的工作如下：

（1）生成创建表的脚本。不同的数据仓库平台可能生成不同的脚本。

（2）针对不同的数据仓库平台，进行一些相应的优化工作，例如对于DB2数据仓库来说，创建一些MQT表，来加速报表的生成等。

（3）针对数据集市的需要，并按照维度建模的方法，生成一些事实表、维表等工作。

（4）针对数据仓库的ETL 和元数据管理的需要，生成一些数据仓库维护的表，例如，日志表等。

经过物理建模阶段，整个数据仓库的模型已经全部完成，可以按照设计来针对当前的行业创建满足需要的数据模型。

2.3.4 数据仓库工具Hive

Hive是一个基于Hadoop的数据仓库工具，它可以将结构化的数据文件映射成一张数据库表，并提供简单的SQL查询功能，可以将SQL语句转换为MapReduce任务进行运行。其优点是学习成本低，可以通过类SQL语句快速实现简单的MapReduce统计，不必开发专门的MapReduce应用，十分适合数据仓库的统计分析。

1. Hive的基本概念

Hive是建立在Hadoop 上的数据仓库基础构架。它提供了一系列的工具，可以用来进行数据提取—转化—加载（ETL），这是一种可以存储、查询和分析存储在Hadoop中的大规模数据的机制。Hive定义了简单的类SQL查询语言，称为HiveQL，它允许熟悉SQL的用户查询数据。同时，这个语言也允许熟悉MapReduce的开发者开发自定义的mapper和reducer来处理内建的mapper和reducer无法完成的复杂的分析工作。

2. Hive的使用场景

Hive 构建在基于静态批处理的Hadoop 之上，Hadoop 通常都有较高的延迟，并且在作业提交和调度的时候需要大量的开销。因此，Hive 并不能够在大规模数据集上实现低延迟，快速的查询。例如，Hive 在几百MB 的数据集上执行查询操作一般有分钟级的时间延迟。因此，Hive 并不适合那些需要低延迟的应用，例如，在线事务处理（OLTP）。Hive 查询操作过程严格遵守Hadoop MapReduce 的作业执行模型，Hive 将用户的HiveQL 语句通过解释器转换为MapReduce 作业提交到Hadoop 集群上，Hadoop 监控作业执行过程，然后返回作业执行结果给用户。Hive 并非为联机事务处理而设计，Hive 并不提供实时的查询和基于行级的数据更新操作。Hive 的最佳使用场合是大数据集的批处理作业，例如，网络日志分析。

3. Hive的设计特点

Hive 是一种底层封装了Hadoop的数据仓库处理工具，使用类SQL的HiveQL语言实现数据查询，所有Hive的数据都存储在Hadoop兼容的文件系统（例如，Amazon S3、HDFS）中。Hive在加载数据过程中，不会对数据进行任何的修改，只是将数据移动到HDFS中Hive设定的目录下，因此，Hive不支持对数据的改写和添加，所有的数据都是在加载的时候确定的。Hive的设计特点如下：

（1）支持索引，加快数据查询过程。

（2）不同的存储类型，例如，纯文本文件、HBase 中的文件。

（3）将元数据保存在关系型数据库中，大大减少了在查询过程中执行语义检查的时间。

（4）可以直接使用存储在Hadoop 文件系统中的数据。

（5）内置大量用户函数UDF 来操作时间、字符串和其他的数据挖掘工具，支持用户扩展UDF 函数来完成内置函数无法实现的操作。

（6）类 SQL 的查询方式，将 SQL查询转换为 MapReduce 的 job 在 Hadoop 集群上执行。

4. Hive的体系结构

如图2-10所示，Hive 的体系结构主要分为以下几个部分。

（1）用户接口。用户接口主要有三个：CLI、Client和WUI。其中最常用的是CLI，CLI启动的时候，会同时启动一个Hive副本。Client是Hive的客户端，用户连接至Hive Server。在启动Client模式的时候，需要指出Hive Server所在节点，并且在该节点启动Hive Server。WUI是通过浏览器访问Hive的。

（2）元数据存储。Hive 将元数据存储在数据库中，如mysql、derby。Hive中的元数据包括表的名字、表的列和分区、表的属性（是否为外部表等）、表的数据所在目录等。

（3）解释器、编译器、优化器、执行器。解释器、编译器、优化器完成HQL查询语句从词法分析、语法分析、编译、优化以及查询计划的生成。生成的查询计划存储在HDFS中，并由MapReduce调用执行。

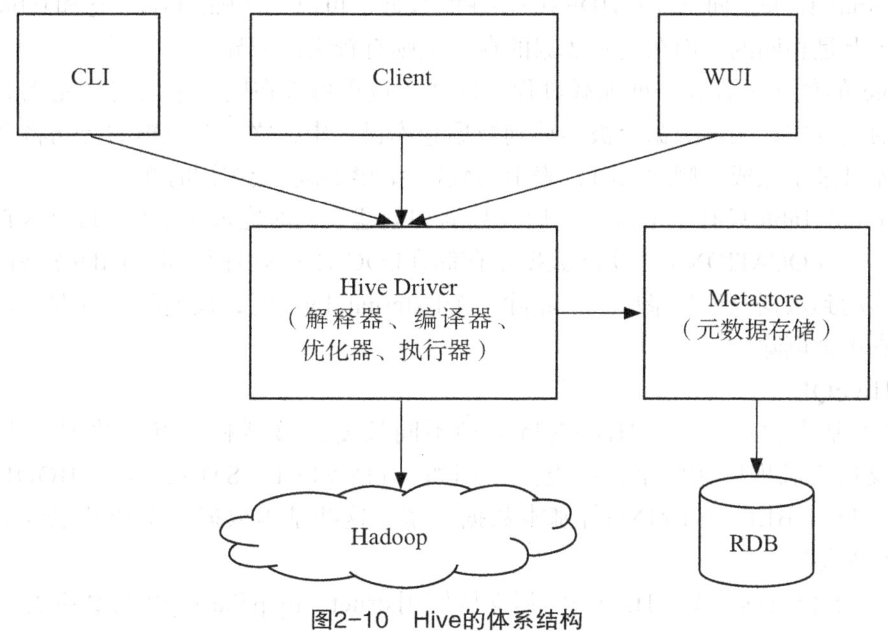

图2-10 Hive的体系结构

（4）Hadoop。Hive 的数据存储在HDFS中，大部分的查询由MapReduce完成（包含*的查询，如select * from tbl不会生成MapReduce任务）。

5. Hive数据存储

首先，Hive 没有专门的数据存储格式，也没有为数据建立索引，用户可以非常自由地组织Hive中的表，只需要在创建表的时候设置Hive数据中的列分隔符和行分隔符，Hive 就可以解析数据。

其次，Hive 中所有的数据都存储在HDFS中，Hive 中包含以下数据模型：表（Table）、外部表（External Table）、分区（Partition）、桶（Bucket）。

Hive 中的Table和数据库中的Table在概念上是类似的，每一个Table在Hive中都有一个相应的目录存储数据。例如，一个表pvs，它在HDFS中的路径为：/wh/pvs，其中，wh 是在hive-site.xml中由${hive.metastore.warehouse.dir}指定的数据仓库的目录，所有的Table数据（不包括External Table）都保存在这个目录中。

Partition 对应于数据库中Partition列的密集索引，但是Hive中Partition的组织方式和数据库中的很不相同。在Hive中，表中的一个Partition对应表下的一个目录，所有的Partition数据都存储在对应的目录中。例如：pvs表中包含ds和city的两个Partition，则对应于ds= 20090801、ctry = US的HDFS子目录为/wh/pvs/ds=20090801/ctry=US；对应于ds = 20090801、ctry = CA 的HDFS子目录为/wh/pvs/ds=20090801/ctry=CA。

Bucket对指定列计算hash，根据hash值切分数据，目的是并行，每一个Bucket对应一个文件。将user列分散至32个bucket，首先对user列的值计算hash，对应hash值为 0 的HDFS目录为/wh/pvs/ds=20090801/ctry=US/part-00000；hash值为20的HDFS目录为/wh/pvs/ds=20090801/ctry=US/part-00020。

External Table指向已经在HDFS中存在的数据，可以创建Partition。它和Table在元数据的组织上是相同的，而在实际数据的存储上则有较大的差异。

Table 的创建过程和数据加载过程（这两个过程可以在同一个语句中完成），在加载数据的过程中，实际数据会被移动到数据仓库目录中；之后对数据的访问将会直接在数据仓库目录中完成。删除表时，表中的数据和元数据将会被同时删除。

External Table只有一个过程，加载数据和创建表同时完成（CREATE EXTERNAL TABLE ……LOCATION），实际数据是存储在LOCATION后面指定的HDFS路径中的，并不会移动到数据仓库目录中。当删除一个External Table时，仅删除元数据，表中的数据不会真正被删除。

6. HiveQL

（1）基本数据类型。Hive支持多种不同长度的整型和浮点型数据，支持布尔型，也支持无长度限制的字符串类型。例如，TINYINT、SMALINT、BOOLEAN、FLOAT、DOUBLE、STRING等基本数据类型。这些基本数据类型和其他SQL方言一样，都是保留字。

（2）集合数据类型。Hive中的列支持使用struct、map和array集合数据类型。大多数关系型数据库不支持这些集合数据类型，因为它们会破坏标准格式。关系型数据库为实现集合数据类型是通过多个表之间建立合适的外键关联。在大数据系统中，使用集合数据类型的好处在于提高数据的吞吐量、减少寻址次数来提高查询速度。

使用集合数据类型创建表实例。

```
CREATE TABLE STUDENTINFO
(
NAME STRING,
FAVORITE ARRAY<STRING>,
COURSE MAP<STRING,FLOAT>,
ADDRESS STRUCT<CITY:STRING,STREET:STRING>
)
```

查询语法。

```
SELECT S.NAME,S.FAVORITE[0],S.COURSE["ENGLISH"],S.ADDRESS.CITY
FROM STUDENTINFO S;
```

创建分区表。

```
create table employee (name string,age int,sex string) partitioned by (city string)
row format delimited fields terminated by '\t';
```

分区表装载数据。

```
load data local inpath '/usr/local/lee/employee' into table employee partition
(city='hubei');
```

2.4　维度建模

首先介绍维度建模的基本概念以及建模需要遵循的基本原则，其次讲解维度建模需要的两种表——维度表和事实表，然后讲解维度建模的主要流程，最后阐述人们对维度建模的主要误区。

2.4.1　维度建模简介

维度建模一般被认为是数据分析的首选技术，因为它同时满足两个需求。

- 向业务用户交付可以理解的数据。
- 提供快速查询性能。

维度建模是一项长期技术，它能使数据库变得简单。人们一般都希望事情简单化，IT组织、咨询人员和业务用户经过无数次的试验后，都自然而然地倾向于一个简单的维度结构，用这个简单的维度结构满足人们简单化的需求。简单是至关重要的，因为它确保了在用户能够轻松理解数据的前提下，允许软件快速地导航和传递结果。

虽然模型设计者经常在关系型数据库管理系统中实例化维度模型，但是这些维度模型与试图删除数据冗余的第三范式（3NF）模型不同。归一化的3NF结构将数据划分为多个离散实体，每一个实体都成为一个关系表。举例来说，一个销售订单的数据库，最开始只有每条订单的记录，但是最后可能会变成一个由数百个规范化表组成、类似蜘蛛网图的3NF模型。

行业内有时将3NF模型称为实体—关系（ER）模型。ER模型是用来描述表与表之间关系的绘图。由于3NF模型和维度模型都由连接的关系表组成，所以它们都可以用ER模型表示。这两者的关键区别在于标准化程度的不同。为了避免混淆，大多数时候我们不把3NF模型作为ER模型来表示，反而称它们为规范化模型。

需要注意的是，维度模型包含与规范化模型相同的信息，但是维度模型会将数据打包成一种格式，从而为用户提供超强的可理解性能、查询性能，以及应变能力。

“维度建模”这一概念最先是由Kimball提出的，它是数据仓库建设中的一种数据建模方法。例如，在上面所举的市场销售产品的例子中，销售信息、库存和客户账户都可以被单独地创建为一个模型。每个模型捕获事实数据表中的事实，以及那些事实在事实数据表的维度表中所关联的特性。由这些维度与事实表的排列所产生的架构称为星型架构或雪花型架构，已被证实在数据仓库设计中很有效。

维度建模中的星型模式之所以被最广泛使用，在于它针对各个维做了大量的预处理，比如按照维度进行预先的统计、分类、排序等。这些预处理，能够极大地提升数据仓库的处理能力。特别是针对3NF的建模方法，星型模式在性能上占据明显的优势。同时，维度建模法的另外一个优点是非常直观，它紧紧围绕着业务模型，可以直观反映出业务模型中的业务问题，不需要经过特别的抽象处理，就可以完成维度建模。

但是，维度建模法的缺点也是非常明显的，由于在构建星型模式之前需要进行大量的数据预处理操作，并且这些预处理过程会导致大量的数据冗余。除此之外，当业务发生变化，需要重新进行维度的定义时，往往需要重新进行维度数据的预处理。另外一个维度建模法的缺点就是，如果只是依靠单纯的维度建模，不能保证数据来源的一致性和准确性，而且在数据仓库的底层，不是特别适用维度建模的方法。

2.4.2 维度表技术基础

1. 维度表的结构

每个维度表都包含一个单一的主键列。维度表的主键可以作为与之关联的任何事实表的外键，与此同时维度表行的技术定义要求与事实表行完全对应。也就是说，维度表是围绕事实表所建立起来的，每个维度表中的主键，都对应着事实表中某行的属性，每个维度表都表示针对事实表的一个维度上的表示。

维度表通常是宽的、扁平的、非规范化的表，具有许多低粒度的文本属性。虽然可以将操作代码和指示器视为属性，但最强大的维度属性需要有详细的描述填充。不管是查询，还是BI应用的约束和分组，维度表属性都是它们的主要目标。一般报表上的描述性标识通常是维度表属性域值。

2. 维度代理键

维度表中的主键通常有两种选择：一种是自然键（Natural Key），它是业务系统中已经存在的，通常是具有一定业务含义的一个字符型的标志符，可以唯一地标识维度表中的每一条记录，如机构的代码、缩写、时间标签等。另一种是代理键（Surrogate Key），通常是数据库系统赋予的一个数值，是自增型的，按顺序分配，没有内置含义，但也可以唯一地标识一条维度信息。根据项目经验，推荐采用第二种代理键。

维度表的设计使用一个列作为唯一的主键。这个主键不能是操作系统的自然键，因为当随时间跟踪更改时，该自然键将有多个维度行。此外，一个维度的自然键可以由多个源系统创建，并且这些自然键可能不兼容或管理不好。维度代理键通常是无意义的整形主键，按顺序分配，每次需要新键时，值从1开始，每次分配自动加 1 。但日期维度不受代理键规则约束。

3. 多维体系结构

维度建模的数据仓库中，多维体系结构（MD）包含三个关键性概念：总线结构（Bus Architecture）、一致性维度（Conformed Dimension）和一致性事实（Conformed Fact）。多维体系结构又称总线结构，它主要包括后台和前台两部分。后台也称为数据准备区，是多维体系结构最为核心的部件。一致性维度的产生、保存和分包都在后台实现。同时，代理键也在后台产生。前台是多维体系结构对外的接口，包括两种主要的数据集市：一种是原子数据集市，另一种是聚集数据集市。这两种数据集市都是以星型结构进行数据存储的，不同的是，原子数据集市保存着最低粒度的细节数据，而聚集数据集市的数据粒度通常比原子数据集市高。

在多维体系结构中，基于星型结构来建立的两种数据集市，从物理分布上来说，既可以存在于一个数据库实例中，也可以分散在不同的机器上，而分布式数据仓库正是由这些数据集市的集合所组成。在建立多个数据集市时，一致性维度的工作就已经完成了一致性的80%～90%的工作量，余下的工作就是建立一致性事实。一致性事实和一致性维度有些不同，一致性维度是由专人维护，如果在后台修改某一部分，修改部分会同时同步复制到每个数据集市，而事实表一般不会在多个数据集市间复制。用户需要查询多个数据集市中的事实时，一般通过交叉探查来实现。为此，一致性事实主要需要保证两点：第一点是KPI的定义及计算方法要一致；第二点是事实的单位要一致。如果业务要求或事实上不能保持一致，建议不同单位的事实分开建立字段保存。

这样，一致性维度将多个数据集市结合在一起，一致性事实保证不同数据集市间的事实数据可以交叉探查，一个分布式的数据仓库就建成了。

（1）数据仓库总线结构。不同业务处理过程的集成是非常有用的。在业务机构与IT机构中，尤其是那些处于较高管理阶层的人员，非常清楚在跨业务范围内进行数据的查看对于提高评估性能是很必要的。众多的数据仓库项目为了更好地理解顾客关系的管理需求，将注意力放在从终端到终端的视角。如图2-11所示，在某大型国有银行中，业务价值链的产品运营，包含许多相关的业务处理，如营销支持、产品与服务、业务运营、风险管控、核算报告与决策分析等诸多业务处理。

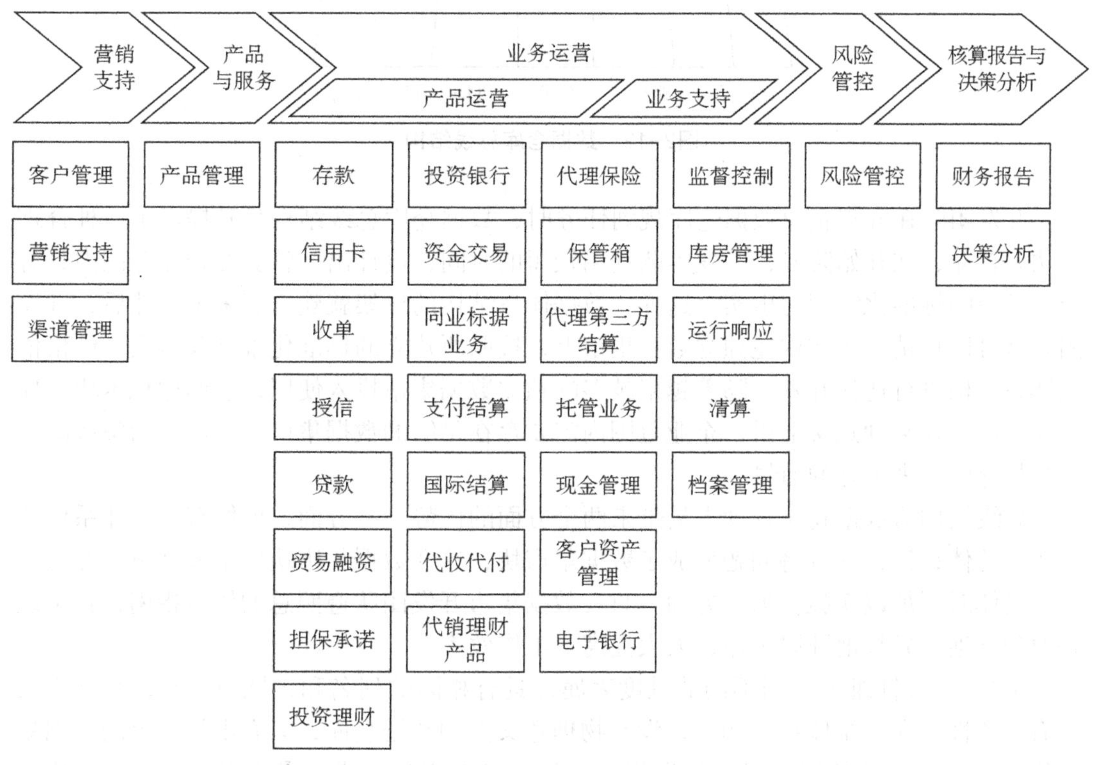

图2-11　业务价值链

很明显，要将图3-1中的业务价值链组合成数据仓库，就不能对各业务处理分别进行维度建模、建数据集市，因为如果那样的话，数据集市之间没有共享的公共维度，数据集市就会变成独立的集市，会出现问题，不能组合成数据仓库。要成功建立数据仓库，并使得数据仓库能够长期地正常运转，就需要有一种方法，可以在体系结构上按增量方式建造企业数据仓库。这里提倡使用的一种方法就是数据仓库总线结构。

如果为数据仓库环境定义标准的总线接口，那么不同的小组在不同的时间可以实现独立的数据集市。只要遵循这个标准，独立的数据集市就可以集成到一起并有效地共存。所有业务处理将创建一个维度模型系列，这些模型共享一组维度，这组公用维度具有一致性，如图2-12所示。

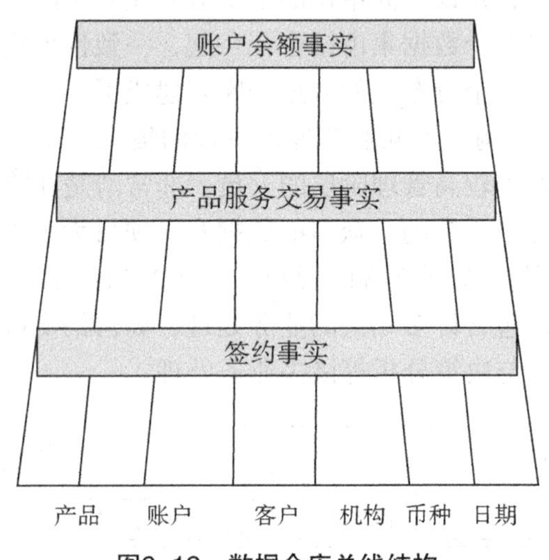

图2-12　数据仓库总线结构

开发团队在分解企业数据仓库规划任务时，数据仓库总线结构为其提供了一种合理方法。首先，在开始阶段，开发团队利用较短的时间，设计出一整套在企业范围内具有统一解释的标准化维度与事实。这样，数据体系结构的框架就建立起来了。然后，开发团队就可以把精力放在构建独立数据集市上，按照所建立的标准化维度及事实，严格依照体系结构进行迭代开发。随着越来越多的独立数据集市投入使用，它们像积木块一样搭在一起。在某种意义上讲，企业范围内需要存在足够的数据集市，才可能为集成的企业数据仓库带来美好的前景。

总线结构给数据仓库管理人员带来两个方面的优势。一方面，他们有一个体系框架来指导总体设计，并且将问题分成了数据集市块，这些数据集市块以字节计量，并可以根据具体时限加以实施。另一方面，只要数据集市开发团队遵照总的体系指南，就可以相对独立地、异步地开展工作，大大提高了工作效率。

（2）一致性维度。当不同的维度表属性具有相同的列名和领域内容时，称维度表具有一致性。在多维体系结构中，没有物理意义上的数据仓库，只有由物理上的数据集市组合成逻辑上的数据仓库。数据集市的建立可以逐步完成，最终组合在一起，成为一个数据仓库。如果分步建立数据集市的过程出现了问题，数据集市就会变成孤立的集市，不能组合成数据仓库，而一致性维度的提出正式可以解决这个问题（多个物理的数据仓库才需要一致性统一）。图2-13给出了这种维度共享情形的逻辑表示形式。

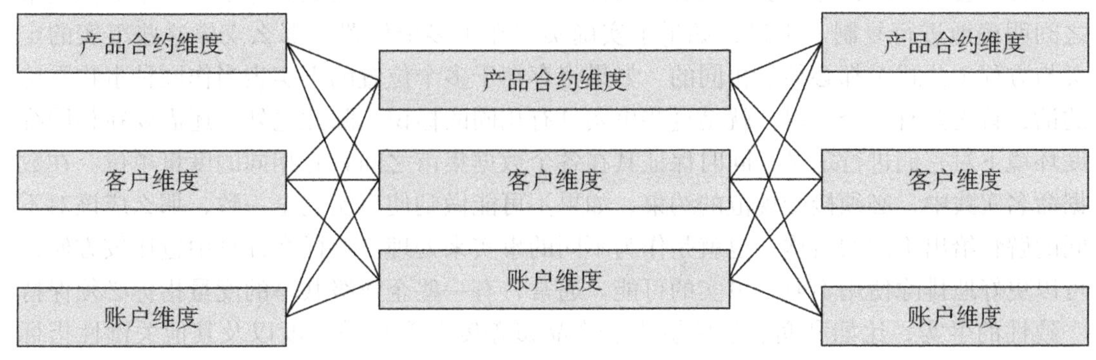

图2-13　业务处理之间的维度共享

对于设计可以进行集成的数据集市来说，共享公共的维度具有绝对的决定性作用。这样做可以使来自不同处理的性能度量值组合到单个报表中去。具体的实现过程是，首先使用多通路的SQL单独查询各个集市，然后基于共同的维度属性对查询结果施加外连接。在维度表属性具有同一性的情况下，这个通常称作交叉探查的连接是很实用的。

在同一个集市内，一致性维度的意思是：两个维度如果有关系，要么就是完全一样的，要么就是在数学意义上一个维度是另一个维度的子集。例如，如果建立月维度的话，月维度的各种描述必须与日期维度中的完全一致，最常用的做法就是在日期维度上建立视图生成月维度。这样月维度就可以是日期维度的子集，在后续钻取等操作时可以保持一致。如果维度表中的数据量较大，出于对效率的考虑，应该建立物理化视图或者实际的物理表。

维度保持一致后，事实就可以保存在各个数据集市中。虽然各数据集市在物理上是独立的，但由于一致性维度的关系，在逻辑上所有的数据集市是联系在一起的，随时可以进行交叉探查等操作，也就组成了数据仓库。

一致的维度具有一致的维度关键字、属性列名字、属性定义以及属性值（将转化成一致的报表标签与分组标识）。如果属性标签的标识不同或者包含不同的值，维度表就不是一致的（不被处理成一致的）。如果客户或者产品维度是按非一致的方式进行配置的，两种结果会产生：一是分散的数据集市不能在一起使用；二是将它们用在一起，而最终产生无效的结果，这样更为糟糕。

一致的维度以几种不同的样式出现。在最基本的层次上，一致的维度意味着与它们相连接的每种可能的事实表具有完全相同的内容。比如图3-2业务处理之间的维度共享图中，连接到签约事实上的日期维度与连接到账户余额事实上的日期维度是一致的。实际上，一致的维度在数据库范围内可能就是相同的物理表。不过，如果一个数据仓库技术环境配有多种数据库平台的话，基于其典型复杂性的考虑，维度更有可能同时在每个数据集市都存在复制的情况。在其中任何一种情况下，两个数据集市的日期维度都将具有相同数目的行、相同的关键字值、相同的属性标签、相同的属性定义与相同的属性值等。同样，也存在一致的数据内容、数据解释与用户展示。

（3）一致性事实。当不同的事实表具有相同的事实，且这些事实具有相同的定义域方程（公式）时，称事实表具有一致性。一般来说，事实表数据并不在各个数据集市之间明确地进行复制。不过，如果事实确实存在于多个位置，那么支撑这些事实的定义与方程（公式）都必须是相同的。如果将存在于多个位置的事实表当作同种事物看待的话，首先要有一个前提，就是这些事实具有相同的标识。除此之外，还需要在相同维度环境下对它们进行定义，同时保证其在各个数据集市之间具有相同的度量单位。在数据命名实践中，必须接受规范的约束，如果不可能做到使事实完全一致，那么应该对不同的解释给出不同的名称，也就是作为不同的事实来处理。这样在计算中也比较方便，可以更好地排除使用不兼容事实的可能。通常，有一些企业级共享的度量指标必须保持一致性的事实，比如利润、经济资本、产品覆盖度、客户满意度以及其他关键性指标（KPI）等。

4. 缓慢变化维度

缓慢变化维度（Slow Changing Dimensions，SCD）指随着时间变化相对较慢的维度，如产品类别维度、地区维度等。SCD可根据是否/如何保留维度的变化历史，分为不同类别。

（1）类型0：保留原来的。对于类型0，维度属性值永远不会改变，所以事实总是按照这个原始值分组。类型0适用于任何标有“原始”的属性，例如客户的原始信用评分或持久标识符。此类型也适用于日期维度中的大多数属性，因为日期维度中的大多数属性都带有“原始”属性。

（2）类型1：覆盖。对于类型1，维度行中的旧属性值被新值覆盖。类型1属性总是引用最近的赋值，直接将维度表中的旧值覆盖掉，因此这种技术没有保留维度的变化历史。尽管这种方法很容易实现，并且不创建额外的维度行，但是必须注意要重新计算由此更改连接的聚合事实表和OLAP多维数据集。

（3）类型2：添加新行。类型2在维度中新增一行数据，此数据具有更新的属性值，并将旧数据行标记为“过期”。因为可能会有多个行描述每个成员，所以维度的主键需要泛化到自然或持久键之外。当为维度成员创建新行时，会为所有事实表分配一个新的主代理键，并将其用作外键。此类型的优势是根据start/end date可以追踪所有的历史，且知道变化的具体时间点。缺点是在维度表中引入多条历史记录会导致数据量增大，效率降低。同时唯一标识的变化，可能会导致事实表和维度表的关系变得不一致，导致出现错误的查询结果。

（4）类型3：添加新属性。类型3在维度中添加一个新属性以保存旧属性值，新值覆盖了主属性，如类型1的更改。这种类型的改变有时被称为另一种现实。新增加的属性中保存的是历史备用属性值，原属性中保存的是当前最新的值，因此业务用户可以根据这两个属性值对事实数据进行分组和筛选。这种缓慢变化的维数技术效率比较高，用户可根据个人需求决定是否使用。

（5）类型4：添加微型维度。当维度中的一组属性快速变化并被分割为一个小维度时，使用类型4技术。这种情况有时被称为快速变化的维度。如果维度表中有数百万行记录或者更多，而且这些记录中的字段又经常变化，设计人员一般不会使用类型2的缓慢变化维度处理方法，因为大家都不愿意向本来就有几百万行的维度表中添加更多的行。这时，有种解决的方法是，将分析频率比较高或者变化频率比较大的字段提取出来，建立一个单独的维度表，这个单独的维度表就是微型维度表。

（6）类型5：添加微型维度和类型1支架。类型5技术用于精确地保存历史属性值，并根据当前属性值报告历史事实。类型5构建在类型4微型维度的基础上，也将类型1的引用嵌入到微型维度中。这种类型允许访问当前分配的微型维度属性以及基本维度中的其他属性，而无须通过事实表进行连接。为了分析的方便，可以把类型4中微型维度的关键字的最新值作为外键关联到客户维度表。这时一定要注意，这个外关键字必须进行类型1的处理，也就是将旧属性值替换为新属性值。

（7）类型6：向类型2维度中添加类型1属性。与类型5一样，类型6也提供历史和当前维度属性值。类型6构建在类型2的基础上，它还在维度行中嵌入相同属性的当前类型1版本，以便在度量发生时，事实行可以通过类型2属性值进行过滤或分组。在这种情况下，每当属性被更新时，类型1属性就会被系统地覆盖到与特定持久键相关的所有行上。

（8）类型7：类型1和类型2双型维度。类型7是一种混合技术，用于支持原有和现有的报表。事实表可以通过一个维度来访问，该维度建模为一个类型1维度，只显示当前的大多数属性值，或者作为一个类型2维度，显示当前属性值和历史属性值。也就是说，同一个维度表支持两个透视图，即类型1透视图和类型2透视图。维度的持久键和主代理键都放在事实表中。对于类型1透视图，维度中的当前标识被限制为当前的，通过持久键与事实表连接。对于类型2透视图，当前标识不受约束，事实表通过代理主键连接。这两个透视图将作为独立的视图部署到BI应用程序。

2.4.3　事实表技术基础

1. 事实表的结构

事实表是数据仓库结构中的中央表，它包含联系事实与维度表的数字度量值和键。事实表包含描述业务（例如产品销售）内特定事件的数据。事实表中存储的是现实世界中发生的操作性事件所产生的可度量数值。从最低级的原子粒度来看，事实表中的一行记录对应现实世界中的一个度量事件，事实表的一行对应一个度量值，一个度量值就是事实表的一行，事实表的所有度量值必须具有相同的粒度。事实表的基本设计完全基于物理活动，是尊重现实的，不受可能产生的最终报告的影响。除了数字度量之外，事实表始终包含每个相关维度的外键，用于关联与之相关的维度，也包含可选的退化维度键和日期/时间戳。事实表是计算和查询产生的动态聚合的主要目标。

事实表中最有用的事实是数字类型事实和可加性事实。数字类型事实又可简称为数字度量。

2. 可加性、半可加性、不可加性事实

将事实相加以获得对单个事实汇总的能力被称为可加性。根据可加性可以将事实表中的数字度量分为三类：可加、半可加、不可加（或非可加）。最灵活、最有用的事实是完全可加度量，它可以按照与事实表关联的任意维度汇总，比如销售金额。半可加性度量可以对某些特定维度求和，但不能对所有维度求和，比如库存。差额是常见的半可加性事实，因为它们在除时间之外的所有维度上都是可以相加的。最后，一些度量是完全不可加的，就是不论按照哪个维度都不可以相加，或者相加后成为没有意义的度量值，比如温度/利润率。汇总行中的利润率需要根据分类汇总的利润额度和订单额度的比值得到，而非通过将各个销售人员的利润率相加获得。对于此类的不可加性事实，可以以可加性事实的比率方式计算，即，在可能的情况下，在计算最终的不可加事实之前，将不可加度量的完全加性成分存储起来，并将这些成分相加到最终答案集中。这种计算通常在BI层或OLAP立方体中进行。

3. 事实表中的空值

事实表中的度量值可以存在空值，因为所有的聚集函数（SUM、COUNT、MIN、MAX、AVG）均可以对空值进行计算。事实表的维度外键不能存在空值，因为如果存在空值，事实表会无法关联到维度表，两者之间断开，也违反了参照完整性。关联的维度表必须用默认行（代理键）而不是空值外键表示未知的或无法应用的情况。

4. 事实表的三种基本类型

数据仓库在进行维度建模时，会使用到三种基本的事实表，这三种基本类型事实表包括：事务事实表、周期快照事实表和累积快照事实表。这三种事实表使用相同的一致性维度，但是它们在描述业务事实方面差异性很大。

（1）事务事实表。事务事实表记录事务层面的事实，保存最原子的数据，也称“原子事实表”。事务事实表中的一行对应空间和时间点上的度量事件。事务事实表是最多维和最富表现力的事实表，这种稳健的维度能够最大限度地分割事务数据。事务事实表可能是密集的或稀疏的，因为只有在进行度量时才存在行。这些事实表总是包含每个相关维度的外键，并且可以选择精确的时间戳和退化的维度键。测量数值的事实必须与事务一致。

（2）周期快照事实表。周期快照事实表中的一行总结了在标准周期内发生的许多度量事件，以具有规律性的、可预见的时间间隔来记录事实，例如一天、一周或一个月的多个度量。其粒度是周期性的时间段，而不是单个事务。周期快照事实表是在事务事实表之上建立的聚集表，它比事务事实表的粒度粗。因为要包含所有与事实表时间范围一致的记录，导致周期快照事实表包含许多数据的总计。在这些事实表中，外键的密度是均匀的，因为即使周期内没有活动发生，通常也会在事实表中为每个维度插入包含0或空值的行。周期快照事实表的维度个数比事务事实表少，但是记录的事实比事务事实表多。

（3）积累快照事实表。累积快照事实表和周期快照事实表有相似之处，也有不同之处。相似之处是它们都是存储事务数据的快照信息，不同之处是周期快照事实表记录数据的周期是确定的，而累积快照事实表记录数据的周期是不确定的。累积快照事实表中的一行总结了在业务流程开始和结束之间的可预测步骤中发生的度量事件。管道或工作状态过程，如订单完成或索赔处理，具有起始点、标准的中间步骤和结束点，完全可以使用这种事实表来建模。在事实表中，每个关键里程碑都有一个日期外键。在累积快照事实表中，创建订单行时，首先插入对应于订单上的一行的单个行。随着管道进程的发生或订单状态的改变，积累快照事实表的行被重新访问并更新。在三种事实表类型中，累积快照事实表的这种一致更新是特殊并唯一的，因为对于前面两类事实表只追加数据不更新。积累快照事实表中，除了与每个关键步骤相关联的日期外，还包含其他维度的外键及可退化维度的外键。累积快照事实表在库存、采购、销售、电商等业务领域都有广泛应用。

2.4.4　维度建模设计的主要流程

维度模型应该是由数据建模师和业务方协作设计。虽然是数据建模师负责模型的设计，但是在设计的过程中应该与业务代表方相互沟通交流，通过一系列高度交互的交流会来展开设计。这些交流会为企业提供了一个充实需求的机会。如果还没完全了解业务及其需求，就想要设计维度模型是不行的，这只会造成孤立设计，不合实际。因此，数据建模师和业务方的协作是至关重要的!

在设计维度模型时所做的四个关键决定包括：选择业务流程、声明粒度、确认维度、确认事实。如图2-14所示。

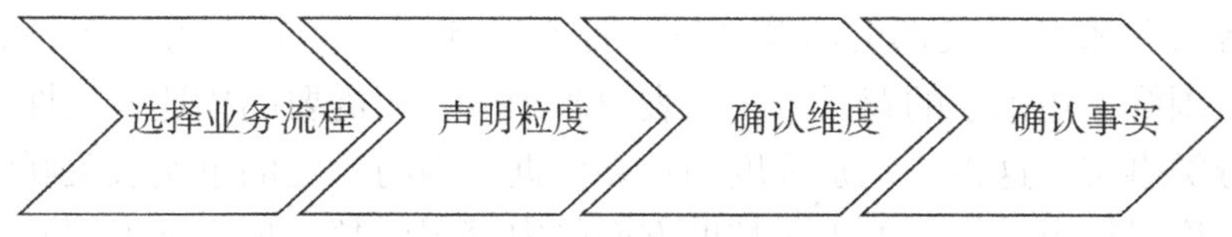

图2-14　维度模型设计过程

在设计维度模型的各个阶段中，首先要考虑业务的需求，其次考虑协作建模会话中底层源数据的显示，通过这两点来设定各个阶段的内容。通过设计出这四个阶段的业务流程、粒度、维度和事实，设计团队最终可以确定表、列名、示例域值和业务规则。在维度模型设计过程中，业务方必须全程参与，以确保业务符合事实。

1. 选择业务流程

业务流程是机构中进行的自然业务活动，它们一般都由源系统提供支持。选择业务流程有很多方式，其中效率最高的是听取用户的意见。在选择业务阶段，数据模型设计者需要具有全局和发展的视角，应该在理解整体业务流程的基础上，从全局角度选择业务处理。例如，下订单、处理保险索赔、为班级注册学生或每个月对每个账户进行快照。将业务流程事件的生成或捕获性能作为一个度量，并将其转换为事实表中的事实。每个业务流程对应于企业数据仓库总线矩阵中的一行。需要注意的是为了能在企业范围内提交一致的数据，设计者要将注意力集中放在业务流程方面，而不是业务部门方面。如果建立的维度模型是与部门捆绑在一起的，就可能出现具有不同标识或者不同术语的数据复制。多重数据流向单独的维度模型，会使用户在应付不一致性的问题方面显得很脆弱。确保一致性的最佳办法是对数据进行一次性地发布。单一的发布过程还能减少ETL的开发量，减轻后续数据管理与磁盘存储方面的负担。

2. 声明粒度

声明粒度即明确说明各事实表每行实际代表的内容。粒度表示了事实表与度量值相关联的细节程度的信息。它给出了“如何描述事实表的单个行”这个问题的答案。

声明粒度是不容轻视的、至关重要的步骤。在定义粒度时，应优先考虑为业务处理获取最具有原子性的信息。原子型数据是所收集的最详细的信息，这样的数据不能再做更进一步的细分。通过在最低层面上装配数据，大多原子粒度在具有多个前端的应用场合会显示出其价值所在。原子型数据是高度维结构化的。事实度量值越细微并具有原子性，就越能够确切地知道更多的事情，所有那些确切知道的事情都转换为维度。在这点上，原子型数据可以说是维度方法的一个极佳匹配。

维度模型的细节性数据是稳如泰山的，并随时准备接受业务用户的特殊攻击。当然，也可以将最具有原子性的数据聚集在一起、组合在一起，形成业务处理的较高层面的粒度。不过，选取较高层面粒度具有明显的劣势，那就意味着将自己限制到更少或者细节性可能更小的维度上了。具有较少粒度性的模型容易直接遭到攻击，这种攻击一般是由很多不可预见的用户请求所带来的，这些用户请求会深入到细节内容，所以对较少粒度性的模型是个威胁。聚集概要性数据是调整性能的一种手段，它在声明粒度中起着非常重要的作用，但它绝对不能作为用户存取最低层面的细节内容的替代品。

3. 确认维度

某一业务过程事件一般都会涉及“谁、什么、何处、何时、为什么、如何”等因素，维度提供围绕上述因素的背景。维度表包含BI应用所需要的描述性属性，这些属性用于过滤及分类事实，这也是识别维度的重要依据。当与给定的事实表关联时，任何情况下都应使维度保持单一值。如果对粒度方面的内容很清楚，那么维度的确定一般是非常容易的。通过维度的选定，可以列出那些离散的文本属性，这样就可以使每个维度表丰满起来。常见维度的例子包括日期、产品、客户、账户和机构等。

维度表有时被称为数据仓库的“灵魂”，因为它们包含入口点和描述性标签，使DW/BI系统能够用于业务分析。维度表的数据治理和开发是用户BI体验的驱动因素，所以模型设计者需要在其中投入相当多的精力。

4. 确认事实

设计过程的第四步同时也是最后一步，在于仔细确定哪些事实要在事实表中出现。为了确认事实，可以先回答“要对什么内容进行评测”这个问题。业务用户在这些业务处理性能度量值的分析方面具有浓厚的兴趣。设计中所有供选取的信息必须满足在第2步声明粒度中所提的要求。明显属于不同粒度的事实必须放在单独的事实表中。通常可以从以下三个角度来建立事实表。

（1）针对某个特定的行为动作，建立一个以行为活动最小单元为粒度的事实表。这里要先明确行为活动最小单元指的是什么。最小行为活动单元的定义依赖于分析业务需求。它记录并描述了用户的一个不可再分割的动作，比如用户的一次网页点击行为、一次网站登录行为、一次电话通话记录等。这种事实表主要用于从多个维度统计行为的发生情况，这在业务分布情况、绩效考核比较等方面的数据分析中用得比较多。

（2）针对某个实体对象在当前时间上的状况，要先明确这个实体对象所处的不同阶段，在不同阶段存储它的快照，如账户的余额、用户拥有的产品数等。通过这种角度可以统计实体对象在不同生命周期中的关键数量指标。

（3）针对业务活动中的重要分析和跟踪对象，统计在整个企业不同业务活动中的发生情况。比如会员可以执行或参与多个特定的行为活动，会员即被列为分析跟踪对象，可以根据会员在整个企业内的行为活动建立事实表。这种事实表是以上两种事实表的一个总结和归纳。它主要用于针对业务中的活动对象进行跟踪和考察。

2.4.5　维度模型的误区

尽管人们普遍接受维度建模，但这在行业中仍然存在一些误解。很多时候，特别是想让团队与一般的最佳实践保持一致的时候，这些错误的断言会产生误导。

1. 误区1：维度模型仅用于汇总数据

第一个误区常常是设计不好维度模型的根本原因。因为无法预测业务用户提出的所有问题，所以需要为他们提供一个功能强大的访问，可以查询到最详细的数据，以便他们能够根据业务问题进行汇总。无论外界怎么变化，最低程度的原子数据是不受影响的。这些原子数据除了用于汇总数据，还可以形成摘要数据，对数据仓库、业务智能和粒度细节进行补充，从而为常见查询提供更好的性能。

如果认同了误区1的观点，结果必然会导致仅在维度结构中存储有限的历史数据。而实际上，关于维度模型，没有任何东西可以阻止它存储大量的历史数据。维度模型中可用的历史数据量必须仅由业务需求驱动。

2. 误区2：维度模型是部门级的而不是企业级的

在建维度模型的时候，不要基于组织部门职责划分界限，应该围绕业务流程来组织维度模型，比如订单、发票和服务调用。多个业务功能往往要分析单个业务流程产生的相同度量。应该避免对同一源数据进行多次提取，防止产生不一致的分析数据。

3. 误区3：维度模型是不可扩展的

维度模型具有极强的可扩展性。事实表通常有数十亿行，据报道，有的事实表包含2万亿行。数据库厂商已经全力支持DW/BI，并继续将功能集成到他们的产品中，使得维度模型的可伸缩性和性能大大提升。规范化数据库和维度模型包含相同的信息和数据关系，逻辑内容是相同的。在一个模型中表示的每个数据关系都可以在另一个模型中准确地表达出来。尽管难度不同，规范化数据库和维度模型都可以回答完全相同的问题。也就是说，维度模型完全可以扩展。

4. 误区4：维度模型仅可用于预测

维度模型的设计不应侧重于预先设计的报表或分析，设计应该以度量过程为中心，应该着重考虑BI应用程序的过滤和标识需求。但是不应该列出前10个报表的名单，因为这种报表会经常发生改变，从而使多维模型也跟着变化。要将组织的度量事件作为重点来关注，从这些度量事件与不断变化的分析比较来看，它们通常还是比较稳定的。

正如建筑师密斯·凡·德罗所说：“细节是上帝。”使用尽可能详细粒度的数据来构建维度模型，可以使维度模型具有最大的灵活性和可扩展性。如果维度模型中没有尽可能详细粒度的数据，就无法构建稳健的商务智能。

5. 误区5：维度模型不能集成

如果维度模型遵循企业数据仓库总线结构，那么它们大多数都可以被集成。一致性维度是一种集中的、持久的主数据，它在ETL系统中建立并维护，然后跨维度模型重用，这样可以支持数据集成并确保语义的一致性。数据集成依赖标准化的标签、值和定义。要达成组织的一致性并实现相应的ETL规则是一项艰巨的工作，但无论是填充规范化模型还是维度模型，开发者都无法回避这一工作。

展示区数据库如果不坚持采用具有共享一致性维度的总线结构，将导致烟囱式解决方案分别独立。一些企业失败是因为没有遵循基本规则，不能将失败原因归罪于维度模型。

实验二　数据仓库的建立

【实验名称】数据仓库的建立

【实验目的】

（1）熟悉Hive数据仓库的使用。
（2）熟悉使用HiveQL进行数据分析。

【实验背景】

本实验使用Hive建立数据仓库，并使用HiveQL对商品销售数据进行分析。数据文件为small_user.csv，在导入数据到Hive前先使用pre_deal.sh脚本对csv数据文件进行预处理。

【实验原理】

数据仓库（Data Warehouse）是一个面向主题的（Subject Oriented）、集成的（Integrated）、相对稳定的（Non-Volatile）、反映历史变化（Time Variant）的数据集合，用于支持管理决策。

Hive是一个构建于Hadoop顶层的数据仓库工具，支持大规模数据存储、分析，具有良好的可扩展性，某种程度上可以看作是用户编程接口。Hive本身不存储和处理数据，依赖分布式文件系统HDFS存储数据，依赖分布式并行计算模型MapReduce处理数据，定义了简单的类似SQL的查询语言——HiveQL，用户可以通过编写的HiveQL语句运行MapReduce任务，可以很容易把原来构建在关系型数据库上的数据仓库应用程序移植到Hadoop平台上。

Hive是一个可以提供有效、合理、直观组织和使用数据的分析工具。

【实验环境】

（1）ubuntu 16.04。
（2）Hadoop 2.7.3。
（3）Hive 1.2.2。

【建议课时】

4课时。

【实验步骤】

一、本地数据集上传到数据仓库Hive

1．数据准备和预处理

```
wget http://i9000.net:8888/sgn/LMS/BI/2/small_user.csv
wget http://i9000.net:8888/sgn/LMS/BI/2/pre_deal.sh
```

```
ubuntu@14d2fe358d3c:~$ wget http://i9000.net:8888/sgn/LMS/BI/2/small_user.csv
--2021-02-01 09:12:36--  http://i9000.net:8888/sgn/LMS/BI/2/small_user.csv
Resolving i9000.net (i9000.net)... 43.254.91.90
Connecting to i9000.net (i9000.net)|43.254.91.90|:8888... connected.
HTTP request sent, awaiting response... 200 OK
Length: 13530111 (13M) [text/csv]
Saving to: 'small_user.csv'

small_user.csv       100%[==================================>]  12.90M  2.93MB/s    in 3.7s

2021-02-01 09:12:40 (3.44 MB/s) - 'small_user.csv' saved [13530111/13530111]

ubuntu@14d2fe358d3c:~$ wget http://i9000.net:8888/sgn/LMS/BI/2/pre_deal.sh
--2021-02-01 09:12:47--  http://i9000.net:8888/sgn/LMS/BI/2/pre_deal.sh
Resolving i9000.net (i9000.net)... 43.254.91.90
Connecting to i9000.net (i9000.net)|43.254.91.90|:8888... connected.
HTTP request sent, awaiting response... 200 OK
Length: 1237 (1.2K) [text/x-sh]
Saving to: 'pre_deal.sh'

pre_deal.sh          100%[==================================>]   1.21K  --.-KB/s    in 0s

2021-02-01 09:12:47 (93.0 MB/s) - 'pre_deal.sh' saved [1237/1237]

ubuntu@14d2fe358d3c:~$
```

在linux界面下执行如下命令。

```
ls（查看当前文件夹下所有文件）
```

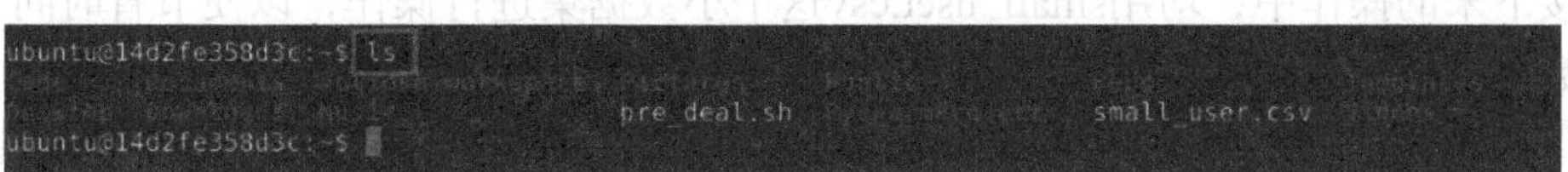

```
head -5 small_user.csv（查看small_user.csv前5行数据）
```

```
ubuntu@14d2fe358d3c:~$ head -5 small_user.csv
user_id,item_id,behavior_type,user_geohash,item_category,time
10001082,285259775,1,97lk14c,4076,2014-12-08 18
10001082,4368907,1,,5503,2014-12-12 12
10001082,4368907,1,,5503,2014-12-12 12
10001082,53616768,1,,9762,2014-12-02 15
ubuntu@14d2fe358d3c:~$
```

可以看出，每行记录都包括5个字段，数据集中的字段及其含义如下：

user_id（用户id）

item_id（商品id）

behaviour_type（包括浏览、收藏、加购物车、购买，对应取值分别是1、2、3、4）

user_geohash（用户地理位置哈希值，有些记录中没有这个字段值，因此后续会在用脚本做数据预处理时把这个字段全部删除）

item_category（商品分类）

time（该记录产生时间）

数据集的预处理——删除文件第一行记录，即字段名称。

small_user中的第一行是字段名称，将文件中的数据导入到数据仓库Hive中时，不需要第一行字段名称，因此，这里在做数据预处理时，删除第一行。

删除行信息。

```
sed -i '1d' small_user.csv
（//1d表示删除第一行，同理，3d表示删除第三行，nd表示删除第n行）
```

运行完毕后查看是否删除成功。

```
head -5 small_user.csv
```

```
ubuntu@14d2fe358d3c:~$ sed -i '1d' small_user.csv
ubuntu@14d2fe358d3c:~$ head -5 small_user.csv
10001082,285259775,1,97lk14c,4076,2014-12-08 18
10001082,4368907,1,,5503,2014-12-12 12
10001082,4368907,1,,5503,2014-12-12 12
10001082,53616768,1,,9762,2014-12-02 15
10001082,151466952,1,,5232,2014-12-12 11
ubuntu@14d2fe358d3c:~$
```

接下来的操作中，均用small_user.csv这个小数据集进行操作，以便节省时间。

数据集的预处理——对字段进行预处理

下面对数据集进行预处理操作，包括为每行记录增加一个id字段（让记录具有唯一性）、增加一个省份字段（用来后续进行可视化分析），并且丢弃user_geohash字段（后面分析不需要这个字段）。

pre_deal.sh文件解析。

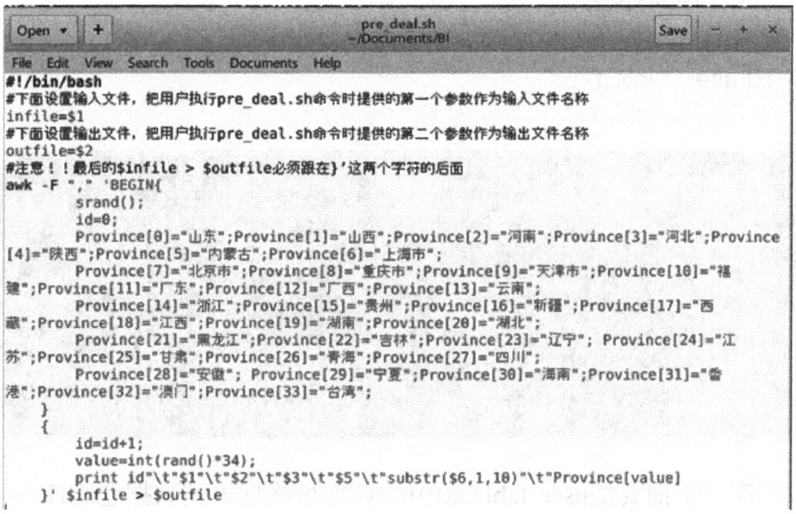

```
Open ▾  +          pre_deal.sh
                   ~/Documents/BI          Save  –  +  ×
File  Edit  View  Search  Tools  Documents  Help
#!/bin/bash
#下面设置输入文件，把用户执行pre_deal.sh命令时提供的第一个参数作为输入文件名称
infile=$1
#下面设置输出文件，把用户执行pre_deal.sh命令时提供的第二个参数作为输出文件名称
outfile=$2
#注意！！最后的$infile > $outfile必须跟在}'这两个字符的后面
awk -F "," 'BEGIN{
        srand();
        id=0;
        Province[0]="山东";Province[1]="山西";Province[2]="河南";Province[3]="河北";Province
[4]="陕西";Province[5]="内蒙古";Province[6]="上海市";
        Province[7]="北京市";Province[8]="重庆市";Province[9]="天津市";Province[10]="福
建";Province[11]="广东";Province[12]="广西";Province[13]="云南";
        Province[14]="浙江";Province[15]="贵州";Province[16]="新疆";Province[17]="西
藏";Province[18]="江西";Province[19]="湖南";Province[20]="湖北";
        Province[21]="黑龙江";Province[22]="吉林";Province[23]="辽宁"; Province[24]="江
苏";Province[25]="甘肃";Province[26]="青海";Province[27]="四川";
        Province[28]="安徽"; Province[29]="宁夏";Province[30]="海南";Province[31]="香
港";Province[32]="澳门";Province[33]="台湾";
    }
    {
        id=id+1;
        value=int(rand()*34);
        print id"\t"$1"\t"$2"\t"$3"\t"$5"\t"substr($6,1,10)"\t"Province[value]
    }' $infile > $outfile
```

使用awk可以逐行读取输入文件，并对逐行进行相应操作。其中，-F参数用于指出每行记录的不同字段之间用什么字符进行分割，这里是用逗号进行分割的。处理逻辑代码需要用两个英文单引号引起来。

infile是输入文件的名称，这里输入small_user.csv，outfile表示处理结束后输出的文件名称，后面使用user_table.txt作为输出文件名称。

在pre_deal.sh代码的处理逻辑部分，srand()用于生成随机数的种子，id为数据集新增的一个字段，它是一个自增类型，每条记录增加1，这样可以保证每条记录具有唯一性。为数据集新增一个省份字段，用来进行后面的数据可视化分析，为了给每条记录增加一个省份字段的值，首先用Province[]数组来保存全国各个省份信息，然后，在遍历数据集small_user.csv的时候，每当遍历到其中一条记录，使用value=int(rand()*34)语句随机生成一个0～33的整数，作为Province省份值，然后从Province[]数组当中获取省份名称，增加到该条记录中。

substr($6,1,10)这个语句是为了截取时间字段time的年月日，方便后续存储为date格式。awk每次遍历到一条记录时，每条记录包含了6个字段，其中，第6个字段是时间字段，substr($6,1,10)语句就表示获取第6个字段的值，截取前10个字符，第6个字段是类似“2014-12-08 18”这样的字符串（也就是表示2014年12月8日18时），substr($6,1,10)截取后，就丢弃了小时，只保留了年月日。

另外，在“print id"\t"$1"\t"$2"\t"$3"t"$5"\t"substr($6,1,10)"\t"Province[value]”这行语句中，丢弃了每行记录的第4个字段，因此，没有出现$4。生成后的文件是用“\t”进行分割的，这样，后续查看数据的时候，每个字段在排版的时候会对齐显示，如果用逗号分隔，显示效果就比较乱。

运行predeal.sh。

```
chmod +x ./pre_deal.sh
./pre_deal.sh ./small_user.csv ./user_table.txt
head -10 user_table.txt
```

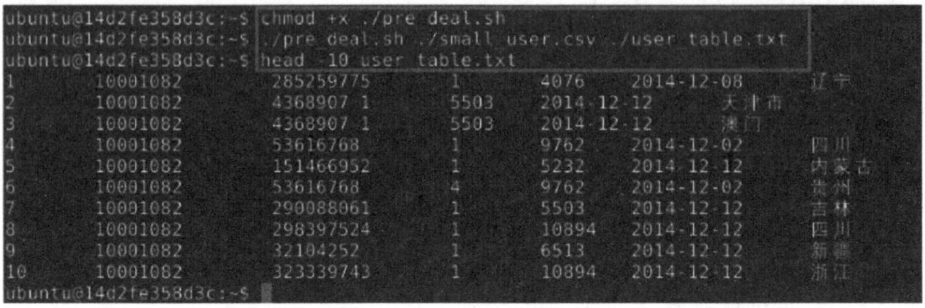

```
ubuntu@14d2fe358d3c:~$ chmod +x ./pre_deal.sh
ubuntu@14d2fe358d3c:~$ ./pre_deal.sh ./small_user.csv ./user_table.txt
ubuntu@14d2fe358d3c:~$ head -10 user_table.txt
1       10001082        285259775       1       4076    2014-12-08      辽宁
2       10001082        4368907 1       5503    2014-12-12      天津市
3       10001082        4368907 1       5503    2014-12-12      澳门
4       10001082        53616768        1       9762    2014-12-02      四川
5       10001082        151466952       1       5232    2014-12-12      内蒙古
6       10001082        53616768        4       9762    2014-12-02      贵州
7       10001082        290088061       1       5503    2014-12-12      吉林
8       10001082        298397524       1       10894   2014-12-12      四川
9       10001082        32104252        1       6513    2014-12-12      新疆
10      10001082        323339743       1       10894   2014-12-12      浙江
ubuntu@14d2fe358d3c:~$
```

导入数据库，下面要把user_table.txt中的数据最终导入到数据仓库Hive中。

2. 启动Hadoop

首先，执行下面命令，启动hadoop，在/opt/hadoop/sbin目录下。

```
cd /opt/hadoop/sbin
hadoop namenode -format
./start-all.sh
```

启动完毕后，jps查看。

```
jps
```

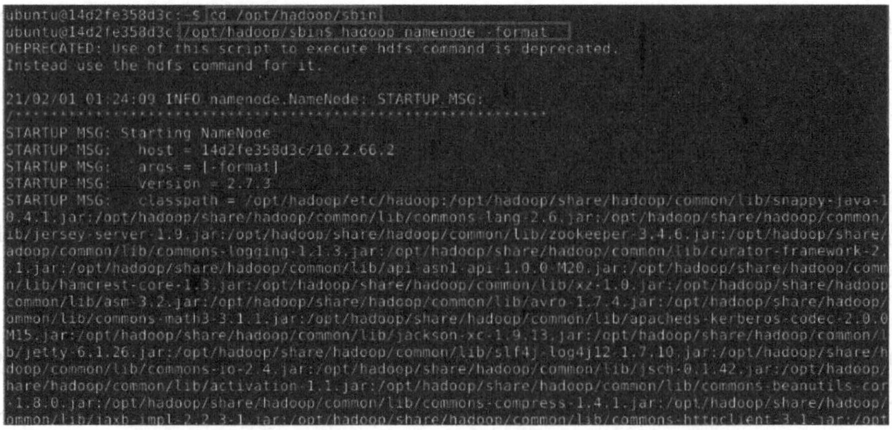

```
ubuntu@14d2fe358d3c:~$ cd /opt/hadoop/sbin
ubuntu@14d2fe358d3c:/opt/hadoop/sbin$ hadoop namenode -format
DEPRECATED: Use of this script to execute hdfs command is deprecated.
Instead use the hdfs command for it.

21/02/01 01:24:09 INFO namenode.NameNode: STARTUP_MSG:
/************************************************************
STARTUP_MSG: Starting NameNode
STARTUP_MSG:   host = 14d2fe358d3c/10.2.66.2
STARTUP_MSG:   args = [-format]
STARTUP_MSG:   version = 2.7.3
STARTUP_MSG:   classpath = /opt/hadoop/etc/hadoop:/opt/hadoop/share/hadoop/common/lib/snappy-java-1
0.4.1.jar:/opt/hadoop/share/hadoop/common/lib/commons-lang-2.6.jar:/opt/hadoop/share/hadoop/common/
ib/jersey-server-1.9.jar:/opt/hadoop/share/hadoop/common/lib/zookeeper-3.4.6.jar:/opt/hadoop/share/
adoop/common/lib/commons-logging-1.1.3.jar:/opt/hadoop/share/hadoop/common/lib/curator-framework-2.
.1.jar:/opt/hadoop/share/hadoop/common/lib/api-asn1-api-1.0.0-M20.jar:/opt/hadoop/share/hadoop/comm
n/lib/hamcrest-core-1.3.jar:/opt/hadoop/share/hadoop/common/lib/xz-1.0.jar:/opt/hadoop/share/hadoop
common/lib/asm-3.2.jar:/opt/hadoop/share/hadoop/common/lib/avro-1.7.4.jar:/opt/hadoop/share/hadoop/
ommon/lib/commons-math3-3.1.1.jar:/opt/hadoop/share/hadoop/common/lib/apacheds-kerberos-codec-2.0.0
M15.jar:/opt/hadoop/share/hadoop/common/lib/jackson-xc-1.9.13.jar:/opt/hadoop/share/hadoop/common/l
b/jetty-6.1.26.jar:/opt/hadoop/share/hadoop/common/lib/slf4j-log4j12-1.7.10.jar:/opt/hadoop/share/h
doop/common/lib/commons-io-2.4.jar:/opt/hadoop/share/hadoop/common/lib/jsch-0.1.42.jar:/opt/hadoop/
hare/hadoop/common/lib/activation-1.1.jar:/opt/hadoop/share/hadoop/common/lib/commons-beanutils-cor
-1.8.0.jar:/opt/hadoop/share/hadoop/common/lib/commons-compress-1.4.1.jar:/opt/hadoop/share/hadoop/
ommon/lib/jaxb-impl-2.2.3-1.jar:/opt/hadoop/share/hadoop/common/lib/commons-httpclient-3.1.jar:/opt
```

```
21/02/01 01:24:11 INFO namenode.NameNode: SHUTDOWN_MSG:
/************************************************************
SHUTDOWN_MSG: Shutting down NameNode at 14d2fe358d3c/10.2.66.2
************************************************************/
ubuntu@14d2fe358d3c:/opt/hadoop/sbin$ ./start-all.sh
This script is Deprecated. Instead use start-dfs.sh and start-yarn.sh
Starting namenodes on [localhost]
localhost: starting namenode, logging to /opt/hadoop/logs/hadoop-ubuntu-namenode-14d2fe358d3c.out
localhost: starting datanode, logging to /opt/hadoop/logs/hadoop-ubuntu-datanode-14d2fe358d3c.out
Starting secondary namenodes [0.0.0.0]
0.0.0.0: starting secondarynamenode, logging to /opt/hadoop/logs/hadoop-ubuntu-secondarynamenode-14
2fe358d3c.out
starting yarn daemons
starting resourcemanager, logging to /opt/hadoop/logs/yarn-ubuntu-resourcemanager-14d2fe358d3c.out
localhost: starting nodemanager, logging to /opt/hadoop/logs/yarn-ubuntu-nodemanager-14d2fe358d3c.ou
t
ubuntu@14d2fe358d3c:/opt/hadoop/sbin$ jps
994 ResourceManager
1092 NodeManager
1332 Jps
843 SecondaryNameNode
683 DataNode
559 NameNode
ubuntu@14d2fe358d3c:/opt/hadoop/sbin$
```

3．在Hive上创建数据库

进入Hive环境。

```
hive
```

```
ubuntu@d0207fca00e9:~$ hive
ls: cannot access '/opt/spark-2.1.1-bin-hadoop2.7/lib/spark-assembly-*.jar': No such file o
r directory

Logging initialized using configuration in jar:file:/opt/apache-hive-1.2.2-bin/lib/hive-com
mon-1.2.2.jar!/hive-log4j.properties
hive>
```

启动成功以后，就进入了“hive>”命令提示符状态，可以输入类似SQL语句的HiveQL语句。

在Hive中创建一个数据库“dblab”，命令如下：

```
create database dblab;
use dblab;
```

```
hive> create database dblab;
OK
Time taken: 1.124 seconds
hive> use dblab;
OK
Time taken: 0.015 seconds
hive>
```

4．创建表并导入数据

在数据库“dblab”中创建一个表“bigdatauser”，它包含字段（id, uid, itemid, behaviortype, itemcategory, date, province），在hive命令提示符下输入如下命令：

```
create table bigdata_user(id int,uid string,item_id string,behavior_type int,item_category string,visit_date date,province string) comment’Welcome to xmu dblab!’ row format delimited fields terminated by ‘\t’ stored as textfile;
load data local inpath ‘/home/ubuntu/user_table.txt’ into table bigdata_user;
```

```
hive> create table bigdata_user(id int,uid string,item_id string,behavior_type i
nt,item_category string,visit_date date,province string) comment'Welcome to xmu
dblab!' row format delimited fields terminated by '\t' stored as textfile;
OK
Time taken: 0.383 seconds
hive> load data local inpath '/home/ubuntu/user_table.txt' into table bigdata_us
er;
Loading data to table dblab.bigdata_user
Table dblab.bigdata_user stats: [numFiles=1, totalSize=15590690]
OK
Time taken: 0.816 seconds
```

查看表格时候创建成功，命令如下：

```
show tables;
```

```
hive> show tables;
OK
bigdata_user
Time taken: 0.146 seconds, Fetched: 1 row(s)
```

5．查询数据，可以使用下面命令查询

```
select * from bigdata_user limit 10;
```

```
hive> select * from bigdata_user limit 10;
OK
1       10001082        285259775       1       4076    2014-12-08      山西
2       10001082        4368907 1       5503    2014-12-12      新疆
3       10001082        4368907 1       5503    2014-12-12      广西
4       10001082        53616768        1       9762    2014-12-02      黑龙江
5       10001082        151466952       1       5232    2014-12-12      广西
6       10001082        53616768        4       9762    2014-12-02      辽宁
7       10001082        290088061       1       5503    2014-12-12      湖南
8       10001082        298397524       1       10894   2014-12-12      河南
9       10001082        32104252        1       6513    2014-12-12      四川
10      10001082        323339743       1       10894   2014-12-12      河南
Time taken: 0.451 seconds, Fetched: 10 row(s)
```

```
select behavior_type from bigdata_user limit 10;
```

```
hive> select behavior type from bigdata user limit 10;
OK
1
1
1
1
1
4
1
1
1
1
Time taken: 0.11 seconds, Fetched: 10 row(s)
```

二、Hive数据分析

1．操作hive

在“hive>”命令提示符状态下执行下面命令：

```
desc bigdata_user;
```

```
hive> desc bigdata user;
OK
id                      int
uid                     string
item id                 string
behavior type           int
item category           string
visit date              date
province                string
Time taken: 0.07 seconds, Fetched: 7 row(s)
```

2．简单查询分析

先测试一下简单的指令（查询前10位用户对商品的行为）：

```
select behavior_type from bigdata_user limit 10;
```

```
hive> select behavior type from bigdata user limit 10;
OK
1
1
1
1
1
4
1
1
1
1
Time taken: 0.091 seconds, Fetched: 10 row(s)
```

如果要查出每位用户购买商品时的多种信息，输出语句格式为 select 列1，列2，…，列n from 表名；比如查询前20位用户购买商品时的时间和商品的种类。

```
select visit_date,item_category from bigdata_user limit 20;
```

```
hive> select visit_date,item_category from bigdata_user limit 20;
OK
2014-12-08      4076
2014-12-12      5503
2014-12-12      5503
2014-12-02      9762
2014-12-12      5232
2014-12-02      9762
2014-12-12      5503
2014-12-12      10894
2014-12-12      6513
2014-12-12      10894
2014-12-12      2825
2014-11-28      2825
2014-12-15      3200
2014-12-03      10576
2014-11-20      10576
2014-12-13      10576
2014-12-08      10576
2014-12-14      7079
2014-12-02      6669
2014-12-12      5232
Time taken: 0.081 seconds, Fetched: 20 row(s)
hive>
```

有时在表中查询可以利用嵌套语句，如果列名太复杂可以设置该列的别名，以降低操作的难度，举例如下：

```
select e.bh,e.it from (select behavior_type as bh,item_category as it from bigdata_user)as e limit 20;
```

```
hive> select e.bh,e.it from (select behavior type as bh,item category as it from bigdata_us
er)as e limit 20;
OK
1       4076
1       5503
1       5503
1       9762
1       5232
4       9762
1       5503
1       10894
1       6513
1       10894
1       2825
1       2825
1       3200
1       10576
1       10576
1       10576
1       10576
1       7079
1       6669
1       5232
Time taken: 0.094 seconds, Fetched: 20 row(s)
hive>
```

这里简单做个讲解，behavior_type as bh、item_category as it就是把behavior_type设置别名 bh、item_category 设置别名 it，FROM的括号里的内容设置别名e，这样调用时用e.bh、e.it，可以简化代码。

3．查询条数统计分析

经过简单的查询后，也可以在select后加入更多的条件对表进行查询，下面可以用函数来查找想要的内容。

（1）用聚合函数count()计算出表内有多少条行数据。

```
select count(*) from bigdata_user;
```

```
hive> select count(*) from bigdata_user;
Query ID = ubuntu_20190509061154_0abe2b59-0e1d-474f-bdb9-16e0f61bbd55
Total jobs = 1
Launching Job 1 out of 1
Number of reduce tasks determined at compile time: 1
In order to change the average load for a reducer (in bytes):
  set hive.exec.reducers.bytes.per.reducer=<number>
In order to limit the maximum number of reducers:
  set hive.exec.reducers.max=<number>
In order to set a constant number of reducers:
  set mapreduce.job.reduces=<number>
Starting Job = job_1557381753498_0001, Tracking URL = http://b701c6843a33:8088/proxy/applic
ation_1557381753498_0001/
Kill Command = /opt/hadoop/bin/hadoop job  -kill job_1557381753498_0001
Hadoop job information for Stage-1: number of mappers: 1; number of reducers: 1
2019-05-09 06:12:03,872 Stage-1 map = 0%,  reduce = 0%
2019-05-09 06:12:10,173 Stage-1 map = 100%,  reduce = 0%, Cumulative CPU 2.3 sec
2019-05-09 06:12:15,374 Stage-1 map = 100%,  reduce = 100%, Cumulative CPU 4.42 sec
MapReduce Total cumulative CPU time: 4 seconds 420 msec
Ended Job = job_1557381753498_0001
MapReduce Jobs Launched:
Stage-Stage-1: Map: 1  Reduce: 1   Cumulative CPU: 4.42 sec   HDFS Read: 15598077 HDFS Writ
e: 7 SUCCESS
Total MapReduce CPU Time Spent: 4 seconds 420 msec
OK
300000
Time taken: 23.272 seconds, Fetched: 1 row(s)
hive>
```

可以看到，得出的结果为OK下的数字300000（因为small_user.csv中包含了300000条记录，已经导入到Hive中了）。

（2）在函数内部加上distinct，查出uid不重复的数据有多少条。

```
select count(distinct uid) from bigdata_user;
```

```
hive> select count(distinct uid) from bigdata user;
Query ID = ubuntu 20190509061313 87c103d9-d745-411b-8a67-53d86b638170
Total jobs = 1
Launching Job 1 out of 1
Number of reduce tasks determined at compile time: 1
In order to change the average load for a reducer (in bytes):
  set hive.exec.reducers.bytes.per.reducer=<number>
In order to limit the maximum number of reducers:
  set hive.exec.reducers.max=<number>
In order to set a constant number of reducers:
  set mapreduce.job.reduces=<number>
Starting Job = job 1557381753498 0002, Tracking URL = http://b701c6843a33:8088/proxy/applic
ation 1557381753498 0002/
Kill Command = /opt/hadoop/bin/hadoop job  -kill job 1557381753498 0002
Hadoop job information for Stage-1: number of mappers: 1; number of reducers: 1
2019-05-09 06:13:22,358 Stage-1 map = 0%,  reduce = 0%
2019-05-09 06:13:27,625 Stage-1 map = 100%,  reduce = 0%, Cumulative CPU 2.56 sec
2019-05-09 06:13:33,820 Stage-1 map = 100%,  reduce = 100%, Cumulative CPU 4.84 sec
MapReduce Total cumulative CPU time: 4 seconds 840 msec
Ended Job = job 1557381753498 0002
MapReduce Jobs Launched:
Stage-Stage-1: Map: 1  Reduce: 1   Cumulative CPU: 4.84 sec   HDFS Read: 15598079 HDFS Writ
e: 4 SUCCESS
Total MapReduce CPU Time Spent: 4 seconds 840 msec
OK
270
Time taken: 21.372 seconds, Fetched: 1 row(s)
hive>
```

（3）查询不重复的数据有多少条（为了排除客户刷单情况）。

```
select count(*) from (select uid,item_id,behavior_type,item_category,visit_
date,province from bigdata_user group by uid,item_id,behavior_type,item_
category,visit_date,province having count(*)=1)a;
```

```
c
2019-08-28 03:13:03,757 Stage-1 map = 100%,  reduce = 100%, Cumulative CPU 14.38
 sec
MapReduce Total cumulative CPU time: 14 seconds 380 msec
Ended Job = job 1566960609229 0003
Launching Job 2 out of 2
Number of reduce tasks determined at compile time: 1
In order to change the average load for a reducer (in bytes):
  set hive.exec.reducers.bytes.per.reducer=<number>
In order to limit the maximum number of reducers:
  set hive.exec.reducers.max=<number>
In order to set a constant number of reducers:
  set mapreduce.job.reduces=<number>
Starting Job = job 1566960609229 0004, Tracking URL = http://25210e623285:8088/p
roxy/application 1566960609229 0004/
Kill Command = /opt/hadoop/bin/hadoop job  -kill job 1566960609229 0004
Hadoop job information for Stage-2: number of mappers: 1; number of reducers: 1
2019-08-28 03:13:17,826 Stage-2 map = 0%,  reduce = 0%
2019-08-28 03:13:23,033 Stage-2 map = 100%,  reduce = 0%, Cumulative CPU 1.37 se
c
2019-08-28 03:13:29,267 Stage-2 map = 100%,  reduce = 100%, Cumulative CPU 3.65
sec
MapReduce Total cumulative CPU time: 3 seconds 650 msec
Ended Job = job 1566960609229 0004
MapReduce Jobs Launched:
Stage-Stage-1: Map: 1  Reduce: 1   Cumulative CPU: 14.38 sec   HDFS Read: 155999
48 HDFS Write: 117 SUCCESS
Stage-Stage-2: Map: 1  Reduce: 1   Cumulative CPU: 3.65 sec   HDFS Read: 4475 HD
FS Write: 7 SUCCESS
Total MapReduce CPU Time Spent: 18 seconds 30 msec
OK
284291
Time taken: 51.351 seconds, Fetched: 1 row(s)
```

可以看出，排除掉重复信息以后，只有284291条记录。

注意：嵌套语句最好取别名，就是上面的a。

4. 关键字条件查询分析

（1）以关键字的存在区间为条件的查询。

使用where可以缩小查询分析的范围和精确度，下面用实例来测试一下。

查询2014年12月10日到2014年12月13日有多少人浏览了商品。

```
select count(*) from bigdata_user where behavior_type='1' and visit_date<'2014-12-13' and visit_date>'2014-12-10';
```

```
hive> select count(*) from bigdata_user where behavior_type='1' and visit_date<'2014-12-13'
 and visit_date>'2014-12-10';
Query ID = ubuntu_20190509061802_964d6101-df11-446b-806d-283cfbc450be
Total jobs = 1
Launching Job 1 out of 1
Number of reduce tasks determined at compile time: 1
In order to change the average load for a reducer (in bytes):
  set hive.exec.reducers.bytes.per.reducer=<number>
In order to limit the maximum number of reducers:
  set hive.exec.reducers.max=<number>
In order to set a constant number of reducers:
  set mapreduce.job.reduces=<number>
Starting Job = job_1557381753498_0005, Tracking URL = http://b701c6843a33:8088/proxy/applic
ation_1557381753498_0005/
Kill Command = /opt/hadoop/bin/hadoop job  -kill job_1557381753498_0005
Hadoop job information for Stage-1: number of mappers: 1; number of reducers: 1
2019-05-09 06:18:11,161 Stage-1 map = 0%,  reduce = 0%
2019-05-09 06:18:18,411 Stage-1 map = 100%,  reduce = 0%, Cumulative CPU 5.31 sec
2019-05-09 06:18:24,603 Stage-1 map = 100%,  reduce = 100%, Cumulative CPU 8.4 sec
MapReduce Total cumulative CPU time: 8 seconds 400 msec
Ended Job = job_1557381753498_0005
MapReduce Jobs Launched:
Stage-Stage-1: Map: 1  Reduce: 1   Cumulative CPU: 8.4 sec   HDFS Read: 15599722 HDFS Write
: 6 SUCCESS
Total MapReduce CPU Time Spent: 8 seconds 400 msec
OK
26329
Time taken: 22.865 seconds, Fetched: 1 row(s)
```

以月的第n天为统计单位，依次显示第n天网站卖出去的商品的个数。

```
select count(distinct uid), day(visit_date) from bigdata_user where behavior_type='4' group by day(visit_date);
```

```
Stage-Stage-1: Map: 1  Reduce: 1   Cumulative CPU: 6.78 sec   HDFS Read: 15599884 HDFS Writ
e: 171 SUCCESS
Total MapReduce CPU Time Spent: 6 seconds 780 msec
OK
37      1
48      2
42      3
38      4
42      5
33      6
42      7
36      8
34      9
40      10
43      11
98      12
39      13
43      14
42      15
44      16
42      17
66      18
38      19
50      20
33      21
34      22
32      23
47      24
34      25
31      26
30      27
34      28
39      29
38      30
Time taken: 23.698 seconds, Fetched: 30 row(s)
```

（2）关键字赋予给定值为条件，对其他数据进行分析。

取给定时间和给定地点，求当天发出到该地点的货物的数量（注意：Ubuntu环境下剪贴板不支持中文输入，因此请手动输入省会：江西）。

```
select count(*) from bigdata_user where province='江西' and visit_date='2014-12-12' and behavior_type='4';
```

```
hive> select count(*) from bigdata user where province='江西' and visit date='201
-12-12' and behavior type='4';
Query ID = ubuntu 20190828031639 d14b6106-0277-4ccb-a597-5c9d9ae5856c
Total jobs = 1
Launching Job 1 out of 1
Number of reduce tasks determined at compile time: 1
In order to change the average load for a reducer (in bytes):
  set hive.exec.reducers.bytes.per.reducer=<number>
In order to limit the maximum number of reducers:
  set hive.exec.reducers.max=<number>
In order to set a constant number of reducers:
  set mapreduce.job.reduces=<number>
Starting Job = job 1566960609229 0008, Tracking URL = http://25210e623285:8088/p
roxy/application 1566960609229 0008/
Kill Command = /opt/hadoop/bin/hadoop job  -kill job 1566960609229 0008
Hadoop job information for Stage-1: number of mappers: 1; number of reducers: 1
2019-08-28 03:16:46,360 Stage-1 map = 0%,  reduce = 0%
2019-08-28 03:16:52,587 Stage-1 map = 100%,  reduce = 0%, Cumulative CPU 4.12 se
c
2019-08-28 03:16:59,832 Stage-1 map = 100%,  reduce = 100%, Cumulative CPU 6.7 s
ec
MapReduce Total cumulative CPU time: 6 seconds 700 msec
Ended Job = job 1566960609229 0008
MapReduce Jobs Launched:
Stage-Stage-1: Map: 1  Reduce: 1   Cumulative CPU: 6.7 sec   HDFS Read: 15598765
 HDFS Write: 3 SUCCESS
Total MapReduce CPU Time Spent: 6 seconds 700 msec
OK
12
Time taken: 21.391 seconds, Fetched: 1 row(s)
```

5．根据用户行为分析

（1）查询一件商品在某天的购买比例或浏览比例。

```
select count(*) from bigdata_user where visit_date='2014-12-11'and behavior_type='4'; （查询有多少用户在2014-12-11购买了商品）
```

```
hive> select count(*) from bigdata user where visit date='2014-12-11' and behavior type='4';
Query ID = ubuntu 20190509062739 118230b2-5e3e-4a1e-8607-6071320373c6
Total jobs = 1
Launching Job 1 out of 1
Number of reduce tasks determined at compile time: 1
In order to change the average load for a reducer (in bytes):
  set hive.exec.reducers.bytes.per.reducer=<number>
In order to limit the maximum number of reducers:
  set hive.exec.reducers.max=<number>
In order to set a constant number of reducers:
  set mapreduce.job.reduces=<number>
Starting Job = job 1557381753498 0008, Tracking URL = http://b701c6843a33:8088/proxy/application 1557381753498 0008/
Kill Command = /opt/hadoop/bin/hadoop job  -kill job 1557381753498 0008
Hadoop job information for Stage-1: number of mappers: 1; number of reducers: 1
2019-05-09 06:27:48,544 Stage-1 map = 0%,  reduce = 0%
2019-05-09 06:27:55,803 Stage-1 map = 100%,  reduce = 0%, Cumulative CPU 4.64 sec
2019-05-09 06:28:03,081 Stage-1 map = 100%,  reduce = 100%, Cumulative CPU 7.62 sec
MapReduce Total cumulative CPU time: 7 seconds 620 msec
Ended Job = job 1557381753498 0008
MapReduce Jobs Launched:
Stage-Stage-1: Map: 1  Reduce: 1   Cumulative CPU: 7.62 sec   HDFS Read: 15599303 HDFS Write: 3 SUCCESS
Total MapReduce CPU Time Spent: 7 seconds 620 msec
OK
69
Time taken: 25.248 seconds, Fetched: 1 row(s)
hive>
```

select count(*) from bigdata_user where visit_date ='2014-12-11'；（查询有多少用户在2014-12-11点击了该店）

```
hive> select count(*) from bigdata_user where visit_date ='2014-12-11';
Query ID = ubuntu_20190509062849_c14f8758-804c-4b3e-9ad0-8b9ca6552b72
Total jobs = 1
Launching Job 1 out of 1
Number of reduce tasks determined at compile time: 1
In order to change the average load for a reducer (in bytes):
  set hive.exec.reducers.bytes.per.reducer=<number>
In order to limit the maximum number of reducers:
  set hive.exec.reducers.max=<number>
In order to set a constant number of reducers:
  set mapreduce.job.reduces=<number>
Starting Job = job_1557381753498_0009, Tracking URL = http://b701c6843a33:8088/proxy/application_1557381753498_0009/
Kill Command = /opt/hadoop/bin/hadoop job  -kill job_1557381753498_0009
Hadoop job information for Stage-1: number of mappers: 1; number of reducers: 1
2019-05-09 06:28:58,242 Stage-1 map = 0%,  reduce = 0%
2019-05-09 06:29:05,473 Stage-1 map = 100%,  reduce = 0%, Cumulative CPU 4.84 sec
2019-05-09 06:29:11,665 Stage-1 map = 100%,  reduce = 100%, Cumulative CPU 7.55 sec
MapReduce Total cumulative CPU time: 7 seconds 550 msec
Ended Job = job_1557381753498_0009
MapReduce Jobs Launched:
Stage-Stage-1: Map: 1  Reduce: 1   Cumulative CPU: 7.55 sec   HDFS Read: 15599058 HDFS Write: 6 SUCCESS
Total MapReduce CPU Time Spent: 7 seconds 550 msec
OK
10649
Time taken: 23.302 seconds, Fetched: 1 row(s)
hive>
```

根据上面语句得到购买数量和点击数量，两个数相除即可得出当天该商品的购买率。

（2）查询某个用户在某一天点击网站占该天所有点击行为的比例（点击行为包括浏览、加入购物车、收藏、购买）。

select count(*) from bigdata_user where uid=10001082 and visit_date='2014-12-12'；（查询用户10001082在2014-12-12点击网站的次数）

```
hive> select count(*) from bigdata_user where uid=10001082 and visit_date='2014-12-12';
Query ID = ubuntu_20190509062946_cd9be87c-d69e-4eb4-9c38-1a349063cbc3
Total jobs = 1
Launching Job 1 out of 1
Number of reduce tasks determined at compile time: 1
In order to change the average load for a reducer (in bytes):
  set hive.exec.reducers.bytes.per.reducer=<number>
In order to limit the maximum number of reducers:
  set hive.exec.reducers.max=<number>
In order to set a constant number of reducers:
  set mapreduce.job.reduces=<number>
Starting Job = job_1557381753498_0010, Tracking URL = http://b701c6843a33:8088/proxy/application_1557381753498_0010/
Kill Command = /opt/hadoop/bin/hadoop job  -kill job_1557381753498_0010
Hadoop job information for Stage-1: number of mappers: 1; number of reducers: 1
2019-05-09 06:29:56,034 Stage-1 map = 0%,  reduce = 0%
2019-05-09 06:30:03,270 Stage-1 map = 100%,  reduce = 0%, Cumulative CPU 4.14 sec
2019-05-09 06:30:08,485 Stage-1 map = 100%,  reduce = 100%, Cumulative CPU 6.56 sec
MapReduce Total cumulative CPU time: 6 seconds 560 msec
Ended Job = job_1557381753498_0010
MapReduce Jobs Launched:
Stage-Stage-1: Map: 1  Reduce: 1   Cumulative CPU: 6.56 sec   HDFS Read: 15599327 HDFS Write: 3 SUCCESS
Total MapReduce CPU Time Spent: 6 seconds 560 msec
OK
69
Time taken: 23.735 seconds, Fetched: 1 row(s)
hive>
```

select count(*) from bigdata_user where visit_date='2014-12-12'；（查询所有用户在这一天点击该网站的次数）

```
hive> select count(*) from bigdata_user where visit_date='2014-12-12';
Query ID = ubuntu_20190509063117_f01d4037-8f26-4bf5-8b6a-e282e5c7ed77
Total jobs = 1
Launching Job 1 out of 1
Number of reduce tasks determined at compile time: 1
In order to change the average load for a reducer (in bytes):
  set hive.exec.reducers.bytes.per.reducer=<number>
In order to limit the maximum number of reducers:
  set hive.exec.reducers.max=<number>
In order to set a constant number of reducers:
  set mapreduce.job.reduces=<number>
Starting Job = job_1557381753498_0011, Tracking URL = http://b701c6843a33:8088/proxy/application_1557381753498_0011/
Kill Command = /opt/hadoop/bin/hadoop job  -kill job_1557381753498_0011
Hadoop job information for Stage-1: number of mappers: 1; number of reducers: 1
2019-05-09 06:31:24,492 Stage-1 map = 0%,  reduce = 0%
2019-05-09 06:31:31,754 Stage-1 map = 100%,  reduce = 0%, Cumulative CPU 4.65 sec
2019-05-09 06:31:37,961 Stage-1 map = 100%,  reduce = 100%, Cumulative CPU 7.26 sec
MapReduce Total cumulative CPU time: 7 seconds 260 msec
Ended Job = job_1557381753498_0011
MapReduce Jobs Launched:
Stage-Stage-1: Map: 1  Reduce: 1   Cumulative CPU: 7.26 sec   HDFS Read: 15599062 HDFS Write: 6 SUCCESS
Total MapReduce CPU Time Spent: 7 seconds 260 msec
OK
17494
Time taken: 21.746 seconds, Fetched: 1 row(s)
hive>
```

上面两条语句的结果相除，就得到了要求的比例。

（3）给定购买商品的数量范围，查询某一天在该网站的购买该数量商品的用户id。

select uid from bigdata_user where behavior_type='4' and visit_date='2014-12-12' group by uid having count(behavior_type='4')>5；（查询某一天在该网站购买商品超过5次的用户id）

```
hive> select uid from bigdata_user where behavior_type='4' and visit_date='2014-12-12' group by uid having count(behav
ior_type='4')>5;
Query ID = ubuntu_20190509063243_aeffdc74-cfe8-456b-a434-402971b95e30
Total jobs = 1
Launching Job 1 out of 1
Number of reduce tasks not specified. Estimated from input data size: 1
In order to change the average load for a reducer (in bytes):
  set hive.exec.reducers.bytes.per.reducer=<number>
In order to limit the maximum number of reducers:
  set hive.exec.reducers.max=<number>
In order to set a constant number of reducers:
  set mapreduce.job.reduces=<number>
Starting Job = job_1557381753498_0012, Tracking URL = http://b701c6843a33:8088/proxy/application_1557381753498_0012/
Kill Command = /opt/hadoop/bin/hadoop job  -kill job_1557381753498_0012
Hadoop job information for Stage-1: number of mappers: 1; number of reducers: 1
2019-05-09 06:32:52,134 Stage-1 map = 0%,  reduce = 0%
2019-05-09 06:32:59,378 Stage-1 map = 100%,  reduce = 0%, Cumulative CPU 3.7 sec
2019-05-09 06:33:05,580 Stage-1 map = 100%,  reduce = 100%, Cumulative CPU 7.2 sec
MapReduce Total cumulative CPU time: 7 seconds 200 msec
Ended Job = job_1557381753498_0012
MapReduce Jobs Launched:
Stage-Stage-1: Map: 1  Reduce: 1   Cumulative CPU: 7.2 sec   HDFS Read: 15600206 HDFS Write: 175 SUCCESS
Total MapReduce CPU Time Spent: 7 seconds 200 msec
OK
100226515
100300684
100555417
100605
10095384
10142625
101490976
101982646
102011320
102030700
102079825
102349447
102612580
102650143
103082347
103139791
103794013
103995979
Time taken: 22.897 seconds, Fetched: 18 row(s)
```

6．用户实时查询分析

某个地区的用户当天浏览网站的次数。

create table scan(province STRING,scan INT) COMMENT 'This is the search of bigdataday' ROW FORMAT DELIMITED FIELDS TERMINATED BY '\t' STORED AS TEXTFILE；（创建新的数据表进行存储）

```
hive> create table scan(province STRING,scan INT) COMMENT 'This is the search of bigdataday' ROW FORMAT DELIMITED FIEL
DS TERMINATED BY '\t' STORED AS TEXTFILE;
OK
Time taken: 0.062 seconds
```

insert overwrite table scan select province,count(behavior_type) from bigdata_user where behavior_type='1' group by province；（导入数据）

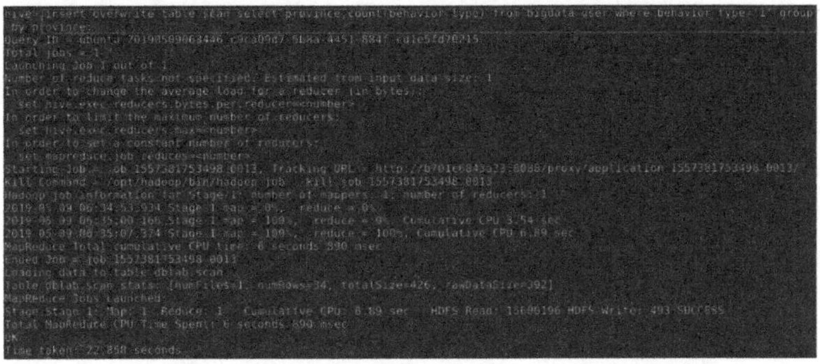

```
hive> insert overwrite table scan select province,count(behavior_type) from bigdata_user where behavior_type='1' group
 by province;
Query ID = ubuntu_20190509063446_c9ca09d7-5b8a-4451-8847-cd1e5fd70215
Total jobs = 1
Launching Job 1 out of 1
Number of reduce tasks not specified. Estimated from input data size: 1
In order to change the average load for a reducer (in bytes):
  set hive.exec.reducers.bytes.per.reducer=<number>
In order to limit the maximum number of reducers:
  set hive.exec.reducers.max=<number>
In order to set a constant number of reducers:
  set mapreduce.job.reduces=<number>
Starting Job = job_1557381753498_0013, Tracking URL = http://b701e6845a23:8088/proxy/application_1557381753498_0013/
Kill Command = /opt/hadoop/bin/hadoop job  -kill job_1557381753498_0013
Hadoop job information for Stage-1: number of mappers: 1; number of reducers: 1
2019-05-09 06:34:53,934 Stage-1 map = 0%,  reduce = 0%
2019-05-09 06:35:00,166 Stage-1 map = 100%,  reduce = 0%, Cumulative CPU 3.54 sec
2019-05-09 06:35:07,374 Stage-1 map = 100%,  reduce = 100%, Cumulative CPU 6.89 sec
MapReduce Total cumulative CPU time: 6 seconds 890 msec
Ended Job = job_1557381753498_0013
Loading data to table dblab.scan
Table dblab.scan stats: [numFiles=1, numRows=34, totalSize=426, rawDataSize=392]
MapReduce Jobs Launched:
Stage-Stage-1: Map: 1  Reduce: 1   Cumulative CPU: 6.89 sec   HDFS Read: 15606196 HDFS Write: 493 SUCCESS
Total MapReduce CPU Time Spent: 6 seconds 890 msec
OK
Time taken: 22.858 seconds
```

select * from scan；（显示结果）

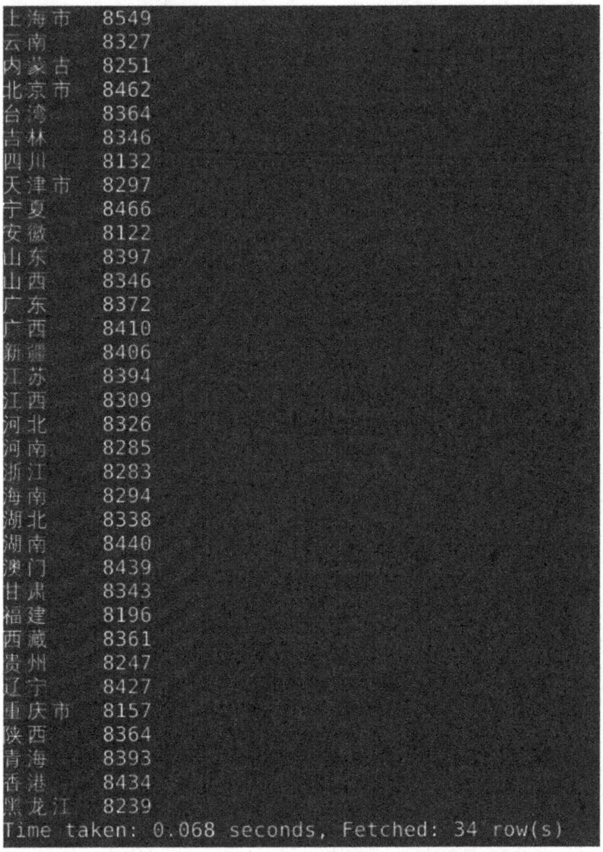

```
上海市	8549
云南	8327
内蒙古	8251
北京市	8462
台湾	8364
吉林	8346
四川	8132
天津市	8297
宁夏	8466
安徽	8122
山东	8397
山西	8346
广东	8372
广西	8410
新疆	8406
江苏	8394
江西	8309
河北	8326
河南	8285
浙江	8283
海南	8294
湖北	8338
湖南	8440
澳门	8439
甘肃	8343
福建	8196
西藏	8361
贵州	8247
辽宁	8427
重庆市	8157
陕西	8364
青海	8393
香港	8434
黑龙江	8239
Time taken: 0.068 seconds, Fetched: 34 row(s)
```

【实验总结】

本实验使用Hive建立数据仓库，并使用HiveSQL对商品销售数据进行分析。通过本实验可以学习把本地数据集上传到数据仓库Hive中，并在Hive上创建数据库和外部表，并使用HiveQL进行数据分析。

第3章 在线分析处理——OLAP

本章主要介绍在线分析处理的基础知识。首先介绍OLAP的基本概念，其次讲解OLAP的基本数据分析的动作，再次说明OLAP的分类，然后阐述OLAP和数据挖掘之间的关系，最后讲解OLAP的操作语言MDX以及目前市面上主流的OLAP工具。

通过本章的学习，旨在让读者了解OLAP的原理以及如何利用OLAP进行数据分析，对于想通过OLAP进行数据分析的读者可有选择地学习本章内容。

本章重点

◎ OLAP的概念。
◎ OLAP多维数据分析。
◎ OLAP操作语言。

开篇小插曲　ApacheKylin在美团的应用

美团点评的OLAP需求大体分为两类。

（1）即席查询。指用户通过手写SQL来完成一些临时的数据分析需求。这类需求的SQL形式多变、逻辑复杂，对响应时间没有严格的要求。

（2）固化查询。指对一些固化下来的取数、看数的需求，通过数据产品的形式提供给用户，从而提高数据分析和运营的效率。这类需求的SQL有固定的模式，对响应时间有比较高的要求。

美团在使用OLAP初期，针对即席查询提供了Hive和Presto两个引擎。而固化查询由于需要秒级响应，对查询要求非常高，在设计之初是通过在数据仓库中进行数据预处理，将数据聚合在一起，然后将聚合的数据导入MySQL数据库中从而提供查询而实现的。但是随着公司业务数据量和复杂度的不断提升，从2015年开始，这个方案出现了三个比较突出的问题。

（1）随着数据维度的不断增加，在数据仓库中维护各种维度组合的聚合表的成本越来越高，数据开发效率明显下降。

（2）数据量超过千万行后，MySQL的数据导入和查询速度变得非常缓慢，而且

MySQL数据库经常崩溃，DBA无法正常工作。

（3）由于大数据平台缺乏更高效率的查询引擎，查询需求都运行在Hive/Presto上，导致集群的计算压力增大，无法满足业务需求的增长。

为了解决这些痛点，美团在2015年年末开始调研更高效率的OLAP引擎，寻找固化查询场景的解决方案。美团对数据量和性能的要求是比较高的。调研指出，MPP和搜索引擎系统无法满足超大数据集下的性能要求，因此很自然地会考虑预计算系统。而Druid主要面向的是实时时间序列数据，美团虽然也有类似的场景，但主流的分析还是面向数据仓库按天生产的结构化表，因此Kylin的MOLAP Cube方案是最适合美团场景的引擎。

2016年年初，美团开始向各个业务线推广基于Kylin的解决方案。经过一年的努力，Kylin已经应用到了美团的几乎所有的主要业务线上，并且在外卖、酒旅等数个业务线得到了大规模的使用，Kylin已经成为这些业务的首选OLAP引擎。

截至2016年年底，生产环境共有214个Cube，包含的数据总行数为2853亿行，Cube在HBase中的存储量有59TB。日查询次数超过了50万次，TP50查询时延87ms，TP99时延1266ms，很好地满足了美团对性能的要求。

3.1 OLAP简介

随着数据库技术应用越来越广泛，企业信息系统积累了越来越多的数据，如何从这些海量数据中提取出对企业决策分析有利的信息已经成为企业管理者所面临的重要难题。传统的企业数据库系统（管理信息系统），即在线事务处理系统（On-Line Transaction Processing，简称OLTP）作为数据管理手段，主要用于事务处理，但其分析处理的能力一直不能令人满意，并且在此基础上直接在数据库上建立决策支持系统是不合适的。因此，人们开始尝试对OLTP数据库中的数据进行再加工，形成一个综合的决策支持系统，该系统在服务对象、访问方式、事务管理乃至物理存储等方面都有不同的特点和要求，数据仓库技术应运而生。随着市场竞争的日趋激烈，企业更加强调决策的及时性和准确性，这使得以支持决策管理分析为主要目的的应用迅速崛起，这类应用被称为在线分析处理（On-Line Analytical Processing， OLAP），它所存储的数据被称为信息数据。包括在线分析处理在内的诸多应用驱动了数据仓库技术的出现和发展，而数据仓库技术反过来又促进了OLAP技术的发展。

在线分析处理的概念最早由关系型数据库之父E·F·Codd于1993年提出。Codd认为OLTP已不能满足终端用户对数据库查询分析的要求，结构化查询语言（SQL）对大数据库的简单查询也不能满足用户分析的需求。用户的决策分析需要对关系型数据库进行大量计算才能得到结果，而查询的结果并不能满足决策者提出的需求。因此，Codd提出了多维数据库和多维分析的概念，即OLAP。

在线分析处理系统是数据仓库系统最主要的应用，专门设计用于支持复杂的分析操作，侧重对决策人员和高层管理人员的决策支持，可以根据分析人员的要求快速、灵活地进行大量数据的查询处理，并且以一种直观、易懂的形式将查询结果提供给决策人员，以便他们准确掌握企业的经营状况，了解对象的需求，制定正确的方案。

3.1.1　OLAP的基本概念

OLAP（在线分析处理）的概念：使分析人员、管理人员或执行人员能够从多种角度对原始数据中转化出来的，能够真正为用户所理解的，并真实反映企业维特性的信息进行快速、一致、交互地存取，从而获得对数据的更深入了解的一类软件技术——OLAP委员会的定义（请特别注意，这是一类技术，而非特指某软件或管理方法）。

OLAP的目标：满足决策支持或多维环境特定的查询和报表需求，它的技术核心是“维”这个概念，因此OLAP也可以说是多维数据分析工具的集合。

1. **度量**（Measures）

度量表示用来聚合分析的数字信息，度量的集合组合成了一个特殊的维度，如数量、销售额、利润等。度量值是事实数据，它是用户可能要聚合的事务性值或度量。度量值源自一个或多个源表中的列，并且分组到度量值组。度量可分为两个范畴：存储度量和计算度量。存储度量是直接加载、聚合和存储进数据库的，它们可以从存储的计算结果中获取。计算度量是查询时动态计算度量的值，只有计算规则是存储在数据库中的。度量值可以是“销售额”“出货量”等。

2. **维度**（Dimention）

维度是一组属性，表示与多维数据集中度量值相关的领域，并且用于分析多维数据集中的度量值。例如，“客户”维度可能包括“客户名称”“客户性别”以及“客户所在市县”等属性，用户可以按这些属性对多维数据集中的度量值进行分析。属性源自一个或多个源表中的列。可以将每个维度中的属性组织到层次结构中，以便提供分析路径。比如图4-1中的三个维度：时间、来源、路线。

3. **维的成员**（Member）

维的成员是维的一个取值，是数据项在某维中位置的描述，一个成员指的是维度上的项目值。如果一个维是多级别的，那么该维的维度成员指的是在不同维级别的取值的组合。例如，考虑时间维具有日、月、年这3个级别，分别在日、月、年上各取一个值组合起来，就得到了时间维的一个维成员，即“某年某月某日”。

4. **多维数据集**（Cube）

Cube是指一组用于分析数据的相关度量值和维度，是分析服务中存储和分析的基本单位。Cube是聚合数据的集合，允许查询并快速返回结果。Cube就像一个坐标系，每一个维度代表一个坐标轴，要想得到一个个点，就必须在每一个坐标轴上取一个值，而这个点就是Cube中的Cell。如下图3-1所示。Cube能够包含不同维度的度量值，因此Cube有时也称为统一维度模型（Unified Dimensional Model，UDM）。

如图4-1所示的全球运输总额立方体，该立方体是对全球各地区某年航空、海路、公路、铁路运输总额所制的数据立方体，即多维数据集。其中非洲第一季度运输总值为190亿元，即为度量；该立方体中涉及的时间、来源、线路即为维度；时间维度上“半年”级别的成员就包含上半年、下半年，“季度”级别成员包含第一季度、第二季度等。

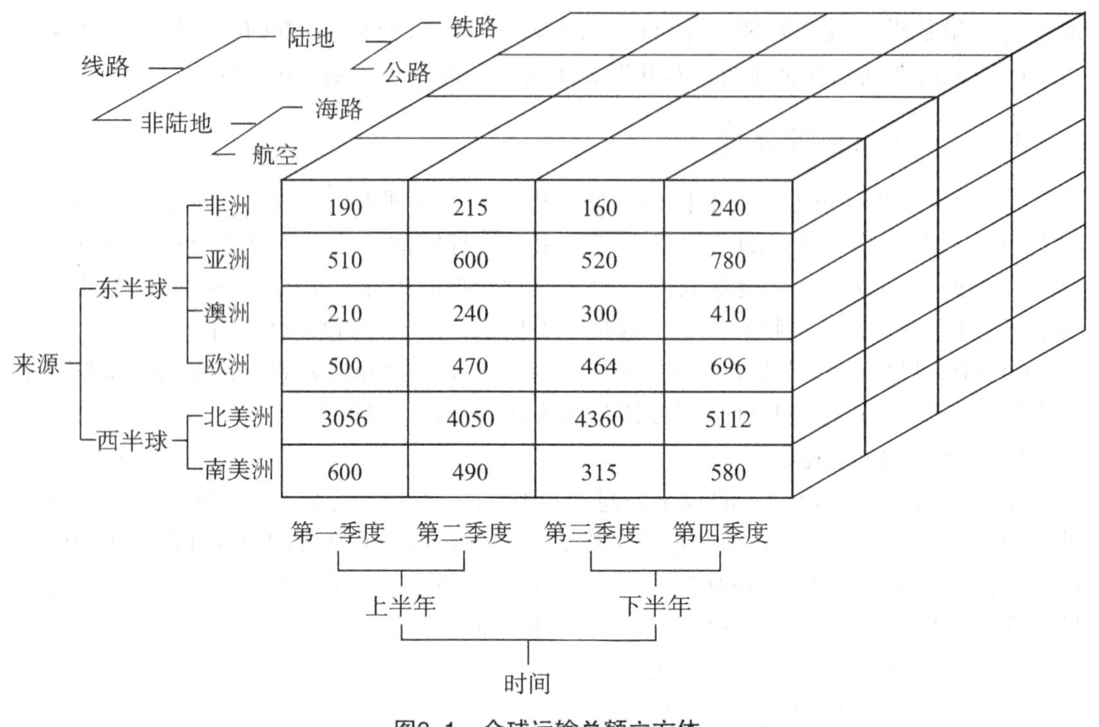

图3-1　全球运输总额立方体

5. 事实表（Fact Table）

事实表是指在维度数据仓库中，存储度量值的详细值或事实的表。事实表存储的详细程度被称作事实表的粒度（Granularity）。和事实表相关的维度被称为事实表的维数（Dimensionality）。具有不同粒度或不同维数的事实必须分别存储在不同的事实表中。一个数据仓库通常可以有多个事实表。事实表都会使用被称为维度键（Dimension Key）的整数来标识维度成员，而不是采用描述性的名称。比如，用 1 表示中国、2 表示美国。

事实表中包含数值数据的列对应于维度模型中的度量值，因此，每个事实表都是一组度量值。分析服务用一种称为度量值组（Measure Group）的逻辑结构组织信息，度量值组与单个事实表及其相关的维度对应。

6. 维度表（Dimension Table）

在事实表中使用整数维度键时，维度成员的标签必须存入另一个表——维度表。事实表中的每个维度键都有一个维度表。维度表用一行来表示每个维度的键属性成员。键属性有两列，分别包含整数维数键和属性标签。关系型数据库使用匹配的主键列（在维度表中）和外键列（在事实表中）的值将事实表和维度表中对应的记录连接。许多维度属性可用来对维度记录进行分组，并对每组中相关的事实进行汇总。能够用于创建分组的属性是可聚合的，其汇总值被称为聚合值（Aggregate）。不可聚合的属性被称为成员属性（Member Property）。

如图3-1所示，来源维、时间维、线路维分别作为不同的坐标轴，而坐标轴的交点就是一个具体的事实。也就是说事实表是多个维度表的一个交点，而维度表是分析事实的一个窗口。以数据库结构中的星型结构为例，该结构在位于结构中心的单个事实数据表中维护数据，其他维度数据存储在维度表中。每个维度表与事实数据表直接相关，且通常通过一个键连接到事实数据表中。星型架构是数据仓库比较流行的一种架构。事实表是数据仓库结构中的中央表，它包含联系事实与维度表的数字度量值和键。事实数据表包含描述业务（如产品销售）内特定事件的数据。维度表是维度属性的集合，是分析问题的一个窗口，是人们观察数据的特定角度，是考虑问题时的一类属性。属性的集合构成一个维度表，如图3-2所示。

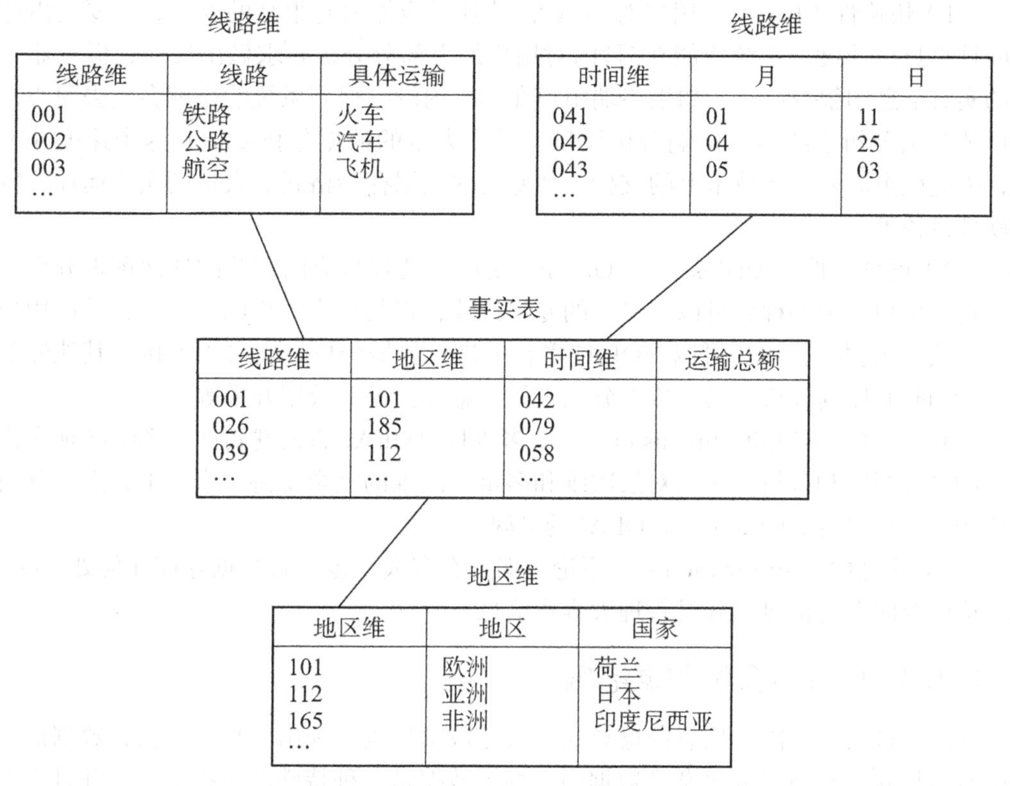

图3-2　全球运输事实表与维度表

维度是多维数据分析的核心概念之一，也是多维数据集的主要组件。在多维数据集的构建过程中，维度的建立起到了至关重要的作用。前面已经介绍了维度的概念，也举了一些维度的示例，但是在创建和使用维度的时候，还需要了解维度的层次概念。

大多数维度都具有一个或多个层次。例如，日期维度就有一个四级层次：年、季度、月和日。另外，还需要了解级的概念，级就是维度成员之间或维度成员属性之间的包含关系，一个维度至少要包含一个层。以产品维度为例，可以创建一个产地层，也可以创建一个厂商层，还可以创建一个分类层。一个层至少要包含一个级，以产品维度为例，产地层可以包含“省—市—县”三个级别，分类层可以包含“日用品—洗涤用品—洗衣粉”三个级别。级别的定义有2种方式，一种是在一个维度成员的属性之间定义，例如产品维度的每个成员都有产品系列、大类、小类三个属性，这样定义分类层的级别时，直接利用这三个属性即可，即每个级别都是一个成员的一个属性。另一种是在维度成员之间进行，例如HR中的上下级关系，每个级别都是一个具体的维度成员，即每个级别都是一个或多个维度成员，每个级别都包含多个属性。

3.1.2 OLAP的特性

根据OLAP产品的实际应用情况和用户对OLAP产品的需求，一种对OLAP更简单明确的定义被提出，即它具有共享多维信息的快速分析（Fast Analysis of Shared Multidimensional Information，FASMI）的特征。根据此定义，描述了四大核心特征如下。

（1）快速性（Fast）。用户对OLAP的快速反应能力有很高的要求，主要是指计算机的计算反应速度，系统应能在5秒内对用户的大部分分析要求做出反应，但对业务数据的实时信息却很难反应。如果终端用户在30秒内没有得到系统响应就会失去耐心，因而可能失去分析主线索，影响分析质量。对于大量的数据分析要达到这个速度并不容易，因此就更需要一些技术上的支持，如专门的数据存储格式、大量的实现运算、特别的硬件设备等。

（2）可分析性（Analysis）。OLAP系统应能处理与应用有关的任何逻辑分析和统计分析。用户无须编程就可以定义新的专门计算，将其作为分析的一部分，并以用户理想的方式给出报告。用户可以在OLAP平台上进行数据分析，也可以连接到其他外部平台上，如时间序列分析工具、成本分配工具、意外报警、数据开采等。

（3）多维性（Multi dimensional）。多维性是OLAP的关键属性。系统必须提供对数据的多维视图和分析，包括对层次维和多重层次维的完全支持。事实上，多维分析是分析企业数据最有效的方法，是OLAP的灵魂。

（4）信息性（Information）。不论数据量有多大，也不管数据存储在何处，OLAP系统应能及时获得信息，并且管理大容量信息。

3.1.3 OLAP的多维数据结构

在现代社会中，随着信息的爆炸式增长，数据量也呈现出爆炸式增长，数据形式也越来越多样化。在海量的复杂型数据中，稀疏数据是一种特殊的数据形式，并且在多维的数据中，数据往往是稀疏的、不均匀的。那么什么是稀疏数据呢？稀疏数据是指数据框中绝大多数数值缺失或者为零的数据。如果一个矩阵中多数的数值为0，只有少数的数据是1，就认为这个矩阵是稀疏的。

挖掘稀疏的数据是有一定困难的。可以想象一下：假设你置身在一个非常大的空间，如宇宙空间中，要想在这个空间中找到伙伴，概率是微乎其微的，因为空间太大，在很大范围内所看到的空间是都是空的。

稀疏数据广泛存在于各种应用场景中，如在分布式管理系统Condor中，用户可以自己定义新的属性，因此，在一个数据集中很多属性几乎都是空值。同时，稀疏数据还大量存在于电子商务的应用中，每位商家都可以定义自己商品或者订单特有的属性，从而使数据有成千上万的属性值，如某个商品数据中有5000个属性，但是对于每个元组，这些属性值几乎都是空值。同样医学、地球科学等领域，也存在着大量的稀疏数据。

稀疏数据绝对不是无用数据，只是信息不完全。因此，OLAP系统的开发者要设法解决多维数据空间的数据稀疏和数据聚合问题。事实上，有许多方法可以用来构造多维数据。

1. **超立方结构**（Hypercube）

超立方结构是指用三维或更多的维数来描述一个对象，每个维彼此垂直。数据的测量值发生在维的交叉点上，数据空间的各个部分都有相同的维属性。这种结构可应用在多维数据库和面向关系型数据库的OLAP系统中，其主要特点是简化终端用户的操作。超立方结构有一种变形，即收缩超立方结构。这种结构的数据密度更大，数据的维数更少，并可加入额外的分析维。

2. **多立方结构**（Multicube）

在多立方结构中，大的数据结构被分成多个多维结构。这些多维结构是大数据维数的子集，面向某一特定应用对维进行分割，即将超立方结构变为子立方结构。它具有很强的灵活性，提高了数据（特别是稀疏数据）的分析效率。

一般来说，多立方结构的灵活性较大，但超立方结构更易于理解。终端用户更容易接近超立方结构，它可以提供高水平的报告和多维视图。但具有多维分析经验的管理信息系统专家更喜欢多立方结构，因为它具有良好的视图翻转性和灵活性。多立方结构是存储稀疏矩阵的一个有效方法，并能减少计算量。因此，复杂的系统及预先建立的通用应用倾向于使用多立方结构，以使数据结构能更好地得到调整，满足用户常用的应用需求。

许多产品结合了上述两种结构，它们的数据物理结构是多立方结构，却利用超立方结构来进行计算，结合了超立方结构的简化性和多立方结构的旋转存储特性。

超立方结构和多立方结构两种数据模型比较抽象，接下来通过一个例子来解释这种抽象的数据立方结构。简单地说，数据立方体就是在维度表和事实表的基础上，对数据进行多维的建模和观察。尽管数据立方体经常被看作3-D几何结构，但是在数据仓库中，数据立方体是 n 维的。为了更好地理解数据立方体和多维数据模型，从考察2-D数据立方体开始，以前面提到的全球运输总额的数据来说明，首先观察全球运输总额中每季度的运输总额，这些数据显示在表3-1中，在这个2-D表示中，运输总额按照时间维和地区维（按所在的洲来划分）显示，所显示的事实或度量是运输金额。

表3-1　全球运输总额2-D数据

时间维	地区维	运输总额	时间维	地区维	运输总额
第一季度	非洲 亚洲 澳洲 欧洲 北美洲 南美洲	190 510 210 500 3056 600	第三季度	非洲 亚洲 澳洲 欧洲 北美洲 南美洲	160 520 300 464 4360 315
第二季度	非洲 亚洲 澳洲 欧洲 北美洲 南美洲	215 600 240 470 4050 490	第四季度	非洲 亚洲 澳洲 欧洲 北美洲 南美洲	240 780 410 696 5112 580

现在，假定从三维角度观察运输总额数据，例如，根据季度、地区和线路观察数据。线路是海路、航空、铁路和公路。3-D数据如表3−2所示，该3-D数据表以2-D数据的序列的形式表示，从概念上讲，也可以用3-D数据立方体的形式来表示这些数据，如图3−3所示。

表3−2　全球运输总额3-D数据

时间维	海路		航空		铁路		公路	
	地区维	运输总额	地区维	运输总额	地区维	运输总额	地区维	运输总额
第一季度	非洲	40	非洲	40	非洲	50	非洲	60
	亚洲	40	亚洲	70	亚洲	180	亚洲	220
	澳洲	32.5	澳洲	42.5	澳洲	62.5	澳洲	72.5
	欧洲	105	欧洲	115	欧洲	135	欧洲	145
	北美洲	744	北美洲	754	北美洲	774	北美洲	784
	南美洲	130	南美洲	140	南美洲	160	南美洲	170
第二季度	非洲	33.75	非洲	43.75	非洲	63.75	非洲	73.75
	亚洲	130	亚洲	140	亚洲	160	亚洲	170
	澳洲	40	澳洲	50	澳洲	70	澳洲	80
	欧洲	97.5	欧洲	107.5	欧洲	127.5	欧洲	137.5
	北美洲	812.5	北美洲	912.5	北美洲	1112.5	北美洲	1212.5
	南美洲	102.5	南美洲	112.5	南美洲	132.5	南美洲	142.5
第三季度	非洲	20	非洲	30	非洲	50	非洲	60
	亚洲	110	亚洲	120	亚洲	140	亚洲	150
	澳洲	55	澳洲	65	澳洲	85	澳洲	95
	欧洲	71	欧洲	81	欧洲	101	欧洲	111
	北美洲	890	北美洲	990	北美洲	1190	北美洲	1290
	南美洲	58.75	南美洲	68.75	南美洲	88.75	南美洲	98.75
第四季度	非洲	40	非洲	50	非洲	70	非洲	80
	亚洲	175	亚洲	185	亚洲	205	亚洲	215
	澳洲	82.5	澳洲	92.5	澳洲	112.5	澳洲	122.5
	欧洲	154	欧洲	164	欧洲	184	欧洲	194
	北美洲	1078	北美洲	1178	北美洲	1378	北美洲	1478
	南美洲	125	南美洲	135	南美洲	155	南美洲	165

假设从四维角度观察运输额数据，增加一个维度，如运营公司。观察4-D事物会有点麻烦，然而，可以把4-D立方体看成3-D立方体的序列，如图3−4所示。

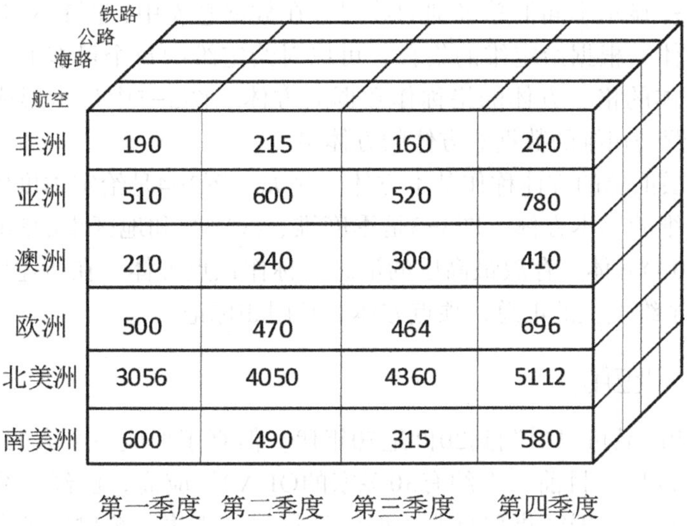

铁路 公路 海路 航空

	第一季度	第二季度	第三季度	第四季度
非洲	190	215	160	240
亚洲	510	600	520	780
澳洲	210	240	300	410
欧洲	500	470	464	696
北美洲	3056	4050	4360	5112
南美洲	600	490	315	580

图3-3 全球运输总额3-D数据立方体

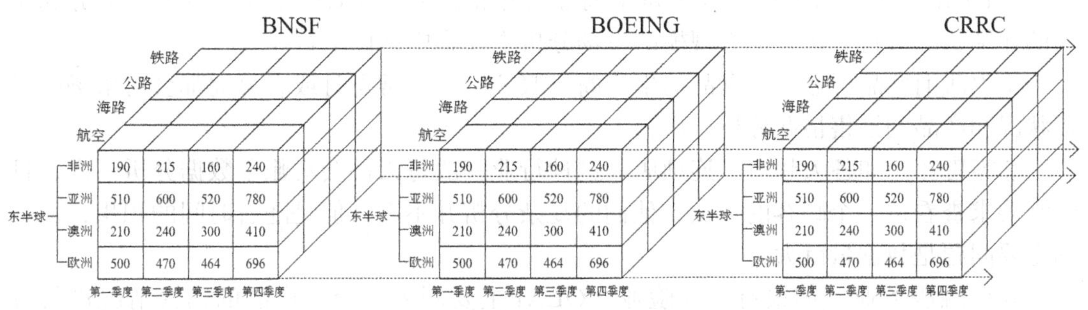

图3-4 全球运输总额4-D数据立方体

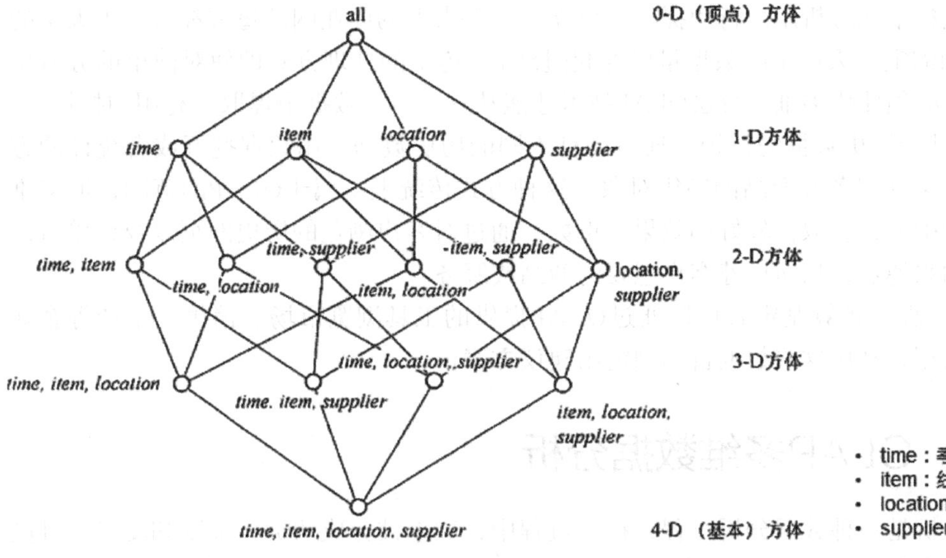

图3-5 方体格

表3-1和表3-2显示不同汇总级别的数据。在数据仓库中，图3-3和图3-4所示的数据立方体称作方体。根据给定维的集合，可以对给定维的每个可能的子集产生一个方体。结果形成方体的格，方体的格称作数据立方体。图3-5中显示形成季度维、地区维、线路维和运营公司维的数据立方体的方体格。

存放在最底层汇总的方体称作基本方体，例如，图3-4是给定季度维、地区维、线路维和运营公司维的基本方体。图3-3是季度维、线路维和地区维的3-D方体，多个运营公司的汇总。0-D方体是存放最高层的汇总，称作顶点方体。在所述例子中，这是总运输额在所有四个维度上的汇总，顶点方体通常用all标记。

3.1.4 OLAP应用

最早的OLAP产品可以追溯到20世纪70年代，但真正形成一个大的OLAP市场则是在20世纪90年代以后。目前，大约有30多家的OLAP供应商，已经给社会经济带来了巨大的利润和效益。数据密集型行业（如生活资料、零售、金融服务和运输业等）是OLAP产品的主要需求者，OLAP也给他们带来了巨大的好处。

（1）市场和销售分析。几乎每个商业公司都需要此类OLAP软件对市场形势和企业的业绩状况进行分析，但大规模的市场分析主要集中在以下行业。

①生活消费品行业。如食品的生产商、服装厂。通常每月或者每周都会对市场的经营状况和产品的销售情况分析一次。

②零售业。如各大超市、连锁店。这种行业一般每天都会对账单数据分析一次，且经常要求查看每一个顾客的数据，他们的复杂分析并不多，但是随着时间的积累，面临的主要问题是数据量巨大。

③金融服务业。如银行、保险业。OLAP主要用来对金融产品的销售情况进行分析，分析时要具体到每个客户。

（2）点击流分析。电子商务网站通常都会通过日志的形式记录客户在网上的所有行为，为更精细地分析用户行为提供了可能。一个大型的商业网站每天都会产生大量的数据，例如淘宝每天产生的数据量已经超过50T，传统的处理方式即使对简单的分析也很难胜任，必须使用多维、分层OLAP技术才能从这些海量数据中提取出有用的指标。

（3）基于历史数据的营销。通过各种不同的历史数据，用数据挖掘或者统计的方法，找到对某项服务或商品的销售对象。这种方式传统上不属于OLAP的范围，但多维数据分析的引入，会取得较好的效果。例如，通过对客户浏览的历史网页以及订单可以找到客户的兴趣点，从而推荐客户想要的商品或服务。

（4）预算。预算制定者可以通过OLAP提供的工具浏览市场、销售、生产等企业全方位的数据，利用这些数据自动制定出建议方案。

3.2 OLAP多维数据分析

多维分析是一种数据分析过程，在此过程中，数据被分成两类：维度和度量。维度和度量的概念都出自图论，维度指的是能够描述某个空间中所有点的最少坐标数，即空间基数；度量指的是无向图中顶点间的距离。在多维分析领域，维度一般包括字段值为字符类或者字段基数值较少且作为约束条件的离散数值类型；而度量一般包括基数值较大且可以参与运算的数值类字段，一般也称为指标。

多维数据分析是以海量数据为基础的复杂数据分析技术。它是专门为支持复杂的分析操作而设计的，用来给决策人员和高层管理人员的决策提供支持，它可以根据分析人员的要求快速、灵活地进行大数据量的复杂处理，并且以一种直观易懂的形式将查询结果提供给决策人员，以便他们了解企业的经营状况和市场需求，制定正确的方案，增加收益。

在实际决策过程中，决策者需要的数据往往不是某一指标单一的值，他们希望能从多个角度来观察一个或多个指标的值，并找出这些指标之间的关系。例如，决策者可能想知道“A部门和B部门今年8月份和去年8月份在销售总额上的对比情况，并且销售额按10万～20万元、20万～30万元、30万～40万元，以及40万元以上的分组”。这个问题是比较有代表性的，决策所需数据总是与一些统计指标、观察角度和不同级别（如地区、统计值区间划分）的统计相关，可以将这些观察数据的角度称为维。

多维数据分析可以对以多维形式组织起来的数据进行向上钻取、向下钻取、切片、切块、旋转等各种分析操作，以便剖析数据，使得分析者、决策者能够从多个角度、多个侧面观察数据库中的数据，从而深入了解包含在数据中的信息和内涵，辅助其决策。

3.2.1　切片和切块

切片（Slice）是在多维数据结构中，在一个维度上进行的选择操作，切片的结果是得到一个二维的平面数据。例如，将图3-1的全球运输总额立方体沿着线路维“航空”进行切片，切片效果如下表3-3所示。

表3-3　数据立方体切片

时间维	地区维	运输总额	时间维	地区维	运输总额
第一季度	非洲 亚洲 澳洲 欧洲 北美洲 南美洲	190 510 210 500 3056 600	第三季度	非洲 亚洲 澳洲 欧洲 北美洲 南美洲	160 520 300 464 4360 315
第二季度	非洲 亚洲 澳洲 欧洲 北美洲 南美洲	215 600 240 470 4050 490	第四季度	非洲 亚洲 澳洲 欧洲 北美洲 南美洲	240 780 410 696 5112 580

切块（Dice）是在多维数据结构中，在两个或多个维度上进行的选择操作，切块的结果是得到一个子立方体。例如，将图3-1的全球运输总额立方体沿着地区维由“东半球”进行切块，切块结果如下图3-6所示。

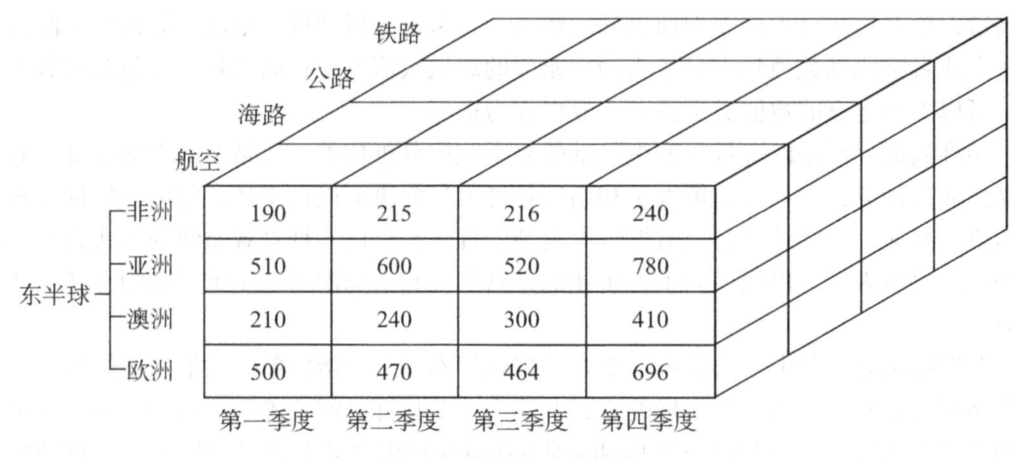

图3-6 数据立方体切块

3.2.2 钻取

钻取（Drill）包含向下钻取（Drill-down）和向上钻取（Drill-up）/上卷（Roll-up）操作，钻取的深度与维所划分的层次相对应。

向上钻取是在数据立方体中执行聚集操作，通过在维度级别中上升或通过消除某个、某些维度来观察更概括的数据。例如，将图3-1的全球运输总额立方体沿着时间维由“季度”向上钻取为“半年”，向上钻取结果如下图3-7所示。

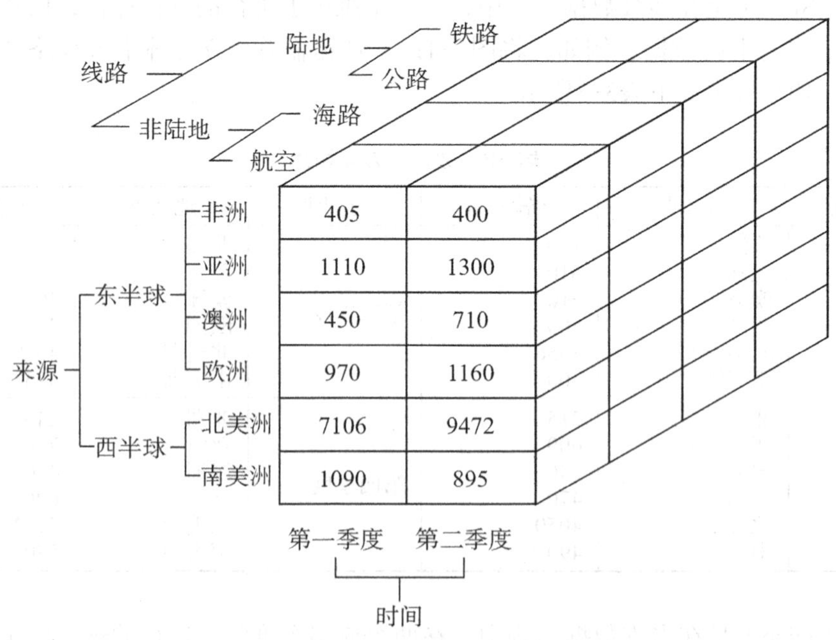

图3-7 数据立方体向上钻取

向下钻取是通过在维度级别中下降或通过引入某个维度来更细致地观察数据。例如，将图3-1的全球运输总额立方体沿着时间维由“第一季度”向下钻取为“每月”，向下钻取结果如图3-8所示。

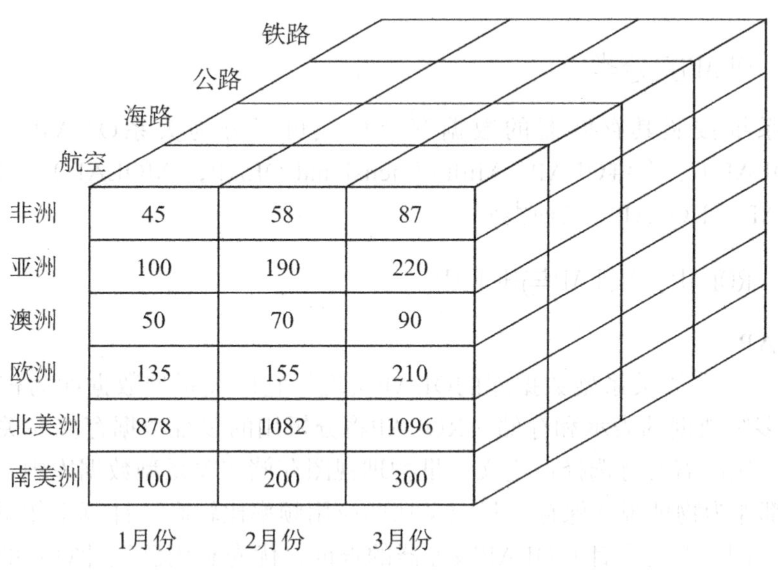

图3-8　数据立方体向下钻取

3.2.3　旋转/转轴

旋转（Rotate）/转轴（Pivot）是通过旋转得到不同视角的数据。例如，将图3-1的全球运输总额立方体通过旋转实现时间维和线路维的互换，旋转结果如下图3-9所示。

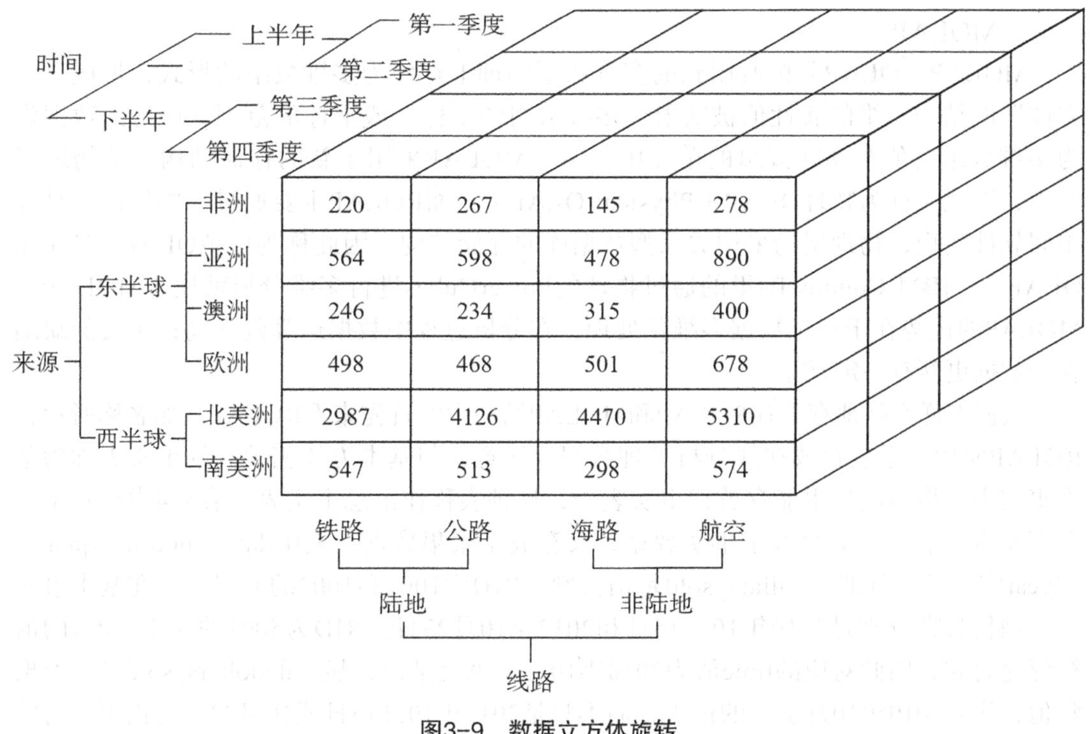

图3-9　数据立方体旋转

3.3 OLAP分类

3.3.1 OLAP的分类

OLAP系统按照其存储器的数据存储格式可以分为关系OLAP（Relational OLAP，ROLAP）、多维OLAP（Multidimensional OLAP，MOLAP）和混合型OLAP（HybridOLAP，HOLAP）三种类型。

3.3.2 ROLAP、MOLAP与HOLAP

1. ROLAP

ROLAP表示基于关系型数据库的OLAP实现。它以关系型数据库为核心，以关系型结构进行多维数据的表示和存储。ROLAP将分析用的多维数据存储在关系型数据库中，并根据应用的需要有选择地定义一批物理视图存储在关系型数据库中，不必将每一个SQL查询都作为物理视图保存，只定义那些应用频率比较高、计算工作量比较大的查询作为物理视图。对每个针对OLAP服务器的查询，优先利用已经计算好的物理视图来生成查询结果以提高查询效率。同时用作ROLAP存储器的RDBMS也针对OLAP做相应的优化，如并行存储、并行查询、并行数据管理、基于成本的查询优化、位图索引、SQL的OLAP扩展（Cube、Rollup）等。IBM Cognos BI里的通过多维逻辑模型DMR访问关系型数据库进行多维分析就属于ROLAP。ROLAP的最大好处是可以实时地从源数据中获得最新数据，以保持数据的实时性；缺陷在于运算效率比较低，用户等待响应时间比较长。

2. MOLAP

MOLAP将OLAP分析所用到的多维数据物理上存储为多维数组的形式，形成“立方体”的结构。维的属性值被映射成多维数组的下标值或下标的范围，而汇总数据作为多维数组的值存储在数组的单元中。由于MOLAP采用了新的存储结构，从物理层实现，因此又称为物理OLAP（Physical OLAP）；而ROLAP主要通过一些软件工具或中间软件实现，物理层仍采用关系型数据库的存储结构，因此称为虚拟OLAP（Virtual OLAP）。IBM Cognos BI里的通过物理的PowerCubes进行多维分析就属于MOLAP。MOLAP的优势在于经过数据多维预处理，在分析过程中数据运算效率高；主要的缺陷在于数据更新有一定延滞。

数据怎样实际地存放在ROLAP和MOLAP结构中？首先来看ROLAP。如名称所示，ROLAP使用关系表存放在线分析处理数据。注意，与基本方体相关联的事实表称为基本事实表。聚集数据也能存放在事实表中，这种表称作汇总事实表。表3-4中显示了一个汇总事实表，它既存放了事实数据，又存放了聚集数据，表中day、month、quarter和year定义销售日期，dollars_sold是销售额。RID为1001和1002的元组数据在基本事实级，销售日期分别是2010年10月15日和2017年10月23日。RID为5001的元组，day的值被泛化为all，因此对应的time值为2010年10月，也就是说，显示的dollars_sold是一个聚集值，代表2010年10月全月的销售，而不只是2010年10月15日或10月23日的销售。特殊值all用于表示汇总数据的小计。

表3-4　销售额数据表

RID	item	…	day	month	quarter	year	dollars_sold
1001	TV	…	15	10	Q4	2010	250.6
1002	TV	…	23	10	Q4	2010	175
…	…	…	…	…	…	…	…
5001	TV	…	all	10	Q4	2010	45786.08

那么，什么是数据泛化？从概念上讲，数据立方体可以看作一种多维数据泛化。一般而言，数据泛化通过把相对低层的值（例如，属性年龄的数值）用较高层概念（例如，青年、中年和老年）替换来汇总，或通过减少维数，在涉及较少维数的概念空间汇总数据。给定存储在数据库中的大量数据，能够把抽象层的数据通过间接的形式描述是很有用的。例如，销售经理可能不想考察每个顾客的事务，而愿意观察泛化到较高层的数据，如根据地区按顾客组汇总，观察每组顾客的购买频率和顾客的收入。

3. HOLAP

正是由于MOLAP和ROLAP有着各自的优点和缺点（ROLAP数据量大，但是处理性能低；MOLAP处理性能高，但数据量不能太大），且它们的结构迥然不同，这给分析人员设计OLAP结构提出了难题。为此，一个新的OLAP结构——混合型OLAP（HOLAP）被提出，它能把MOLAP和ROLAP两种结构的优点结合起来。这种新架构既能够保证类似于MOLAP方式的高性能，也能基于更大的数据量进行分析，还不用定期将数据库里的数据刷新到OLAP服务器中来保证数据的实效性。它的诸多优势受到了市场的追捧。很明显，HOLAP结构不是MOLAP与ROLAP结构的简单组合，而是这两种结构技术优点的有机结合，能满足用户各种复杂的分析请求。例如，IBM Cognos BI通过将高度汇总的数据存在Power Cubes里，而明细数据使用DMR多维逻辑模型的方式存储，通过穿透钻取方式无缝地进行多维分析就属于HOLAP。

4. ROLAP、MOLAP与HOLAP的性能对比

具体使用过程中需要用到何种OLAP分析结构，要针对业务的具体情况进行选择，ROLAP、MOLAP与HOLAP的对比情况如下表3-5所示。

表3-5　ROLAP、MOLAP与HOLAP性能对比

	ROLAP	MOLAP	HOLAP
描述	基于关系型数据库的OLAP实现	关系型数据库	关系型数据库
细节数据存储位置	基于多维数据组织的OLAP实现	数据立方体	数据立方体
聚合后数据存储位置	基于混合数据组织的OLAP实现	关系型数据库	数据立方体
效率	查询效率最低	空间换效率、查询时效率高	查询效率比ROLAP高，但低于MOLAP
聚合时间	由于存储在关系型数据库中，聚合时间少	生成Cube时需要大量的时间和空间	聚合时需要比ROLAP花费更多的时间

3.3.3 多维数据模式

1. 基本概念

在多维分析的商业智能解决方案中，根据事实表和维度表的关系，可将常见的模型分为星型模型和雪花型模型。在设计逻辑型数据的模型时，就应考虑数据是按照星型模型还是雪花型模型进行组织的。

（1）星型模型。当所有维度表连接到事实表上的时候，整个图就像一个星星，故称之为星型模型。星型模型是一种非规范化的结构，多维数据集的每一个维度都直接与事实表相连，不存在渐变维度，所以数据有一定冗余。因为有冗余，所以很多统计不需要做外部的关联查询，因此一般情况下效率比雪花型模型高。如在地域维度表中，存在A国家 B省的C城市以及A国家B省的D城市两条记录，那么A国家和B省的信息分别存储了两次，即存在冗余，如图3-10所示。

（2）雪花型模型。当有多个维度表没有直接连接到事实表上，而是通过其他维度表连接到事实表上时，其图形就像雪花，故称雪花型模型。雪花型模型的优点是减少了数据冗余，所以一般情况下查询需要关联其他表。在冗余可接受的前提下一般使用星型模型，雪花型模型是对星型模型的扩展。它对星型模型的维表进一步层次化，原有的各维表可能被扩展为小的事实表，形成一些局部的“层次”区域，这些被分解的表都连接

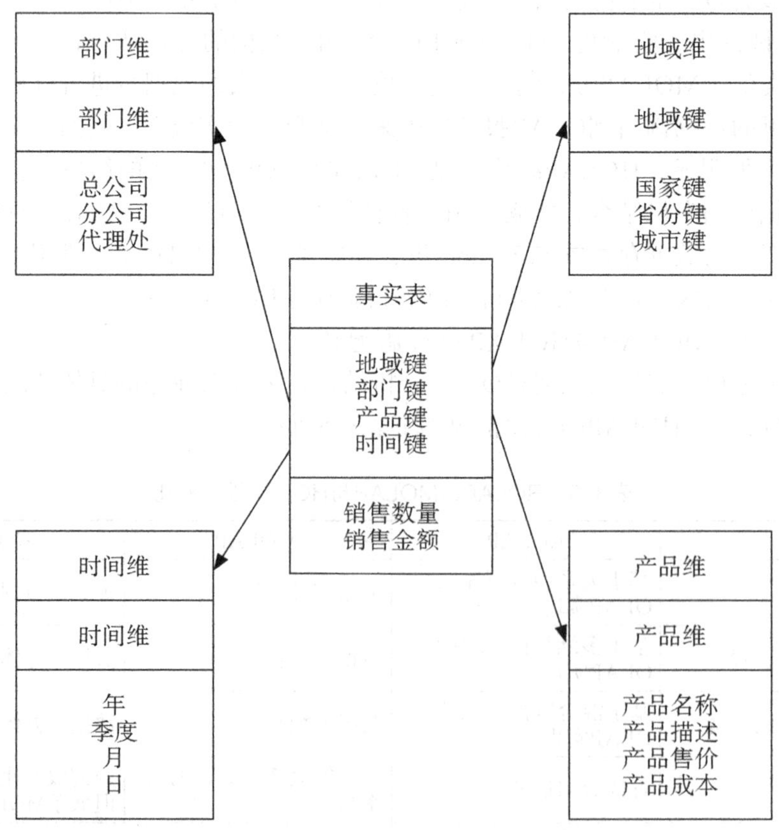

图3-10 销售数据仓库中的星型模型

到主维度表而不是事实表。如图3-11所示，地域维表又可分解为国家、省份、城市等维表。它的优点是通过最大限度地减少数据存储量以及联合较小的维表来改善查询性能。雪花型结构去除了数据冗余。

星型模型和雪花型模型的区别在于维度表是直接连接到事实表还是其他维度表。

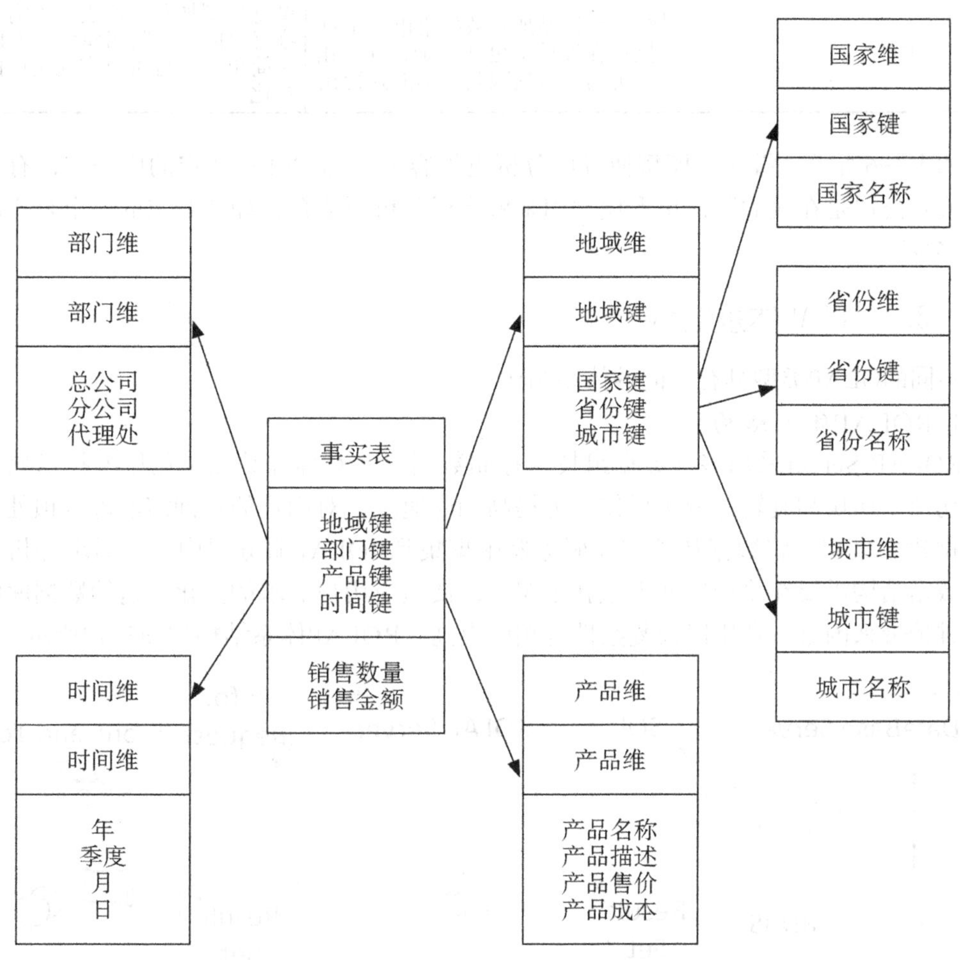

图3-11　销售数据仓库中的雪花型模型

2. 模型对比

星型模型和雪花型模型在具体使用时，需要根据业务特点具体选择，如表3-6所示。

表3-6　星型模型和雪花型模型的对比

对比内容	雪花型模型	星型模型
数据优化	规范化数据，消除冗余，其业务层级和维度都将存储在数据模型之中	反规范化数据，业务层级不会通过维度之间的参照完整性来部署
业务模型	数据模型的业务层级是由一个不同维度表主键-外键的关系来代表的	所有必要的维度表在事实表中都只拥有外键

续表

对比内容	雪花型模型	星型模型
性能	雪花型模型在维度表、事实表之间的连接很多，因此性能方面会比较低	只需要将需要的维度表和事实表连接即可
ETL	雪花型模型加载数据集市，ETL操作在设计上更加复杂，而且由于附属模型的限制，不能并行化	星型模型加载维度表，不需要在维度之间添加附属模型，ETL相对简单，而且可以实现高度的并行化

如表3-6所示，雪花型模型使维度分析更加容易，如“针对特定的广告主，有哪些客户或者公司是在线的”；星形模型用来做指标分析更适合，如“给定的一个客户的收入是多少”。

3.3.4 OLAP体系结构

不同的OLAP类型具有不同的体系结构。

1. ROLAP体系结构

ROLAP Server采用多维数据组技术存储数据，并对稀疏数据采用压缩技术处理，提供切片、切块和旋转等分析操作。为提高相应速度，对用户的查询需求进行预处理，在数据建立之初，将数据从数据库服务器中聚集到ROLAP服务器中。当需求分析变化时，数据结构需要在物理层面上重新组织，以便适应用户需求的变化。这给数据库的建立和维护带来困难，费用以及复杂性也相应提高。ROLAP体系结构如图3-12所示。

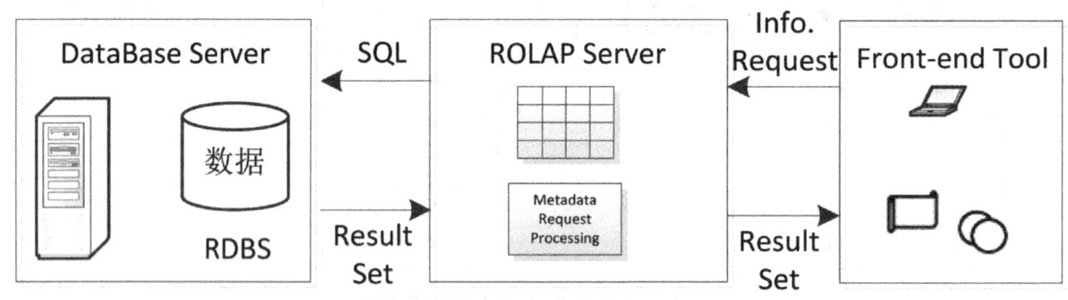

图3-12 ROLAP体系结构

2. MOLAP体系结构

MOLAP体系结构源于中间件技术和传统关系型数据库管理系统，不具有较强的可伸缩性。它以ROLAP Server为中间件，增加了ROLLUP、CUBE等操作，扩充了SQL为Multiple SQL支持复杂的多维分析。通常，采用非常规范的星型或雪花型模型组织数据来支持处理用户需求。用户的查询需求通过OLAP引擎动态翻译为SQL请求，然后由关系型数据库来处理SQL请求，最后查询结果经多维处理将结果返回给用户。MOLAP体系结构如图3-13所示。

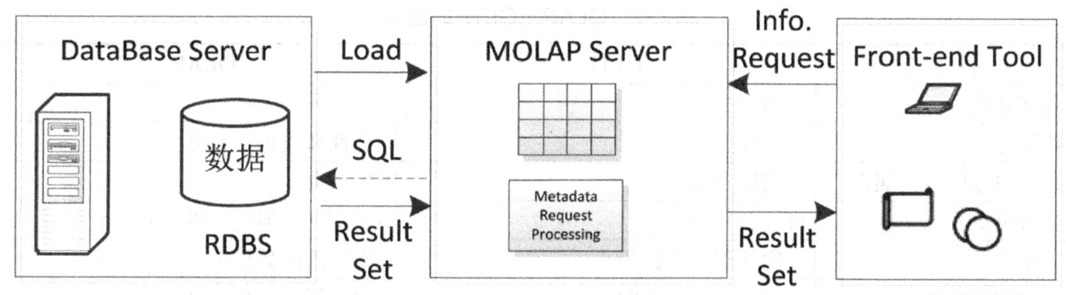

图3-13　MOLAP体系结构

3. HOLAP体系结构

HOLAP体系结构集成了ROLAP的可伸缩性和MOLAP的快速计算的特点，将大量的详细数据存放在关系型数据库中，聚集数据存放在MOLAP中。为预计的计算操作，首先从关系型数据库管理系统中查询，然后传输到MOLAP数据立方体中并存储在其中，由OLAP引擎将结果返回给用户。以后用户便可以在立方体上直接进行多维分析操作。HOLAP体系结构如图3-14所示。

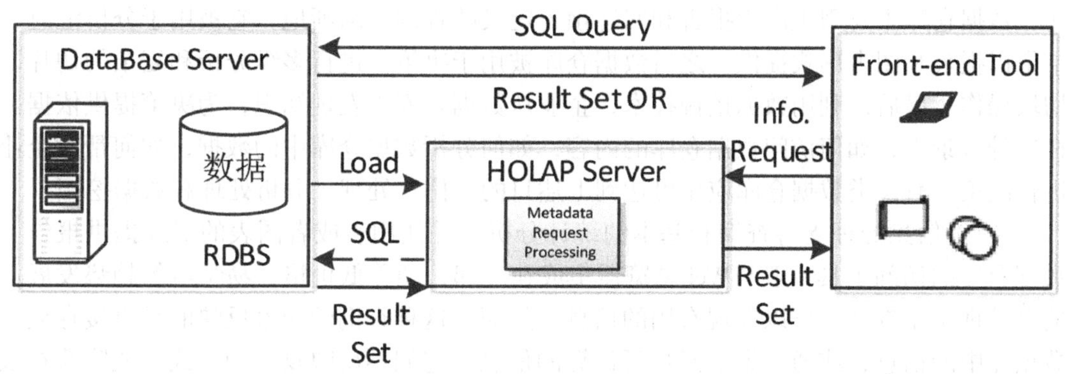

图3-14　HOLAP体系结构

3.3.5　OLAP与OLTP的区别

了解过OLAP相关的知识之后，下面对OLAP和OLTP两门技术进行综合的比较。OLTP是传统关系型数据库的主要应用，主要是基本的、日常的事务处理，例如银行交易。OLAP是数据仓库系统的主要应用，支持复杂的分析操作，侧重决策支持，并且提供直观易懂的查询结果。

OLTP系统强调数据库内存效率，强调内存各种指标的命令执行率、绑定变量、并发操作；OLAP系统则强调数据分析、SQL执行市场、磁盘I/O、分区等。具体区分如下表3-7所示。

表3-7 OLAP与OLTP的区别

对比内容	OLTP	OLAP
数据处理	原始数据	导出数据
数据存储	细节性数据	综合性和提炼性数据
存储数据的时间属性	当前值数据	历史数据
是否可更新	可更新	不可更新，但周期性刷新
数据量	一次处理的数据量小	一次处理的数据量大
用户和系统的面向性	面向应用，事务驱动	面向分析，分析驱动
数据库设计	面向操作人员，支持日常操作	面向决策人员，支持管理需要

3.4 从OLAP到数据挖掘

3.4.1 信息处理

工商企业已经在广泛使用数据仓库进行数据分析并做出战略决策。通常数据仓库使用的时间越长，它的数据模型构建就越完善，并且，在使用过程中经历了多个阶段。最初，数据仓库主要用于产生报告和回答预先定义的查询。渐渐地，它被用于分析汇总，结果以报表和图表形式提供。之后数据仓库被用于决策，进行多维分析和复杂的切片、切块操作。最后，利用数据挖掘技术，企业从数据仓库中发现知识，为决策提供依据。在这种背景下，如何访问数据仓库的内容，如何分析数据仓库中的数据，如何帮助企业进行决策，有三类数据仓库应用可达到上述目的：信息处理、分析处理和数据挖掘。

（1）信息处理支持查询和基本的统计分析，并使用表或者图表的形式提供报告。数据仓库的访问工具一般与Web浏览器集成在一起，朝着低价格、易学习的趋势发展。信息处理基于查询，可以发现有用的信息。然而，这种查询的回答反映的是直接存放在数据库中的信息，或通过聚集函数可计算的信息；它们不反映复杂的模式，或隐藏在数据库中的规律。

（2）分析处理支持基本的OLAP操作，包括切片与切块、向下钻取、向上钻取和转轴。它一般在历史数据上进行汇总操作。与信息处理相比，在线分析处理的主要优势是能够提供数据仓库的多维数据分析。在线分析处理向数据挖掘走近了一步，因为它可以在历史数据上多维度地进行汇总信息。

（3）数据挖掘支持知识发现，从历史数据中发现潜在的有用信息，找出隐藏的模式和关联，构造分析模型，进行分类和预测，并对挖掘结果进行可视化展示。

3.4.2 OLAP和数据挖掘的关系

OLAP和数据挖掘从功能上可以视为两种不同的数据处理方向：OLAP是数据汇总、聚集工具，帮助简化数据分析；而数据挖掘要求能够自动地发现隐藏在海量数据中的有用信息和有价值的知识。OLAP工具的目标是让交互式数据分析更简单、更方便，并且对海量数据的处理不仅仅考虑稳定性，还要兼顾时效性；而数据挖掘工具的目标是尽可能自动处理，尽管允许用户指导这一过程。在这种情况下，数据挖掘比传统的OLAP处理前进了一步。

OLAP和数据挖掘的关系还存在另一种普遍的观点：数据挖过程包含数据描述和数据建模。由于OLAP系统可以提供数据仓库中数据的一般描述，OLAP的功能基本上是用户定义的一些指标汇总（通过向上钻取、向下钻取、切片、切块等其他操作）。尽管这些功能有限，但也属于数据挖掘功能的范畴。如果按照这个思路，那么数据挖掘的涵盖面要比简单的OLAP操作广泛得多，因为数据挖掘不仅包括数据的汇总和比较，而且能够实现数据关联、分类、预测、聚类、时间序列等分析任务。

数据挖掘不仅能分析数据仓库中的数据，还可以分析比汇总数据粒度更细的数据，也可以分析事务的、空间的、文本的和多媒体数据，这些数据很难用现有的在线分析处理技术实现。例如，数据挖掘能够帮助经理了解客户群的特征，并据此制定最佳定价策略，不是根据直觉，而是根据客户的历史购买数据来发现客户的兴趣点，推荐客户需要的商品，从而提高企业销售的利润。

3.4.3　多维数据挖掘

目前在数据挖掘领域，对各种类型的数据挖掘已经做过很多研究，这些数据类型包括一般文件、关系数据、数据仓库的数据、事务数据、时间序列数据、文本数据和空间数据。多维数据挖掘（又称在线分析挖掘或OLAM）把数据挖掘与OLAP集成在一起，扩展了OLAP的功能，使用户能够在多维数据库中发现有价值的信息。

在生产过程中，多维数据挖掘显得特别重要：

（1）数据的高质量。大部分数据挖掘工具需要在集成的、一致的和清理过的数据上运行，这需要昂贵的数据清理、数据变换和数据集成作为预处理步骤。这些预处理过的数据所构造的数据仓库不仅充当OLAP，而且也充当数据挖掘的高质量的、有价值的数据源。另外，也可以利用数据挖掘技术来进行数据清理。

（2）围绕数据仓库的信息处理基础设施。全面的数据处理和数据分析基础设施已经或将要围绕数据仓库而系统地建立。这个搭建过程包括多个异构数据库的访问、集成、合并和变换，ODBC/JDBC连接，Web访问和服务机制，报表和OLAP分析工具。为了达成这一目的，要尽量利用可用的基础设施，而不是一切从头做起。

基于OLAP的多维数据探索。探索式数据分析是数据挖掘一种有效的方式。用户常常会使用不同粒度分析数据库中的历史数据，并把汇聚的结果通过不同的形式展现出来。多维数据挖掘提供在不同的数据子集和不同的抽象层上进行数据挖掘的机制，在数据立方体和数据挖掘的中间结果上进行钻取、旋转、切块和切片。这些与数据可视化工具一起，将大大增强探索式数据挖掘的能力和灵活性。

（3）数据挖掘功能的在线选择。用户常常可能不知道想挖掘什么类型的知识。通过将OLAP与多种数据挖掘功能集成在一起，多维数据挖掘为用户选择所期望的数据挖掘功能、动态地切换数据挖掘任务提供了灵活性。

从上述内容可知，数据仓库与OLAP技术对于数据挖掘的研究是必要的。这是因为数据仓库为用户提供了大量清洁的、有组织的和汇总的数据，大大地方便了数据挖掘。例如，数据仓库不是存储每个销售事务的细节，而是为每个分店存放每类商品的汇总，或较高层（如每个国家）的汇总。OLAP提供数据仓库汇总数据的多种多样动态视图的能力，为成功的数据挖掘奠定了坚实的基础。

此外，生产中数据挖掘应当也是以人为中心的过程。用户通常与系统交互，进行探测式数据分析，而不是要求数据挖掘系统自动地产生模式和知识。OLAP为交互式数据分析树立了一个好榜样，并为探索式数据挖掘做了必要的准备。

3.5 OLAP操作语言

利用SQL进行关系型数据库查询有一定的局限性：查询因需要“join”多个表而变得比较繁琐，查询语句（SQL）不好编程；数据处理的开销往往因关系型数据库要访问复杂数据而变得很大。关系型数据库管理系统本身局限性——数据模型上的限制：关系型数据库所采用的两维表数据模型，在大多数事务处理和典型的多维数据分析的应用中不能有效地处理；性能上的限制：为静态应用（如报表生成）而设计的关系型数据库管理系统，并没有经过针对高效事务处理而进行的优化过程；扩展伸缩性上的限制：关系型数据库技术在有效支持应用和数据复杂性上的能力是受限制的。关系型数据库原先依据的规范化设计方法，对于复杂事务处理数据库系统的设计和性能优化来说，已经无能为力；关系型数据库的检索策略，如复合索引和并发锁定技术，在使用上会造成复杂性和局限性。

基于这种基础上，Microsoft、Hyperion等公司研究了多维查询表达式（MDX），其是所有OLAP高级分析所采用的核心查询语言。

3.5.1 MDX

多维查询表达式（Multidimensional Expressions，MDX）是一种语法，支持多维对象与多维数据的定义和操作。MDX 在很多方面与结构化查询语言（SQL）语法相似，但它不是 SQL 的扩展；事实上，MDX 所提供的一些功能也可由 SQL 提供，但是不如MDX有效或直观。如同 SQL 查询一样，每个 MDX 查询都要求有数据请求（SELECT 子句）、起始点（FROM 子句），可以包含筛选（WHERE 子句）。这些关键字以及其他关键字提供了各种工具，用来从多维数据集析取数据的特定部分。MDX还提供了可靠的函数集，用来对所检索的数据进行操作，同时还具有用户自定义函数扩展 MDX 的能力。同 SQL一样，MDX提供管理数据结构的数据定义语言（DDL）语法。其中有用于创建（和删除）多维数据集、维度、度量值以及它们的坐标对象的 MDX 命令。

1. **成员**（Member）

成员是代表维度中一次或多次数据出现的项。可以把维度中的成员看成是基础数据库中的一个或多个记录，该列内的值归入该分类。成员是描述多维数据集中的单元数据时的最低参照层次。

例如，图3-15所示的立方体中阴影部分用来表示“时间.[上半年].[第一季度]”成员。

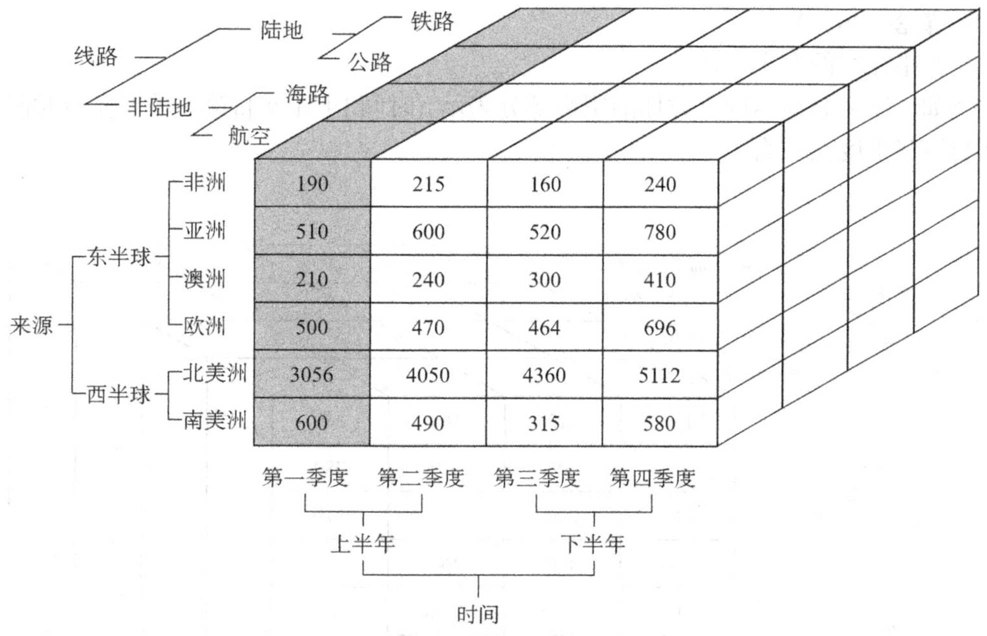

图3-15　立方体多维数据集成员举例

2. **元组**（Tuple）

元组用于定义来自多维数据集的数据切片，由来自一个或多个维度的单个成员的有序集合组成。元组唯一标识多维数据集中的一部分，它不必指某个特定单元（切片或切块）。

例如，图3-16所示的立方体的阴影部分表示（来源.[西半球]）元组。

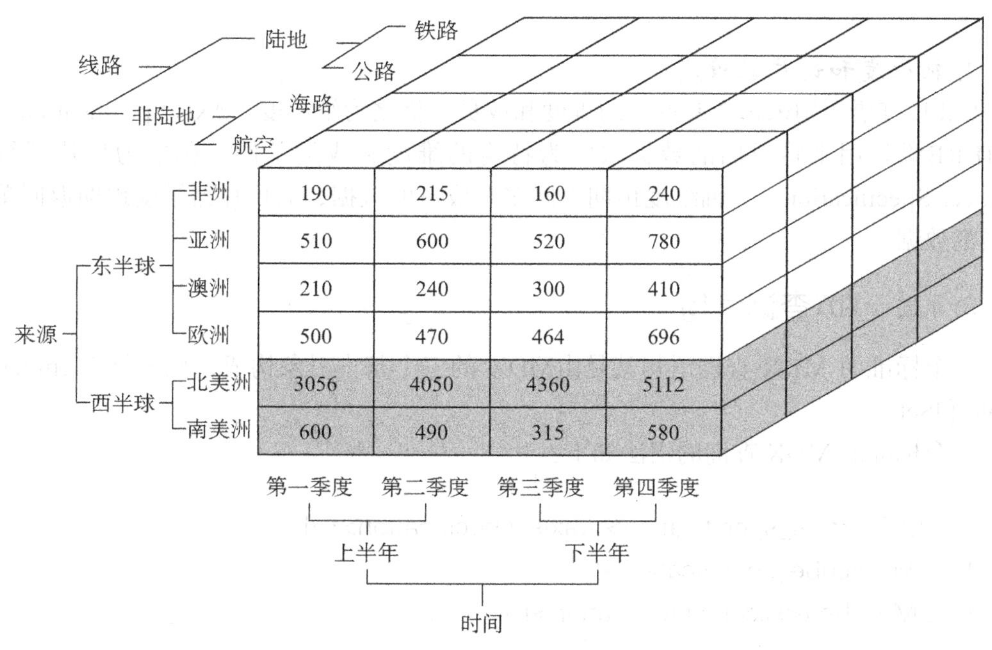

图3-16　立方体多维数据集元组举例

3. **集合**（Set）

集合指元组的有序集合。

例如，图3-17所示的立方体的阴影部分表示{(时间.[上半年].[第一季度])，(时间.[下半年].[第三季度])}集合。

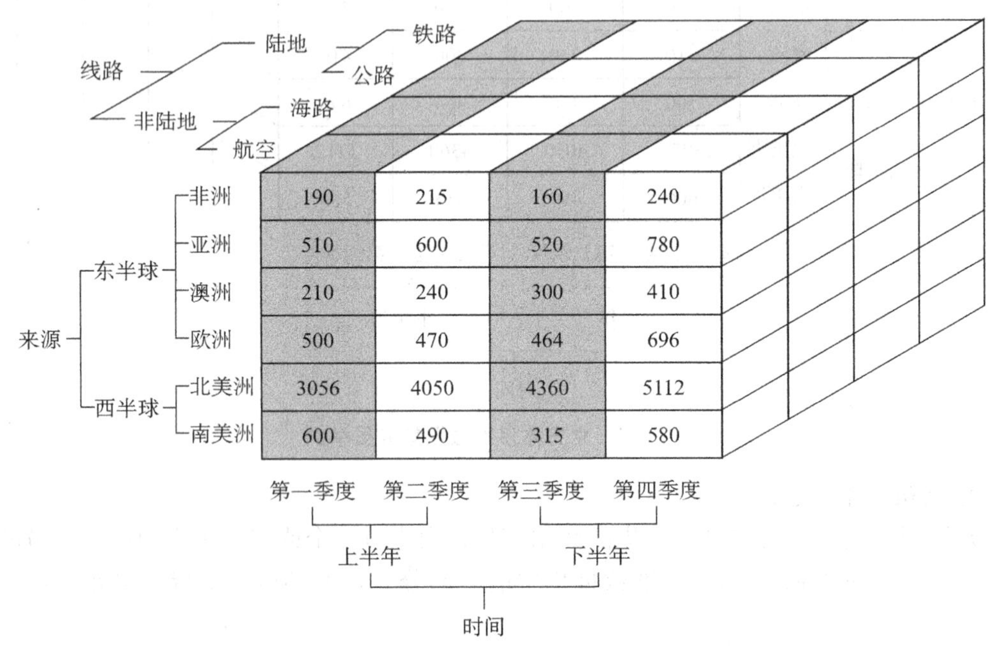

图3-17　立方体多维数据集合举例

4. **轴维度和切片器维度**

SELECT语句用来选择要返回的维度和成员，称之为轴维度（Axis Specification）。WHERE语句用来将返回的数据限定为特定的维度和成员条件，称之为切片器维度（Slicer Specification）。轴维度预期返回多个成员的数据，而切片器维度预期返回单个成员的数据。

3.5.2　MDX查询语句

一个标准的 MDX 查询语句就是由MDX 的三个基本对象构成，也就是 Member 、Tuple 和Set 。

一个标准的 MDX 查询的语法如下：

```
SELECT [<axis_specification>,<axis_specification>…]
FROM  [<cube_specification>]
FROM Cube [<slicer_specification>]
```

要制定数据集，MDX查询必须包含下列各项的信息。

（1）轴的数目。最多可在MDX查询中指定128个轴。

（2）要包括在MDX查询的各个轴上的来自各个维度的成员。

（3）设置MDX查询上下文的多维数据集的名称。

（4）来自切片器维度的成员，在该维度上对来自轴维度的成员进行数据切片。

例如，图3-17中立方体的名称为“route”，则阴影切片的MDX语句如下：

```
SELECT{[时间].[上半年].[第一季度],[时间].[下半年].[第三季度]} on columns,
{[来源].[东半球].[亚洲],[来源].[东半球].[非洲],[来源].[东半球].[大洋洲],[来源].[东半球].[欧洲],[来源].[西半球].[南美洲],[来源].[西半球].[北美洲]} on rows
FROM[route]
WHERE ([线路].[非陆地].[航空])
```

该查询返回的结果如表3-8所示。

表3-8　MDX查询结果

	第一季度	第三季度
非洲	190	160
亚洲	510	520
大洋洲	210	300
欧洲	500	464
南美洲	3056	4360
北美洲	600	315

从以上查询语法可以得到以下结论。

（1）MDX使用花括号{}将引用某个维的一个或多个成员集成在一起，从而构成轴上的一个集合。在上例查询中，引用了时间维、来源维和线路维。

（2）在查询中，坐标轴是通过将维投影到不同的坐标来定义的。

（3）FROM字句用于指定查询所基于的多维数据集的名称。

（4）WHERE字句用于定义切片条件。在示例中，切片条件只有一个，是路线维度的“航空”成员。

3.5.3　SQL和MDX的区别

SQL和MDX之间最显著的区别在于MDX具有引用多个维度的能力，MDX所提供的命令可以专门检索具有几乎任意多个维度的多维数据结构中的数据。此外，MDX还支持用户自定义函数的创建和注册，可以创建用户自定义函数对多维数据进行操作，并按照MDX语法接收参数并返回值。而SQL则是查询关系型数据库，虽然在很多方面，MDX所提供的功能也与SQL相似，甚至经过努力可以在SQL中复制某些由 MDX 提供的功能。然而，SQL处理查询时仅涉及列和行这两个维度。因为SQL只设计用来处理二维表格格式数据，所以“列”和“行”这两个术语在SQL语法中具有意义。

比较而言，MDX在查询中则可处理一个、两个、三个或更多的维度。因为MDX中可以使用多个维度，所以每个维度称作一个轴。MDX中的“列”和“行”这两个术语在MDX查询中仅用作前两个轴维度的别名，还有其他指派了别名的维度，但对于MDX这些别名本身没有真实意义。MDX支持这些别名是为了显示，许多OLAP工具不能显示具有两个以上维度的结果集。

在SQL中，SELECT子句用于定义查询的列布局，而WHERE子句用于定义行布局。可是在MDX中SELECT子句可用于定义几个轴维度，而WHERE子句可用来将多维数据限制于特定的维度或成员。在SQL中，WHERE子句用于筛选查询所返回的数据。在MDX中，WHERE子句用于提供查询所返回的数据切片。虽然这两个概念相似，却不可等同。

SQL查询使用WHERE子句包含符合条件的数据集，虽然筛选中的条件列表可以缩小所检索数据的范围，但是不要求子句中的元素必须产生清晰而简洁的数据子集。然而在MDX中，切片意味着WHERE子句中的各个成员标识来自不同维度的数据的不同部分。由于多维数据的结构化结构，不可能请求同一维度的多个成员的切片。因为这一点，MDX中的WHERE子句能提供清晰而简洁的数据子集。

创建SQL查询的过程与创建MDX查询的过程不同。SQL查询的创建者将二维行集的结构形象化并加以定义，并且编写针对一个或多个表的查询对该结构进行填充。相反，MDX查询的创建者通常将多维数据集的结构形象化并加以定义，并且编写针对单个多维数据集的查询对该结构进行填充，这样多维数据集就具有较多数量的维度。

SQL结果集的视觉形象是直观的，集合是一个行与列组成的二维表格。但是，MDX结果集的视觉形象并不直观。因为多维结果集可以有三个以上的维度，所以将该结构形象化比较困难。要在SQL中引用这些二维数据，在引用称为字段的单个数据单元时，可以使用适合于数据的任何方法，列名称和行的唯一标识均可。但是，MDX在引用数据单元时，不管数据形成的是单个单元还是一组单元，都使用一种非常特定并且统一的语法。

尽管SQL和MDX具有相似的语法，但是MDX语法功能异常强大，而且，它还可以实现非常复杂的功能。然而，因为设计MDX本来意图是提供一种查询多维数据的简单而有效的方法，所以它采用了一致且易于理解的方式使用户认清二维查询和多维查询在概念上的区别。

SQL与MDX的区别如表3-9所示。

表3-9　SQL与MDX的区别

对比内容	SQL	MDX
维数	行、列二维	任意维数
语法功能	简单易用	异常强大、非常复杂
填充数据结构	一个或多个表	单个多维数据集
数据控制	允许	不允许

续表

对比内容	SQL	MDX
数据查询	允许	允许
数据定义	允许	允许
SELECT语句	定义列布局	定义多个轴维度
WHERE语句	定义行布局并筛选查询返回的数据	限制特定的维度或成员，并提供查询所返回的数据切片
结果显示	直观	不直观
引用数据	任意方法，列名和行名唯一标识	特定的语法，较为复杂

3.5.4　MDX表示

OLAP架构包括多维数据集、度量值、维度、级别、成员、层次结构以及成员属性的信息。所有这些项在MDX查询中都有相应的表示，因此为了能够更好地浏览多维数据，需要对MDX的表示方法有一定的了解。

（1）方括号。在MDX中，引用架构中各个项名称的方法有两种：一种是使用方括号“[ ]”来引用；另一种是不使用方括号，直接引用各项的名称。如果引用的架构中各项的名称不包含空格，则可以不使用方括号；如果引用的架构中各项的名称包含空格，则必须使用方括号来引用。所以，建议用户养成一个好的书写习惯，不管架构中各项的名称是否包含空格都使用“[ ]”来引用。方括号的使用规范同样适用于多维数据集、维度、度量值和成员属性的引用。如果成员的名称中含有方括号，则和使用其他语言编写程序一样，必须使用转义符。和其他语言不同的是，MDX中的转义符也是方括号“[ ]”。例如，如果某个成员名称是Air New [Zealand]，那么在MDX查询中对该成员的引用就应该表示为[Air New [[Zealand]]]。

（2）点号。如果某个标识符由多个部分或者多个层级的名称组成，则MDX使用点号来分隔这些部分。例如，前面用到的全球运输总额数据集，为了引用“航空”，应该这样表达：[线路].[非陆地].[航空]。

（3）名称的唯一性——在引用架构中的名称时，名称应该是唯一的。在一个多维数据内部，为了保证名称的唯一性，建议使用以下规则统一命名。

①维度和度量值。维度和度量值名称在同一个多维数据集中是唯一的，因此可以在多维数据集中直接使用它们的名称表示它们。例如，[时间]和[来源]唯一地标识当前多维数据集中的时间维度和来源维度。

②层次结构。对于不同的层次结构的名称，可以使用它所属的维（要写在方括号中）作为前缀，后面跟一个点号，再加上它自己的名称。例如，全球运输总额的数据集中，如果要引用上半年层次结构应该这样写：[时间].[上半年]。对于OLAP架构中的级别名称和成员名称，同样可以采用这种规则来命名。只是在标识成员的名称时比其他几个名称要麻烦一点，这是因为必须沿着维度的层次体系逐一地添加将要访问的成员所属的所有级别成员的名称。例如，为了标识时间维度上半年层次结构中第一季度的第3个月，可以这样写：[时间].[上半年].[第一季度].[三月]。

③成员属性。为了唯一地标识一个成员属性，需要将其名称加在它所属的级别之后，并用点号分隔。例如，为了得到航空公司的客流量，应该这样写：[来源].[非陆地].[航空].Properties（“客流量”）。

3.5.5 成员属性和单元属性

前文介绍名称命名规则的时候提到了成员属性，在MDX中什么是成员属性？多维数据分析返回的数据集结果中，包含一些成员的基本信息，如成员名、父级别、子代数目等，这些信息即称为成员属性。成员常常具有与其相关的附加属性，并且成员属性对给定级别的所有成员均可用。就组织结构而言，成员属性可视为存储于单个维度上按维度组织的数据。

表3-10中所列举的内在成员属性，对所有维度和级别都支持，这些成员属性在特定维度或级别的上下文中使用，称为级别成员属性。

表3-10　级别成员属性

属性	描述
ID	成员的内部维护ID
Key	存储于MEMBERS架构行集的MEMBER_KEY列中成员的值
Name	成员的名称

所有的成员也都支持表3-11中所列的内在成员属性。内在成员属性不能应用在特定维度或级别上，它们应用于多维表达式（MDX）查询中轴维度的所有成员。

表3-11　内在成员属性

属性	描述
CALCULATION_PASS_DEPTH	仅用于计算单元。计算公式的传递深度，此属性确定解析计算公式需要多少个传递
CALCULATION_PASS_NUMBER	仅用于计算单元。计算公式的传递号，此属性计算公式将分别在哪个传递上开始赋值和结束计算，该属性的默认值为1，最大值为65535
CATALOG_NAME	该成员所属的目录的名称
CHILDREN_CARDINALITY	成员具有的子代数目。它可为估计值，所以不应该依赖它进行确切计数。提供程序应尽可能返回最佳的估计值
CUBE_NAME	该成员所属的多维数据集的名称
DESCRIPTION	该成员所属的维度的唯一名称。对于通过限定生成唯一名称的提供程序，此名称的各个组件彼此分隔
DISABLED	仅用于计算单元。表明是否禁用计算单元的Boolean属性。DISABLED默认值为False
LEVEL_NUMBER	成员距层次结构的根的距离。根级为零
LEVEL_UNIQUE_NAME	成员所属的级别的唯一名称。对于通过限定生成唯一名称的提供程序，此名称的各个组件彼此分隔
MEMBER_CAPTION	与成员相关的标签或标题。它主要用于显示，如果不存在标题，则返回MEMBER_NAME

续表

属性	描述
MEMBER_GUID	成员GUID
MEMBER_NAME	成员名称
……	……

自定义成员属性可添加到维度中的特定命名级别中，但不能添加到维度的“全部”级别，或添加到维度本身。

多维表达式（MDX）中的单元属性所包含的信息，是有关多维数据集的多维数据源中单元的内容和格式的信息。MDX支持MDX SELECT语句中的CELL PROPERTIES关键字来检索内在单元属性，如表3-12所示。下列示例显示MDX SELECT语句的语法，其中包含CELL PROPERTIES关键字的语法。

```
SELECT [<轴信息>, [,<轴信息>...]]
FROM [<多维数据集>]
[WHERE [<切片条件>]]
[<单元属性>]
```

<单元属性>的语法如下所示，它使用CELL PROPERTIES关键字以及一个或多个内在单元属性。

```
<单元属性>=CELL PROPERTIES <property>[,<property>...]
```

表3-12　内在单元属性

属性	描述
BACK_COLOR	显示VALUE或FORMATTED_VALUE属性的背景颜色
CELL_EVALUATION_LIST	适用于单元以分号分隔的一列求值公式，按从低到高的求解次序排列
CELL_ORDINAL	数据集中单元的序列号
FORE_COLOR	显示VALUE或FORMATTED_VALUE属性的前景颜色
FONT_NAME	用来显示VALUE或FORMATTED_VALUE属性的字体
FONT_SIZE	用来显示VALUE或FORMATTED_VALUE属性的字体大小
FORMAT_STRING	用来创建FORMATTED_VALUE属性值的格式化字符串
FORMATTED_VALUE	表示VALUE属性的格式化显示的字符串
NON_EMPTY_BEHAVIOR	用于在求解空单元时确定计算成员的行为的度量值
SOLVE_ORDER	单元的求解次序
VALUE	单元的未格式化值
……	……

默认情况下，如果没有使用CELL PROPERTIES关键字，则返回的单元属性为VALUE、FORMATTED_VALUE和CELL_ORDINAL（按此顺序）。如果使用了CELL PROPERTIES关键字，则只返回用此关键字显式声明的单元属性。

3.5.6 MDX查询结构

介绍完MDX的查询语法之后，下面讲解MDX的查询结构。MDX单元集（或者称为MDX集合）是MDX语句中重要的部分，通常出现在SELECT 子句中，反映查询将返回的多维数据集的单元。和其他编程语言一样，MDX有很多用于操作这些集合的操作符。例如，可以使用逗号和冒号来分隔单元集合中的成员，也可以使用点号和.Member操作符来返回某个维、级别和层次结构的成员。另外，在MDX查询中也可以使用查询函数，如Crossjoin()和Order()来标识数据集。

（1）MDX集合的分隔。逗号是最常用的操作符之一，几乎所有的MDX查询都要用它，用于分隔集合（元组和子集）中的元素，例如，{[时间].[上半年].[第一季度],[时间].[上半年].[第二季度]}。

（2）定义范围。集合可能包含维、维级别或者层次结构中某个范围内的成员。例如，在时间维中只有2017年这一个层次结构，月份级别的成员往往按照1月～12月的顺序排列。为了在MDX集合中表示这种范围，可以使用冒号（：），构造一个包含2017年所有月份的集合可以这样写：{[时间].[1月]：[时间].[12月]}。需要注意的是，在常用的OLAP工具中，范围只有一个方向，也就是说，{[时间].[10月]：[时间].[2月]}并不会得到预想的从2017年2月到10月的范围，而是将返回从2017年10月到本层次结构中最后一个成员之间的范围，即2017年10月到12月这三个月的数据集合。另外，还需要注意的是，如果维中有多个层次结构，那么在构造集合时还要包含层次结构的定义，如果该维度只有一个层次结构，并且该层次结果没有名称，那么维的名称就可以表示集合中的成员。

（3）使用.Member和.Children。如果一个维级别中的成员没有明确的逻辑顺序，而又不希望逐一引用其中的成员，那么在引用一个维、级别或层次结构的所有成员时，就需要使用“.Members”操作符。该操作符返回维、级别或层次结构中的全体成员。例如，为了返回时间维“年”级别的所有成员，可以这样写：{[时间].[年].Members}。.Children操作符，它可以返回某级别维度成员的下一级别的所有子成员。例如，[A市].Children返回的便是A市下属的所有子成员。.Children与.Memebers的区别在于使用.Members操作符的对象是维、级别或层次结构，而使用.Children操作符的对象是维度成员。

（4）Crossjoin函数的使用。Crossjoin函数的使用类同于SQL语法中的Join语法，在SQL中可以使用Join…On…函数来实现两个表的关联，在MDX中可以使用Crossjoin来实现多个维成员数据集合的关联，语法格式如下：Crossjoin({Set1},{Set2})，该函数返回两个不同集合（{Set1}和{Set2}）成员的相交结果。

例如，为了得到银行各个分行在个季度给每种经济性质的贷款金额，可以这样写：

```
SELECT
    CROSSJOIN({[银行].[分行].Members},{[经济性质].Members}) ON COLUMNS,
    {[时间].Children}  ON ROWS
FROM 银行贷款分析
```

Crossjoin函数一次只能处理两个集合，如果要计算多于两个集合的交叉相乘，则需要嵌套使用该函数。

（5）Order函数。在关系型数据库中，对某张表按照某个属性排序的查询，可以使用Order函数，同样，在MDX中Order函数也可以把集合按某一特定的顺序对元组进行排列。该函数的语法是：

```
Order({Set},Criterion for ordering,Flag(DESC,ASC,BASC,BDESC))
```

其中，Set是需要排序的集合；Criterion for ordering是排序的依据；Flag是标志位，用来指明是按升序还是降序排列。Order函数返回一个根据指定排序条件排序的单元集，并且提供了多种可选的排序方式，可以按升序（ASC）或降序（DESC），其中ASC和DESC操作符将保持层次体系的次序，而BASC和BDESC操作符将打破层次体系的界限，将结果集作为一个整体来排序。

3.6　主流的OLAP工具

3.6.1　OLAP产品

OLAP的概念在1993年由E.F.Codd提出来的，但是目前市场上的主流产品几乎都是在1993年之前就已发布的，有的甚至已有三十多年的历史了。目前市场上流通的主流OLAP工具主要包括Cognos Powerplay、Hyperion Essbase、微软（Analysis Service）以及MicroStrategy等几大厂商的产品。

1. IBM Cognos Powerplay

Cognos Powerplay是Cognos最著名的在线分析处理工具之一。Powerplay是领先的商务智能工具，是企业的OLAP解决方案。Powerplay以用户理解业务的方式表达和展现企业数据，其中应用于企业决策的多维分析，让每个管理者都能够访问企业数据，从而更有效地管理业务。其主要功能如下：

（1）高效的OLAP分析与报表。Powerplay可以从任意角度迅速探察数据，并创建和分发动态报表，大大地提高了管理者和决策者跟踪、管理、改进业务运作的能力。

（2）强有力的立方体创建功能。Powerplay把从各类数据源中筛选出来的有效信息，创建成称为Powercube的多维结构的立方体，并可同时保持数据的高度压缩，因此立方体易于分发和更新。

（3）灵活的部署能力。Powerplay Enterprise Server是面向Web、Windows和Excel用户、可扩展的单OLAP应用服务器。它支持混合的硬件环境，在UNIX和NT上都可以运行。

（4）轻松自如地探察数据。Powerplay向下钻取、切片和旋转，以及交互式的图形分析能力，使用户可以从任意角度观察和研究数据。

（5）简便直观的显示方式和趋势分析。Powerplay的用户界面便捷易用，使得数据探察导航快速简单，而交互式的图表显示更好地反映了业务的状态。高效的图形处理能力使用户容易做出时间上的趋势分析，并且可将图表放在一个页面上来探察数据趋势。

（6）快速高效地访问信息。Powerplay中的Transfomer，可以将平面文件或是二维关系型数据生成一个或多个Powercube。而Powercube在对数据进行索引化的同时，能够通过特殊技术有效地压缩数据尺寸，使Powerplay应用能对用户的分析要求做出快速的响应。

2. Hyperion Essbase

Hyperion Essbase 是Hyperion公司的企业绩效管理解决方案，集成了成套及定制的应用程序（2007年，Hyperion公司被Oracle公司以33亿美元收购），并具备高度集成的开放式商务智能平台。借助此平台，企业可以制定战略方针、构建业务模型并有效地规划企业资源。商务智能平台同时可以监控由上述因素所推动的业务改进流程，并提供详细报表。这样不仅可以分析出推动企业成长的主要动力，还可以预测核心业务的前景。其特点如下：

（1）以服务器为中心的分布式体系结构，有超过100个的应用程序。

（2）有300多个用Essbase作为平台的开发商。

（3）具有几百个计算公式，支持多种计算。

（4）用户可以自己构建复杂的查询。

（5）快速的响应时间，支持多用户同时读写。

（6）有30多个前端工具可供选择。

（7）支持多种财务标准。

（8）能与ERP或其他数据源集成。

3. MicrosoftSSAS

SSAS是SQL Server数据库用于BI的组件，通过SSAS可以创建多维数据库，并在之上进行数据挖掘操作。商务智能提供的解决方案能够从多种数据源获取数据并且能够把各种数据转化成同一格式数据进行存储，最终达到让用户可以快速访问解读数据的目的，为用户分析和制定决定提供有效的数据支持，那么SSAS就是通过建立多维的数据集来为数据的分析提供更快捷、更高效的数据挖掘。其主要特点如下：

（1）采用类似数组的结构，避免了连接操作，提高了分析性能。

（2）提供一组存储过程语言来支持对数据的抽取。

（3）用户可通过Web和电子表格使用。

（4）灵活的数据组织方式。

（5）有内建的分析函数和4GL用户自己定制查询。

4. MicroStrategy

MicroStrategy可以支持所有主流的数据库或数据源，如Oracle、DB2、Teradata、SQL Server、 Excel、SAP BW、Hyperion Essbase等。核心的智能服务器（Intelligence Server）是提供报表、分发和多维分析服务的组件，同时也提供集群和多数据源的选项，用户可以用桌面来开发报表，一般是IT用户使用，也可以利用Web用户来开发，一般比较适合最终用户。前端可以和各种应用或Portal集成，也支持各种移动终端、邮件、打印机等。在设计管理方面，MSTR无疑提供了完整和高阶的产品和服务，包括架构设计、数据品质管理、对象管理、命令管理和二次开发等。其特点如下：

（1）开放的API（包括COM、XML、Java）。

（2）智能立方体（Intelligent Cubes TM）。

（3）支持大量用户及大数据量访问，支持TB级数据。

（4）ROLAP，提供OLAP Server，以及零客户端的Web前端展现工具。

（5）适合二次开发以及大量复杂的二次运算。

3.6.2　主流OLAP产品比较

几大主流OLAP产品各有优缺点，从成本角度考虑，微软的产品算是最能节省成本的，Cognos和MicroStrategy则在同一水平线，价格比微软稍贵。而Hyperion Essbase产品比较独立，也曾占有美国OLAP市场最大的份额，其产品价格又要更高一些。

从市场份额考虑，就国外的市场报告分析，微软、Cognos、Hyerion三家占领主流。在国内，眼下还没有权威的市场报告，假设仅从所接触到的项目来看的话，用Cognos的非常多，买Essbase的也不少。这些年都是一些大企业建设BI项目，有足够的预算，多选用Cognos、Essbase；而Microstrategy，进入中国不算早，这几年在政府、金融行业也颇有建树。

从开发应用考虑，微软的产品向来以友好的用户界面著称，用户上手迅速。在OLAP产品上，微软依旧发扬了这一优良传统，并有进一步标准化的趋势，开发了OLE DB for OLAP以及MDX（Multi-Dimensional Express，多维表达式）；参与XMLA（XML for Analysis）规范制定，也是想作为OLAP Server和前端分析应用的传输数据标准。而Cognos以桌面OLAP开始，一直以轻便、快捷的操作而闻名。所谓桌面OLAP，是能够用client将cube下载到本地进行访问。尽管Poweplay早已演变成C/S结构的OLAP Server，但其轻便的特点还是延续了下来，并且提供能够简洁部署且具有交互性的PowerPlay Web Explorer界面。从互联网上，用户能够非常快地搜索出很多基于PowerPlay Web的分析应用。Essbase作为老牌的OLAP Server，是一个比较复杂的产品。所谓复杂，有两层意思，一是提供了丰富的API，让用户能够充分定制开发；二是开发的难度较大，部署起来不容易。这也是国内非常多用户难以将这个产品用好的一大原因。各主流OLAP产品比较，如表3-13所示。

表3-13 主流OLAP产品比较

比较项目	CognosPowerPlay	Essbase	SSAS	MicroStrategy
产品价格	价格中等	价格最高	价格最低	价格中等
市场份额	用户数量最多	大型企业BI项目	大型企业BI项目	进入中国较晚
开发应用	轻便、快捷	界面友好、上手迅速	部署复杂	较为复杂

3.6.3 OLAP实现过程

通过对多维分析的学习，应该能体会到要设计和实现一个多维信息系统还是有许多工作要做的。概括来说包括明确问题、选择工具和解决方案的实现。理想情况下，工具选择应该在明确问题之后，但在实际生产中，工具选择很可能在对问题有全面理解之前进行，涉及的因素也是一些与问题的逻辑或物理层面无关的因素，包括工具的价格、供应商的位置、销售人员易于被人接受的程度、供应商的大小和声誉、供应商的服务质量，以及企业内是否有供应商的支持者等。因此，工具选择的过程将会对如何设计和实现OLAP模型产生影响。

不论各种影响工具选择的因素如何，不论为自己还是为他人建立模型，也不论是采用快速原型法还是在实现前先设计逻辑模型，都需要经过几个独立的步骤来定义立方体、维、层次、成员、公式和数据链接，这些过程称为模型建立步骤。虽然使用不同的工具，考虑和执行这些步骤的方式、步骤的组织过程及其执行的顺序都有一些细微的不同，但仍然要经过这些相同的基本步骤。

在明确问题的过程中，要了解用户需求，无论如何着手设计模型，都需要理解视图提供解决方案的问题的相关情况，包括实际情况和理想情况，逻辑层面和物理层面，例如，一组分析人员访问的是同一个工作表，或者访问许多个不同但又部分重叠的工作表；所分析的数据在一个可直接访问的数据仓库，或者是几个互联的数据库内，或在一个数据集市内；只有一个作为数据仓库的SQL关系型数据库服务器，但在客户端有一堆SQL报表撰写工具，另外，很可能有一个很大的IT团队支持。了解业务规则，如性能阈值、数据访问或基于事件的信息发布等规则。这些规则可能以固定的格式记录，也可能只存在于某些关键人物的大脑之中。

当了解过用户和数据源的情况，明确了物理和逻辑问题以及当前状况，就可以考虑并提出系统要满足的客户需求是哪些，最终形成需求文档。

针对当前状况的理解、已知问题、用户需求，接下来需要在这些给定的约束下，定义一个能够满足用户需求并解决所有已知问题的多维模型。定义OLAP解决方案的最常见顺序是直接在OLAP软件内从关系型数据库内的星型结构的数据开始。典型的情况可能是把数据存放在一个或多个事实表及其关联的维表内。然后在OLAP环境内，数据仓库的数据被链接到OLAP模型，模型中建立了维表和OLAP立方体维定义之间的链接。这种链接通常也定义了大部分的维层次。在很多产品中，用户可以在此步骤处理维并建立产品相关的内部持久维和结构，再把维组合进立方体。然后用适当默认的聚合函数定义变量。这里可以激活链接并把数据加入立方体并聚合。最后在OLAP环境内，可以定义和计算其他的派生数据。

建立OLAP解决方案就像建立一个连接峡谷两端的桥梁。一端是用户需求——使用立方体；另一端是数据源——源立方体。模型就是把两端连接在一起的桥梁。当工作于多立方体的情形时，通常有多个源立方体、多个中间立方体、多个最终用户立方体，这时最好从两端中的一端开始——源或使用，减少出错的机会。

不管是基于已存在的数据源，还是基于要进行建模的数据来定义的立方体，都应该在选择维的层次和成员固化之前，重新检查一下维度的设置。如果一个立方体非常稀疏，并且造成稀疏的维组合都是名词性的，并且如果所用的工具不支持自动稀疏管理，则需要把那些相互组合不是很有意义的维合并，并把有意义的组合包含在其中，生成一个基数比较高的维。维合并的好处是消除了无意义的值，并且降低立方体中无意义的派生数据。维合并的主要不利之处是丧失了处理单一维中变化的效率。

实验三　在线分析

【实验名称】在线分析

【实验目的】

（1）熟悉Linux、Insight等系统和软件的安装和使用。
（2）了解在线分析的基本流程。
（3）熟悉利用可视化工具Insight Saiku对在线分析模型的查询。

【实验背景】

（1）本实验利用Insight Saiku平台对在线分析模型进行查询。

（2）本实验利用到两个数据源：预先准备好一份Cube文件、MySQL数据库，要求包含和Cube文件配套的数据。

【实验原理】

Insight 产品是一个综合平台，用户可以通过该平台对数据进行访问、集成、操作、可视化以及分析。无论数据存储在平面文件、关系型数据库、Hadoop 集群、NoSQL 数据库、分析数据库、社交媒体流、操作型存储中还是存储在云中。Saiku是一个模块化的分析套件，它提供轻量级的OLAP，并且可嵌入、可扩张、可配置。Saiku作为分析平台，提供可视化的操作，能够方便地对数据进行查询、分析，并提供图形化显示。

【实验环境】

（1）ubuntu 16.04。
（2）Insight 8.2。

【建议课时】

4课时。

【实验步骤】

一、数据准备

首先需要将sql文件导入数据库mysql中。
下载Cube配置文件和sql文件。

```
sudo -i
wget http://i9000.net:8888/sgn/LMS/BI/4/foodmart2008.sql
wget http://i9000.net:8888/sgn/HUP/BI/4/foodmart-indexes.sql
wget http://i9000.net:8888/sgn/LMS/BI/4/foodmart2008.xml
```

```
ubuntu@f75b125f60ab:~$ sudo -i
root@f75b125f60ab:~# wget http://i9000.net:8888/sgn/LMS/BI/4/foodmart2008.sql
--2021-02-01 12:34:12--  http://i9000.net:8888/sgn/LMS/BI/4/foodmart2008.sql
Resolving i9000.net (i9000.net)... 43.254.91.90
Connecting to i9000.net (i9000.net)|43.254.91.90|:8888... connected.
HTTP request sent, awaiting response... 200 OK
Length: 15682776 (15M) [application/x-sql]
Saving to: 'foodmart2008.sql'

foodmart2008.sql        100%[===================================>]  14.96M  2.50MB/s    in 5.0s

2021-02-01 12:34:17 (2.96 MB/s) - 'foodmart2008.sql' saved [15682776/15682776]

root@f75b125f60ab:~# wget http://i9000.net:8888/sgn/HUP/BI/4/foodmart-indexes.sql
--2021-02-01 12:34:17--  http://i9000.net:8888/sgn/HUP/BI/4/foodmart-indexes.sql
Resolving i9000.net (i9000.net)... 43.254.91.90
Connecting to i9000.net (i9000.net)|43.254.91.90|:8888... connected.
HTTP request sent, awaiting response... 200 OK
Length: 2792 (2.7K) [application/x-sql]
Saving to: 'foodmart-indexes.sql'

foodmart-indexes.sql    100%[===================================>]   2.73K  --.-KB/s    in 0s

2021-02-01 12:34:17 (5.58 MB/s) - 'foodmart-indexes.sql' saved [2792/2792]

root@f75b125f60ab:~# wget http://i9000.net:8888/sgn/LMS/BI/4/foodmart2008.xml
--2021-02-01 12:34:20--  http://i9000.net:8888/sgn/LMS/BI/4/foodmart2008.xml
Resolving i9000.net (i9000.net)... 43.254.91.90
Connecting to i9000.net (i9000.net)|43.254.91.90|:8888... connected.
HTTP request sent, awaiting response... 200 OK
Length: 6347 (6.2K) [application/xml]
Saving to: 'foodmart2008.xml'

foodmart2008.xml        100%[===================================>]   6.20K  --.-KB/s    in 0.001s

2021-02-01 12:34:20 (4.70 MB/s) - 'foodmart2008.xml' saved [6347/6347]
```

启动数据库服务。

```
sudo -i
service mysql start
mysql -uroot -p123456
show databases;
```

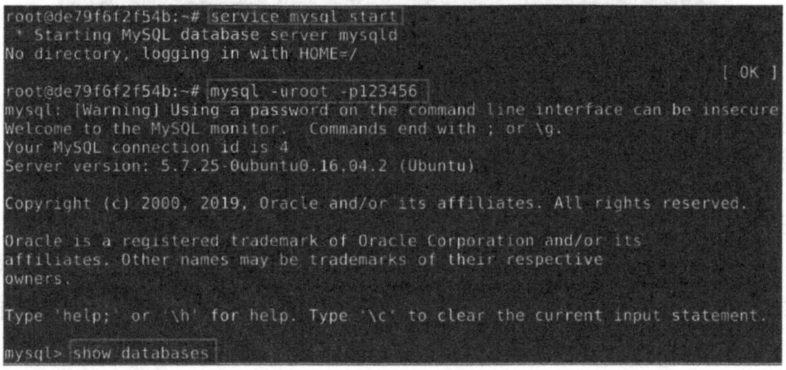

```
root@de79f6f2f54b:~# service mysql start
 * Starting MySQL database server mysqld
No directory, logging in with HOME=/
                                                                       [ OK ]
root@de79f6f2f54b:~# mysql -uroot -p123456
mysql: [Warning] Using a password on the command line interface can be insecure
Welcome to the MySQL monitor.  Commands end with ; or \g.
Your MySQL connection id is 4
Server version: 5.7.25-0ubuntu0.16.04.2 (Ubuntu)

Copyright (c) 2000, 2019, Oracle and/or its affiliates. All rights reserved.

Oracle is a registered trademark of Oracle Corporation and/or its
affiliates. Other names may be trademarks of their respective
owners.

Type 'help;' or '\h' for help. Type '\c' to clear the current input statement.

mysql> show databases
```

新建数据库foodmart2008。

```
CREATE DATABASE foodmart2008;
```

```
mysql> CREATE DATABASE foodmart2008;
Query OK, 1 row affected (0.00 sec)

mysql>
```

使用数据库foodmart2008。

```
use foodmart2008;
```

```
mysql> use foodmart2008;
Database changed
```

将sql文件导入到数据库foodmart2008中。

```
source foodmart2008.sql;
source foodmart-indexes.sql;
```

```
mysql> source foodmart2008.sql;
Query OK, 0 rows affected (0.01 sec)

Query OK, 0 rows affected (0.00 sec)

Query OK, 0 rows affected (0.00 sec)

Query OK, 0 rows affected (0.00 sec)

Query OK, 0 rows affected (0.00 sec)

Query OK, 0 rows affected (0.00 sec)

Query OK, 0 rows affected (0.00 sec)
```

以上准备工作完成后，开始正式进入实验过程。

二、在线分析

登录IUC，打开Google Chrome浏览器，输入IUC网址10.90.58.224:8080，回车进入该网站（此地址为北京服务器的地址，请各项目部根据自己IUC平台地址进行修改）。

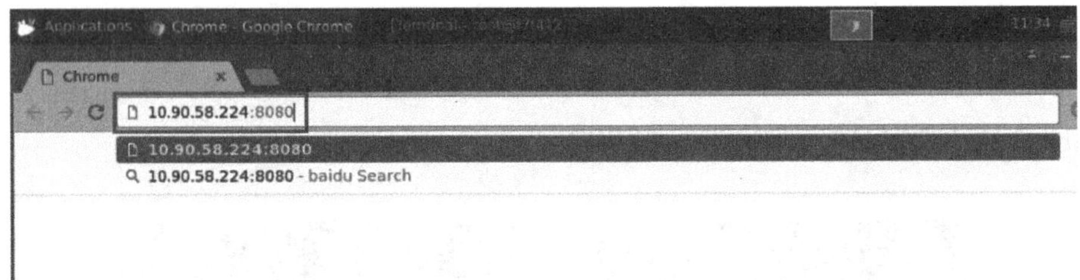

显示下图所示的Insight登录窗口，输入用户名和密码。

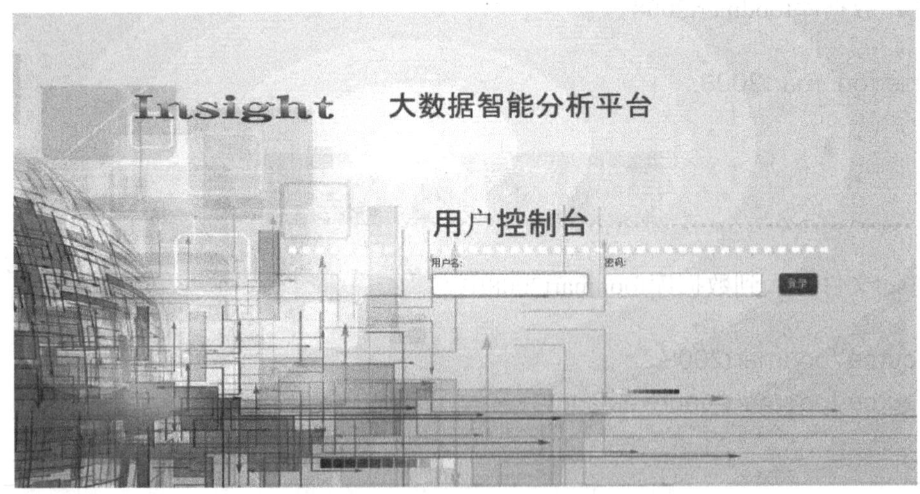

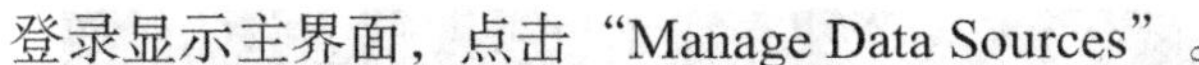
登录显示主界面，点击“Manage Data Sources”。

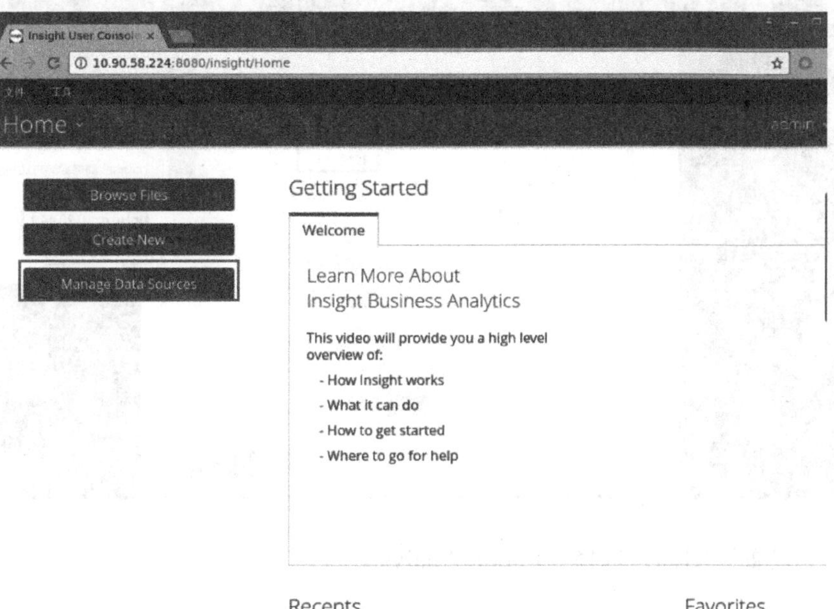

点击“设置”图标，点击“New Connection”。

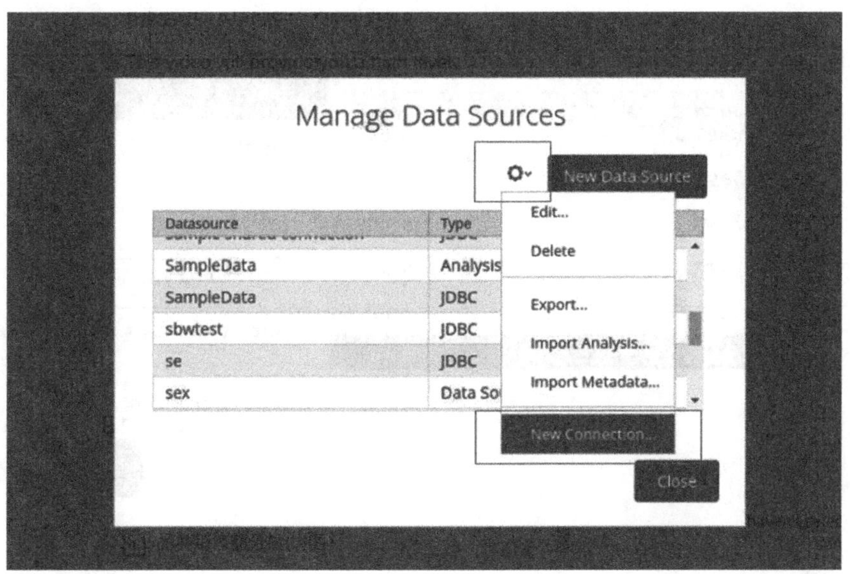

设置相关数据库信息，避免在IUC中冲突，请修改“Connection Name”。“Host Name”为实验机的IP地址，“Port Number”为实验机的端口，“User Name”为“root”，“Password”为“123456”。

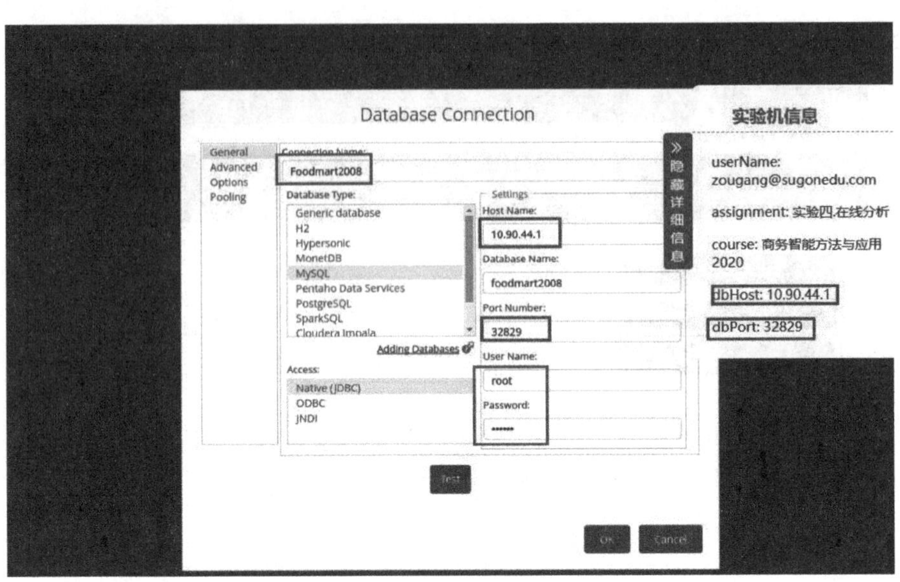

点击“设置”图标，选择“Import Analysis”。

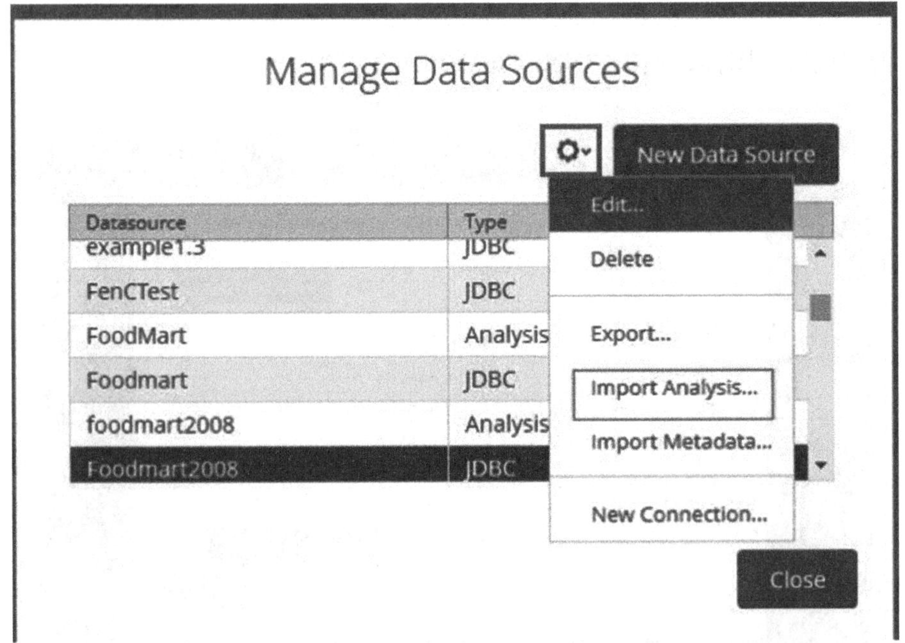

选择“Cube”文件“foodmart2008.xml”和刚刚建立的数据源“Foodmart2008”。

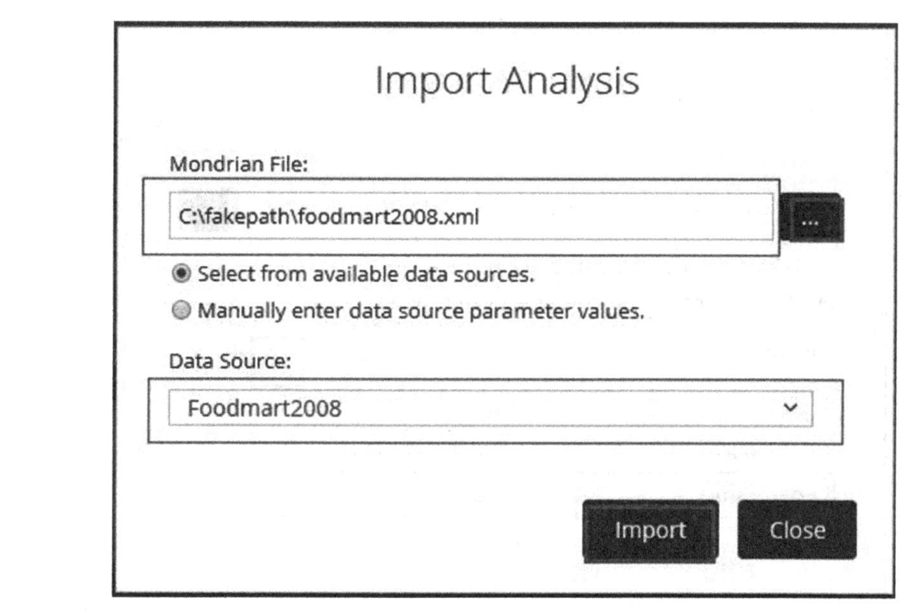

选择上传的Cube，点击“设置”图标，选择“Edit”，编辑上传的Cube。

Manage Data Sources

New Data Source

Datasource	Type
example1.3	JDBC
FenCTest	JDBC
FoodMart	Analysis
Foodmart	JDBC
foodmart2008	Analysis
Foodmart2008	JDBC

Edit...
Delete
Export...
Import Analysis...
Import Metadata...
New Connection...

Close

将“EnabkeXmla”的“Value”设置为“ture”，点击“Save”保存。

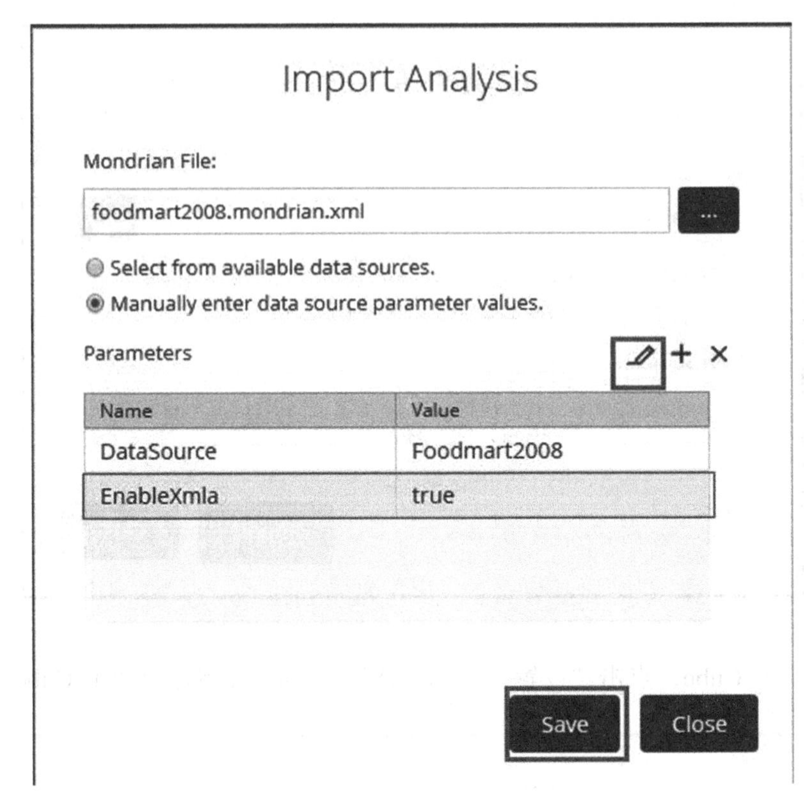

使用Saiku打开Cube，点击“Create New”，选择“Saiku Analytics”。

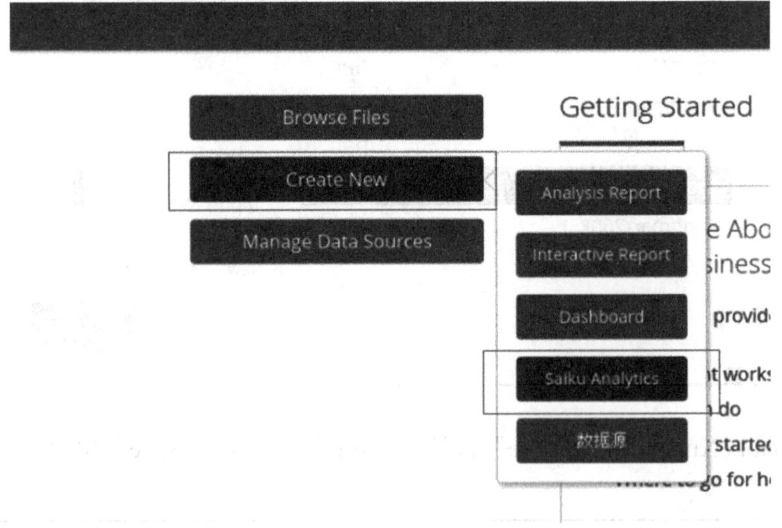

点击“Create a new query”。

在下拉框中选择刚刚建立的分析文件。

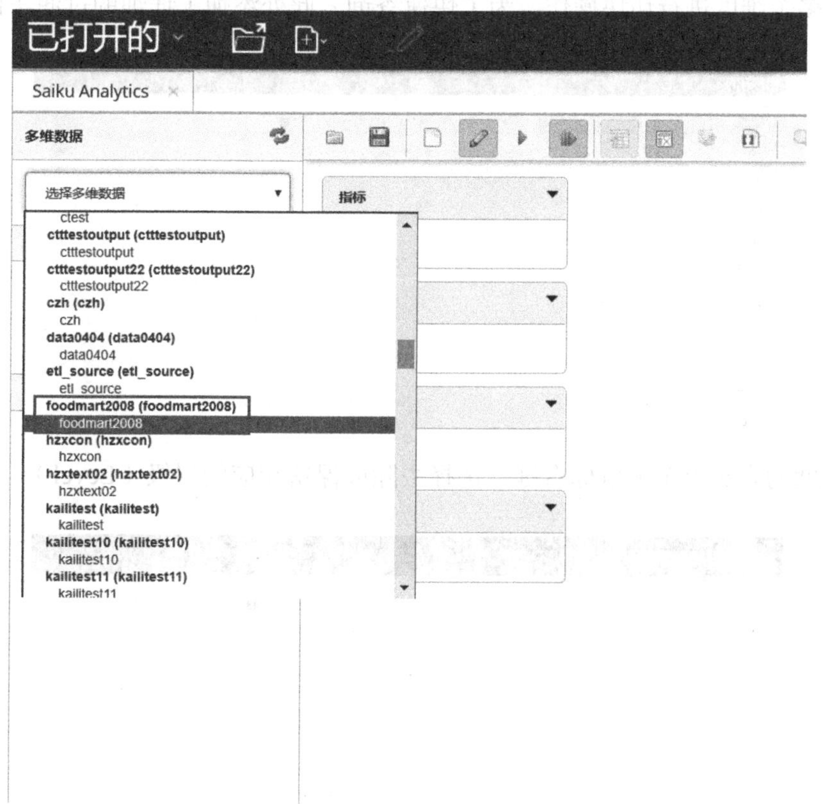

首先进行筛选数据，度量值选择的是单个商店销售额“store_sales”，行选择的是月份“The Month”，列选择的是商店地区“Store State”，也就是使用商店地区维和时间维进行了切片。

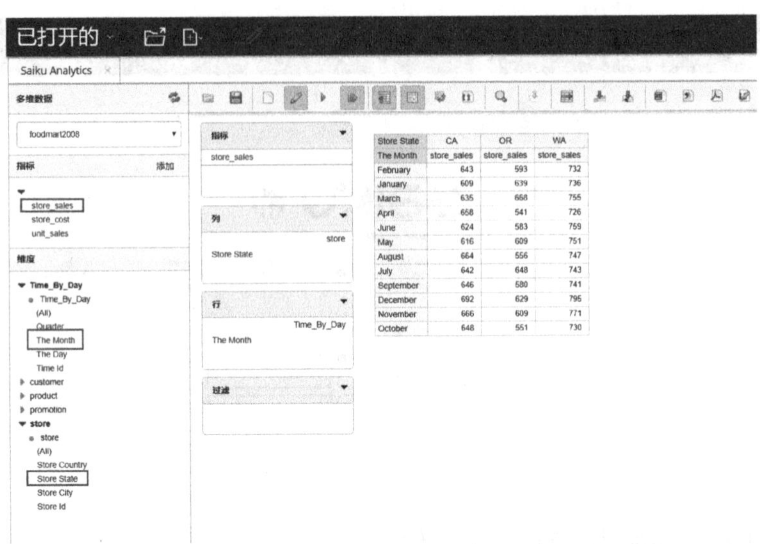

选择多个维度进行切块操作，为了快速查询，此处添加了详细的过滤条件。

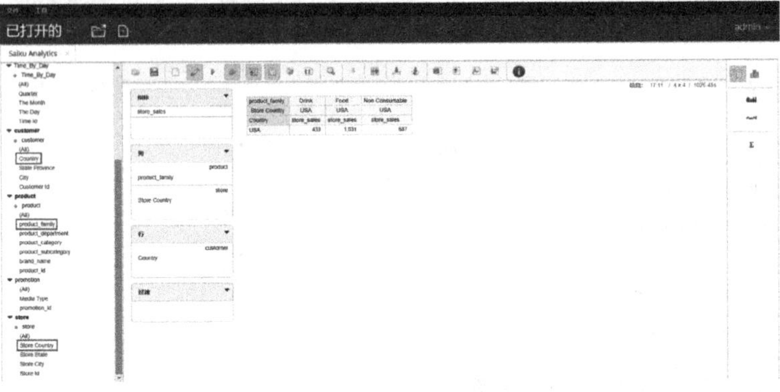

在维度的表头上单击鼠标右键，选择去除或保留相应的层级（Level）。

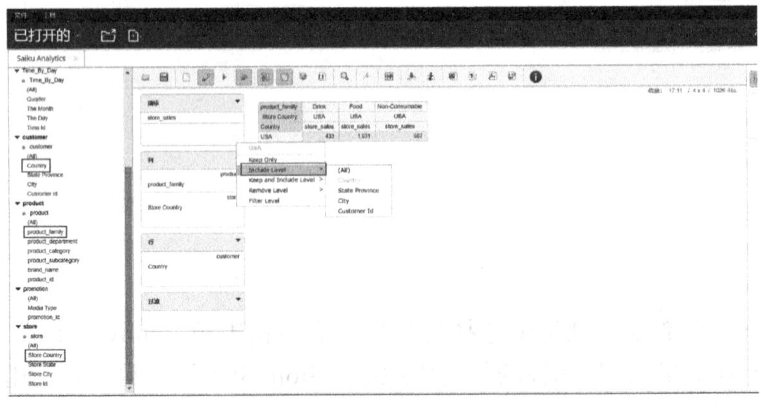

可以进行相应的上卷和下钻操作，界面上方也有相应的按钮。

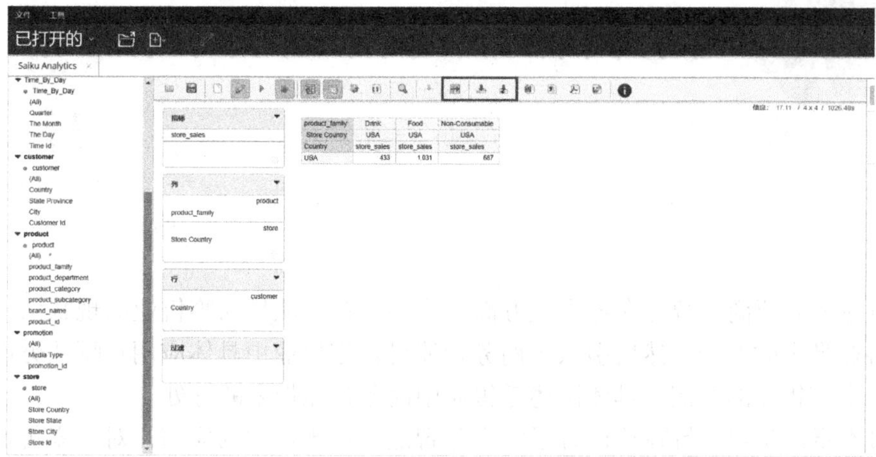

点击如图所示按钮，可以进行行列轴转换。

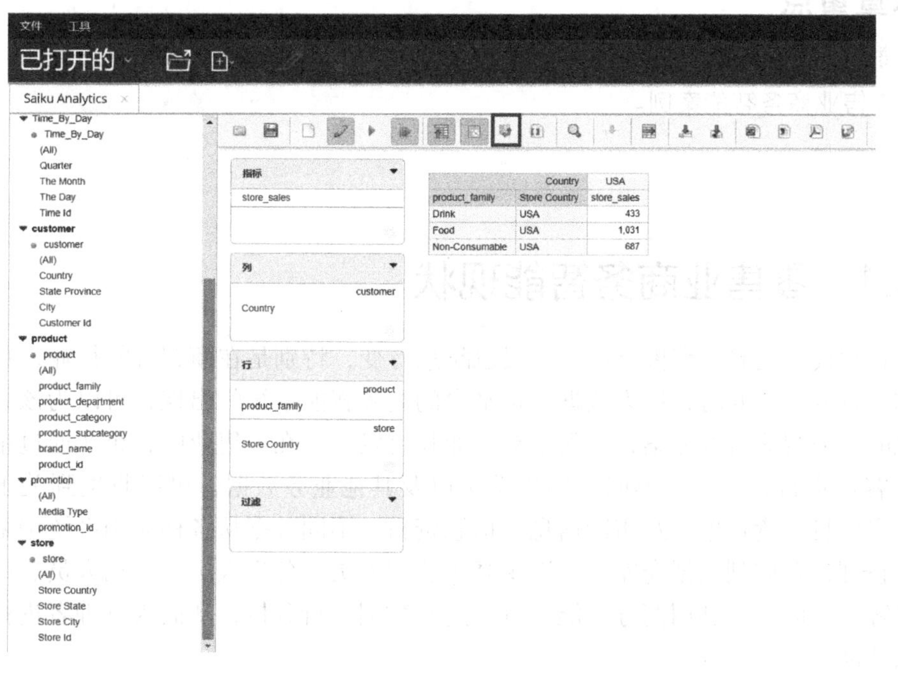

【实验总结】

本实验利用Insight Saiku平台来对在线分析模型进行查询，数据源使用Insight Workbench建立的数据Cube和MySQL。通过Insight Saiku平台可以使用可视化的操作方便的对数据进行查询、分析和图形化显示。

第4章 商务智能在零售业方面的应用

本章主要介绍商务智能在零售业方面的应用。首先从目前零售业的现状引出商务智能为零售业带来的好处，然后引入了商务智能可在零售业中具体应用在哪些方面，最后引入了一个零售业的案例，具体讲述零售业中商务智能带来的好处。

通过本章的学习，旨在让读者了解商务智能在零售业中的应用，对于零售业商务智能有兴趣的读者可有选择地学习本章内容。

本章重点

◎商务智能在零售业中的具体应用。

◎零售业商务智能案例。

4.1 零售业商务智能现状

随着时代的发展，零售行业的发展也瞬息万变，特别是在商超百货行业，数据分析变得越来越复杂。此时，作为数据分析平台的商务智能系统的出现，可以为该行业提供个性化的商务智能解决方案，从而推动行业长足发展。在零售业中，企业通过销售管理系统、客户资料管理、条形码、编码系统以及其他业务数据，可以收集到关于商品销售、客户信息、货存单位及店铺信息等信息资料。不同数据从各种应用系统中采集，再经分类整理，存放到数据仓库中，以供高级管理人员、分析人员、采购人员、市场人员和广告客户访问，再利用商务智能工具对这些数据进行分析，从而为管理者进行科学决策提供帮助。

现在的零售行业，业务系统发展迅速，收集的数据粒度越来越细，拥有数量庞大的门店、商品、客流等信息，从而给数据的清洗与分析带来诸多不便。此外，还有数据统计口径不一、数据响应不及时等问题。

目前数据统计在零售行业存在的问题如下：

（1）数量庞大的门店、品种多样的商品以及客流、会员等信息，使得数据的规范清洗和分析变得更复杂。

（2）各业务系统拥有自己独立的统计口径和统计指标，导致不同的系统各自独立互不协调。

（3）报表多以静态数据呈现，无法满足用户灵活、动态、任意视角的分析要求。

（4）人工报表消耗大量人力，且无法迅速而精准地响应业务异常情况。

综上，零售业迫切需要解决以上问题，商业智能的出现，可以针对客户关系管理、零售管理业务优化、日常经营分析等方面给出实用有效的解决方案。

4.2　客户关系管理

现今，随着客户需求的个性化，零售企业需要对客户潜在的需求进行预判以及个性化的分析，这也使得零售企业的发展难度有所增加。商务智能将帮助零售企业摆脱这一困境。

（1）商务智能可以动态地监控并及时地采集与挖掘客户的行为、状态以及其他非结构化数据。

（2）商务智能拥有有效地方便零售企业对客户消费的心理进行分析与购买产品方向的预估的能力。

（3）商务智能的高效性，可以通过客户注册的信息，包括性别、年龄、职业以及家庭住址等，对客户可能感兴趣的商品进行预期的估算，方便零售企业及时对所需商品进行补充，从而使得客户和零售企业的关系良好发展。

（4）商务智能可以通过对客户的点击以及浏览方向的实时监控，进而进行大量的筛选并加以整合，整理出客户可能感兴趣的商品以及需求方向，从而达到预估消费者需求的目的。

商务智能通过对客户进行长期的分析，由长期的数据对用户下一步的行为进行预测，进而分析，从而更快速地建立应求关系，完善零售企业与客户关系的管理体系。具体可表现在如下几个方面。

1. 客户的维持与获取

老客户的维持及新客户的获取是零售业不断增长和发展壮大的根本。零售企业竞争的激烈性，使得企业获得新客户的成本正在不断上升，通常吸收一个新客户的成本是留住一个老客户成本的6～7倍，因此，维持原有客户就显得非常重要。商务智能技术可以帮助企业发现即将流失的客户，使企业可根据该客户的特点及时采取适当的措施挽留这些客户。

2. 客户群体分类

商务智能技术可以把大量的客户分成不同的类，每个类里的客户具有相似的属性，而不同类里的客户的属性尽量不相同。例如，中国移动会把集团客户分为钻石、金牌、银牌及铜牌几个等级，企业可以针对不同类的客户提供针对性的产品和服务来提高客户的满意度。

3. 交叉销售

竞争的激烈性及选择的多样性，使得现代零售业和客户之间的关系经常变动。对于零售业来说，和已建立关系的个人或团体成维持和谐的关系尤为重要。交叉销售可以为原有客户销售新的服务。交叉销售是建立在双赢原则上的。对企业来讲，会因销售额的增长而获益；对客户来讲，会受益于更多、更好的产品和服务。商务智能可以帮助企业分析出最优的、合理的销售匹配。

4. 客户诚信度分析

数据挖掘技术可以对客户进行差异性分析，从而发现客户的欺诈行为，并对客户的诚信度进行评级，从而使商家获得诚信度较好的客户。

4.3 零售管理业务优化

目前，零售店面的信息系统、后台管理、分析功能已经无法满足企业发展的需要。传统的销售系统面临着如下问题。

（1）传统的销售系统缺乏灵活的实现能力。

（2）各系统之间的数据缺乏一致性。

（3）数据缺乏有效的利用手段。

商务智能技术的引入可以解决上述问题。商务智能可帮助企业实现库存管理、产品促销等功能，实现对零售企业的全面优化。具体体现在如下几个方面。

（1）单一零售行业解决方案。关键的零售功能在店铺、总部或两者都可用。从店铺收集的信息首先经后台系统传递、合并再进行对账，之后这些信息才被发送至总账。总部生成的信息和项目被推送至店铺，由店铺进行更新和执行。

（2）帮助企业快速、准确地制定营销策略。快速搜集最底层的数据，生成准确、及时和全面的数据报告，帮助决策者快速、正确地做出决策。

（3）推动企业连锁体系的扩张。针对行业的特殊需求，提供专业模块，优化客户业务流程，为企业的快速扩张提供强有力的、低成本的、高效率的零售管理平台。

（4）减少总体流通成本。通过系统的统筹调配，为企业制订准确的配送计划和促销手段，快速响应客户的需求。及时掌握最终消费者的需求动向，快速调整产品结构和销售策略，实现对客户需求的迅速响应。通过VIP会员管理，支持企业给消费者提供高质量的服务，提高客户满意度，为企业发展培养稳定的客户群体。

（5）库存的合理分布。总部可以及时准确地了解到总部和各零售门店的库存水平，便于将库存保持在一个合理的范围内，在保证畅销商品供应充足的同时，避免商品的库存积压。

（6）完善促销决策。产品促销和补充，支持零售经理有效地管理从总部到店铺的端对端运营。

4.4 日常经营分析

4.4.1 商品分析

商品分析的主要数据由商品基础数据和销售数据组成，据此产生以分析结构为主的分析思路。商品分析主要的数据有商品价格分析、商品流通周期分析、商品利润效率分析等。从对这些数据的分析中产生重点商品、畅销商品、滞销商品、季节商品、商品广度、商品深度、商品淘汰率等多种指标，并通过对这些指标的分析来指导企业调整商品结构，以加强商品的竞争能力和合理配置。

商品分析可实现如下几方面的功能分析。

1. 商品价格分析

商品价格分析主要是通过记录商品实时价格来分析单品价格走势。这一分析主要帮助企业实现如下功能：

（1）商品单价分析及预测。

（2）商品类型的销售结构。

（3）其他自定义应用。

2. 商品流通周期分析

商品流通周期直接影响企业的经营效率。经营效率与商品流通周期成反比，商品流通周期越长，经营效率就越低。商品流通周期分析可以帮助企业对商品按照流通特征进行分类，安排商品采购以降低商品库存，缩短流通周期，提高经营效率。商品流通周期分析主要帮助企业实现如下功能：

（1）商品流通周期排行分析。

（2）其他自定义应用。

3. 商品利润效率分析

商品利润率分析主要是对商品毛利率、商品利润效率分析等。其主要帮助企业实现如下功能：

（1）利润率排行分析。

（2）毛利率排行分析。

（3）其他自定义应用。

4.4.2　销售分析

所谓销售分析，是指以商业销售数据为分析对象，分析商业销售情况、商品类型的销售结构、销售金额增长趋势、销售毛利增长趋势、供货商销售毛利贡献排行情况、品种毛利贡献情况、销售毛利率变化趋势、主打商品销售趋势、供应商销售金额区间、商品品种销售金额区间、库存区销售规模区间等。

其中，主要分析超市各项销售指标，例如，商品销售数量、商品销售金额、商品累计销售金额、销售金额同比、会员卡销售金额、会员卡销售比重、商品销售单价、商品销售单价同比等。诸如此类的复杂指标在源数据库中是无法实现的，决策者虽然知道这些数据用途显著，但由于无法得出，使得这些指标的重要性随之降低。

直到商务智能技术的出现，这些指标才重新获得管理者和分析者们的重视。通过销售分析，企业可以得到当前总体销售情况、销售增长情况、销售结构情况、销售模式结构情况（自营、代销、租赁的结构情况）以及销售结构变化情况等。

商务智能技术可帮助零售业在销售方面进行如下分析。

（1）商品类型销售结构分析。

（2）商品品种毛利贡献情况分析。

（3）主打商品销售趋势分析。

（4）销售金额增长趋势分析。

（5）销售毛利增长趋势分析。

（6）销售毛利率变化趋势分析。

（7）供货商销售毛利贡献排行情况分析。

（8）供应商销售金额区间分析。

（9）主体品种区间分析。

（10）会员卡消费趋势分析。

（11）经营类型结构分析。

（12）其他分析。

4.4.3 会员卡分析

会员卡分析主要是对会员卡消费情况进行分析，主要分析会员卡消费金额比重、会员卡消费走势、会员卡消费特征（会员卡主要消费哪些类别的商品）、会员卡资金流通周期等。

会员卡分析具体可实现如下功能：

（1）会员卡消费份额分析。

（2）会员卡消费特征分析，即会员卡消费商品大类结构分析。

（3）会员卡资金流通周期分析。

（4）会员卡剩余金额走势分析。

（5）会员卡消费时间区间分析。

（6）其他自定义应用。

4.4.4 财务分析

财务分析是基于数据仓库技术，为满足企业领导对各业务部门费用支出情况查询的要求，并实现对应收款、应付款的决策分析。企业决策层通过使用这一分析功能，进一步提高从现金流量、资产负债、资金回收率等角度来科学决策企业运营。

财务分析可实现如下几方面的功能分析。

1. 现金流分析

现金流量表指以现金为基础生成的财务状况变动表，是根据企业在一定时期内各种资产和权益项目的增减变化，来分析反应资金的来源和用途，说明财务动态的会计报表，或者是反映企业资金流转状况的报表。

现金流分析主要帮助企业实现如下功能：

（1）现金流量表一般分析。

（2）现金流量表水平分析。

（3）现金流量表结构分析。

（4）现金流量表与利润综合分析。

2. 账务分析

账务分析主要帮助企业实现如下功能：

（1）多角度、多层次、多条件立体账务查询。

（2）跨科目级别明细账务查询。

（3）各部门费用支出情况分析，辅助决策进一步进行预算。

（4）账务历史数据查询。

3. 应收账务分析

应收账务分析主要帮助企业实现如下功能：

（1）客户欠款时间及细节查询。

（2）客户购货金额及付款情况查询。

（3）客户现金打折分析。

（4）欠款时间段分析。

（5）多条件、多角度查询应收款及欠款情况。

（6）客户信用等级分析。

4. 应付款分析

应付款分析主要帮助企业实现如下功能：

（1）多条件、多角度查询付款及欠款情况。

（2）企业对供应商欠款时间及细节查询。

（3）企业对供应商欠款时间段分析。

（4）各供应商采购情况分析。

5. 利润分析

利润分析应从以下几个方面进行。

（1）企业收入分析。收入是营销利润的重要因素，企业收入分析的内容包括企业收入的确认与计量分析、营销收入的价格因素分析、企业收入构成分析。

（2）成本费用分析。成本费用分析包括产品的销售成本分析和期间费用分析两部分，产品销售分析包括销售总成本分析和单位销售成本分析，期间费用分析包括销售成本分析和管理费用分析。

（3）利润增减变动分析。通过对损益表的水平分析，从利润的形成和分配两方面，反映利润额的变动情况，揭示企业在利润形成与分配环节的会计政策、管理业绩以及存在的问题。

（4）利润结果情况分析。主要在对损益表进行垂直分析的基础上，揭示各项利润及成本费用与收入的关系，以反映企业各个环节的构成、利润及成本费用水平。

6. 成本分析

影响成本的因素都会产生相应费用，企业关心这些费用在总成本中所占的比重，尤其是管理费用占总成本的比重。成本分析的目的就是进一步加强成本的事前控制，同时有助于通过盈亏平衡分析，辅助产品科学报价、辅助发现生产与管理环节的不足、辅助决策改进措施。商务智能的成本分析是成本与库存、生产、账务等ERP功能模块的集成。从成本BOM分析出发，对库存管理和生产过程产生的费用进行监控，并且结合销售过程产生的费用和销售收入进行分析，得出诸如目标成本、目标价格、保本成本、保本价格等决策信息，指导以后的成本控制和定价策略。

成本分析具体可实现如下功能：

（1）多角度成本分析。

（2）各种费用查询，各种费用在产品的总成本的比重分析。

（3）成本BOM查询和分析。

（4）给定量和给定售价下的利润分析。

（5）分摊在产品中的管理费用分析、量本利分析。

4.5 零售业案例

本节将使用商务智能技术，以一家在全国拥有几十家分店的大型连锁超市为案例进行分析。该连锁超市的业务管理系统分为总部管理系统和分店管理系统。

总部管理系统作为信息管理中心，一方面可以全面控制所有分店的数据和操作，另一方面可集中控制各分店的商品资料、供应商资料等信息，帮助分店制定订货、发货等日常操作。

分店管理系统则进行POS销售、订货、进货、退货以及库存、价格管理，并将所有的销售和明细汇总数据上传至总部服务器。业务系统架构如图4-1所示。

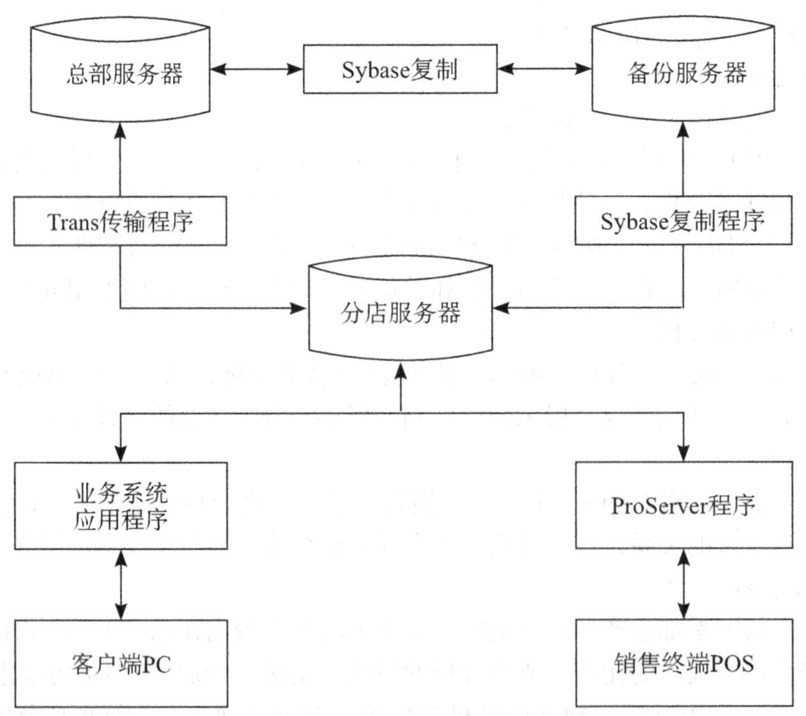

图4-1　超市业务系统架构图

该超市作为一家大型连锁超市，每日产生的业务数据增量在3GB以上，而随着分店及业务的不断扩展，每日数据量还将不断增长。为帮助企业进行数据分析，信息管理系统中目前的报表已经包含上百张日常固定报表，如此多的报表，导致报表开发人员工作量巨大，报表使用人员无法从整体的视角来分析问题，即不能提供立体化、多维度、有渗透力的数据。在此背景下，本节将设计一个商务智能系统，用以分析连锁超市产生的数据，并对经营管理工作进行决策指导。

从业务系统的数据源到商务智能系统的数据分析及展现，采用的是自底向上的数据驱动的方式。构建商务智能系统，整个过程可分为如下三个步骤。

（1）构建数据仓库。数据仓库是商务智能系统的基础，它的搭建首先要明确分析的主题，建立适当的数据模型，并通过ETL（数据的抽取、转换、加载）将数据装载至数据仓库中。

（2）实现在线分析处理功能。以数据仓库为基础，实现OLAP多维分析。从业务分析出发，建立多维模型，然后以多维的方式，运用报表等展示技术将数据展现出来。

（3）实现数据挖掘功能。通过对超市的购物篮数据进行分析，建立数据挖掘模型，得出关联规则，用于促进超市的交叉销售。

4.5.1　数据仓库的搭建

数据仓库的建立以企业业务系统中的数据为基础，首先定义分析的主题，根据主题确定分析的粒度以及数据模型，然后将数据源通过抽取、转换、加载到数据仓库中，得到一个完整的、统一的企业视图，最后实现对企业数据的全局管理和分析决策。

通过对已有的业务系统进行分析，并且与用户进行深入交流，从而明确用户的目标宗旨和业务分析需求，制定如下计划：

（1）确定当前信息源。数据来源包括每个分店的业务系统以及POS系统，还有总部的部分数据。因为POS系统中的数据每天都会上传到业务系统的数据库中，所以信息源即为总部和每个分店的业务系统数据库中的数据。通过对超市信息管理系统现有报表的分析，根据统计数据的获取方式、详细程度，对数据的可靠性、一致性和完整性进行初步评价。

（2）确定分析的主题。主题是指用户使用数据仓库进行决策分析时所关心的重点方面。零售业的数据仓库主要以商品、供应商以及客户等方面为主。本节的数据仓库只定义两大主题：商品和供应商。

（3）明确关键性指标。关键性指标是用户希望跟踪和观测的变量，也是用户进行分析决策的依据。对于不同的主题域，关键性指标也相对不同。通过分析现有的统计报表，找出各主题域的关键性指标以及这些指标的推导计算过程。

4.5.2　粒度设计

粒度是指数据仓库中数据单元的细节程度或综合程度的级别。数据综合程度越高，粒度就越大，级别也就越高；数据越详细，粒度就越小，级别也就越低。

粒度是数据仓库设计过程中需要重点考虑的问题，它会影响数据仓库中数据量的大小，以及数据仓库能提供的查询类型。在最低的粒度级别上，系统可以提供任何问题的查询，但是需要占用很大的存储空间，并且对于汇总型的查询需要耗费更多的时间；当粒度级别提高时，存储空间会相应减少，响应汇总查询的时间会减少，但是相对能提供查询的性能也会随之降低。所以在建立数据仓库时，要对数据量大小及需要提供查询的细节级别做出评估。将不同来源的数据按综合程度，可分为如下数据种类：当前细节数据、轻度综合数据、高度综合数据。

（1）当前细节数据。由数据源中的数据经首次综合进入数据仓库而形成的第一次综合数据。

（2）轻度综合数据。由数据仓库中的第一次综合数据再进行综合而得到的第二次综合数据。

（3）高度综合数据。根据分析、决策需要将轻度综合数据进一步综合成更高层次的综合数据。

数据仓库中，为了适应不同类型的分析处理，多重粒度数据的存在是必不可少的。所以在数据仓库开始建设时，需要确定合理的数据粒度，建立合适的数据粒度模型，指导数据仓库的设计和其他问题的解决。否则，将会影响数据仓库的使用效率，使数据仓库达不到预期的效果。

在本案例中，一个大型连锁超市，其每天产生的数据量非常巨大，如果以每笔订单为单位，进行粒度设定，则会由于过于庞大的数据，从而增大数据仓库的容量并且影响查询效率。考虑到数据仓库大多以汇总型分析操作为主，很少涉及过多的细节，因此可适当选取较高粒度，而不必将数据仓库的粒度设定为每笔交易。

粒度的划分主要以时间为依据，根据零售业的特点，设定数据仓库时间维度的最低粒度为天，即把每天的销售情况按照商品汇总并记录到数据仓库的事实表中，例如，一行记录表示某天某分店某种商品销售记录的汇总。这种由数据源中的数据经过首次综合而进入数据仓库形成的数据就是当前细节粒度。根据查询性能的要求，可以以天粒度为基础，进行月、年粒度数据的汇总，从而得到高级别综合数据。

4.5.3 星型模型设计

星型模型的特点在于其浏览查询性能高，星型模型每个维度只有一个维度表，提高了浏览查询性能；但是维表可能包含会产生冗余的属性，从而增加一些存储空间。但相对于巨大的事实表，这种空间的增加是可以接受的。

本系统采用星型模型为建模方法，这是一种多维的数据关系，它由一个事实表和一组维度表组成。每个维度表都有一个元素作为主键，所有这些维度表主键组合形成事实表的主键。事实表的主属性是度量，它们一般都是数值或者其他可进行计算的数据。

对于商务智能的需求分析，一般会考虑业务问题，而这些业务问题都是面向商品的主题分析，即可为商品建立一个星型结构，主要业务问题如下：

（1）哪些商品是盈利的？

（2）某商品的会员成本是多少？

（3）某商品的销售成本是多少？

（4）某商品在某日的销售量是多少？

（5）某商品的日均销售量是多少？

（6）某类商品的进（退）货量是多少？

（7）某商品的会员销售量是多少？

（8）某商品的会员成本是多少？

（9）本月某类商品的销售额（量）是多少？

（10）本月该商品的库存调整量有多少？

（11）针对各家分店，商品的调入、调出情况如何？

（12）针对各家分店，最盈利的前 5 种商品是什么？

（13）去年最盈利的前 5 个分店有哪些？

建立星型模型的主要步骤如图4-2所示。

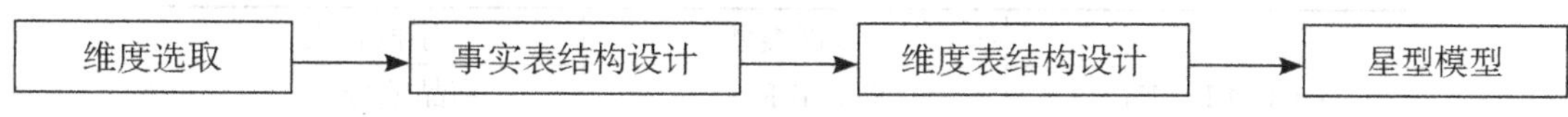

图4-2　星型模型的主要步骤

1. 维度选取

维度是分类的、有组织的层次结构，通过它可以对数据仓库中的销售数据进行汇总或细化。维度数据来源于业务系统数据库，所以维度的选取要根据业务系统数据库所能提供的数据而定，并非任意选取。

2. 事实表结构设计

事实表包括用于销售数据汇总的度量属性字段，常见的度量有销售额、销售成本、销售数量等。事实表还包括用于和维度表联系的外键，该外键对应维度表的主键，如商品编号和商品分类维度表对应，分店编号用于和分店分类维度表关联。商品事实表结构如表4-1所示。

表4-1　商品事实表

字段名称	数据类型	字段含义	字段名称	数据类型	字段含义
STORENO(FK)	VARCHAR(1)	分店编号	DMS	DECIMAL(16.3)	日均销量
DATEID(FK)	INTEGER	时间编号	PROMODMS	DECIMAL(16.3)	促销日均销量
GOODID(FK)	INTEGER	商品编号	ACPTQTY	DECIMAL(16.3)	进货量
TRADEMODEID(FK)	INTEGER	交易模式编号	ACPTQTY	DECIMAL(16.2)	进货额
CUSTOMERCOUNT	DECIMAL(8.0)	来客量	QCPTAMOUNT	DECIMAL(16.3)	退货量
SALEQTY	DECIMAL(16.3)	销售量	RETURNQTY	DECIMAL(16.2)	退货额
SALEMOUNT	DECIMAL(16.2)	销售额	QDJQTY	DECIMAL(16.3)	调整量
SALECOST	DECIMAL(16.2)	销售成本	ADIAMOUNT	DECIMAL(16.2)	调整额
MEMSALEQTY	DECIMAL(16.3)	会员销售量	TRANSINQTU	DECIMAL(16.3)	调入量
MEMSALEAMOUNT	DECIMAL(16.2)	会员销售额	TRANSINAMOUNT	DECIMAL(16.2)	调入额
SALERETURNQTY	DECIMAL(16.3)	销退量	TRANSOUTQTY	DECIMAL(16.3)	调出量
SALERETURNAMOUNT	DECIMAL(16.2)	销退额	TRANSOUTAMOUNT	DECIMAL(16.2)	调出额

3. 维度表结构设计

维度表的设计原则是尽可能地将分析时用到的属性包含在维度表内部，而将那些与分析无关的数据排除在外。维度表包含描述事实表中事实记录的特性。有些特性提供描述性信息，有些特性则用于指定如何汇总事实表数据，以便为分析者提供有用的信息。维度表包含帮助汇总数据的特性的层次结构，特定的层次结构也是多维数据集的一个维度。

（1）商品分类维度表。

商品编号用于连接商品事实表，商品名称、小分类、中分类、大分类、部门、处用于指定如何汇总事实表数据。由此可看出商品维度层次，由小到大的顺序为商品名称、小分类、中分类、大分类、部门、处。如表4-2所示。

表4-2　商品分类维度表

字段名称	数据类型	字段含义
GOODID(FK)	INTEGER	商品编号
GOODSNAME	VARCHAR(30)	商品名称
LEVERID	VARCHAR(30)	分类编号
LEVEL1	VARCHAR(30)	小分类
LEVEL2	VARCHAR(30)	中分类
LEVEL3	VARCHAR(30)	大分类
LEVEL4	VARCHAR(30)	部门
LEVEL5	VARCHAR(30)	处

（2）时间维度表。

时间单位的最小粒度是以天为单位，将业务数据中每天的日期记录到独立的时间维度表中，通过日期编码区分每个日期并与事实表相连，该种做法既减轻了系统的存储容量，又通过增加更多的属性字段能够提供更多的查询分析功能。如表4-3所示，时间编号用于连接商品事实表，而年、季度、月、日则指定汇总事实表数据的级别。

表4-3　时间维度表

字段名称	数据类型	字段含义
DATEID(FK)	INTEGER	时间编号
TRADE YEAR	VARCHAR(10)	年
TRADE QUARTER	VARCHAR(10)	季度
TRADEMONTH	VARCHAR(10)	月
TRADEDAY	VARCHAR(10)	日

（3）其他维度表。

包括分店维度表和交易模式维度表，前者包含编号字段用于连接事实表，后者包括描述性字段用于提供描述性信息。

4. 星型模型

（1）商品主题的星型模型。

以商品每日情况GOODSDAILY为事实表，维表包括商品分类表、时间表、分店信息表、交易模式表，事实表与维表为主外键关联。以商品为主题的星型模型设计如图4-3所示。

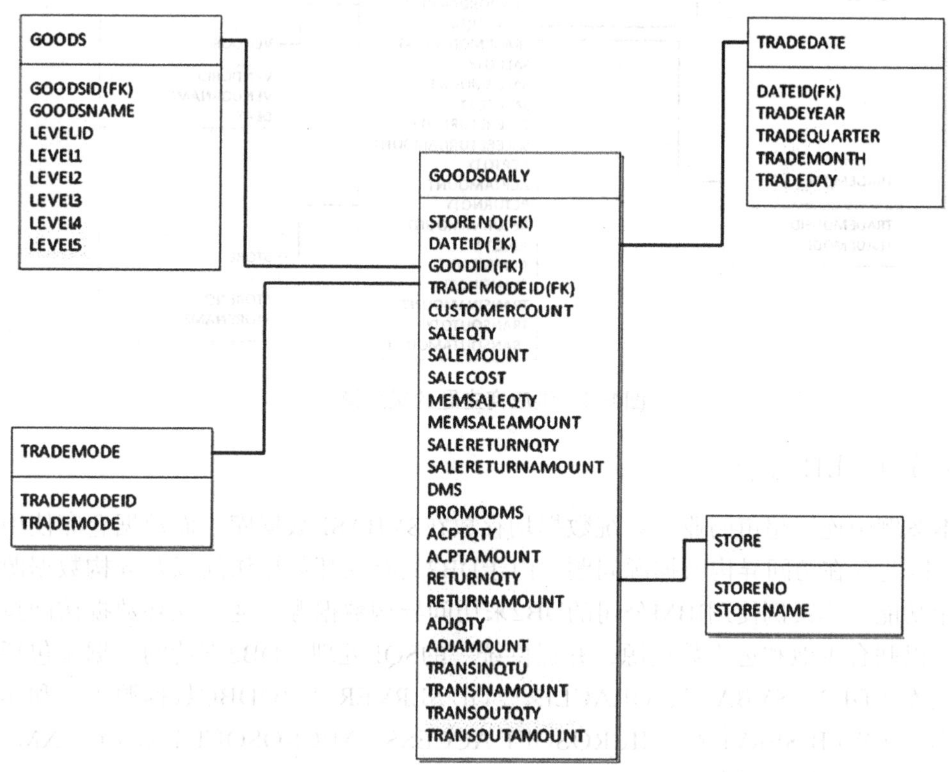

图4-3　商品主题的星型模型

（2）供应商主题的星型模型。

由于每种商品对应的不只是一个供应商。因此不能直接从商品的数据得到供应商的信息，所以要对供应商进行分析。在业务管理系统中，供应商每天的销售量是按照批次计算出来的，通常是采用先进先出的原则。对于供应商，通常会分析其销售量、销售额、进送货、进货额、库存调整量、库存调整额、退换量、退换额以及分店商品的调入/调出情况。按照供应商提供的数据进行分析，在超市的管理决策上尤为重要，因此决定建立供应商的星型模型，如图4-4所示。

在供应商主题的星型模型图中，以供应商每日情况VENDORDAILY为事实表，维表包括供应商部门信息表、商品分类表、时间表、分店信息表、交易模式表，其中一个维度表是供应商部门信息表，包括供应商编码、供应商名称、供应商所属的部门名称。另外 4 个维度与前面所列商品主题的星型模式的维度表是共用的，因此，事实表的数据可以按照供应商的部门进行汇总，这个维度具有层次关系。

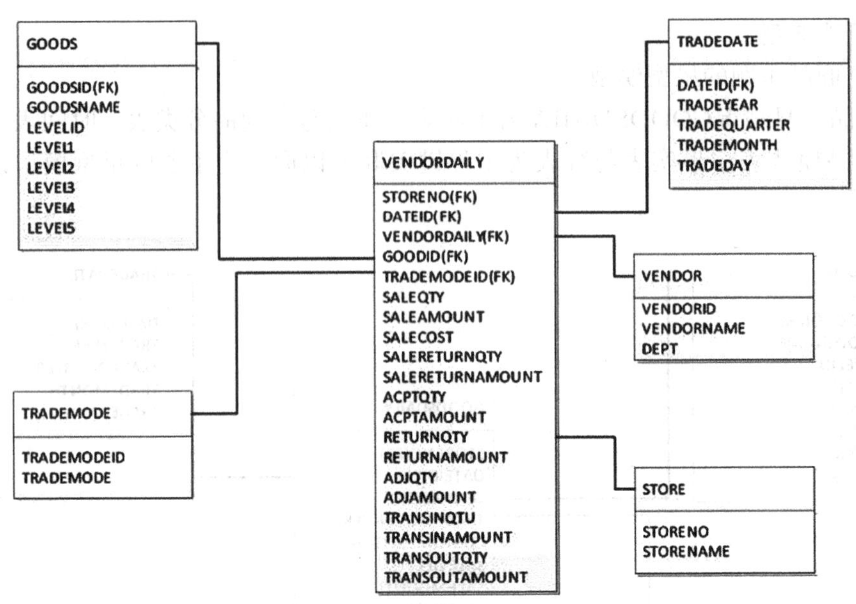

图4-4　供应商主题的星型模型

4.5.4　ETL设计

本案例中连锁超市的业务系统数据均存放在SYBASE数据库，而数据仓库使用的是DB2，因此存在访问异构数据源问题。由于DB2具有联邦数据访问以及异构数据源的复制两个功能，本案例使用IBM公司的DB2来访问异构数据源。通过联邦数据访问技术，用户可以联合本地和远程数据源，并提供统一的SQL处理。DB2支持的数据源包括关系型数据库（DB2、SYBASE、ORACLE、SQL SERVER以及ODBC数据源等）和非关系型数据源（WEB SERVER、MICROSOFT ACCESS、MICROSOFT EXCEL、XML文档等）。其原理如图4-5所示。

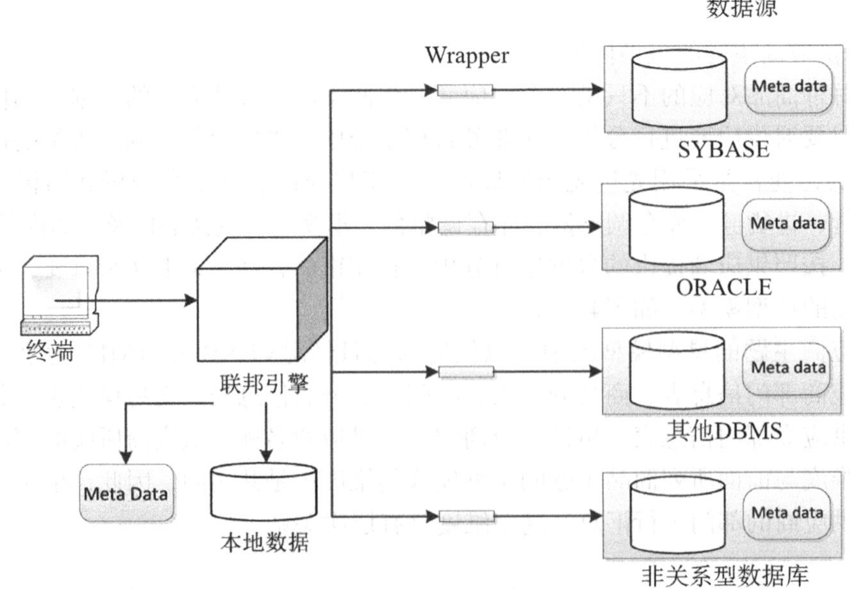

图4-5　DB2联邦数据访问功能

1. **数据抽取**

超市业务系统中的SYBASE数据源由总部服务器和各分店服务器两部分组成，DB2通过专用的SYBASE包装器（Wrapper）与各数据源进行通信。通过包装器，将SYBASE数据源的表映射到DB2中，成为一个昵称（Nickname），如总部的商品表VENDOR映射到DB2中的Nickname为VENDOR。这样，就可以在DB2数据仓库对其直接访问。其目的数据是前面建立的两个星型模型中的事实表和维度表。对于商品主题的星型模型，事实表中的数据为商品每天的进、销、存，调等信息，用户可以从每个分店的“商品日进出表”GoodsDaily获取数据。维度表（商品分类、时间、分店、交易模式）在总部和分店中是统一的，可以直接从总部的服务器中获取，而时间维度表不能直接从原系统中获取。

2. **数据转换**

数据转换包括字段内容的转换和字段类型的转换。有一些字段需进行格式转换或拼接。如原业务系统中的时间字段dtradedate为时间类型，而在数据仓库的事实表中使用的是整型的时间编号，便于与维度表的连接。可使用DB2的SQL函数将时间字段的年、月、日分别取出，并拼接为整型数据，如2007-02-18转换为20070218，转换方法为：

```
year(dtradedate)*10000+month(dtradedate)*100+day(dtradedate)。
```

字段类型的转换主要利用DB2中的SYBASE Wrapper，它支持异构数据库间数据类型的转换，就是将SYBASE中的字段类型转换成DB2中相应的字段类型。有一些字段类型还要利用SQL的函数进行转换，如交易模式字段TradeModeid在某些表中是字符类型，而在另一些表中是整型，内容均为“1，2，3，4”，在数据仓库中将其统一为整型。对于字符类型字段，用户可使用integer(sTradeModeid)转换成整型。

3. **数据加载**

由于事实表和维度表之间需遵循完整性，因此，首先加载维度表，再加载事实表的数据。维度表的数据量一般不大，所以系统建设的初期通常使用insert命令一次性加载维度数据。事实表“商品每日情况表”GOODSDAILV的数据量将是非常巨大的，需要根据时间定期加载。在DB2中使用SQL直接完成事实表的增量加载：

```
    insert into goodsdaily (storeno, dateid, goodsid, trademodeid,
customercount, saleqty, saleamount, ……)
    select sstoreno, year(dtradedate)*10000+month(dtradedate)*100+day
(dtradedate), goodsid, integer(strademodeid), ncustomercount, nsaleqty,
nsaleamount, ……from tgoodsdaily where date(dtradedate)=’2006-**-**’;
```

另一张事实表“供应商每日情况表”VENDORDAILY，处理方式跟上面是相同的。

至此，该大型超市的商务智能系统的数据仓库已经构建完成。其中包括商品和供应商两个主题的星型模型，通过定期执行ETL将数据从数据源加载到数据仓库中。

4.5.5 OLAP的实现

OLAP报告将业务数据结构、过程、算法和逻辑的复杂性集成到它的多维数据结构中，然后以容易理解的维度信息视图的方式向用户呈现，让用户能够以非常自然的方式分析业务数据。OLAP以维的方式识别复杂数据，并以非常容易理解的方式向数据消费者呈现数据，它并不在业务数据上添加额外的数据结构或维。

因此，用户无须专业人员的帮助即可利用OLAP服务，轻松地找到预定义的报告并分析业务数据，以建立新的专用业务报告。OLAP报告使用户非常接近业务数据，使用户能够认识到业务数据维的存在，并理解哪些业务问题可以得到回答。

OLAP分析可以看作是数据仓库上层应用，OLAP技术能够以交互的形式快速地弹出数据，用户看到的是经过转换后的原始数据的各种信息视图，这些视图可以反映业务的真实数据。

1. OLAP多维模型的设计

OLAP有多种实现方法，根据存储数据的方式不同可以分为ROLAP、MOLAP、HOLAP。常用的为ROLAP和MOLAP。

MOLAP表示基于多维数据组织的OLAP实现（Multidimensional OLAP）。按照主题定义的OLAP分析所需的数据，生成并存储成多维数据库，形成“超立方体”的结构。生成的多维立方体经过计算并生成了一些汇总值，当用户发出请求时，从多维立方体而不是数据仓库中取得数据，响应时间快。但由于多维立方体的生成，造成了数据所需的存储空间增大，并且在多维立方体中不可能存储大量的细节数据，综合数据较多，所以分析的粒度不会太细。

ROLAP表示基于关系型数据库的OLAP实现（Relational OLAP）。ROLAP以关系型结构进行多维数据的表示和存储，进行多维分析时，OLAP服务器根据定义的模型和用户的分析需求从数据仓库中取得数据，并进行实时分析。这样增加了响应时间，但相对MOLAP节省了空间，并且可以分析具体细节数据，即考察数据的粒度较小。当分析应用的灵活性较大或进行多因素分析预测时，应以ROLAP为主。

考虑到该连锁超市每日的新增数据量很多，需要的存储空间很大，而且用户希望具有非常灵活的操作功能，所以本系统采用基于关系型数据库的ROLAP的方式实现多维分析。

在前面数据仓库的数据模型建立过程中，定义了商品和供应商两个主题，并为其设计了星型模型。基于之前为商品和供应商建立的星型模型，这里针对商品分析设计了一个立方体（Cube），包括度量和维的设计，如表4-4列出的是度量的定义。

表4-4 立方体度量定义

度量（measure）	对应字段	度量（measure）	对应字段
来客量	CUSTOMERCOUNT	促销日均销量	PROMODMS
销售量	SALEQTY	进货量	ACPTQTY
销售额	SALEMOUNT	进货额	ACPTAMOUNT
销售成本	SALECOST	退货量	RETURNQTY

续表

度量（measure）	对应字段	度量（measure）	对应字段
会员销售量	MEMSALEQTY	退货额	RETURNAMOUNT
会员销售额	MEMSALEAMOUNT	调整量	ADJQTY
销退量	SALERETURNQTY	调整额	ADIAMOUNT
销退额	SALERETURNAMOUNT	毛利PROFIT	SALEAMOUNT-SALECOST
日均销量	DMS	毛利率	(PROFIT/SALEAMOUNT*100

维度的定义包括与事实表的连接关系，以及层次结构的定义。

（1）商品分类维度。

①Join关系：以商品编号（GoodsLD）连接事实表的GoodsID，1：n。

②Hierarchy名称：Goods Hierarchy。

③Level顺序：处、部门、大分类、中分类、小分类。

（2）时间维度。

①Join关系：以时间编号（DateLD）连接事实表的DatelD，1：n

②Hierarchy名称：Time Hierarchy。

③Level顺序：年、季度、月、日。

分店维度和交易模式维度，没有多层的层次结构，但也要定义，这里暂时不列出。

2. OLAP应用

经过前面数据仓库的构建、OLAP的设计与实现，现在已经能将报表展现出来，客户端直接使用Web浏览器即可。

用户可以在展示界面上以交互的方式进行数据访问，利用旋转、切片或切块、向上钻取、向下钻取等操作剖析数据，结果可用多种可视化方式呈现（包括表格与各种图形），使用户能从多个角度、多侧面观察数据，为用户作出正确的决策提供指导。

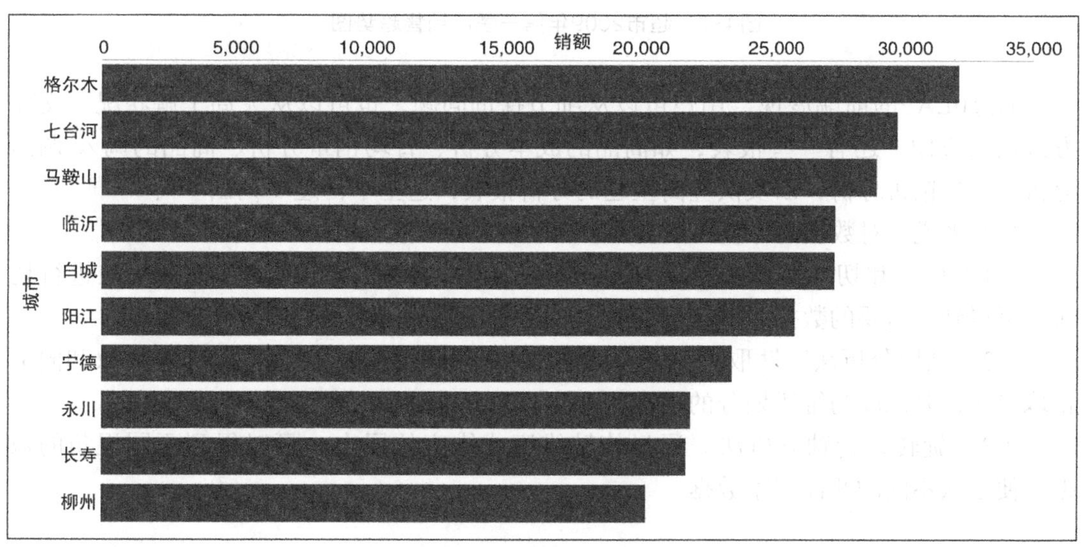

图4-6　超市销售额前十名城市信息

在ETL的过程中，本系统加载了该超市2009年的部分数据进行测试，这里主要是为了展示OLAP的功能。下面来看几个例子。

（1）该大型连锁超市销售额前十名城市。

图4-6是该大型连锁超市销售额前十名的城市信息，通过该数据可以得知哪些地区的销售额成绩客观，并针对相应超市数据进行分析，找到令其提高销售额的方式，并将其良好的销售手段推广至其他地区分店，提高总体销售额。

（2）销售趋势图表。

图4-7为某一地区2009年第一季度的销售趋势图，通过该图可分析出某些销售高峰的时间规律，并根据其规律对应配备库存、人员等相应的信息，以最小的成本达到最大的收益，为决策者提供数据辅助。

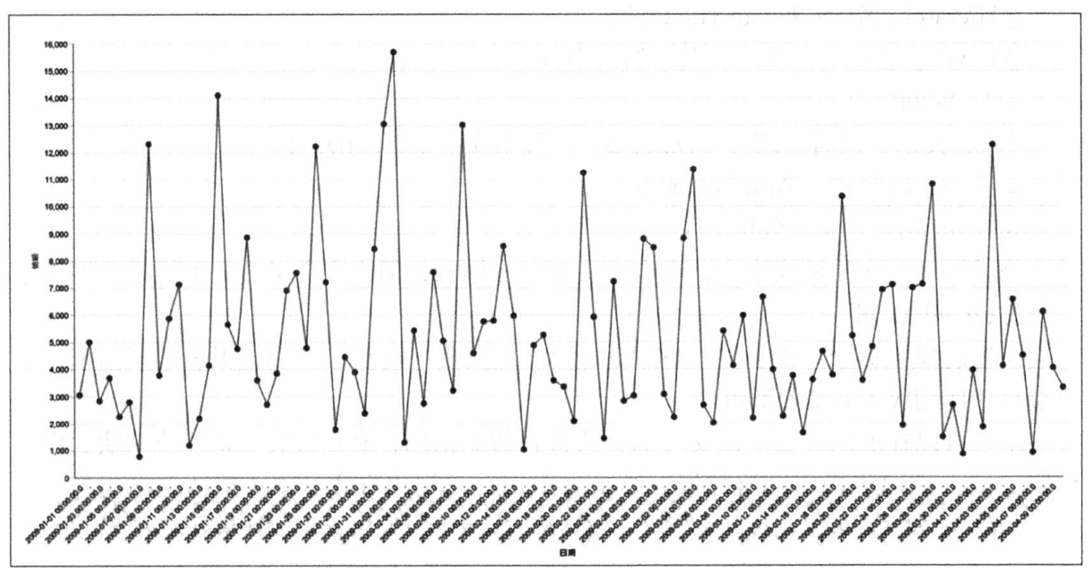

图4-7　超市2009年第一季度销售趋势图

通过0LAP的前端展现，用户可以从细节探询问题，也可以从大局了解状况，交互方式灵活方便。还有一些报表，如商品的成本分析、日均销量分析、商品的调入/调出分析、会员销售分析，以及供应商主题的分析报表，这里不再逐一列出。

总的来说，对数据的分析一般有三种方法。

（1）切片和切块分析法。在多维数据结构中，按二维进行切片，按三维进行切块，可得到所需要的数据。

（2）钻取分析法。钻取是改变维的层次、变换分析的粒度，包含向下钻取和向上钻取操作，其深度与维所划分的层次相对应。

（3）旋转、转轴分析法。通过旋转维度或维度的层次，可以得到不同视角的数据，便于从不同的侧面观察数据。

4.5.6　数据挖掘

在数据挖掘领域，关联规则一直是重要的研究内容，尤其是在零售业，如超市的交叉销售管理。数据挖掘的任务是发现事务数据库中不同商品之间存在的某种关联关系。通过这些规则找出客户购买行为模式，如购买了某一商品对购买其他商品的影响，从而应用于商品货架设计、货存安排以及商品推荐。

本节以关联性分析为例，展示数据挖掘功能，数据挖掘流程如图4-8所示。

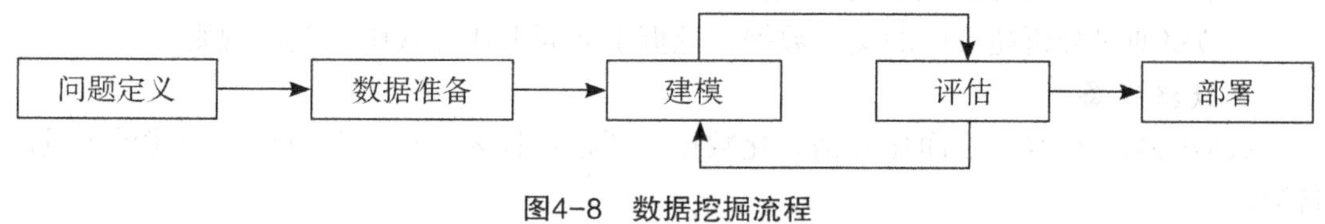

图4-8　数据挖掘流程

1. 问题定义

数据挖掘项目首先从理解业务问题开始。数据挖掘人员与业务人员共同研究，从业务的角度定义项目目标和需求，然后将项目目标转换为数据挖掘问题定义。

由于条形码技术的发展，超市前端收款机收集并存储了大量的售货数据，称为购物篮数据。而超市为了能在下一次交叉销售活动中提供更好的产品推荐，希望更好地了解客户及其行为。因此，通过对这些历史事务数据进行分析，企业可对客户的购买行为提供极有价值的信息。

挖掘发现大量数据中项集之间的相关联系被称为关联规则，它在数据挖掘中是一个重要的课题，购物篮分析是最近几年被业界广泛研究关联规则挖掘的一个典型例子。从大量交易数据中，分析出不同商品之间的关联联系，找出顾客购买行为模式，并将其应用于商品货架设计、货存安排以及根据购买模式对用户进行分类等。

例如，当顾客购买商品A时，超市将能够推荐商品B，因为数据挖掘表明这两种商品之间存在联系。由此可见，从事务数据中发现关联规则，对于改进零售业商业活动的决策非常重要。本节将运用关联规则挖掘技术来挖掘客户会同时购买哪些商品。

关联规则的定义：

```
[饮料]+[烧烤用品] ==>[清洁用品]
Support=0.98%. Confidence=35.24%. Lift=3.10
```

其中，“+”表示AND。“==>”表示IMPLIES（蕴含）。

Support支持度：客户购买饮料、烧烤用品以及清洁用品的交易数量，除以交易的总数量，乘以100%所得到的百分比值。

Confidence置信度：这条规则被满足的概率，就是在购买了饮料和烧烤用品的所有交易中，同时也购买了清洁用品的交易所占的百分比。

Lift提升度：一种量度，衡量该规则如何提高预测规则的能力。例如，肉和菜是连在一起购买的（规则肉==>菜），那么如果有一个值为10的Lift，则意味着在包含肉的交易中找出同时包含菜的交易的概率，是在所有交易中找出包含菜（不管是否购买了肉）的交易的概率的10倍。将其应用于前一条规则：在包含饮料、烧烤用品以及清洁用品的交易中，找到包含清洁用品的概率，是在所有交易中找到包含清洁用品的概率的3.10倍。

因此，上述公式的含义可理解为：购买了饮料和烧烤用品的客户，同时购买了清洁用品的概率为35.24%。同时购买这三类商品的交易占所有交易的0.98%。此外，在购买了饮料和烧烤用品的交易中找到同时购买了清洁用品的概率，是在其他任何交易中找到购买了清洁用品的交易的概率的3.10倍。

本节将通过分析超市中的交易数据，挖掘出如同上述公式中的关联规则。

2. 数据准备

数据挖掘人员收集、净化和格式化数据。通过选择表、记录和属性来为建模工具准备数据。

这个步骤将准备用于解决业务问题的数据，主要是购物篮形式的数据。

对超市的数据分析，将考虑除了退货和不成功的所有交易，系统关注的是每笔交易中连在一起购买的商品。对于关联规则，该模型的输入表或者视图必须包含两个列，一列是交易ID（可以认为是购物篮编号），另一列是商品ID，它包含想要用来获得规则的元素。

在业务POS系统中，销售明细表可以提供模型设计者所需的数据，当然，也需要经过数据的抽取、转换、加载过程，最终存放到商务智能系统的数据仓库中。ETL过程如图4-9所示。

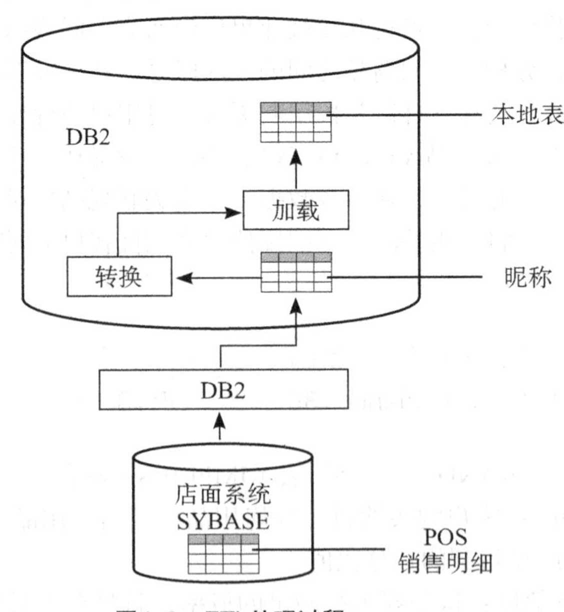

图4-9　ETL处理过程

通过使用DB2的联邦数据访问功能，在DB2中建立一个昵称（Nickname），将其映射到业务系统SYBASE中的销售明细表。通过SQL语句处理，将销售明细表的数据加载到DB2的本地表PosSaleDtl。原销售明细表中包含多个字段，包括POS机号、POS机当日

的交易序号、交易时间、商品编号GoodsID等，舍去对挖掘没有意义的退货和不成功交易，将当天的日期、POS机号及其当天的交易序号组织成购物篮编号GROUPID，描述为char(days(d.dtradedate)) || d.sposno||char(d.nserid)。

GOODSID直接使用源表中的数据，然而仅此是不够的。GOODSID本身只是一堆数字，如果没有商品名称，挖掘出来的规则将是一堆令人费解的数字。所以，还需要一个商品编号和商品名称的对照表。

另外，由于数据分布的分散性，用户可能很难在数据最细节的层次上发现一些强关联规则。在实际情况下，一种更有用的关联规则是泛化关联规则。因为物品概念间存在一种层次关系，如牛仔裤、运动裤属于裤子类，裤子、上衣又属于服装类。构建层次关系后，可以帮助用户发现更多的有意义的规则，如“买裤子⟶买上衣”（此处，裤子和上衣是相对于较高层次上的物品或概念，因而该规则是一种泛化的关联规则）。由于商店或超市中物品种类繁多，所以平均来讲每种物品（如牛仔裤）的支持度很低，因此有时难以发现有用的规则；但如果从较高层次的物品（如裤子）考虑，则其支持度就较高，从而可能发现有用的规则。因此，需要准备好商品分类层次表，以便在较高的商品分类层次上进行挖掘。在数据仓库的星型模型结构中，有一张商品分类维度表（GOODS），其中有商品编号（GOODSID）、商品名称（GOODSNAME）、小分类名称（LEVELI）、中分类名称（LEVEL2）以及更高层次的分类。在这里可以直接使用该表，其数据显示如表4-5所示。

表4-5　商品分类及名称

GOODSID	GOODSNAME	…	LEVE12
269607	红富士独福枕套	…	床用单件
269616	优久无糖藕粉	…	麦片
269883	天诚闭路电视数码线	…	电线
269884	真彩中性笔芯	…	中性笔/笔芯
269886	奇强组合皂	…	洗衣用品

到此，需要进行挖掘的数据——购物篮数据和商品分类表，已经准备完毕。

3. 建模

应用各种挖掘技术来构建模型。建模阶段和评估阶段是相互结合的。可多次循环这两个阶段来更改参数，从而获得最优值，以得到一个高质量的模型。具体操作如下。

设置数据源以及一些关键参数。

（1）数据源。

①购物篮数据PosSaleDtl：提供GROUPLD和GOODSLD。

②商品分类表GOODS：提供GOODSLL的名称对照以及分类信息。

（2）关键参数。

①Group列名：这里为GROUPLD。

②规则的长度：表示每个规则含有几项商品（或商品分类）。

③规则的数量：可以生成多少个规则，0表示无限。

④Confidence：最小置信度。

⑤Support：最小支持度。

作为初始步骤，已将Confidence设置为10%，将Support设置为1%。将Confidence和Support约束设置得越低，则能获得的规则就越多。如果认为该模型不适当，如发现该模型提供了太多的规则或是与业务问题不相关的规则等问题，则可以使用更高的Support或Confidence值来重新构建它。除此之外，还可定义名称和分类的映射。在本模型中，将把商品ID转换为它的分类描述。这说明，不是使用每件产品的商品ID来获得规则，而是使用该产品所属的分类的名称来获得规则。

在DB2中，用户可以通过在SQL语句中调用存储过程来调用这个模型。下面列出的SQL显示出一个挖掘过程。

```
CALL IDMMX．BuildRuleModel(‘BI_minin.IM_ASSOC’，
  ‘INPUT_080’，‘GROUPID’，1.0，10.0，2
  ，‘DM_addNmp(“nameMap”，“NAMEMAP_80”，“GOODSID”，
“GOODSNAME”
  ，DM_setFldNmp(“GOODSID”，“nameMap”)
  ，DM_addTax(“catMap”，“CATMAP-080”，“GOODSID”，
“LEVELI”，CAST(null as char)，0)
  ，DM_addTaxMap(“catMap”，“CATMAPI_080”，“LEVELI”，
“LEVEL2”，CAST(null as char)，0)
  ，DM_setFldTax(“GOODSID”，“catMap”)’);
```

在调用的参数中，有些临时表是根据PosSaleDtl和GOODS得来的，其中：

（1）IM_ASSOC是创建的模型名称。

（2）INPUT_080是要挖掘的表。

（3）GROUPID是表中的记录的主键。

（4）1.0是指定规则必须具有的最小支持百分比，也就是该规则会影响全体中多大的百分比。

（5）10.0是指定所生成的规则必须具有的最小置信度，它也是一个百分比值。

（6）2是指定设置某条规则可以具有的最大项数，包括头部和正文。

（7）DM_addNmp定义一个名称映射，这里通过指向某个表的引用和两个列来定义，其中一个列包含原始数据值，另一个列包含被映射的名称。

（8）DM_addTax定义一个分类，这里包括对一个表和包含子值和父值的两个列的引用。

（9）在本模型中，定义了两个分类层次，一个是商品小分类GOODSLL→LEVEL1，一个是商品中分类LEVEL1→LEVEL2。

4. 评估

通过使用可视化工具来评估模型。如果模型无法满足预期，则需返回建模阶段，通过更改参数直至获得最优值来重新构建模型。

在创建模型的时候，以下方面是经过反复设置和调整的。

（1）商品分类的层次，挖掘的关联规则的各项到底是在商品小分类一级，还是在中分类一级，甚至在大分类一级。

（2）关联规则的最小支持度Support和最小置信度Confidence。

首先，需要对商品的分类层次只定义在小分类一级进行挖掘，Support设为1，Confidence设为10。这样挖掘出来的关联规则有62个，结果如表4-6所示，从中可得到规则具体的内容，以及Support、Confidence、lift值。

表4-6　商品小分类的关联规则

RULE	SUPPORT	CONFIDENCE	LIFT
[SUBDEPT: 果实类联销]==>[SUBDEPT: 叶菜联销]	7.1596%	64.6463%	3.0094
[SUBDEPT: 根茎类联销]==>[SUBDEPT: 叶菜联销]	7.0726%	56.4186%	3.1070
[SUBDEPT: 根茎类联销]==>[SUBDEPT: 果实类联销]	5.6037%	44.7010%	3.4118
[SUBDEPT:鲜猪联销]==>[SUBDEPT: 叶菜联销]	4.8673%	55.5953%	3.0617
…	…	…	…
[SUBDEPT:面点类联销]==>[SUBDEPT: 根茎类联销]	1.0287%	12.3246%	0.9831
[红萝卜]==>[SUBDEPT: 叶菜联销]	1.0250%	61.1178%	3.3658
[老姜]==>[SUBDEPT: 叶菜联销]	1.0016%	63.3596%	3.4893

从上表中可发现挖掘出来的关联规则主要集中在蔬菜一类的商品。在超市购物中，不同种类的蔬菜会被同时购买，由于设计者将商品类型分得很细，因而挖掘出这些规则。但这些分类太细的规则缺少相应指导性的意义。

也可将商品的分类层次定义为在小分类和中分类中进行挖掘，Support和Confidence依然设为 1 和10。由于商品得到泛化，这样可挖掘出226个规则。如果将商品的分类层次再提高一级，比如定义为在小分类、中分类和大分类中进行挖掘，结果表明，这样挖掘出来的规则过于泛化，指导意义不强。

因此，可将商品的分类层次确定为在小分类和中分类中挖掘。下一步要调整的是Support和Confidence。Support表示在所有的交易中，同时购买了规则中的商品所占的比例，代表规则的影响力，这一参数非常重要，这里将其设置为0.5，因为如果设的过高可能会漏掉一些有用的规则。Confidence是规则的可信度，经过大量数据对比，将其设定为20。这样，就得到了最后的模型。

5. 部署

将结果导入数据库表或者其他应用程序。

数据挖掘的最后一个过程是部署。这里是将挖掘出来的规则保存于DB2的RULES表中，供用户查询使用。

RULES表中的内容包括规则体、Support、Confidence、Lift字段。

6. 数据挖掘应用

在本系统中，数据挖掘功能主要对购物篮进行分析，挖掘出数据背后隐藏的信息。设置关联规则可挖掘到商品的中分类，最小支持度为0.5%，最小置信度为20%，得到一系列关联规则，结果如表4-7所示。

表4-7 关联规则挖掘结果

RULE	SUPPORT	CONFIDENCE	LIFT
[SUBDEPT: 蔬菜联销]==>[SUBDEPT: 水果联销]	7.2142%	54.6463%	3.0094
[SUBDEPT: 水果联销]==>[SUBDEPT: 蔬菜联销]	7.0726%	54.4186%	3.1070
[SUBDEPT: 鲜家畜联销]==>[SUBDEPT: 蔬菜联销]	5.6037%	44.7010%	3.4118
[SUBDEPT:蔬菜联销]==>[SUBDEPT: 鲜家畜联销]	4.1905%	43.4704%	1.5327
[SUBDEPT:散装土特产类联销]==>[SUBDEPT: 蔬菜联销]	3.6128%	62.3555%	2.1985
[SUBDEPT:鲜蛋类联销]==>[SUBDEPT: 蔬菜联销]	3.2493%	73.6198%	2.5957
[SUBDEPT:鱼类联销]==>[SUBDEPT: 蔬菜联销]	2.7659%	43.3393%	1.5281
[SUBDEPT:面包联销]==>[SUBDEPT: 蔬菜联销]	2.0421%	27.5745%	0.9722
[SUBDEPT:调味料]==>[SUBDEPT: 蔬菜联销]	1.9748%	57.3614%	2.0224
[SUBDEPT:面包联销]==>[SUBDEPT: 水果联销]	1.8952%	25.5908%	1.3069
[SUBDEPT:调味料]==>[SUBDEPT: 水果联销]	0.8187%	47.1689%	1.6631
[SUBDEPT:烧烤家禽in烧烤制品]==>[SUBDEPT: 蔬菜联销]	0.7482%	33.3258%	1.1750
[SUBDEPT:烧烤制品]==>[SUBDEPT: 熟食联销]	0.5915%	23.8289%	2.3497

在零售业，通常认为影响较多交易的规则（即具有较高Support值）比影响较少交易的规则更有用。支持度Support用于衡量的关联规则重要性，可信度Confidence用于衡量关联规则的准确度。支持度说明了这条规则在所有交易中有多大的代表性，显然支持度越大，关联规则越重要。有些关联规则可信度虽然很高，但支持度却很低，说明该关联规则并不实用。提升度Lift用于衡量关联规则的影响力的大小。一般来说，有用的关联规则的提升度应该大于1，只有关联规则的可信度大于期望可信度，才说明规则的出现有促进作用，也说明了它们之间具有某种程度的相关性。

分析表4-7中的第9行，规则为“[Dept：调味料]==>[Dept：蔬菜联销]，Support为1.9748%，Confidence为57.3614%，Lift为2.0224，含义为：购买调味料的客户，在57.3614%的情况下也会购买蔬菜。这条规则影响所有交易的1.9748%，在那些具有调味料的交易中找到蔬菜的概率，是在其他所有交易中找到蔬菜的概率的2.0224倍。这样的规则是合理的。

熟悉业务背景、丰富的业务经验、对数据有足够的理解，这几点是对关联规则的理解所需要的重要条件。在发现的关联规则中，可能有两个主观上认为没有多大关系的物品，它们的关联规则支持度和可信度却很高，这就需要根据业务知识、经验，从各个角度判断这是一个偶然现象或有其内在的合理性。

利用购物篮分析得出的这些关联规则，可以帮助超市的经营管理者挖掘客户的购买习惯，掌握不同商品一起购买的概率，能够确定商品的最佳布局，促进交叉销售，从而提高商品销量。

实验四　购物清单关联性分析

【实验名称】购物清单关联性推荐

【实验目的】

（1）熟悉并学会使用Weka智能分析环境。
（2）根据数据源建立数据模型。
（3）根据数据模型对购物篮数据进行关联性分析。

【实验背景】

本实验利用Weka智能分析软件，对购物篮销售数据进行关联性分析，从而得出超市如何摆放产品将更有利于提高超市的销售额。

【实验原理】

Weka的全名是怀卡托智能分析环境（Waikato Environment for Knowledge Analysis），是一款免费的、非商业化的（与之对应的是SPSS公司商业数据挖掘产品——Clementine ）、基于JAVA环境下开源的机器学习以及数据挖掘软件。WEKA作为一个公开的数据挖掘工作平台，集合了大量能承担数据挖掘任务的机器学习算法，包括对数据进行预处理、分类、回归、聚类、关联规则以及在新的交互式界面上的可视化。

【实验环境】

（1）ubuntu 16.04。
（2）Weka 3.8.2。

【建议课时】

4课时。

【实验步骤】

一、数据准备

```
wget http://i9000.net:8888/sgn/LMS/BI/6/basket.txt
wget http://i9000.net:8888/sgn/LMS/BI/6/retail.txt
wget http://i9000.net:8888/sgn/LMS/BI/6/nomalBasket.arff
```

二、数据分析

（1）做关联规则挖掘时，如购物篮分析，购物清单数据肯定是相当稀疏的，超市的商品种类有上万种，而每个人买东西只会买几种商品，如果用矩阵形式表示数据显然浪费了很多的存储空间，需要用稀疏数据表示，下图为购物清单示例（basket.txt）。

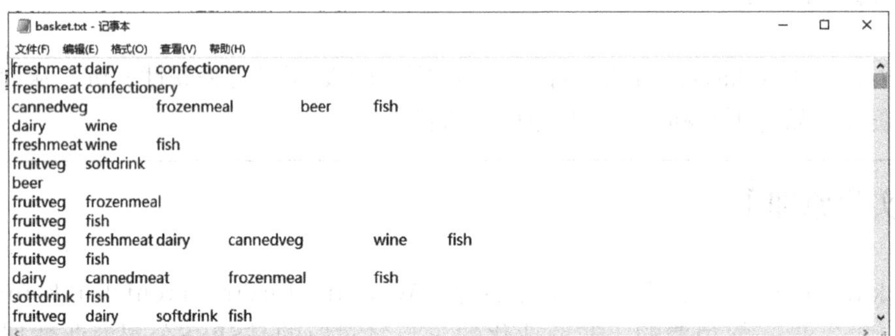

basket.txt - 记事本

文件(F) 编辑(E) 格式(O) 查看(V) 帮助(H)

```
freshmeat dairy confectionery
freshmeat confectionery
cannedveg frozenmeal beer fish
dairy wine
freshmeat wine fish
fruitveg softdrink
beer
fruitveg frozenmeal
fruitveg fish
fruitveg freshmeat dairy cannedveg wine fish
fruitveg fish
dairy cannedmeat frozenmeal fish
softdrink fish
fruitveg dairy softdrink fish
```

（2）数据集的每一行表示一个去重后的购物清单，进行关联规则挖掘时，可以先把商品名字映射为id号，挖掘的过程只有id号，到规则挖掘出来之后，再转回商品名，retail.txt是一个转化为id号的零售数据集，数据集的前面几行如下。

retail.txt - 记事本

文件(F) 编辑(E) 格式(O) 查看(V) 帮助(H)

```
0	1	2	3	4	5	6	7	8	9	10	11
30	31	32
33	34	35
36	37	38	39	40	41	42	43	44	45	46
38	39	47	48
38	39	48	49	50	51	52	53	54	55	56	57
32	41	59	60	61	62
3	39	48
63	64	65	66	67	68
32	69
48	70	71	72
39	73	74	75	76	77	78	79
36	38	39	41	48	79	80	81
82	83	84
```

（3）这个数据集的商品有16469个，一个购物的商品数目远少于商品总数目，因此要用稀疏数据表，Weka支持稀疏数据表示，但在运用apriori算法时会出现问题，先看Weka的稀疏数据要求：稀疏数据和标准数据的其他部分都一样，唯一不同的就是@data后的数据记录，示例如下（basket.arff）。

```
@relation 'basket'
@attribute fruitveg {F, T}
@attribute freshmeat {F, T}
@attribute dairy {F, T}
@attribute cannedveg {F, T}
@attribute cannedmeat {F, T}
@attribute frozenmeal {F, T}
@attribute beer {F, T}
@attribute wine {F, T}
@attribute softdrink {F, T}
@attribute fish {F, T}
@attribute confectionery {F, T}
@data
{1 T, 2 T, 10 T}
{1 T, 10 T}
{3 T, 5 T, 6 T, 9 T}
{2 T, 7 T}
{1 T, 7 T, 9 T}
{0 T, 8 T}
{6 T}
{0 T, 5 T}
{0 T, 9 T}
{0 T, 1 T, 2 T, 3 T, 7 T, 9 T}
{0 T, 9 T}
{2 T, 4 T, 5 T, 9 T}
{8 T, 9 T}
{0 T, 2 T, 8 T, 9 T}
{5 T, 6 T, 8 T}
{0 T, 3 T, 9 T}
{9 T}
{6 T, 9 T}
{0 T, 3 T, 7 T, 9 T, 10 T}
{5 T, 9 T}
{7 T, 10 T}
{9 T}
{0 T, 1 T, 2 T, 3 T, 4 T, 5 T, 6 T, 7 T}
{6 T, 10 T}
{0 T, 2 T, 5 T, 6 T}
{1 T, 7 T, 10 T}
{1 T, 7 T, 9 T, 10 T}
{4 T}
{5 T, 6 T, 7 T, 9 T}
```

可以看到如下所示。

```
freshmeat dairy      confectionery
freshmeat confectionery
cannedveg            frozenmeal          beer      fish
dairy      wine
```

可将其表示为如下所示。

```
{1 T, 2 T, 10 T}
{1 T, 10 T}
{3 T, 5 T, 6 T, 9 T}
{2 T, 7 T}
```

（4）先用标准数据集normalBasket.arff进行数据预处理，这样便于使用Weka的apriori算法和FPGrowth算法，数据集中的空值使用问号代替。

```
@relation 'basket'
@attribute fruitveg {T}
@attribute freshmeat {T}
@attribute dairy {T}
@attribute cannedveg {T}
@attribute cannedmeat {T}
@attribute frozenmeal {T}
@attribute beer {T}
@attribute wine {T}
@attribute softdrink {T}
@attribute fish {T}
@attribute confectionery {T}
@data
?   T   T   ?   ?   ?   ?   ?   ?   ?   T
?   T   ?   ?   ?   ?   ?   ?   ?   ?   T
?   ?   ?   T   ?   T   T   ?   ?   T   ?
?   ?   T   ?   ?   ?   ?   T   ?   ?   ?
?   ?   ?   ?   ?   ?   ?   ?   ?   ?   ?
?   T   ?   ?   ?   ?   ?   T   ?   T   ?
T   ?   ?   ?   ?   ?   ?   ?   T   ?   ?
?   ?   ?   ?   ?   ?   T   ?   ?   ?   ?
T   ?   ?   ?   ?   T   ?   ?   ?   ?   ?
T   ?   ?   ?   ?   ?   ?   ?   ?   T   ?
T   T   T   T   ?   ?   ?   T   ?   T   ?
T   ?   ?   ?   ?   ?   ?   ?   ?   T   ?
?   ?   T   ?   T   T   ?   ?   ?   T   ?
?   ?   ?   ?   ?   ?   ?   ?   T   T   ?
T   ?   T   ?   ?   ?   ?   ?   T   T   ?
```

（5）打开Weka的Explorer，打开文件“normalBasket.arff”。

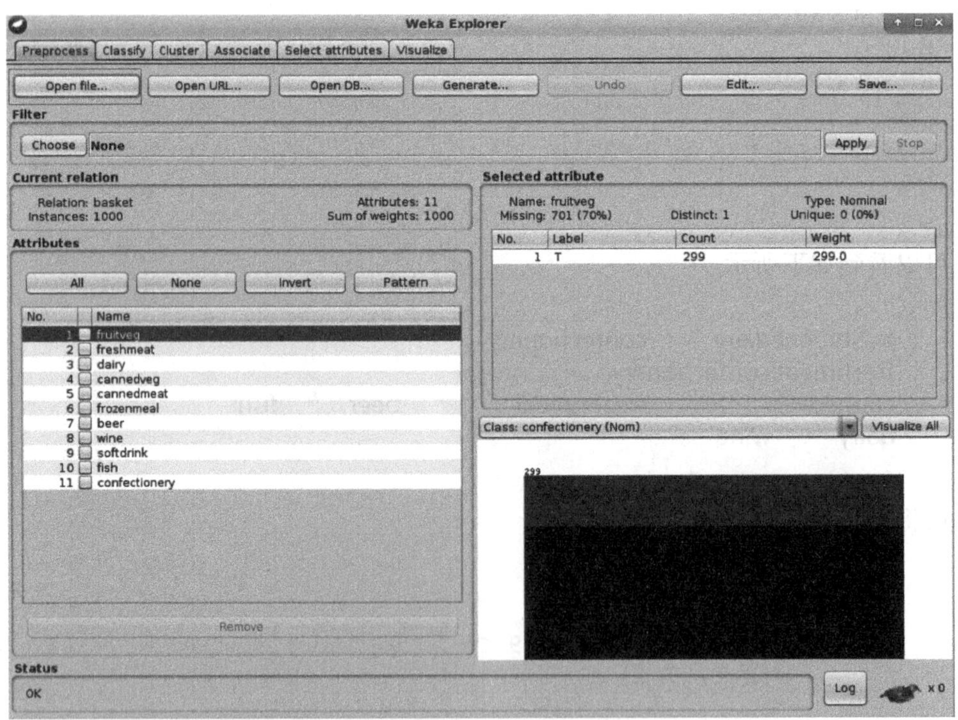

（6）选择关联规则挖掘，选择算法。

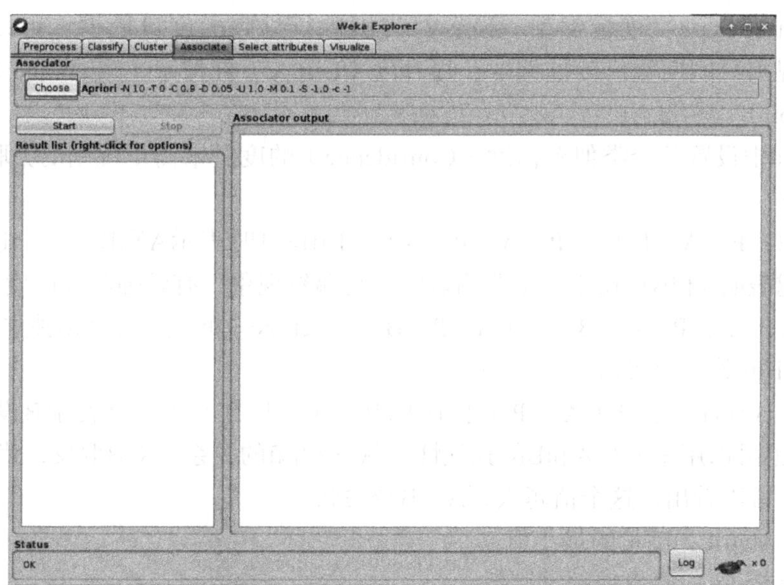

点击“Choose”按钮后右侧显示如下，可进行参数设置。

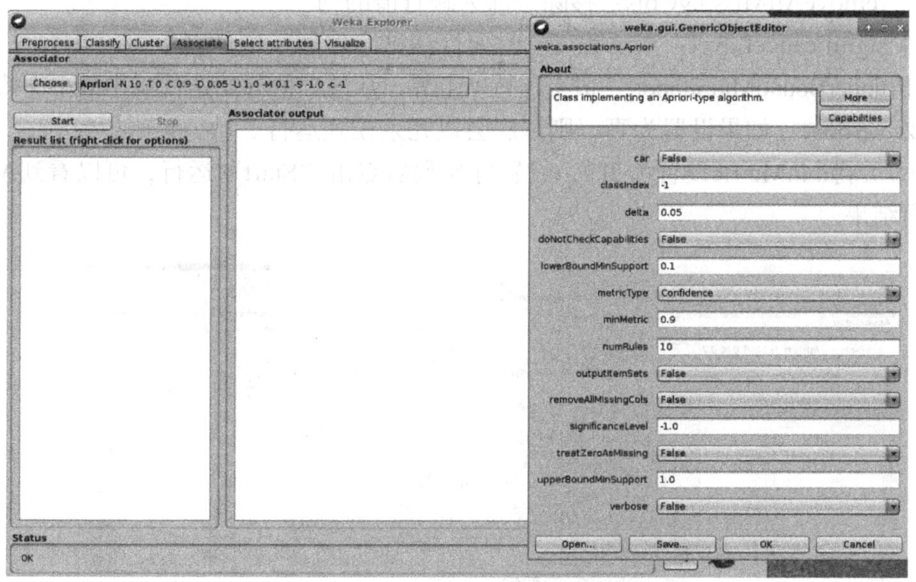

参数说明如下：

① car：如果设为真，则会挖掘类关联规则；若为假，则进行全局关联规则。

② classindex：类属性索引。如果设置为-1，最后的属性被当作类属性。

③ delta：以此数值为迭代递减单位。不断减小支持度直至达到最小支持度或产生满足数量要求的规则。

④ lowerBoundMinSupport：最小支持度下界。

⑤ metricType：度量类型。设置对规则进行排序的度量依据。可以是置信度（类关联规则只能用置信度挖掘）、提升度（Lift）、杠杆率（Leverage）、确信度（Conviction）。

在Weka中设置几个类似置信度（Confidence）的度量来衡量规则的关联程度，它们分别如下：

a. Lift：P（A，B）/（P（A）P（B））Lift=1时表示A和B独立。这个数越大（>1），越表明A和B存在于一个购物篮中不是偶然现象，有较强的关联度。

b. Leverage：P（A，B）-P（A）P（B）Leverage=0时表示A和B独立，Leverage越大，A和B的关系越密切。

c. Conviction：P（A）P（！B）/P（A，！B）（！B表示B没有发生）Conviction也可以用来衡量A和B的独立性。从它和lift的关系（对B取反，代入Lift公式后求倒数）可以看出，这个值越大，A、B越关联。

⑥ minMetric：度量的最小值。

⑦ numRules：要发现的规则数。

⑧ outputItemSets：如果设置为真，会在结果中输出项集。

⑨ removeAllMissingCols：移除全部为缺省值的列。

⑩ significanceLevel：重要程度。重要性测试（仅用于置信度）。

⑪ upperBoundMinSupport：最小支持度上界。从这个值开始迭代减小最小支持度。

⑫ verbose：如果设置为真，则算法会以冗余模式运行。

（7）将minMetric设置为 0.7，设置好参数后点击“Start”运行，可以看到Apriori的运行结果。

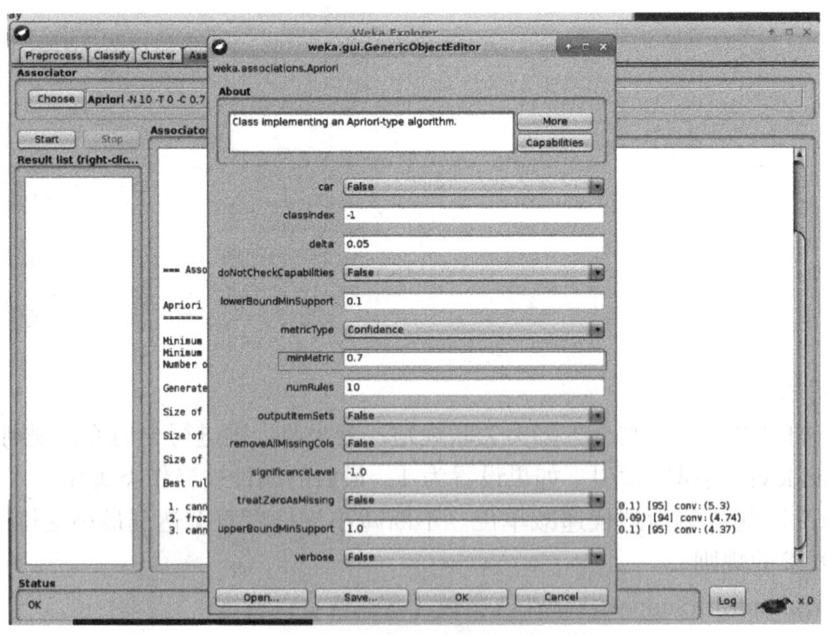

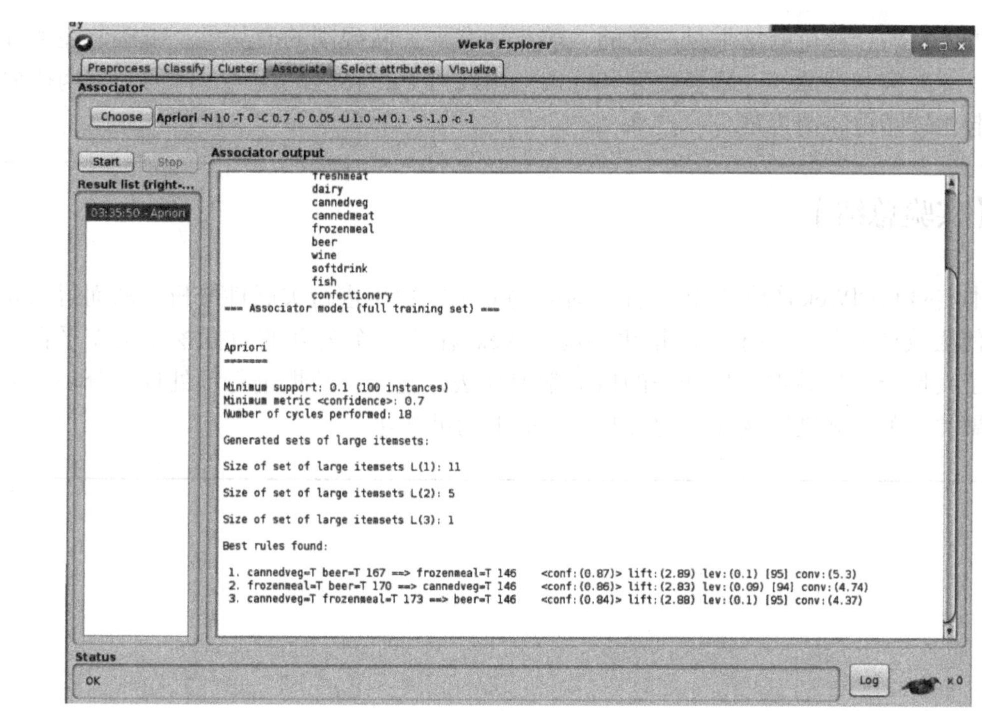

（8）然后使用FPGrowth再计算一次，同样将minMetric设置为 0.7，结果如下。

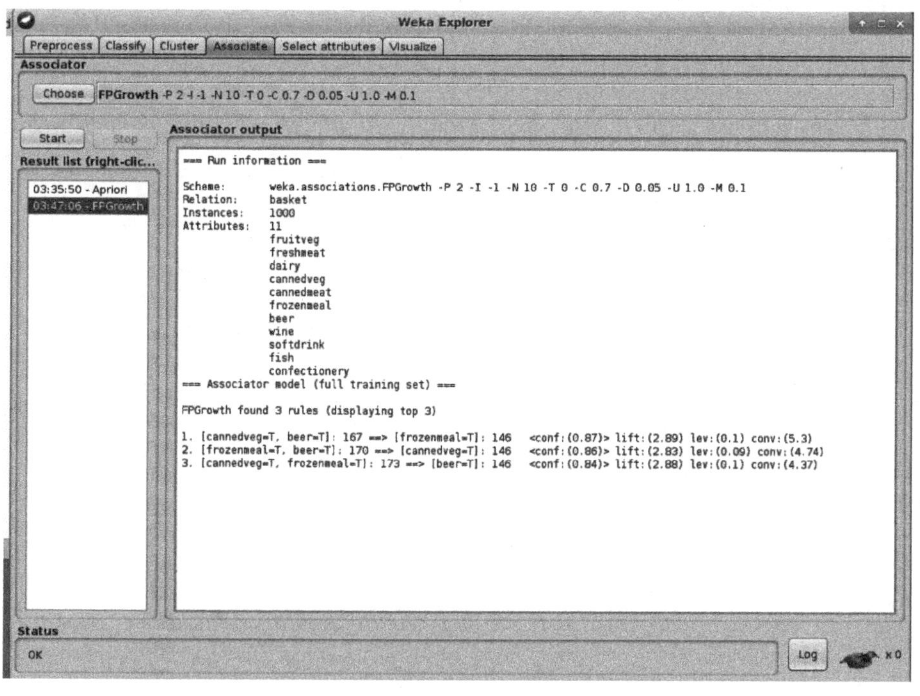

可以看出，运行的结果是一样的，前三种有强关联规则的商品是：①罐装蔬菜和啤酒；②冻肉和啤酒；③罐装蔬菜和冻肉。由此可见，将罐装蔬菜、啤酒和冻肉摆放在一起比较能提高销售量。

【实验总结】

本实验利用Weka智能分析软件，对购物篮销售数据进行关联性分析，从而得出超市如何摆放产品将有利于提高销售额度。Weka作为一个公开的数据挖掘工作平台，集合了大量能承担数据挖掘任务的机器学习算法，包括对数据进行预处理、分类、回归、聚类、关联规则以及在新的交互式界面上的可视化。

第5章 商务智能在金融行业的应用

在新一轮技术革命席卷全球的今天，“万物数字化”带来了时刻变化的期望，同时也催生了实时响应的服务。一个真正以客户为中心的互联互通的生态体系正在形成，源源不断地提供着动态化的、无限贴近需求场景的服务。随着人工智能、区块链、大数据、云计算为代表的新兴技术的发展，金融行业历经电子化、移动化的发展过程，将进入金融与科技结合的新阶段——智能金融。围绕“以用户为中心”的理念，智能金融将会提供更加丰富、便捷、个性的服务。这不再是对金融行业的局部提升，而将会是对金融服务的重新想象和重新构造。

在互联网巨头所营造的增值服务和美好体验的氛围下，客户对于金融业的诉求已不再是简单的“更多产品”或“更高效率”。市场对于数字金融的接受度正在悄然提高。2017年埃森哲与艾伦国际（Allen International），的调研数据表明，67%的客户为了得到更加符合个人需求的服务，愿意授权金融机构获取更多的个人信息；71%的客户在咨询银行业务时，希望得到自动化辅助服务；而亦有31%的客户愿意通过搜索引擎或电商平台来购买银行的金融服务。与成熟稳定的欧美金融体系相比，中国的金融业发展起步较晚，尚有广阔空间，现有人群的服务亦需要能力升级，这既包括产品设计的创新能力，也包括客户的触达和服务能力。中国近年来数字化转型的迅速发展备受全球瞩目。

中国移动支付的市场规模和渗透率已达到世界领先水平；中国居民消费理念和消费方式的转变推动了第三次消费升级的热潮，并在互联网领域表现尤为突出；国内传统金融机构和互联网巨头相继布局智能金融，各大银行纷纷推出智能投顾，如招商银行的“摩羯智投”，BATJ与中农工建分别签署战略合作协议；资本市场对于金融科技的创新企业青睐有加，数字化能力建设在全行业受到前所未有的重视。

5.1 金融行业商务智能现状

商务智能作为一种提高企业智能的手段，能够增强企业竞争力，为企业带来价值，因此吸引了越来越多的企业。商务智能目前应用的行业主要包括银行、保险、证券、通信、制造、医疗和零售等，尤其是在互联网、金融、消费品与零售、政府、交通运输等资金充足、信息化起步比较早、迫切需要数据分析的行业。它们在商务智能应用领域的占比如图5-1所示。

资料来源：甲子光年企业用户调研。数据截止2019.12，有效样本量150+

图5-1　使用商务智能工具的企业用户行业分布比例

该项调研是针对150多家企业进行深入分析后得到的结果，从中可以看出互联网服务、金融以及消费品与零售三大行业占了全行业的50%以上的比重，其中在金融行业的占比也达到了19.8%，位于全行业的第二位。

金融业是实现数字化转型最快的行业，数据资产已经成为金融企业的核心资产。随着互联网金融在金融业的快速兴起，除传统业务系统数据外，针对互联网客户的风控、电商、渠道、信用等新业务数据给金融企业带来巨大的数据使用压力。目前，商务智能在金融企业的运营、管理和风控领域，都具有重度使用需求。中信四川分行在处理全省的经营分析和客户分析时，经营与客户数据需要快速上线并通过合理权限控制交给业务部门自行分析。通常这些数据都是由业务部门进行汇总后，以周报、月报形式上报至省公司，决策周期长。

采用敏捷商务智能系统后，中信四川分行全局报表的响应效率从十几分钟提高到10秒以内。业务人员可以利用自助式建模系统，快速响应业务需求，任意分析需求均可在一天之内实现。客户分析领域，商务智能可以通过多维数据关联，从用户年龄、性别等不同维度构建用户画像，实时分析用户的投资偏好，进行精准营销。在内部风控方面，商务智能系统可通过趋势分析、异常值预警等方式进行平台风险管控。

商务智能系统中，响应效率、全量数据建模、业务人员自助分析通常是制约金融数据应用的关键因素。传统的商务智能报表，需要先建模再分析，项目周期通常在一个月以上，而且无法响应快速的业务变化需求。而现代商务智能系统在金融业务中通常可以实现秒级自助式分析与展现。

一个典型的银行商务智能系统如图5-2所示，可以看出商务智能不仅仅是可视化产品，更是一种业务解决方案。在项目实施过程中，商务智能高级咨询师通常会根据金融业务制定相应的存储与分析方案，而在项目上线后，业务分析则可由业务人员自助完成。

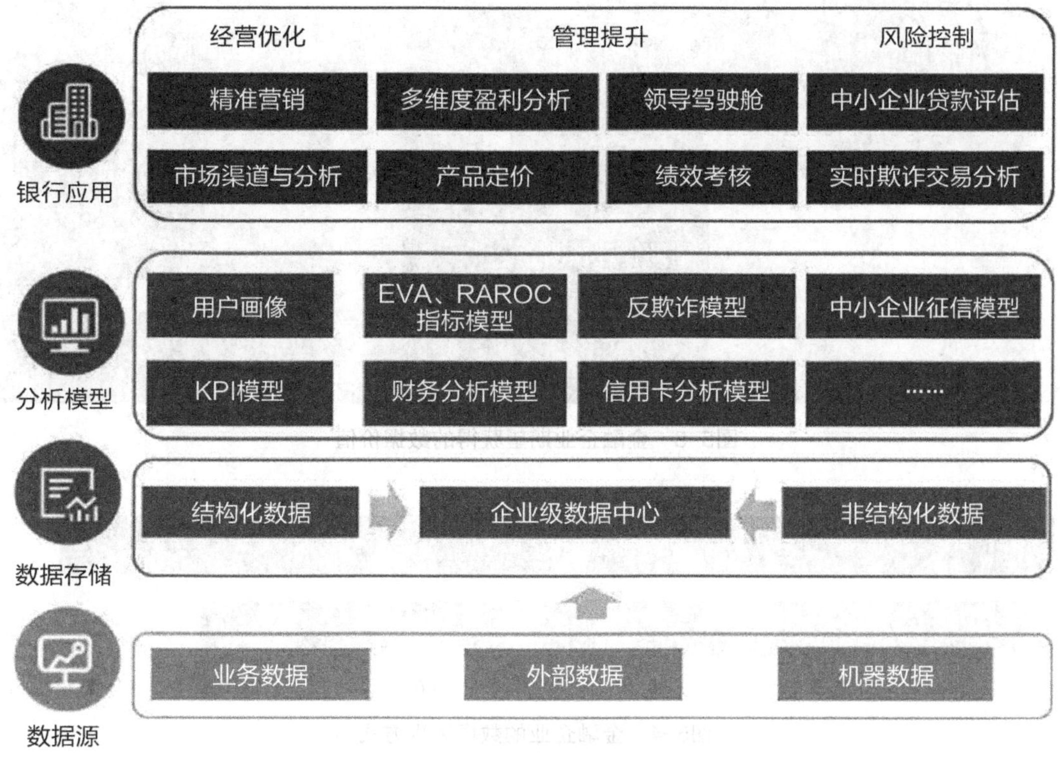

图5-2　典型的银行商务智能系统

尽管，近年来商务智能在金融领域发展较快，但与此同时也暴露出了不少的行业痛点：

（1）获客成本高，用户难以大规模增长，并且后续转化率低。

（2）风险管理难度大。

（3）企业使用多个业务系统，彼此分散、独立，形成数据孤岛。不同部门的数据难以互通，缺乏统一的数据管理。

（4）管理粗放，很大程度上是凭经验进行决策。

当前金融企业应用商务智能产品，最期待获得的数据价值：一是数据整合，二是数据展示效率，三是辅助管理决策。金融企业期望获得的数据价值如图5-3所示。72.8%的受访企业最想获得的数据价值是整合多系统数据，打通多系统的数据，解决数据壁垒问题，实现信息透明。69.1%的企业想要提高报表的输出效率，期望能够更快、更准、更省事。53.7%的企业则希望通过数据分析，辅助企业决策，实现科学化、数据化的决策。

在数据展示方式的选择上，几乎所有的企业都会使用传统的数据报表来展示信息，有84.3%的企业会选择使用酷炫的图形图表来制作报表。Gartner在*Survey Analysis:Traditional Approaches Dominate Dataand Analytics Initiatives*报告中也提到“报表能力”和“仪表板能力”是商务智能平台最关键的部分，如图5-4所示。

对于商务智能功能，企业比较看重报表能力、移动端、填报录入、管理驾驶舱这几

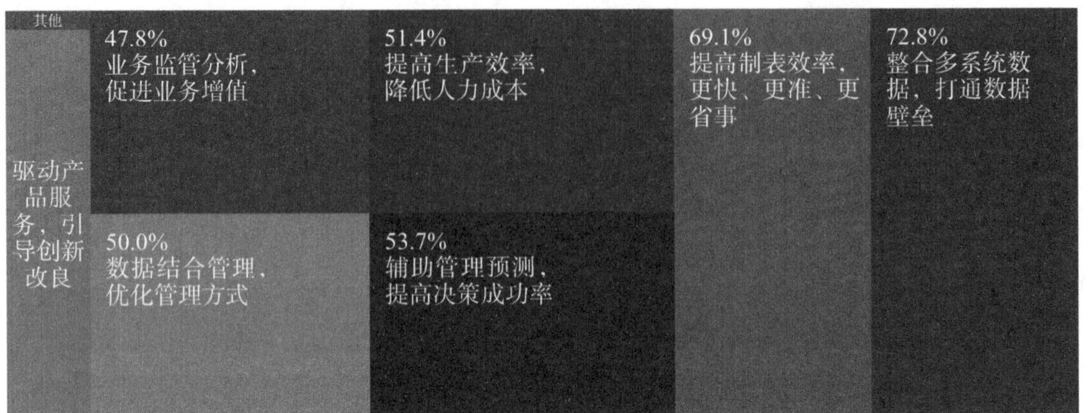

图5-3　金融企业期望获得的数据价值

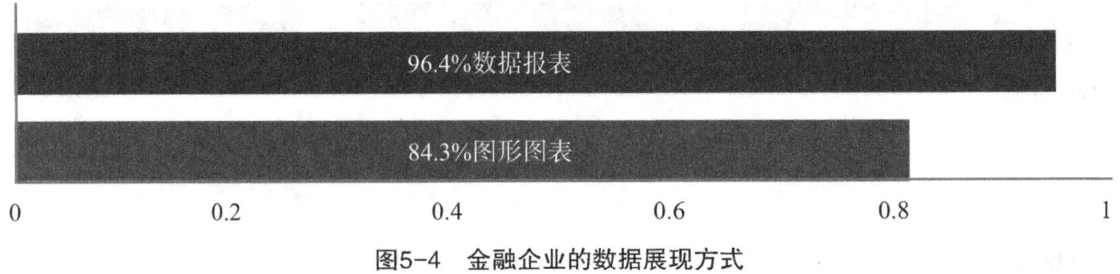

图5-4　金融企业的数据展现方式

项。超过半数的企业非常重视常规报表制作与展示和移动端商务智能功能。接近一半的企业，期待用数据填报来解决企业内部数据采集和录入的问题，数据填报也是解决数据分散在Excel、Word中的有效办法。对于机器学习、自然语言识别、人工智能这些未来商务智能的功能，企业并不感冒，仅有一成的企业表示关注。这些功能更多地是停留在概念层面，目前仍处于炒作期，实际的使用场景还不多。金融企业选型商务智能时的功能考虑如图5-5所示。

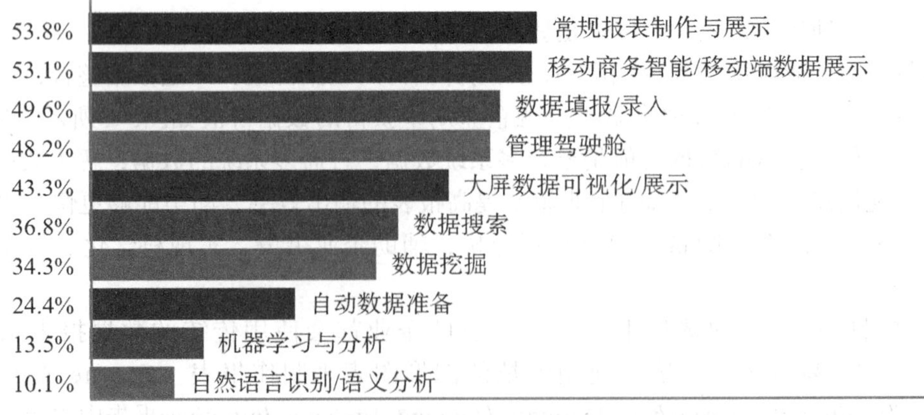

图5-5　金融企业选型商务智能时的功能考虑

从部门层级来看，企业更多地希望商务智能能服务领导层与业务管理层。图5-6调研数据显示，超过80%的企业希望通过商务智能解决领导层与业务管理层的数据分析需求。其他层级尤其是IT的需求相对较低。这也表明国内企业对商务智能的主要期待在于寻求管理层的决策支撑，商务智能结合业务才能体现真正的价值。

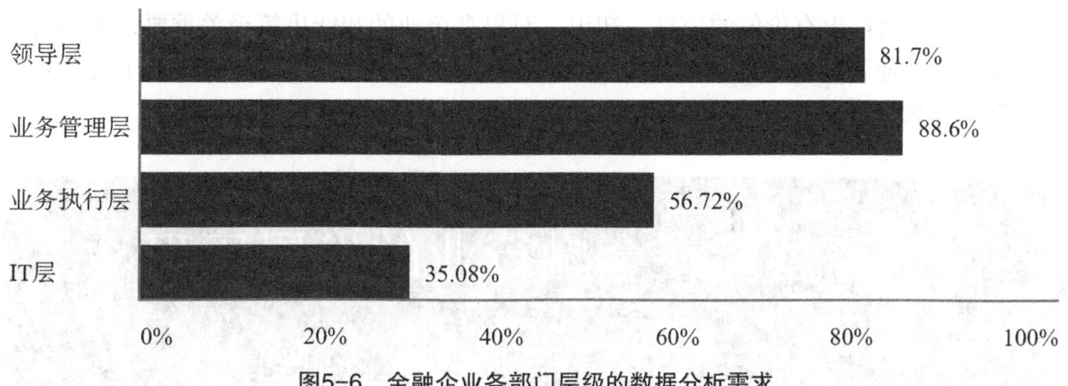

图5-6　金融企业各部门层级的数据分析需求

商务智能是企业应对激烈竞争的必要选择，它契合行业特殊需求，贴近企业业务流程，并满足企业发展需要（如图5-7所示）。针对以上提到的金融行业中的痛点，我们应该从以下四个方面进行优化与提升业务水平：

（1）进行用户画像挖掘，实现以用户数据为核心的运营优化。

（2）建立多维度数据模型，加强风险识别和管理。

（3）统一的数据管理平台。

（4）量化投入产出与价值贡献，实现精细化管理。

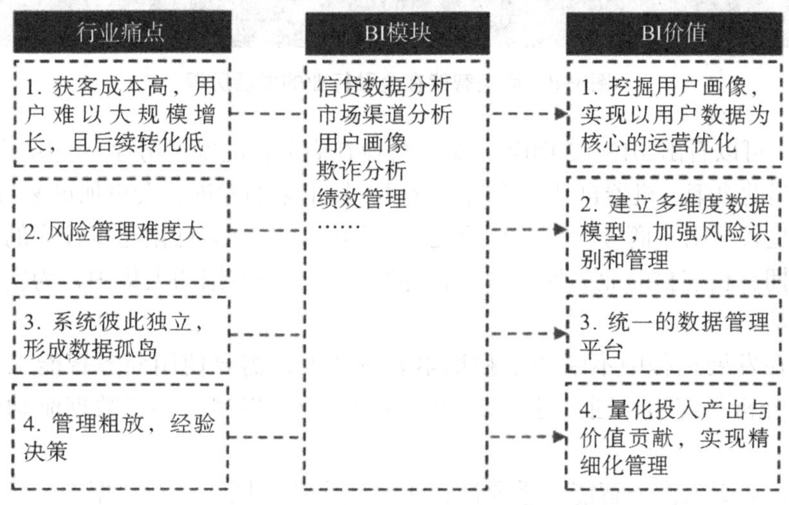

图5-7　当今金融行业的痛点与商务智能发展价值

5.2 商务智能应用在金融行业的重要性和必要性

商务智能经历了一个复杂、渐进的发展历程，它的各个产业环节，至今仍有着不断丰富扩大的趋势。当今全球企业竞争异常激烈，如何充分利用这些隐藏着巨大商业价值的数据资产，提炼出有价值的信息、知识，对提高企业的智能决策至关重要，依赖直觉制定决策使企业管理水平远远落后于投资商务智能的领先企业。图5-8展示了近几年商务智能在金融行业的发展历程。

图5-8 商务智能在金融行业的发展历程

从图中，可以看出2013—2020年，金融行业在商务智能发展历程中经历了数据收集、数据加工、辅助决策、机器自动决策四个阶段，接下来的发展将会更加迅速与智能化。

金融业是较早引入商务智能的行业之一。即使是企业信息化起步较晚的中国，很多金融企业也拥有较完整的业务处理系统，并实现了业务数据的大集中，为实施商务智能项目提供了基础。

金融业在发展过程中不断产生和积累海量数据，需要使用商务智能工具进行数据整合处理、分析与应用、通过挖掘数据价值赋能业务发展，形成数据驱动业务的正向循环。

而在金融业引入商务智能的重要性在于满足企业不同人群对数据查询、分析和探索的需求，帮助企业实现业务监测、业务洞察、业务优化、决策优化甚至数据盈利。实现业务监测、洞察、优化以及决策优化的前提是数据统一准确，商务智能系统的上线会极大地推动企业数据标准的统一，解决数据孤岛等问题，否则商务智能也就丧失了业务监测、洞察的能力，无法为企业运营和管理赋能。具体地，商务智能的重要性可以体现在支撑管理决策、提升管理水平、提高运营效率和改进优化业务四个方面（如图5-9所示）。

图5-9　商务智能重要性的体现

1. 支撑管理决策

企业数据驱动决策的需求促进了商务智能的诞生，因此支撑管理决策是商务智能最核心的目的，也是其最直接的价值。某企业BOSS交互屏系统，通过对已有的业务系统数据信息进行高效地分析，并将分析结果展示在领导办公室的显示屏上，让领导能直观、便捷地查看各个管理部门的财务数据指标，合理调度配置资源。该企业旗下500多个店铺的库存和财务数据，领导都能在交互屏和移动端上直接查看。据业务部门反馈，上线商务智能后，领导再也没有通过电话的方式向其索要财务数据。同时，业务部门每次汇报可直接参照办公室交互屏，边汇报边操作，集中精力进行业务分析，减少了在查看报表、核对数据上的时间浪费。

另一企业，利用商务智能对销售渠道的维护与拓展进行了梳理和分析，按照时间维度和区域维度对拓展计划达成率进行统计和对比，将渠道进行分类，统计不同渠道的销售额贡献情况，再与投入的资源做对比，从而辅助决策后续各渠道的资源投入占比，实现无效渠道的快速准确定位，避免浪费。

2. 提升管理水平

在支撑管理决策的基础上，商务智能还能够进一步帮助企业基于数据的透明和流程化，促进PDCA高效循环，并能形成一定的激励机制，提升管理水平。某保险企业利用商务智能系统将KPI体系和赛马体系结合运营管理，在强化管理的同时又能调动业务部门的积极性和创造性。KPI体系主要是上下级的任务分配，用惩罚施加压力。赛马体系则是同级之间的相互竞争，用奖励引导积极性。并且个人绩效奖惩和团队绩效奖惩并重，最终激发出业务部门的强大活力和创造力。

3. 提高运营效率

除了管理层面上的价值，商务智能在业务层面上也有出色的表现，最明显的一点是提高业务运营效率。业务运营过程中涉及的大量手工报表、人工统计、逐级取数等操作，都可以由商务智能来代替，既能减少人为干涉错误，提高数据的准确性，又可以提高效率，节省时间成本。证券行业的一家领军企业，其OA软件已经上线13年，但在办事效率上并没有让员工感受到明显的提升，员工在软件和人的原因中摇摆不定，争论不休，然而工作效率并没有任何起色。信息中心主动承担需求，开发流程绩效分析报表，每天通过微信和短信推送流程执行排名，并将此排名和人事部门绩效相结合。工具端和制度端双管齐下后，该企业的办事效率提高了80%。很多企业每月都有经营会议，使用PPT来复盘、分析工作的完成情况。但是在执行操作时，往往会出现表面意义大于实际内涵的情况。花费大量时间和精力制作的PPT并不能保证数据的完全准确，而且无法进入数据仓库产生再利用价值。某家化工企业利用商务智能工具进行了创新，让IT部门对月度经营分析报表进行信息化，并在每个会议室配备一个iPad。此后的月度经营会议只需要报告者打开iPad，基于数字演讲，开会时间直接从月中提前到了月初。还有某服装企业，利用商务智能系统将数据打通，生成实时报表，仅月报一项就减少了20个人的工作量。

4. 改进优化业务

提高业务运营效率更多的是改善数据的准确性，减少相应的人力成本。而改进优化业务则是商务智能在业务层面上更重要的价值，能够从业务本身出发，完善整个业务体系，从而提升业务价值。某服务商公司为品牌商和零售商提供服务。作为服务商，核心竞争力就在于提供优质的服务，但是服务质量的评判成了一大难题。以前，该公司更多的是通过直观感受和个人经验，人为判断的结果可想而知。现在，该公司上线了商务智能系统，搭建了投诉分析模块，对每个部门制定了投诉指标。通过投诉分析模块，可以实时查看当前各部门、各人员的被投诉数据和排名。有了量化后，下一步就是进行改善。在商务智能系统上对被投诉原因进行分析并采取处理措施后，经过近1年的努力，将月均投诉从33次减少到7次的水平，降幅达79%，而且月均投诉次数仍在持续下降中。可以说商务智能对公司整个业务的改进优化起到了决定性的作用。

总结起来，商务智能可以给金融企业可以带来如下价值：

（1）整合金融企业资源，进行成本控制、获利分析和绩效评估。

（2）评估、模拟、分析与控制市场风险、信用风险以及运营风险。

（3）开发、保留和利用金融顾客关系，发展增值服务和个性化服务。

正如前美国通用电气公司（GE）首席执行官杰克·韦尔奇（Jack Welch）说的：“一个组织获取知识以及把知识快速转化为行动的能力决定其最终的竞争优势。”商务智能已成为领先企业与传统企业产生差异化的重要因素，而且商务智能开始扩展到业务运营中将使这种差异更加明显。

在这种背景下，商务智能逐渐得到了学术界和金融界的重视，它被认为是金融行业信息化发展的必要过程，而其产生必然性概况起来包括以下几个方面（如图5-10所示）：

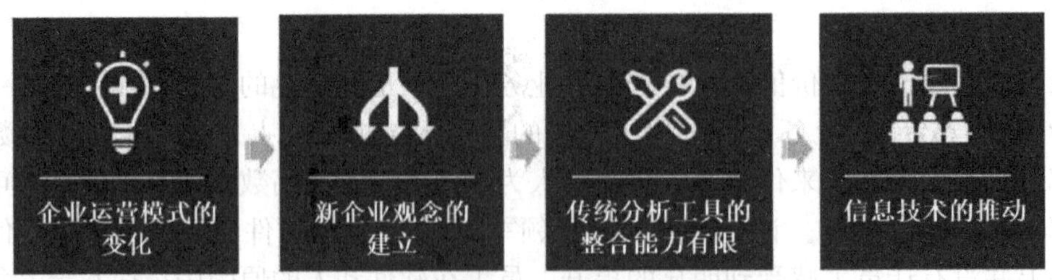

图5-10　商务智能在金融行业应用的必然性

1. **企业运营模式的变化**

电子商务正在改变着全球商务活动的方式，信息在经济活动中占据着越来越重要的地位。对企业来说，生产、销售、市场。顾客和竞争对手的信息，是企业竞争的战略性资源。建立在互联网之上的企业经营模式——电子商务、电子邮件、电子数据支付、电子支付系统、电子营销等技术的发展和应用为商务智能系统提供了市场和生存环境。

2. **新企业观念的建立**

在金融界，数据资产的观念已进入企业的资源规划系统中，把数据转换为资产的方法和技术也正在成为企业关注的热点。因为目前大部分大中规模的企业都是信息丰富的组织，而一个信息丰富的组织的绩效不仅仅依赖于产品、服务或地点等因素，而更重要的是依赖知识。从“数据→信息→知识”的转化并不是一个简单的过程。商务智能的本质就是实现这一过程，并致力于知识发现和挖掘，使企业的数据资产能带来明显的经济效益，减少不确定性因素的影响，使企业取得更新的竞争优势。

3. **传统分析工具的整合能力有限**

为解决企业信息化建设留下的“信息孤岛”问题，客户化的查询、报告功能、标准的电子表格，关系型数据库和图形应用被越来越多地运用于分析。然而，这些解决方案大都是由技术部门设计和修改的，往往很难理解用户的特殊需求，不能给最终的用户，特别是给那些非技术的商业用户提供一个经过整合的、功能强大的分析工具。因此，传统系统不能满足商务层面的分析需求。

4. **信息技术的推动**

计算机、网络技术、数据库技术的发展分销商、供应商、商业伙伴、零售商和生产者之间的数据访问和共享成为可能，现代信息技术的发展与运用，为金融行业实施商务智能提供了坚强的技术后盾，从客观上支持了商务智能的发展。

综上，商务智能在金融领域的发展与兴起并非偶然，实属大势所趋，是企业对社会环境变化的反应，技术进步的带动以及经营理念发展的结果。面对激烈的竞争，只有掌握并保持核心竞争力的企业才能生存和发展，而现代信息技术的飞速发展为商务智能提供了坚实的基础，新的经营理念则为企业实施商务智能提供了理论和方法论上的支持。

5.3　商务智能在银行信贷决策中的应用

银行、证券、保险被称为金融业的“三驾马车”，它们构成了我国金融业的三大主要支柱产业。而银行占据金融业的绝对优势，享有金融业中的超然地位。

银行伴随着业务的发展，规模在不断扩张，银行积累的客户数据和经营数据越来越多，竞争愈演愈烈，除了业务和服务，充分利用现有的数据资源挖掘信息也是银行竞争的关键。因此，银行对商业智能的需要越来越旺盛。

如何提高银行对市场分析的能力，减少对市场变化的响应时间，已经成为银行的当务之急。伴随银行信息化的深入，银行积累的数据和信息海量的增长，银行发现做出正确和快速的市场和商业决策不是拍脑门就能解决问题的。数据仓库和商业智能技术的成熟，给银行提供了一种快捷、方便、准确解决方案的平台，其中智能报表和智能分析在金融领域的应用尤为突出。

特别是在近几年，消费升级、信贷渗透率提升激发了消费金融市场的发展，2017年消费金融市场达20万亿元。消费金融需求已不再局限于房贷、车贷等大额消费，而逐步深入家电、食品、旅游、教育等商品消费及服务场景中，信贷模式多样化。埃森哲研究表明，部分消费者不愿使用信用卡的原因是适合他们的信贷产品太少。现在越来越多的客户愿意为好的产品付费。针对不同类型的客户开发适合他们的信贷产品，提升客户体验将是金融业未来努力的方向。消费金融市场的主要服务提供者，银行、持牌消费金融公司、电商平台、金融科技公司等凭借资金成本、场景流量、数据、技术的不同优势，提供不同的信贷产品及服务方式。线上循环贷、网贷和小额短期信用贷成为当今市场的爆发点。大型互联网平台借助自身场景流量优势，存量客户快速上量。如占据电商消费场景的蚂蚁花呗、京东白条，以及搜索流量主动表达需求的百度教育贷、医美贷等，2017年的总放款额高达近万亿元。

消费贷款市场的爆发也催生了一些弱化贷款用途、忽略用款场景的无抵押信用贷款，由于其可能造成过度借贷、重复授信、畸高利率、侵犯个人隐私等问题，存在着较大的金融风险和社会风险隐患。2017年12月1日，互联网金融风险专项整治、P2P网贷风险专项整治工作领导小组办公室正式下发《关于规范整顿“现金贷”业务的通知》，对小额贷款业务进行了明确地规范和指导。在新规的指引下，未来的个人信贷业务与实际消费场景将会有更加紧密的结合，这势必要求在场景对接、审批决策和运营流转上有更加强大的数据和技术支撑。可以想象，继移动时代的场景流量后，全链条智能化的技术能力将成为新的竞争力。个人信贷链条智能化应用如图5-11所示。

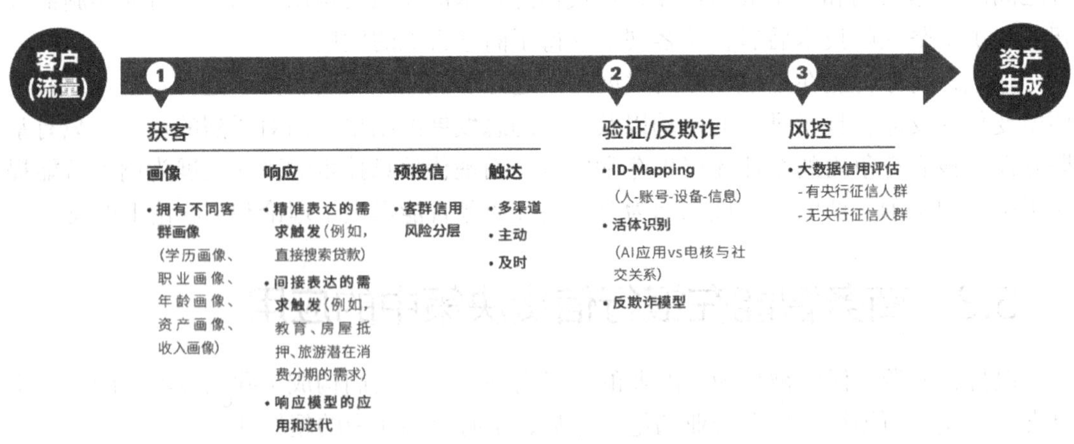

图5-11　个人信贷链条智能化应用

信贷风控建模流程的基本概念如下：

1. 为什么要建模

金融的所有业务，几乎都是和风险打交道，而贷款机构将钱贷给借款方，肯定希望对方是一个守信用的借贷主体。因此，用户在申请个人信用卡或者是贷款的时候，都需要填写一些个人信息，例如年龄、工作、收入、学历等相关个人信誉的信息，银行和贷款机构将会对这些信息进行审核，然后决定是否放款。

但是如果仅仅是小额，比如1万元以下，那么逐个人工审核的成本肯定是直线上升的，效率十分低下，因此就需要有一套自动化的决策工具来决定哪些人信用优良，哪些人信用低下，那么信用评分卡模型就派上用场了。

2. 什么是信用评分

信用评分就是衡量一个信贷主体信用程度的量化指标。简单来点，就是一个分数，由用户填写的个人信息以及一些第三方数据计算得来的，例如支付宝的芝麻信用、腾讯的腾讯信用、美国的FICO评分等。这些评分就可以决定用户的信用等级，从而让贷款机构决定是否放款。

3. 常用的模型

业界常说的有A卡、B卡、C卡。A卡就是申请评分卡，在申请贷款的时候会根据信用评分的高低，决定是否放款；B卡是贷中行为评分卡，监控借款方的信用状况，决定是否给予当事人提升额度，或者是否中断贷款；C卡就是贷后评分卡，一般有三种，分别为账龄迁移模型、还款率模型和失联预警模型。

（1）账龄迁移：就是预测借款方的逾期状况会不会从M1迁移到M2的可能性。

（2）失联预警模型：对于银行和贷款公司来讲，有时不担心借款方不还钱，如果逾期了还能对当事人进行罚息等方式再赚一笔，更担心的反而是客户失联，彻底联系不上。因此，就需要建立失联预警，预测当事人未来是否有可能会失联。

（3）还款率模型：注意这个模型不是为了预测借款方还不还钱，而是预测未来经过催收后，还款的概率。毕竟贷后催收，是需要人力、物力成本的。出于平衡成本的需要，需要针对不同的客户制定不同的催收策略。

4. 模型开发流程

一个完整的模型开发，需要以下流程（如图5-12所示）：

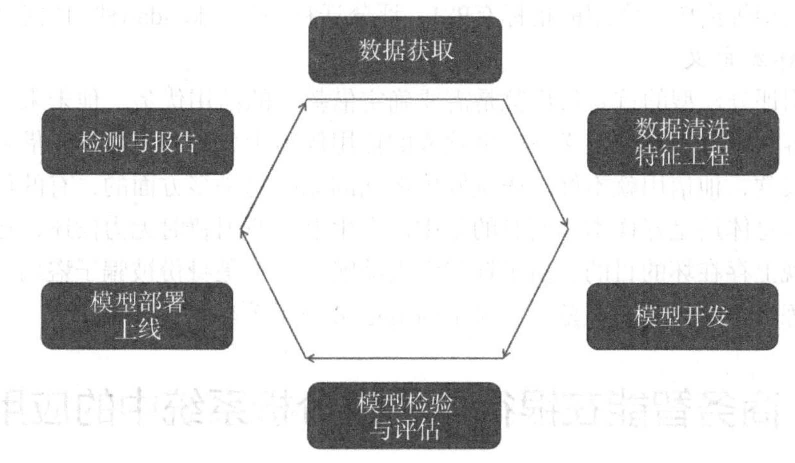

图5-12　评分卡模型的开发流程

（1）数据获取：获取建模所需要的数据，一般分为内部为外部数据，内部数据例如贷款公司内部搜集存储的客户信息，例如客户在平台内部的登陆、注册、消费信息等，外部数据一般有第三方数据，例如人行征信报告、一些第三方机构提供的多头借贷等。

（2）数据清洗与探索性数据分析（explore data analysis，EDA），目的在于探索性地分析客户数据分布情况以及数据质量，检查数据是否为单一值、包不包含缺失以及异常数据等。同时通过各种分析手段（Gini、列联表、χ2检验、相关系数）等分析变量与目标(违约与否)的关联数据准备，准备好需要进行建模的样本宽表，包括数据合并、清洗、转换等工作，这也是建模中最耗费时间的一项。

特征工程。在数据准备好以后，未必所有的变量都需要进入模型，否则容易出现维度灾难，就是数据集过大导致开发时间过长，根据一定方法选择最优变量进入模型就成了必要的工作，常用的有IV值，逐步回归(也就是先将一个变量纳入模型，然后逐步将其他变量一个一个纳入模型训练，剔除掉不能减少AIC的变量，然后继续加入新变量，直到AIC无法再下降为止)。另外还有假如L1惩罚项，用集成学习的方法选择变量等。

（3）模型开发，利用机器学习，训练模型，常用的模型有Logistic回归、线性回归、决策树、深度学习等。

（4）模型检验与评估，评价模型对于好坏样本的区分能力，常用的指标有ROC曲线、RECALL、PERCISION、KS值等。

（5）模型部署上线。待模型开发和验证完毕后，接下来就是模型部署上线，此时需要创建评分卡和刻度，利用模型估计出来的参数(也就是公式)将其转化为评分规则或者是风控规则，用于风控系统。

（6）检测和报告，监控模型是否运行稳定。在模型部署上线后，还需要定期监测模型的运行情况并形成模型监测报告。因为开发的模型是基于某一时间的特定样本的，随着时间的推移，市场行情、经济形势等可能会发生变化，这将会导致样本发生变化，从而造成模型的区分能力和稳定性变差。因此，需要定期（通常每年至少一次）对模型的使用情况进行检测并报告模型区分能力和稳定性的变化情况，必要时应采取包括修正模型或重建模型等措施。常用的指标有PSI、评分迁移矩阵、kendall秩相关系数等。

5. 好坏样本定义

开发信用评分模型的首要目标就是需要确定借款人的信用优劣，他未来是否会出现逾期、失联等。因此，如何定义一个借款人的信用优劣十分讲究，并不是借款人有过逾期，或者有欠款，他信用就不好。毕竟发生逾期的原因总是多方面的，有的仅仅是偶尔忘了，这部分总体还是好样本，而有的是中途发生财务原因暂时无力偿还，还有的严重一点就是主观上存在坏的目的，借了钱就消失赖账，甚至是身份被骗子盗用。建模过程中，为了训练出一个优质的模型，需要正确地定义好坏样本。

5.4 商务智能在银行盈利性分析系统中的应用

对于银行来说，盈利性是业务经营的首要目标，盈利性水平是商业银行能否继续生存发展的关键。近年来随着外部经营环境发生巨大转变，大多银行长期以来一直沿用的对各分行各机构进行分层核算、分层考核为主的财务管理模式已经不能满足企业价值持续创造的要求，亟需转变原有粗放式财务管理模式，应用成熟的现代管理会计方法和工具，将以“块”为主的财务管理转变为“条块结合”的精细化管理模式，做到规模越大，核算越细，努力增强价值创造能力。通过项目的实施，借鉴国际先进银行的管理理念和经验，建设先进的、可拓展的体系，深入贯彻理念，可以有效地支持业务发展模式和盈利模式的双转变，为将来结构优化提供决策支持，全面提升银行的管理能力和盈利能力。

盈利性分析系统主要将多维度的盈利信息展示在管理者面前，使其清楚全行各维度的盈利状况，提供多维度的，例如条线、产品等维度的盈利性报表。另外，按照盈利分析细项，例如业务收支、FTP收支、费用成本分摊情况、资本成本分摊情况等，还可以提供相应的盈利分析子报表。在财务核算的基础上，提升财务管理水平，实现机构、条线、产品、重点客户等维度的盈利性分析，为有效的资源配置以及考核提供依据。为战略转型和经营管理及盈利模式的双转变提供支持。

以下将运用商业智能技术，以银行盈利性分系统中的数据为数据源，建立数据集市和多维数据分析模型，实现商业智能技术在盈利性分析的应用，为银行提供有用的信息、辅助决策的作用。系统采用了商业智能的架构实现，主要由ETL平台、数据集市、分析建模和分析报表展示四个部分构成，方案架构图如图5-13所示：

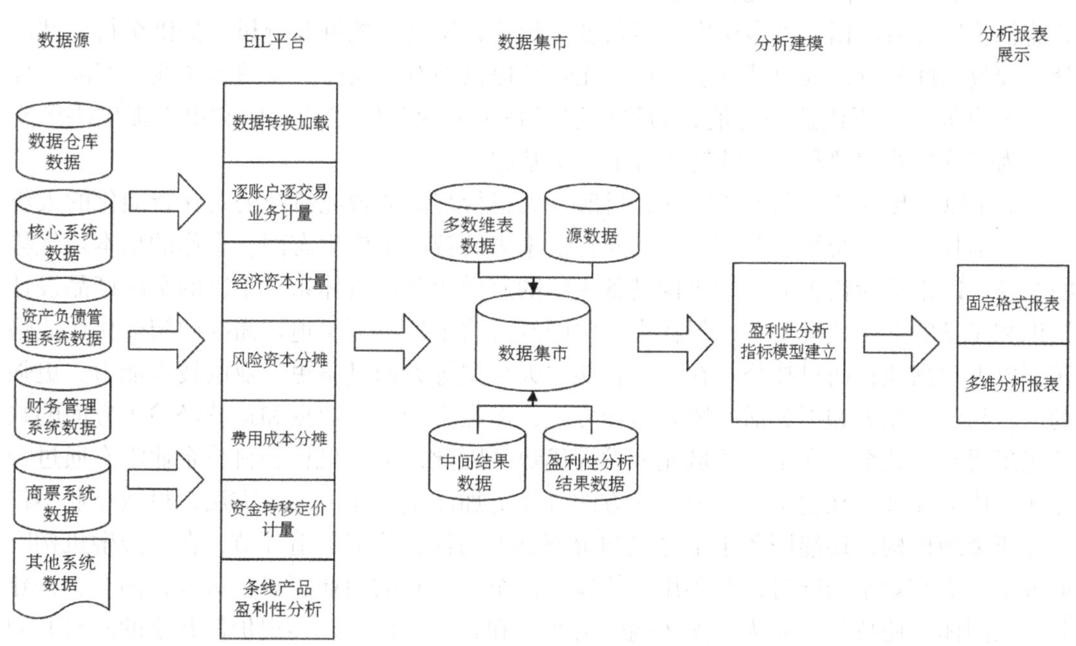

图5-13　银行盈利性分析系统架构图

1. ETL平台

该平台负责完成信息集成加工的工作，从各个业务上游系统中获取业务明细数据，完成数据清洗、加载、转换操作。首先，把符合质量标准的业务明细数据加载到数据集市中；其次，分发给各个业务功能模块进行数据加工处理、形成各个业务的结果数据；

最后，根据不同的分析指标，将各个业务的结果数据按照分析维度汇总，得到的分析结果存入数据集市中。

2. 数据集市

根据系统的逻辑功能进行接口和内部数据结构的设计，采用雪花模型，包括原子级别的数据和轻度汇总的数据，数据集市是面向主题的、集成的、不可更新的(稳定性)、随时间不断变化（不同时间）的数据集合，用以支持经营管理中的决策制定过程。分析需要大量、长期的数据支持，因此必须长期保存平台加工处理后的数据以及分析结果。

3. 分析建模

通过元数据管理、多维分析等技术，设计及建立多维数据模型，实现对数据的多种分析，满足智能分析的多层次要求。

4. 分析报表展示

以表格、图形等多种方式，展现盈利分析以及其他分析结果，并允许使用者对展现的报表数据进行更细粒度的挖掘。

（1）可以根据系统设定的条件查看固定格式的数据。

（2）可以根据用户自己的需要，通过输入、点选、下拉选项等方式设置查询条件，自由展现需要查看的结果数据。

以上系统运用商业智能技术，采用数据集市、OLAP等技术为相关业务提供了翔实的监督管理决策依据，可多层次、多角度对相关数据进行挖掘和分析，提供全行分部门分条线盈利性分析，为业绩计量的精细化管理提供强有力支持，反映各条线、产品、部门、客户等维度所创造的价值，为管理层寻找未来业务发展的方向和重点提供决策支持，为经营模式和盈利模式的转变打下扎实基础。

除了以往传统的盈利模式之外，目前各大银行与商务智能科技公司在智能化的大势之下皆不甘人后，纷纷展开合作，共同打造未来的智能金融生态圈。合作的根本是优势的互补。以银行为代表的金融机构具备成熟的金融业务运营体系、丰富的金融产品设计知识和完备的金融数据要素，但在当今中国经济改革浪潮下又迫切需要向智能化作战略转型以占领高地；而科技公司在人工智能、大数据等方面具备更专业的技术能力、更强劲的产品创新能力和更灵活的团队运作方式，但在金融基础数据和运营经验等方面的缺乏仍阻碍着科技企业在金融领域充分发挥优势。因此，金融机构和科技企业唯有通过合作实现优势互补。在这个过程中，各方的合作更加注重合作的方式方法，科技企业不仅服务于金融机构，还能服务于金融机构价值链上的核心价值创造环节，在为金融机构降低成本、提高效率的同时，改善用户体验，甚至形成新的商业逻辑。最终，两者将构建利益共同体，使科技企业为金融机构带去业务和收入的增长，实现价值共享的同时共同探索并形成智能金融新的生态模式和市场格局。

目前的合作模式还处于尝试和探索阶段，未来科技企业和金融机构可能会有融合、共建和开放输出三种合作模式，如图5-14所示。

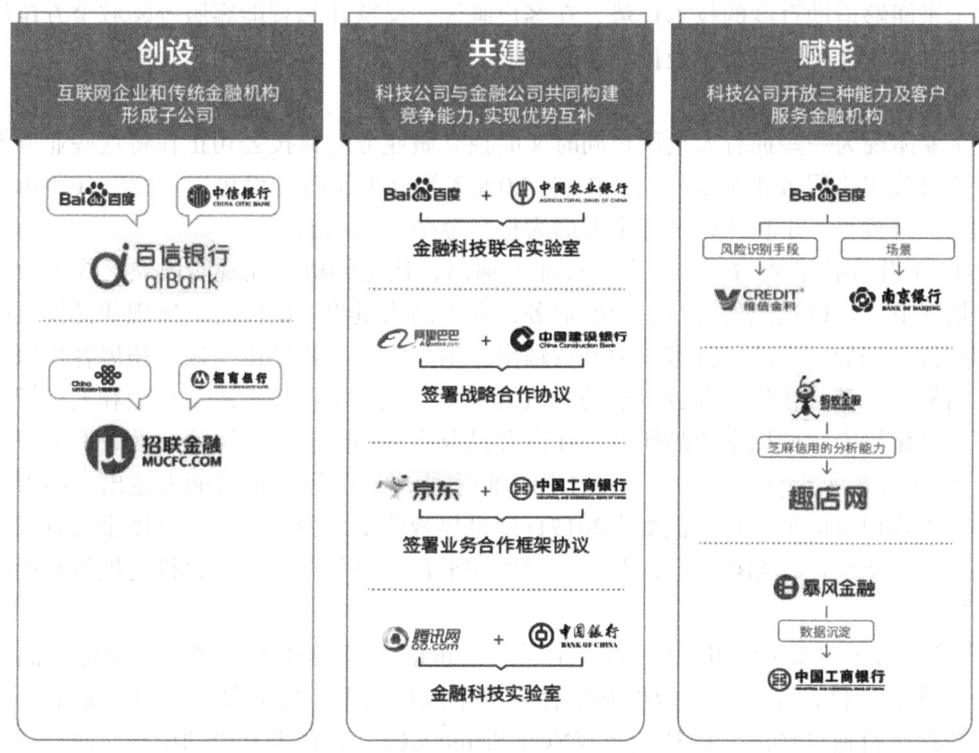

图5-14　商务智能与银行机构的三种合作共赢模式

1. 创设

呈现为互联网企业和传统银行在金融产品服务提供上的高度融合，形成如直销银行的子公司模式。例如，百度和中信银行联合发起成立的百信银行，将依托中信银行强大的产品研发及创新能力、客户经营及风险管控体系，以及百度公司互联网技术和用户流量资源，满足客户个性化金融需求，打造差异化、有独特市场竞争力的直销银行。

2. 共建

科技公司与金融机构共同构建竞争能力，实现优势互补。例如，如图5-15所示，目前百度和农业银行已达成战略合作，包括成立金融科技联合实验室以及共建金融大脑，

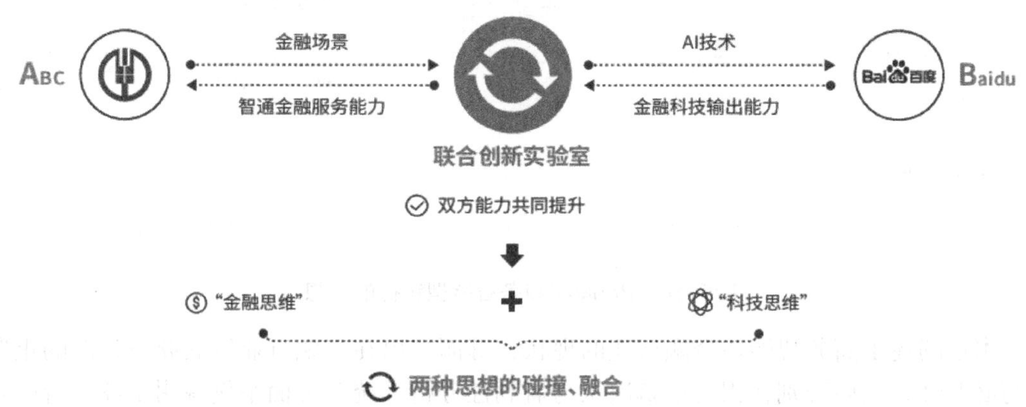

图5-15　中国农业银行与百度的战略合作：A+B共建智能银行

以期未来能够借助百度的技术优势，在客户画像、反欺诈和智能客服等领域全方位展开合作，打造智能化银行，积极推动普惠金融。

3. 赋能

主要体现为一些拥有大量用户同时又能独立做业务的科技公司正在将这些业务能力和客户开放出来服务于金融机构。Bank 4.0商务智能型银行的设想，如图5-16所示。简单归纳，科技企业正在从以下三个方面为整个金融生态赋能。

（1）开放技术能力：如线上风控能力输出，让金融机构在现阶段缺乏线上数据积累的情况下，可以迅速发展线上金融业务，在提高增量收入的同时，实现业务模式的完善和迭代。例如，百度将技术能力开放输出给南京银行，帮助南京银行拓展客户服务边界，与易方达基金合作，开放百度的大数据因子、机器学习投资决策模型和人工智能技术，在量化投资领域探索产品研发，在提升投资收益和降低投资风险方面做出努力。

（2）开放平台获客能力：如基于用户洞察所形成的用户运营能力输出，助力金融机构实现客户价值最大化。例如在2017百度世界智能金融分论坛上，百度金融宣布开放智能消费金融平台、ABS平台以及大数据风控平台“般若”，为金融机构提供全面的整体解决方案。

（3）开放产品创新能力：如基于风险定价能力所设计出的多样化金融产品。例如，与维信金科合作，基于数据共享打造数据风控模型，定制基于百度场景的金融服务。维信金科通过产品、科技创新服Near-Prime人群，拥有千万级别用户产品——卡卡贷；在场景合作方面有丰富的经验，同时与百度、阿里巴巴、腾讯、电信、移动、京东、去哪儿等超级场景携手，合作定制智能金融产品。

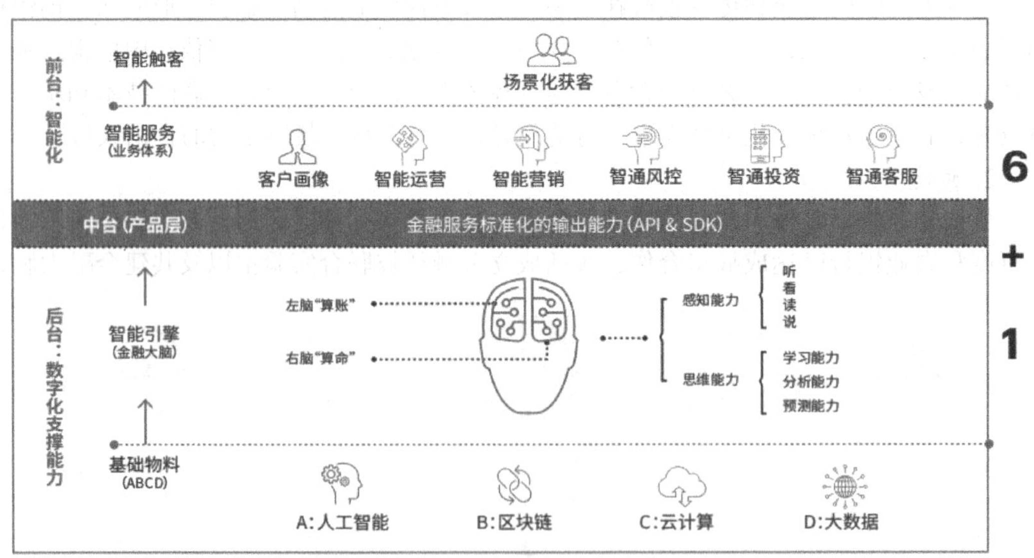

图5-16　Bank4.0商务智能型银行的设想

本章阐述了商务智能在金融行业的现状，继而引出在金融行业发展商务智能的重要性与必要性，最后分别在银行信贷决策与盈利性分析系统两方面举例说明了商务智能是当今社会中的实际应用与未来的发展方向。

实验五　财政收入影响因素分析

【实验名称】财政收入影响因素分析

【实验目的】

（1）熟悉并学会使用Weka智能分析环境。
（2）根据数据源建立数据模型。
（3）根据数据模型对财政收入进行分析。
（4）比较各类算法的准确程度，优化数据模型。

【实验背景】

本实验利用Weka智能分析软件，旨在通过研究，发现影响某市目前以及未来地方财源建设的因素，并对其进行深入分析，提出对该市地方财源优化的具体建议，供政府决策参考，同时为其他经济发展较快的城市提供借鉴。

实验所用的财政收入分为地方一般预算收入和政府性基金收入。地方一般预算收入包括：税收收入，主要包括企业所得税和地方所得税中中央和地方共享的40%，地方享有的25%的增值税、营业税和印花税等；非税收入，包括专项收入、行政事业性收费、罚没收入、国有资本经营收入和其他收入等。政府性基金收入是国家通过向社会征收以及出让土地、发行彩票等方式取得的收入，并专项用于支持特定基础设施建设和社会事业发展的收入。

文件中包含了Data-Set.xls原始数据集，给出了1994—2015年财政收入以及相关因素的数据，为了方便，在处理过程中中文名称被替换成了相应的字母。其中，y列是分类列，x1列是社会从业人数，x2列是在岗职工工资总额，x3列是社会消费品零售总额，x4列是城镇居民人均可支配收入，x5列是城镇居民人均消费性支出，x6列是年末总人口，x7列是全社会固定资产投资额，x8列是地区生产总值，x9列是第一产业产值，x10列是税收，x11列是居民消费价格指数，x12列是第三产业与第二产业产值比，x13列是居民消费水平。

【实验原理】

Weka的全名是怀卡托智能分析环境（Waikato Environment for Knowledge Analysis），是一款免费的、非商业化的（与之对应的是SPSS公司商业数据挖掘产品——Clementine）、基于JAVA环境下开源的机器学习以及数据挖掘软件。Weka作为一个公开的数据挖掘工作平台，集合了大量能承担数据挖掘任务的机器学习算法，包括对数据进行预处理、分类、回归、聚类、关联规则以及在新的交互式界面上的可视化。

Insight 产品是一个综合平台，用户可以通过该平台对数据进行访问、集成、操作、可视化以及分析。无论数据存储在平面文件、关系型数据库、Hadoop 集群、NoSQL 数据库、分析数据库、社交媒体流、操作型存储中，还是存储在云中。Saiku是一个模块化的分析套件，它提供轻量级的OLAP，并且可嵌入、可扩张、可配置。Saiku作为分析平台，提供可视化的操作，能够方便地对数据进行查询、分析，并提供图形化显示。

【实验环境】

（1）ubuntu 16.04。

（2）Weka 3.8.2。

（3）Insight 8.2。

【建议课时】

4课时。

【实验步骤】

一、数据准备

```
wget http://i9000.net:8888/sgn/LMS/BI/5/Data-Set.xls
```

二、数据分析

（1）首先，要将Excel数据转换成Weka使用的arff格式，使用Insight DI进行转换，转换后保存为“data_transform.arff”。

双击打开Insight客户端。

登录界面如下图所示。

（2）建立一个新的“Transformations”，步骤为“File”→“New”→“Transformation”。

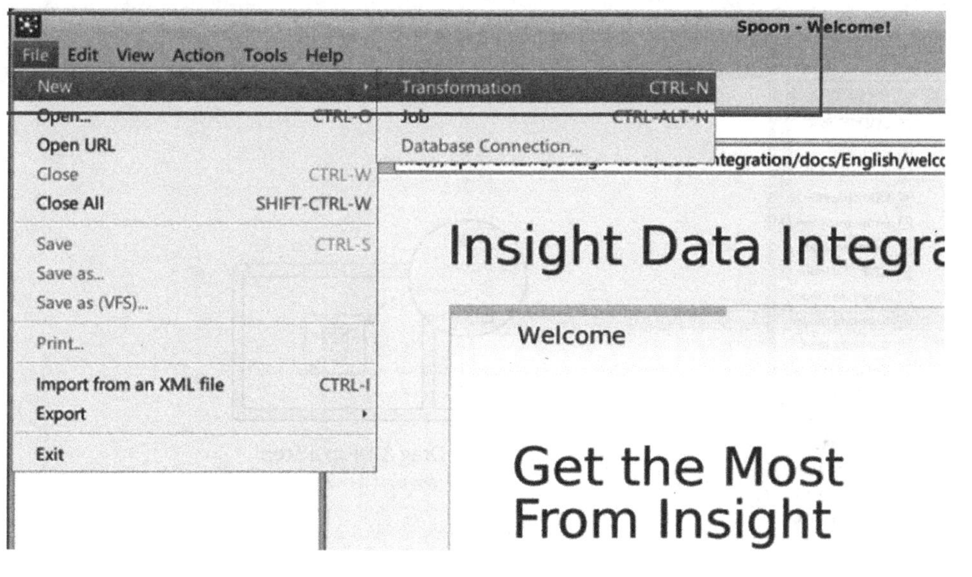

出现如下图所示页面。

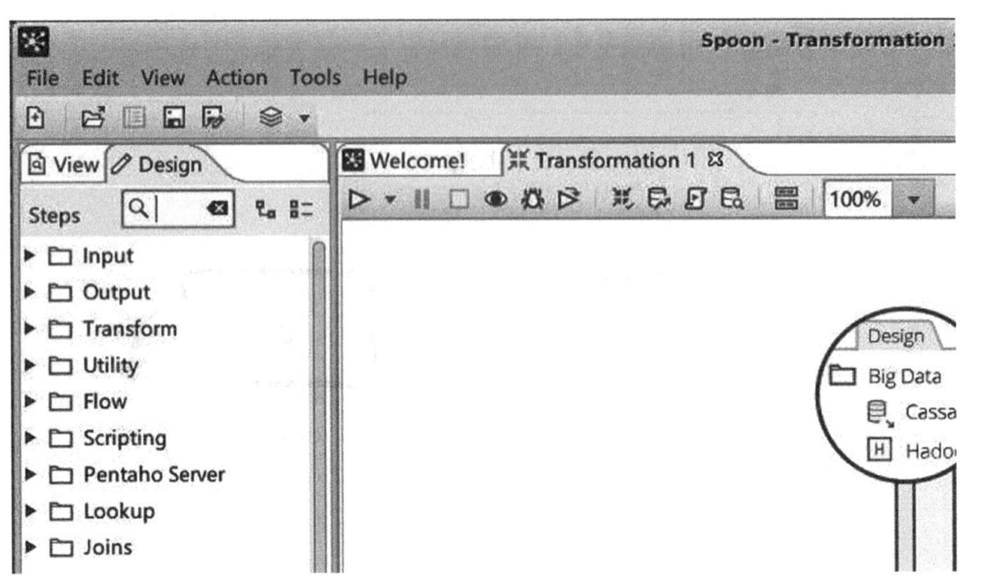

（3）选择“Input”栏，选中“Microsoft Excel input”拖至右侧，然后点击“Microsoft Excel input”导入数据。

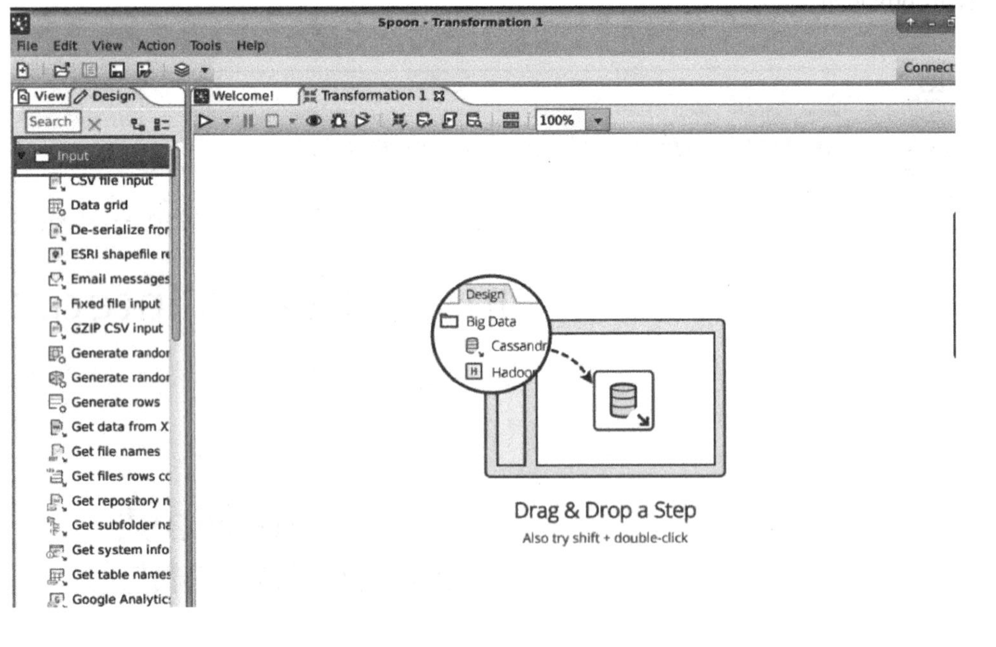

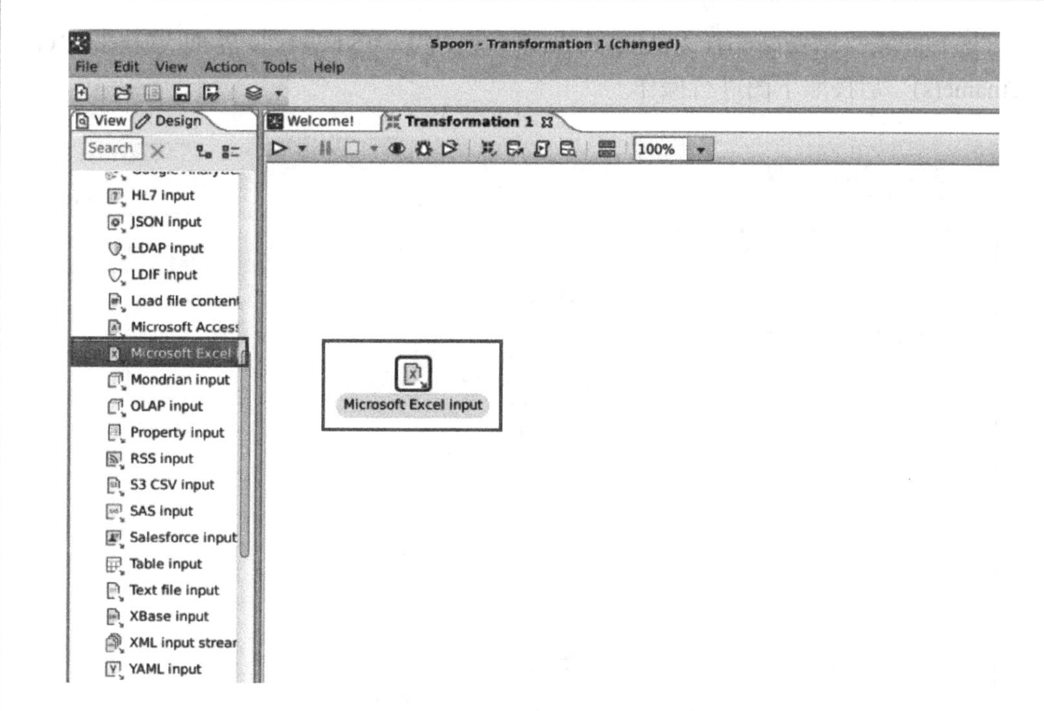

（4）双击“Microsoft Excel input”组件进入编辑界面，点击“Browse”选择“Data-Sets.xls”文件，加载完成后点击“Add”。

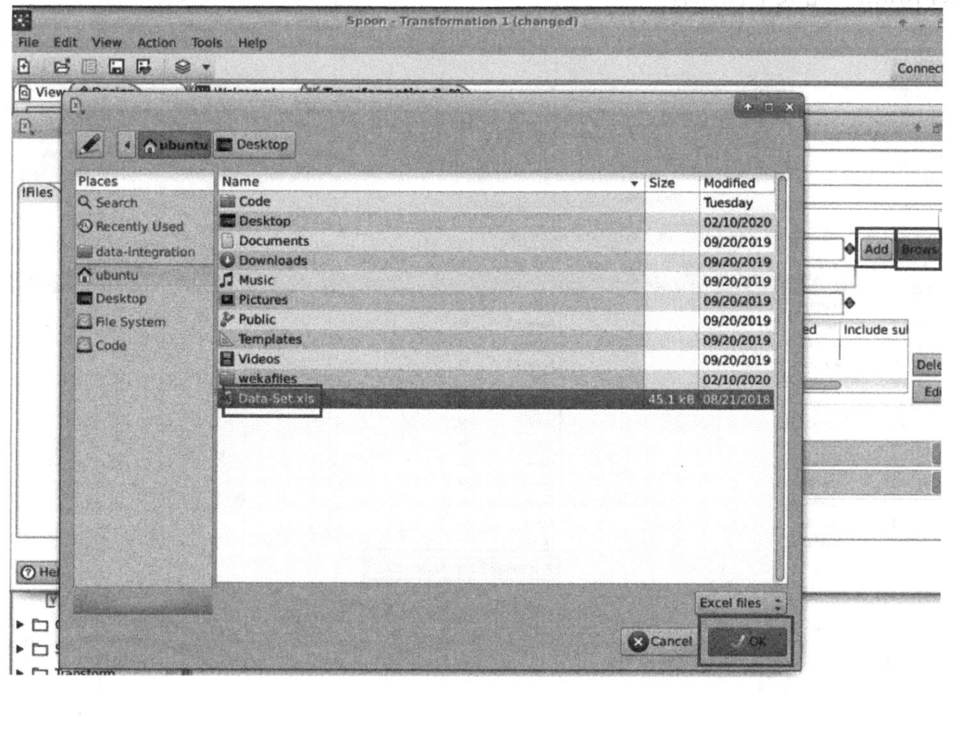

（5）进入“Microsoft Excel input”组件的“!Sheets”界面，点击“Get sheetname(s)”后按照下图进行操作。

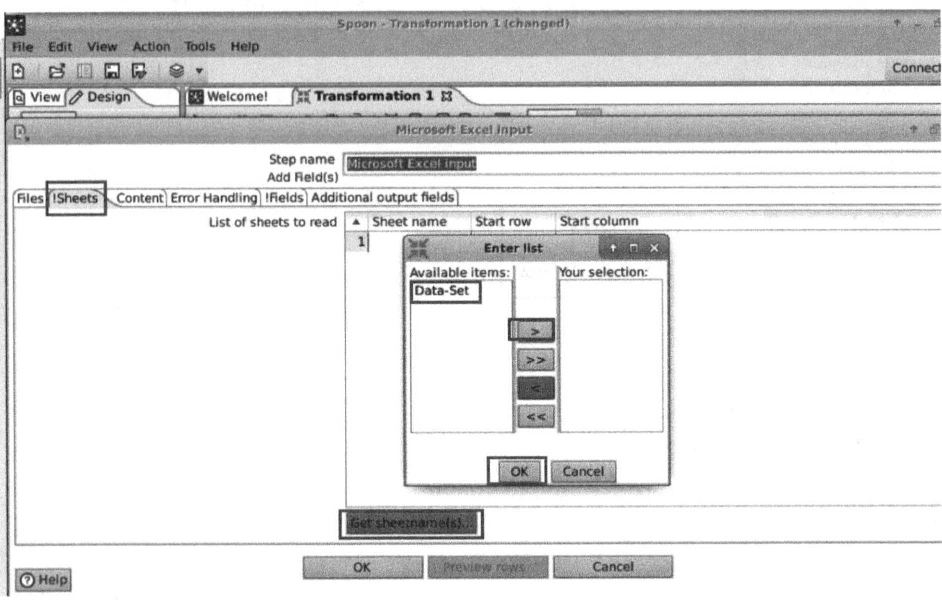

（6）进入“Microsoft Excel input”组件的“Fields”界面，点击“Get fields from header row...”完成下图操作。

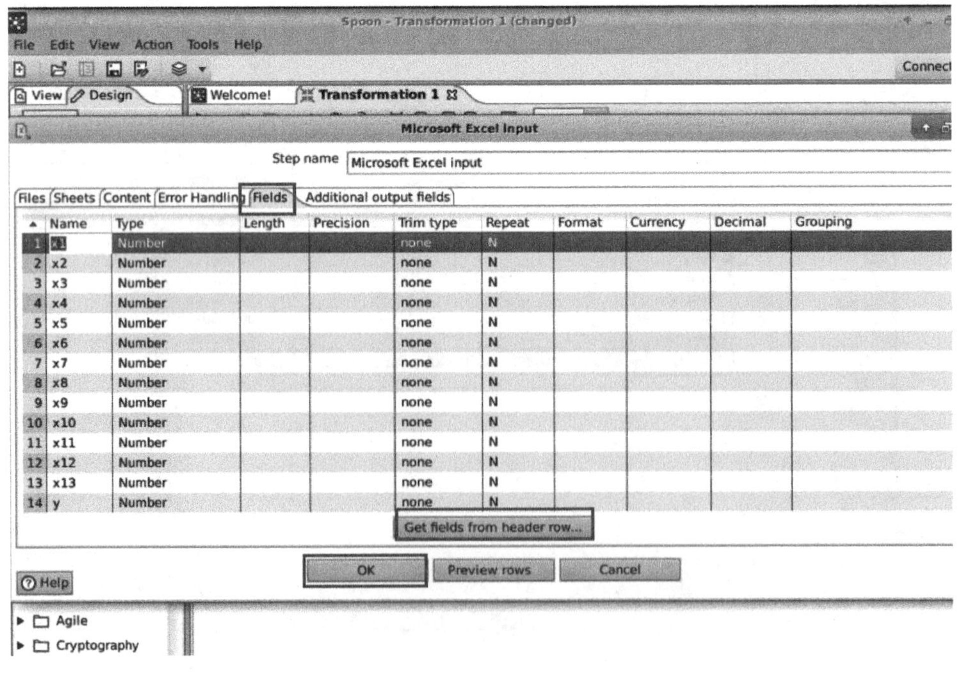

（7）选择“Data Mining”栏，选中“Arff Output”拖至右侧，然后点击“Arff Output”设置输出路径及名称“data_transform.arff”。

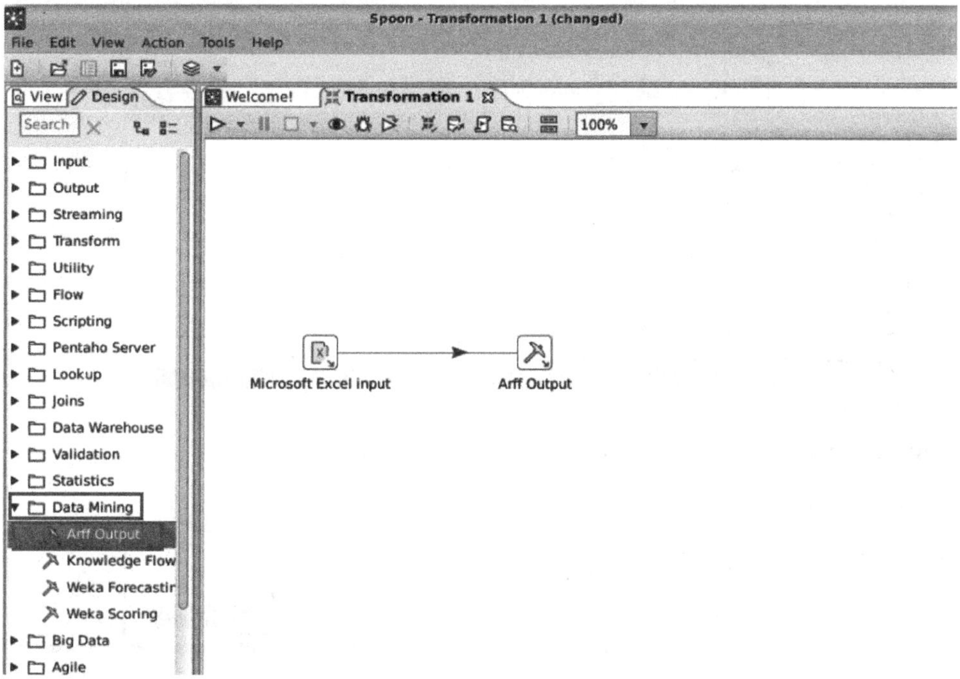

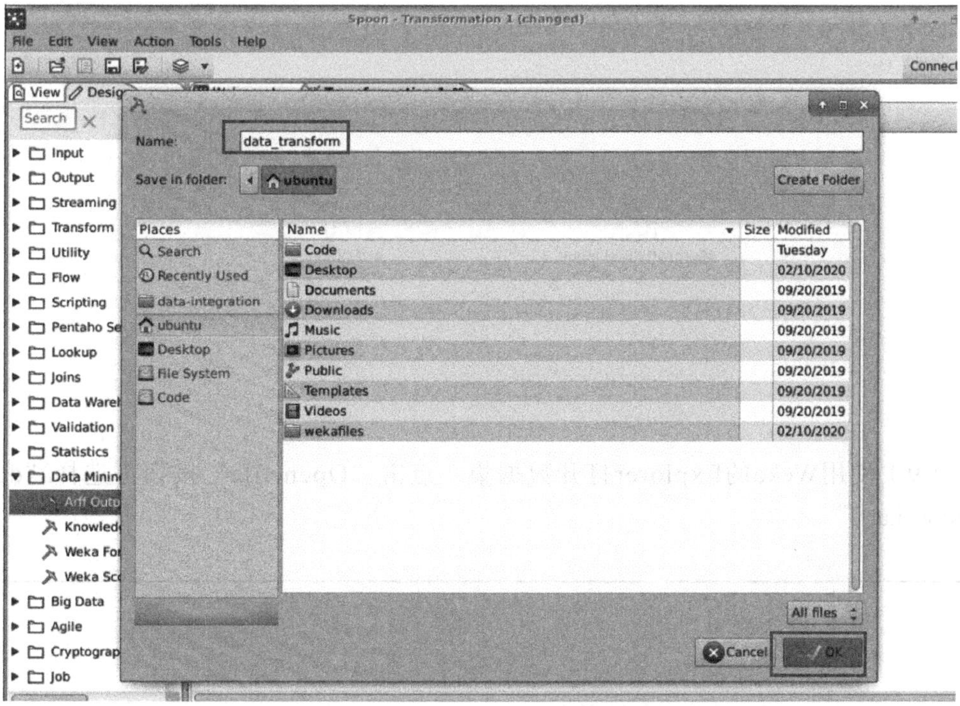

（8）配置完成后，点击“Run”，即可完成arff格式的转换。

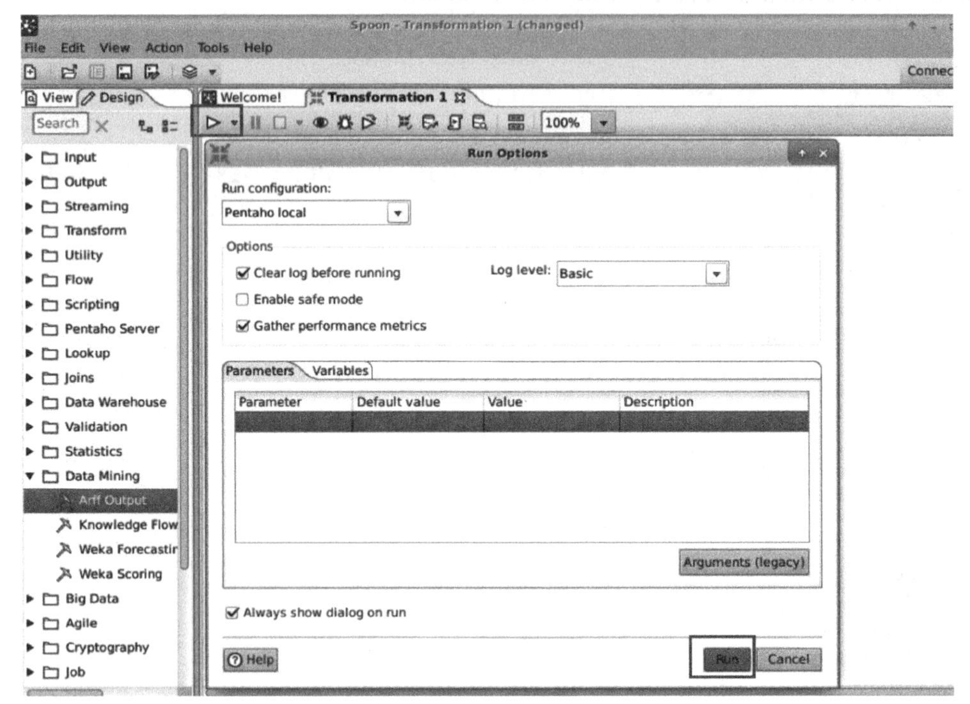

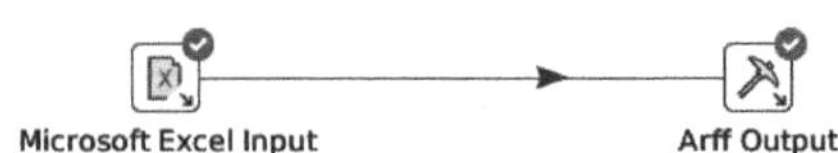

（9）使用Weka的Explorer打开数据集，点击“Open file”按钮，选择“data_transform.arff”。

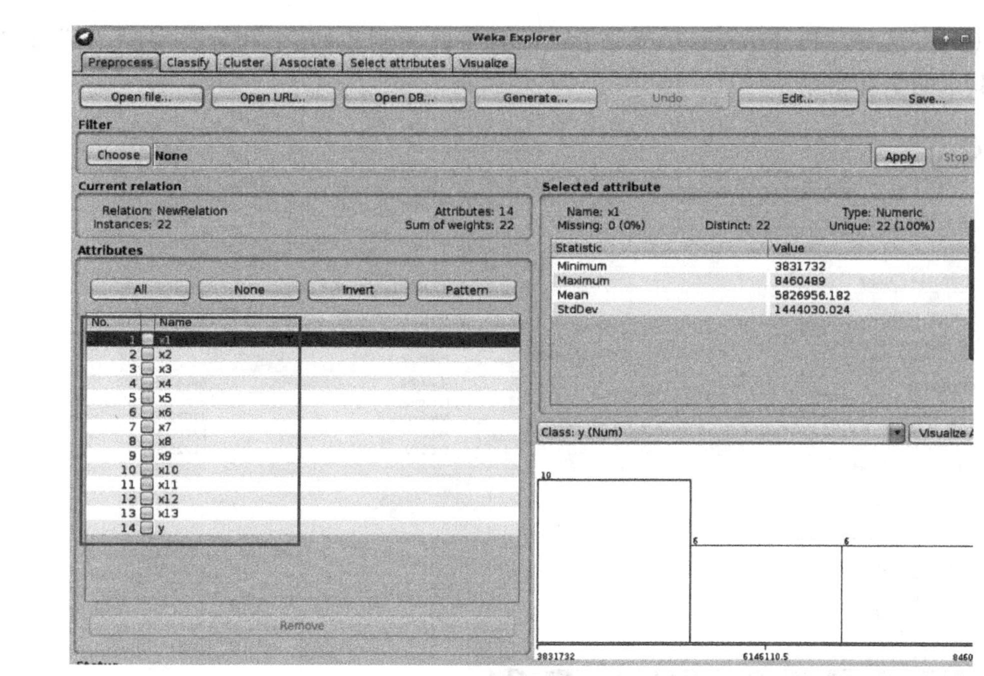

（10）一共有14个的字段，需要筛选一下与分类最相关的字段，选择“Select attributes”，选择“y”字段。

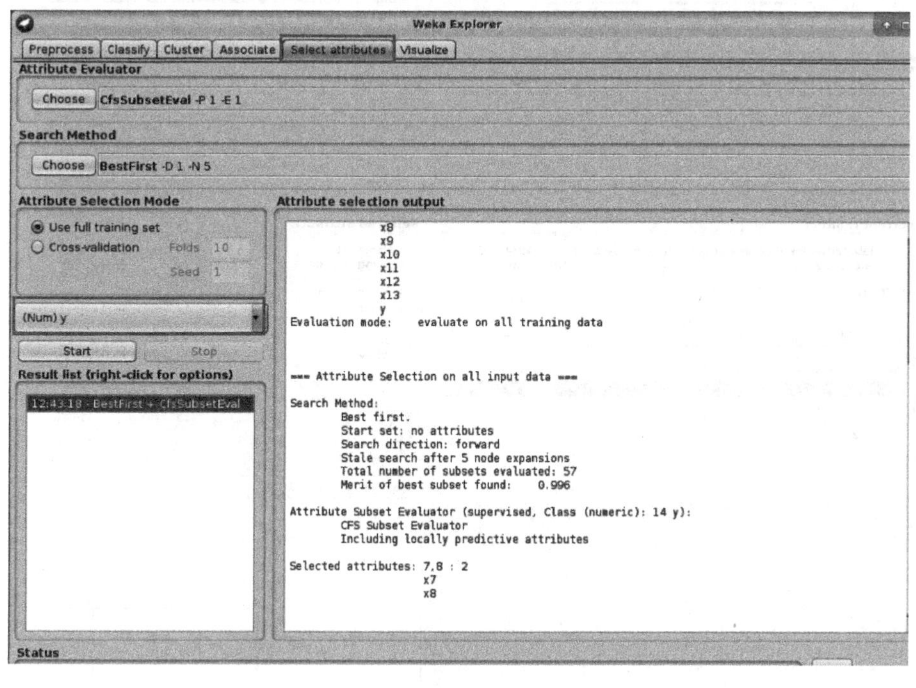

（11）选择“Preprocess”选项卡，筛选字段为刚才的6个和分类字段“y”共7个，其余的全部删除。

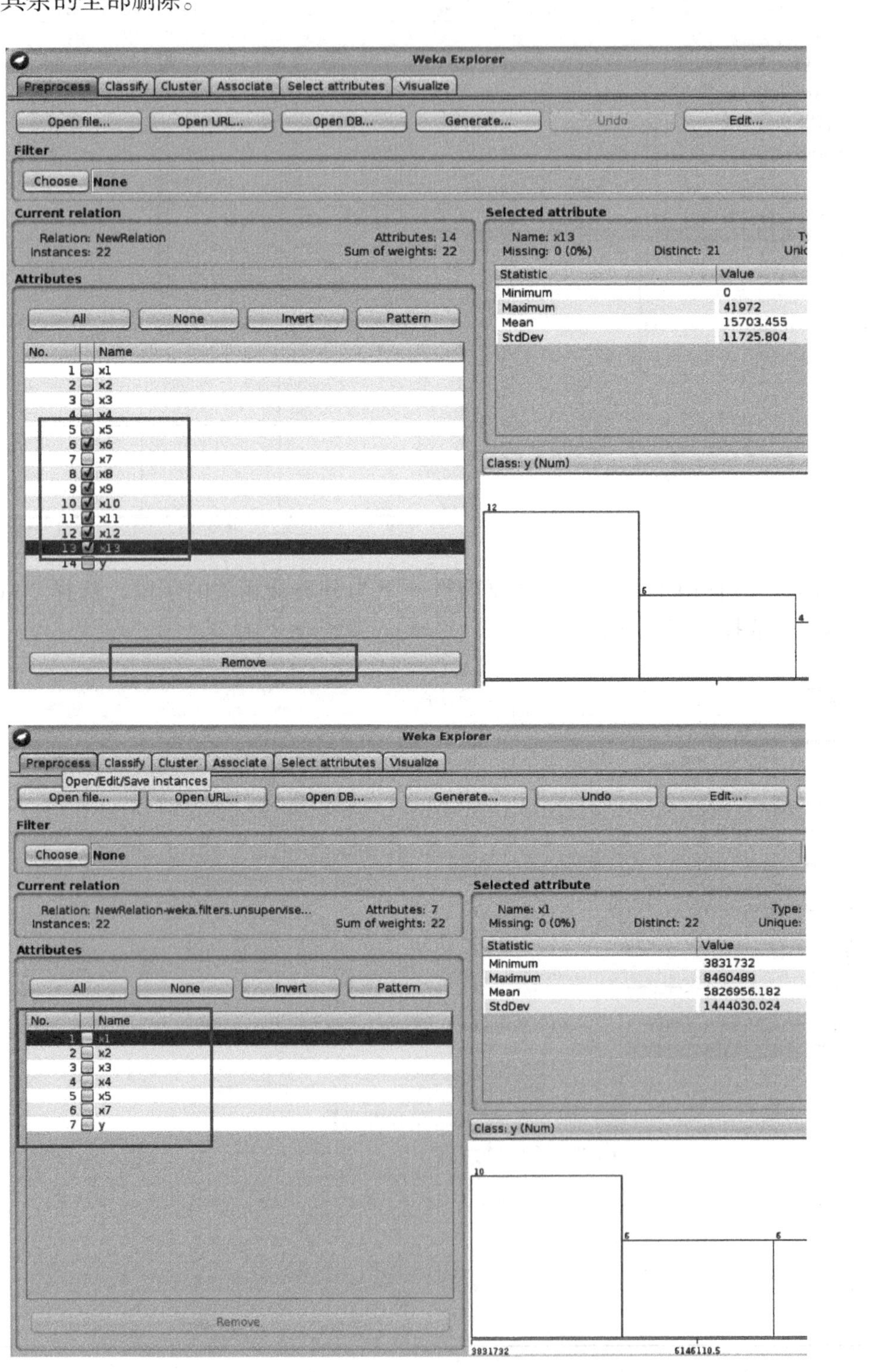

（12）接下来用分类算法进行建模分析，预估模型准确度，分类字段选择“y”，一些结果相关参数的解释如下：

① Kappa Statistic就是假设有两个相互独立的人分别将N个物品分成C个相互独立的类别，如果双方结果完全一致则K值为1，反之K值为0。

② Mean absolute error是N次实验绝对误差的均值。绝对误差就是预测值与实际值之差的绝对值。比如某实例的预测值就是它的正确分类标签，而实际值就是classifier指定给它的分类标签。

③ Root mean squared error即均方根误差，是用来衡量样本的离散程度的，也就是将N次实验中的实验值与平均值之差求和，除以实验次数，再把商开根号。

④ Relative absolute error就是把N次实验的绝对误差求和，然后除以实际值与均值之差的求和。此值越小实验越准确。

⑤ Root relative squared error，以上步骤做完再开根号。

⑥ Coverage of cases 就是classifier使用的分类规则对所有实例的覆盖情况，越高说明该规则越有效。

⑦ Total Number of Instances为样本总数。

首先使用了线性回归算法进行分析，结果如下：

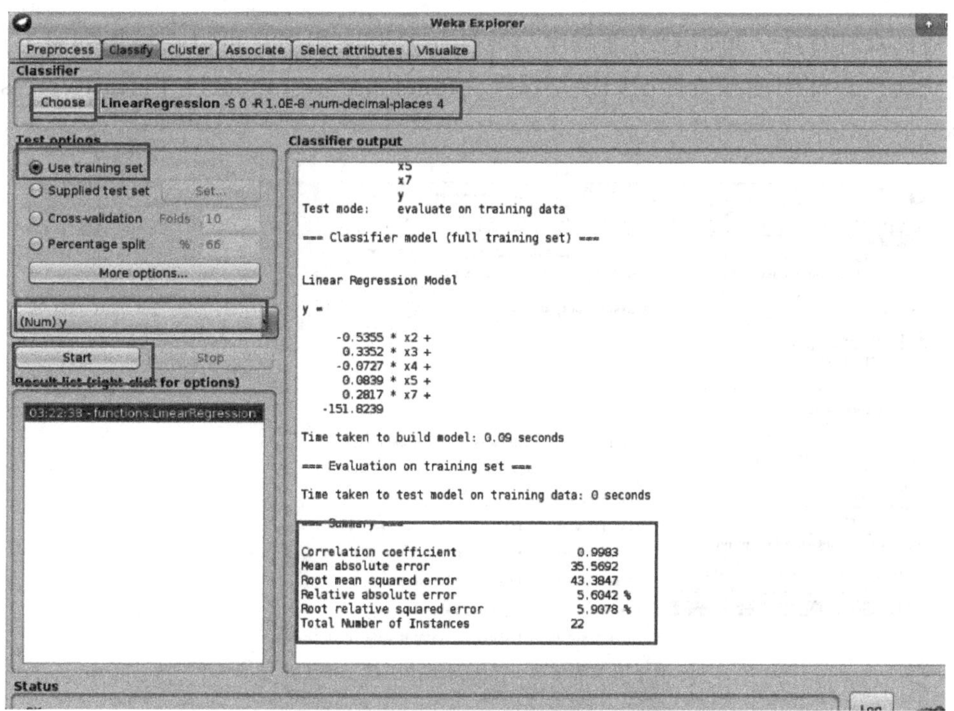

可以看到准确率还是很高的，可以再切换一些其他的算法来尝试分析，对结果进行对比，选择最优的算法。

高斯过程算法，可以看出比线性回归算法准确率差了很多。

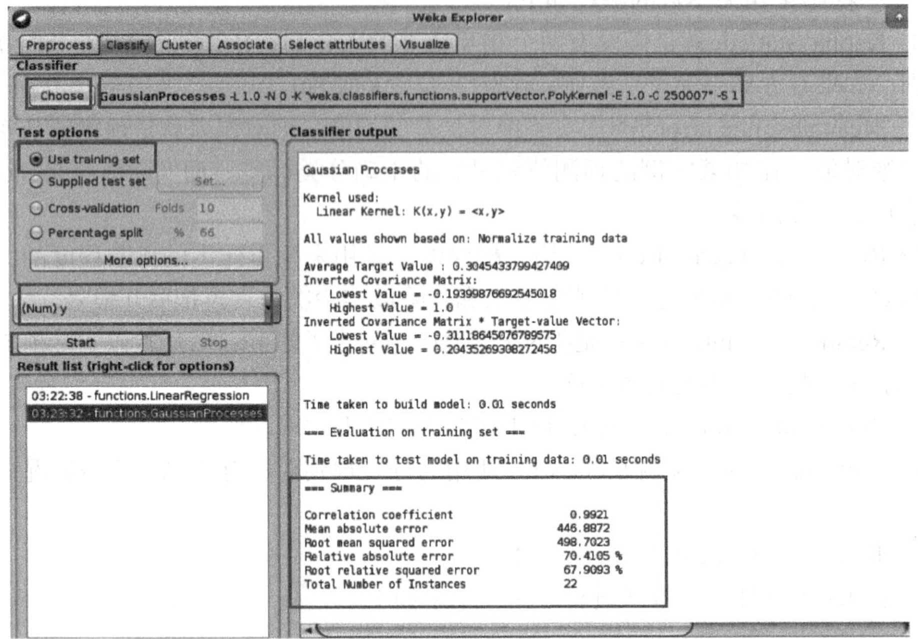

随机森林算法，可以看出准确度与线性回归算法相当，可以在结果列表上点击右键将随机森林模型和线性回归模型保存为RandomForest.model、LinearRegression.model。

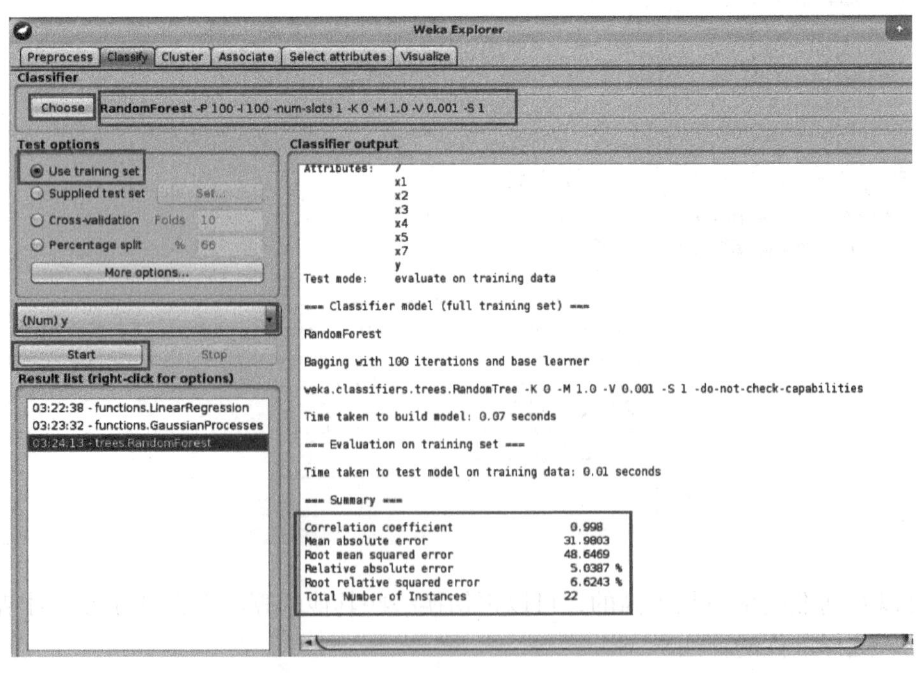

从结果上来看还算准确，因为数据集大小的原因导致准确率还有待改进，加大数据集准确率会有所上升。

【实验总结】

本实验利用Weka智能分析软件对财政收入影响因素进行分析。通过本实验可以学习使用Weka作为数据挖掘工作平台对数据进行预处理、分类、回归、聚类、关联规则分析以及数据可视化。

第6章 商务智能在客户关系管理中的应用

本章首先介绍客户关系管理（CustomerRelationship Management，CRM）的基本概念，包含客户智能和在客户关系管理中数据挖掘的应用；然后介绍客户细分的分类理论，深入探讨数据挖掘在客户识别和客户流失中的应用；接着介绍多种客户维度的基本设计方法，包括类似日期、分割属性、重复出现的联系人以及聚集事实等；最后探讨复杂的客户行为，如客户行为类型分析、连续行为分析和行为分析模型，同时还包括事实表的准确时间范围问题和客户满意度或异常情况的指标标注事实事件。

本章重点

◎客户关系管理概述。
◎客户细分。
◎客户识别和客户流失。
◎客户维度属性。
◎复杂的客户行为。

6.1 客户关系管理概述

客户关系管理是指企业用CRM技术来管理与客户之间的关系，通常所指的CRM技术，是用计算机自动化分析销售、市场营销、客户服务以及应用等流程的软件系统。它按照客户细分情况有效地组织企业资源，培养以客户为中心的经营行为，以及实施以客户为中心的业务流程。面对长期的客户关系，企业为了进一步提升管理水平，长久维持企业和客户的关系，并从现有的客户关系中发现价值，需要借助CRM技术来协助企业识别新客户、保留旧客户、提供客户服务及进一步提升企业和客户的关系，并结合市场营销工具，提供创新式的个性化的客户商谈和服务的过程，辅以相应的信息系统或信息技术，如数据挖掘和数据库营销。

6.1.1 客户智能

客户智能是典型的商务智能应用领域，通过整合、分析客户的相关数据，得到洞察客户的信息和知识，帮助企业优化客户管理的决策能力，从而提升客户价值，增强客户满意度的概念、过程、方法和应用的集合。客户智能的实施过程是由客户数据的集成、客户知识的获取和应用等阶段组成的一个闭环，使企业能够预测和满足不断变化的客户需求，应对市场的变化，如图6-1所示。

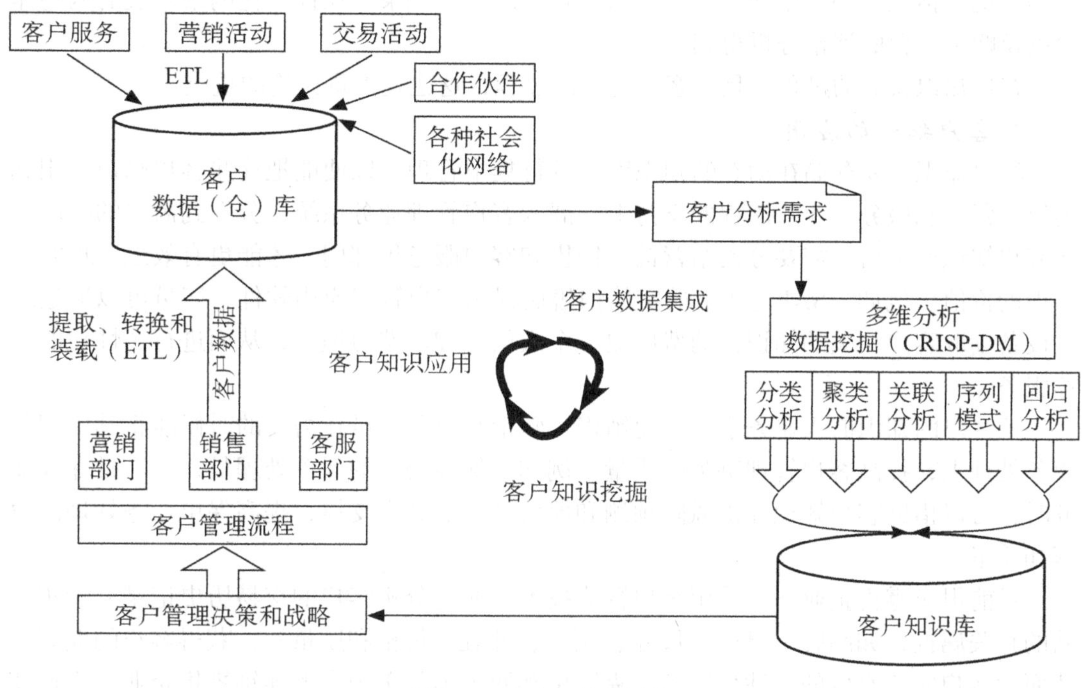

图6-1　客户智能的过程

1. 客户数据的集成

要获得有价值的客户知识，首先需要利用有效的工具集成各种渠道、多种接触点的客户数据（统一的客户视图），然后再借助多维分析和数据挖掘等方法，有时还需要把这些数据通过以客户为中心的组织、文化和平台，在营销、销售和服务人员之间共享，才能获得更大的价值。

2. 客户知识的获取

把客户的数据从简单的查询上升到提取知识的层次是客户知识发现的过程。客户知识发现的过程是把客户数据进行抽取、转换和分析等处理，从而揭示潜在的、对客户管理决策有效的规律。通常分析客户知识是建立在操作型的客户关系管理系统以及社会化网络积累的客户数据基础上的，应用数据挖掘工具，寻找数据项之间的关联、模式和趋势，发现客户数据中有用的规律。

客户知识的获取是客户智能的重要功能，也是客户管理的基础。例如，某客户经常在某家公司购物，却发现该公司并不熟悉他的消费偏好、选用的接触渠道等消费行为特征，这是因为该公司并没有获取客户知识。

客户知识主要包括以下两方面。

（1）客户的偏好知识。这种偏好知识可以由客户直接提供，如客户注册时填写的信息、使用相关业务系统的历史记录、在社区网站明确表达对购买业务的需求等。通过对客户的消费行为、盈利能力进行分析，得到不同偏好的客户分类，然后给不同类别的客户提供差异化的服务。

（2）客户的隐性知识。这部分知识包括客户特征、客户的观点、隐含的态度和情绪等，也包括客户的关系网，它们可以由客户的交易记录、在社会化网络发表的购物体验以及购物平台的评论分析得到。

客户知识获取的过程，是对客户建模的过程，这也是本章讨论的重点。

3. 客户知识的应用

客户知识需要存储在动态的知识库中进行集中管理，以便能把这些客户知识应用到销售、营销和服务等业务流程的支持上，嵌入客户管理业务系统，分发到需要的终端。在客户知识产生后，需要分发给营销、销售和客户服务等部门，才能更有效地实现客户知识的价值。例如，SAP为线下的实体销售店提供客户智能应用软件，店员可以通过终端设备读取客户相关的知识：消费历史、个人信息和消费习惯等，从而进行个性化的推荐服务。

把客户的知识嵌入业务系统，使销售、营销和服务人员在需要的时候能将其应用到业务处理上，提高客户管理决策的质量。例如，保险公司的保单处理员，在审批保险业务时，可以借助客户知识提供风险预测和保价计算的数据支撑，提高保单业务处理的效率和质量。

目前很多零售企业开始采用客户智能技术，通过分析客户的交易历史记录、购买产品的相关属性，如品牌、材质、尺寸、颜色、外观、价格和质量等，获得客户的偏好，从而为客户实施有效的个性化服务。克罗格和西夫韦是美国大型连锁零售企业，它们使用数据挖掘技术分析消费者的个人消费记录，并实施差异化的定价策略。例如，老客户莫妮卡经常在西夫韦购买一种Refresh牌的矿泉水，一箱只需要付2.71美元，而其他人则需要支付3.69美元，莫妮卡因此很满意，打算通过购买更多的Refresh矿泉水得到更低的价格。西夫韦也会考虑自己的收益，在消费者对价格不敏感的情况下，会向他们推荐同类型较贵的商品。

客户智能可以被定义为一个动态管理客户与企业之间关系的过程，使企业在客户关系管理生命周期的每个阶段都能实现客户价值最大化。事实上，客户智能的目的是在增加企业收入的同时，提高客户满意度，它是围绕客户互动展开的。

亚马逊公司在客户智能领域一直受业界瞩目。除了传统的挖掘用户消费数据，为用户智能推荐相关产品外，还可以帮助商家改善销售计划，甚至有计划地“出售”客户的数据来促进广告业务，增加收入，进一步降低商品的价格。

美国第二大零售企业Target成功应用客户智能对客户需求进行预测。Target把客户ID账号与信用卡、姓名和电子邮件地址等信息绑定，从而掌握客户的人口数据和以往的购物数据。Target通过挖掘以往孕妇的购物记录，分析随着预产期来临，孕妇消费行为习惯的变化。曾经有一位高中女生的父亲愤怒地向Target的店铺经理投诉：他还在上高中的女儿通过邮件收到了有关婴儿服装、幼儿家居家具等婴儿用品的优惠券，他要求Target道歉。事实上，该女生具有孕妇的消费特征，Target根据这些特征准确地预测该女生已怀孕。

6.1.2　数据挖掘应用于客户关系管理

对于客户关系管理中的客户价值管理而言，客户关系管理关注的是客户整个生命周期与企业之间的交互关系。客户数量越多，单个客户与企业交易或是接触次数越频繁，客户的生命周期越长，最终企业所收集到的客户数据量越大。对于海量的客户数据，企业需要用数据挖掘技术来分析和处理，发现其中有价值的客户信息，支持企业的市场影响、销售或客户服务决策等。客户关系管理中的数据挖掘应用模型如图6-2所示。

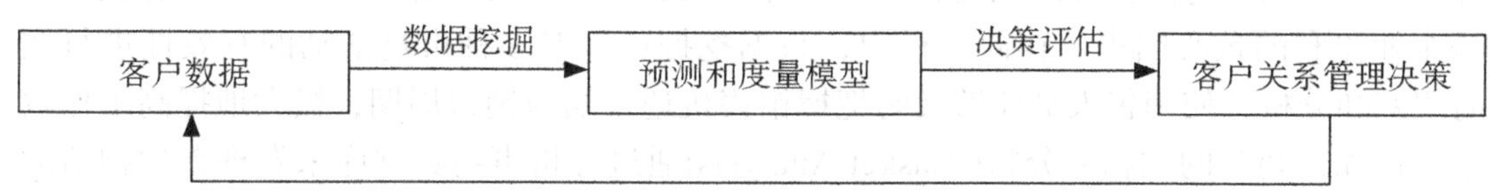

图6-2　数据挖掘应用模型

随着企业对业务有新的需求，CRM系统不断拓展，客户数据不断积累。CRM系统需要对这些搜集过来的数据进行预处理，选择有用的数据并转换成元数据模型。预测和度量模型的构建需要从所搜集的数据属性和要解决的业务问题展开，因此，数据模型的构建需要经历一个非常复杂的过程。这个过程需要综合考虑多方面的因素，从多种建模方案中做出合理的选择，这样建立的模型才能实现企业的发展目标，才能有效地解决企业经营过程中所面临的各种业务问题。一般在客户关系管理决策之前，需要再次对构建的模型进行评价，评价的过程最好通俗易懂。通常，可以从两个指标展开评价：一个是支持度，验证的是结果的使用性；另一个是可信度，验证的是结果的准确性。如果评价的结果能够满足业务的需求，则可以进行管理决策。

数据挖掘在客户关系管理中的具体应用可以从以下几个方向着手。

1. 营销

充分的市场调研和消费者信息分析是企业市场营销战略的基础，这些信息用来支撑目标市场的细分和目标客户群的定位，针对特定的客户群，制定有效的营销措施，提高客户响应率，降低营销成本，还提供客户需求的趋势分析，使得企业能够对稍纵即逝的市场机遇做出灵敏的反应。

计算机、网络、通信技术发展迅速，企业与客户通过Web、E-mail、电话等渠道进行交互和沟通已经相当普遍，这些信息技术的联合应用，对企业的营销产生了重要的影响。这些类型的营销方式给潜在客户提供了更好的客户体验，使得潜在客户能以自己的方式，在方便的时候获取所需的信息，而传统的营销手段已经满足不了以客户为中心的要求。为了获得更大的价值，通过对数据与信息的分析与挖掘，企业营销人员可以对这些商业获得进行跟踪，使潜在消费尽可能地成为现实消费。

目前在营销方面应用最成熟的是数据库营销(Database Marketing)。数据库营销的任务是通过交互式查询、数据分割和模型预测等方法来选择潜在的客户，以便向他们推销产品。通过对历史客户数据的分析，企业将用户分为不同的级别，级别越高，其购买可能性越大。在进行营销分析时，首先对已有的用户信息进行手工分类，分类的依据通常由专家根据用户的实际边线给出，这样得到训练数据后，再由数据挖掘进行学习得出用户分类模型。当新用户到来时，可以由已经学习的系统给出其购买可能性的预测结果，从而可以根据预测结果对不同客户采取有针对性的营销措施。对于预测不准确的数据，将其加入训练数据集，适当地调整边线，重新学习，通过不断地修正模型来提高预测的准确度。

2. 销售

销售力量自动化(Sale Force Automation，SFA)是当前客户关系管理中应用最成熟的部分。销售人员与潜在客户互动，将潜在客户发展为企业真正的客户并保持其忠诚度，是企业盈利的核心因素。在此过程中，数据挖掘可以对多种市场活动的有效性进行实时跟踪和分析，使销售人员能够及时把握销售机遇，缩短销售周期，极大地提高工作效率。例如，超市的购物篮分析(Basket Analysis)通过分析事物数据库来发现在购物活动中频繁出现的商品组合，以此识别客户的购买行为模式。目前购物篮分析已经在改善交叉销售比、楼层和货架安排、货物布置以及Web页面的目录层次安排等方面取得了显著效果。

3. 客户服务

客户服务是客户关系管理中最为关键的因素，企业要想做到吸引新客户、保留老客户、提高客户满意度和忠诚度必须要保证优质的客户服务。通过对客户的基本信息以及历史消费信息的数据挖掘分析，归纳出客户的个人偏好、消费习惯、需求特征等，企业就可以有的放矢地为客户提供快捷、准确的一对一定制服务。

4. 风险评估和欺诈识别

欺诈识别和风险评估主要是通过总结正常行为和欺诈或异常行为之间的关系，得到非正常行为的特性模式，一旦某项业务符合这些特征时，就可以向决策人员发出警告。金融公司、通信公司或者其他商业领域上经常发生欺诈行为，如信用卡的恶性透支、保险欺诈、盗打电话等，这些给商业单位带来了巨大的损失。对这类欺诈行为进行预测，尽管有时的预测准确率很低，但也会减少发生诈骗的机会，从而减少损失。

将数据挖掘的方法运用到风险评估和欺诈识别中，可以从以下几个方面加以分析。

（1）异常记录：检测具有不正常值的记录，相同或者相近的记录等。

（2）类似的欺诈行为：已被证实的欺诈行为可以用于帮助确定其他可能的欺诈行为。

基于这些历史数据找到检测欺诈行为的规则和评估风险的标准，定义并记录下可能或者类似欺诈的事务。

通过数据挖掘决策树、回归技术、神经元网络等进行欺诈的预测和识别，将有用的预测合并加入历史数据库中，并用来帮助寻找相近而未被发现的案例。随着数据库中知识的积累，预测系统的质量和可信度都会大大增强。

5. 客户保持

现在各个行业的竞争越来越激烈，企业获得新客户的投入也越来越大，因此维持老客户对所有企业来说显得越来越重要。有案例显示，在美国，移动通信公司每获得一个新用户的成本平均为300美元，而挽留住一个老客户的成本可能仅仅是一通电话。成本上的差异在各行业可能会不同，但无论什么行业，业界公认获得新客户和维护老客户之间存在6～8倍以上的差距，而且，与新客户相比，老客户更稳定，贡献的利润更多。

近几年，国内一对一(One To One)营销正在被越来越多的企业和媒体接受。一对一营销是指企业的每一个客户，公司都有专员与之建立起长期持久的关系。这个看似很新的概念却一直采用很陈旧的方法执行，甚至一些公司的一对一营销仅仅停留在每逢客户生日或纪念日寄一张卡片。在科技发展越来越快的今天，的确每个人都可以有一些定制的商品或服务。如按照自己的尺寸做一套很合身的衣服，但实际上营销不是裁衣服，企业可以知道什么样的衣服适合企业的客户，但永远不会知道什么股票适合企业的客户。一对一营销是一个很理想化的概念，想通过这种方式保留老客户，在大多数行业的实际操作中是很难做到的。

数据挖掘可以把企业大量的客户根据某些属性分成不同的类，然后，企业针对不同类别的客户提供完全不同的服务来提高客户的满意度。并且使用数据挖掘技术，还可以通过对数据库中大量的客户历史交易记录、人口统计信息及其他相关资料进行分析和处理，对流失客户群做针对性研究，分析哪些因素会导致客户流失，训练识别客户流失的模式。然后根据分析结果找出现有客户中可能会流失的客户，企业据此制订相关计划或方案，改善客户关系，争取维持客户并提高企业效益。

6.1.3　客户智能案例

东南亚的某银行通过客户智能系统给企业带来了提升。在数据经过清理、整合之后，企业先明确本次测试的流程：首先营销机构中的每个产品团队建立明确的营销活动目标、指出关键的成功指标，然后创建测试方法，最后与其他团队共享测试结果。在 6 个月的集中测试中，效果逐渐凸现出来。每个团队最终都能够确定一些成功的产品、客户及优惠计划的组合，而且测试结果预测了一些可能失败或者成功的策略，从而明确了许多将来必须避免的问题。

成效最突出的是信用卡部门消费激励团队中的一组，在系统应用 3 个月后，其营销业绩还在下降30%的水平。然而，在采用客户智能技术建立更健全的客户细分之后，他们仅以一半的营销预算就实现了相当于前一年度110%的业绩，其市场营销投资的效力提高了220%以上！一旦建立了客户信息的单一信息源，就可以基于客户的属性，如所管理的资产总量、采购频率和偿还率，来细分客户价值。客户按照其价值被分为 6 个群体，其中 2 个客户群体的净销售额明显提高。

因此企业能针对细分后的客户群体提供适当的市场营销、销售和服务资源。客户价值和服务目标根据不同的客户群体而设置，并随着时间的推移不断进行评估和调整。销售部门收集并验证客户、市场和竞争信息并最终按细分类别确定其价值定位的方针。市场营销部门确定最优的价值细分并制订计划通过适当的渠道开展营销活动，如采用面对面的销售拜访、电话销售等营销方式。

项目实施后的最初两年，随着高价值客户摩擦的减少，这家银行的销售收入和客户占有率都得到了提高，服务成本降低了6%，流程自动化提高了，并且出错率和邮件发送成本都降低了。

6.2 客户细分

企业运营的前提是确定“谁是你的客户”，然而并不是每一个客户都适合成为某品牌的品牌忠诚客户。如果企业要最大化地实现可持续发展和获得长期利润，就要明智地向正确的客户群体投入更多资源。通过客户细分，企业可以更好地识别不同的客户群体，采取差异化营销策略，从而有效地降低成本，同时获得更强、更有利可图的市场渗透。

客户是企业最重要的资源之一。现代企业之间的竞争主要表现为对客户的全面争夺，而是否拥有客户取决于企业与客户之间的状况。企业要改善与客户之间的关系，就必须进行客户关系管理。客户分析是客户关系管理的基础，而客户分析的重要基础是客户细分。

客户让渡价值（Customer Delivered Value，CDV）理论和客户生命周期价值（Customer Lifetime Value，CLV）理论从不同的角度对客户与企业的交易过程中产生的价值感受提供了研究基础。客户让渡价值是从客户角度出发的感知效用，衡量的是客户感知收益（产品价值、服务价值、人员价值和形象价值）与感知付出（货币成本、时间成本、精力成本、体力成本）之间的比例。这种价值理论容易导致企业只考虑占有率，盲目追求客户让渡价值，而忽略企业利润。另外，这种价值理论是一种感知理论，会涉及大量的主观成分，需要采用问卷调查、直觉判断等获得，难以付诸实践，度量也很难做到客观准确。客户生命周期价值从企业的角度出发，是客户在整个生命周期中各个交易时段为企业带来的利润净现值之和。客户生命周期价值分为客户当前价值（Customer Current Value，CCV）和客户潜在价值（Customer Potential Value，CPV）两部分，既反映了收益流对企业利润的贡献，又明确地扣除了企业为取得该收益流所付出的代价，同时更重要的是客户生命周期价值充分考虑了客户将来对企业的长期增值潜力，因此能客观、全面地度量客户将来对企业的总体价值。

1. 传统的客户细分

传统的客户细分主要是基于客户统计学特征的客户细分和基于客户让渡价值理论的客户细分。基于客户统计学特征（如年龄、性别、收入、职业、地区等）的客户细分方法已为大家所熟悉，该方法虽然简单易行，但缺乏有效性，难以反映客户需求、客户价值和客户关系阶段，难以指导企业如何吸引客户、保持客户，难以适应客户关系管理的需要。基于客户让渡价值理论的客户细分，虽然比较全面地概括了客户对于企业的所有可感知的价值，但该细分方法容易导致企业只考虑市场占有率，盲目追求客户让渡价值，而忽略企业利润。另外，这种细分方法因为涉及大量主观感知成分，也导致在实践中难以操作实施、难以做到度量客观准确等问题。

2. 基于客户行为的客户细分

这种细分方法充分利用了企业大量存储的客户数据资源。当客户在企业产生了消费行为，他们的消费行为，如购买时间、产品和金额会被记录下来，这些信息里蕴含着消费者未来消费行为的预测信息，可以通过数据挖掘来获得里面的规律，并预测这些客户的行为。但是数据挖掘是对人员、技术、工具、时间要求很高的数据处理过程，投入的成本也很高。对一些小公司来讲，不大可行，也没有必要。

3. 基于客户生命周期的客户细分

基于客户生命周期的客户细分把客户关系划分为开拓期、形成期、稳定期和衰退期等几个阶段，可以帮助企业清晰地洞察客户关系的动态特征和不同阶段的客户行为特征，使企业能够针对客户所处阶段进行有针对性的营销，促使客户向稳定期发展，或者延长稳定期。

不过该方法也存在不足，该方法难以识别相同生命周期阶段的客户差异。例如，同是形成期的客户，客户价值存在差异，但该方法无法识别。

4. 基于客户生命周期价值的客户细分

基于客户生命周期价值的细分理论能从狭义上把CLV定义为客户在将来为企业带来的利润流的总现值，即未来利润，并认为客户当前价值和客户潜在价值从不同侧面反映了客户的这种未来利润，CCV和CPV两项之和就是客户在未来可为企业带来的总利润，即CLV=CCV+CPV。

该细分理论在全面衡量了客户当前价值和潜在价值后，对其中当前价值和潜在价值都高的客户认定为最有价值的客户，重点投入，不遗余力地保持；相反，两项取值都较低的客户价值较小，可少投入或不投入任何资源。

该细分理论的不足在于，它没有考虑到客户忠诚度对CLV的影响。一个忠诚度低的客户，即使他拥有高的当前价值及潜在价值，他的CLV也相对较低。企业如果对其进行重点投入就可能会带来损失，因为高的客户转换率会使企业的营销努力付之东流，因此仅利用客户当前价值和客户潜在价值两个维度对CLV进行预测并进行客户价值细分也存在一定的局限性。

6.3　客户识别和客户流失

6.3.1　数据挖掘应用于客户识别

对于大多数企业而言，地球上70亿左右的人中只有很少一部分是真正的潜在用户，大部分将根据地理、年龄、偿还能力、语言、产品或服务的需要而被排除在外。例如，对于提供房屋净值信贷额度的银行，它们会自然地把该服务限定为在银行所注册运行辖区内的房屋所有者；一家出售后院秋千装置的公司会希望得到有孩子且很可能有后院的家庭的信息；一本杂志的目标客户将会是有适当的阅读，并且对广告商感兴趣的人。

数据挖掘可以在发现潜在客户方面扮演多种角色。

1. 识别好的潜在客户

好的潜在客户的最简单定义是那些至少表示有兴趣成为客户的人，这一定义被许多公司所采用，更复杂的定义要求会更高。真正好的潜在客户不仅有兴趣成为客户，而且他们有条件成为客户，他们将会是有价值的客户，他们不太可能会欺诈公司，并且可能会支付账单，如果处理得好，他们将会是忠实的客户，并会推荐其他客户。无论对潜在客户的定义多么简单或复杂，第一个任务就是发现他们。

无论是通过广告还是通过诸如信件、电话或电子邮件等更直接的渠道发送信息，发现目标对象很重要。在某种程度上，甚至广告牌上的信息也是定向的；航空公司和租车公司的广告牌往往会出现在去往机场的高速公路上，因为驶向机场的人很可能会是使用这些服务的客户。

若要应用数据挖掘，首先定义什么是好的潜在客户，然后寻找规则把满足这些特征的人群作为营销目标。对于许多公司而言，使用数据挖掘识别好的潜在客户的第一步是构建一个响应模型。

2. 选择合适的通信渠道

潜在客户需要通信，广义地说，公司会有意用几种不同的方式与潜在客户进行通信。一种方法是通过公共关系，即利用媒体介绍公司并通过口碑传播正面的信息。虽然这种方法对有些公司高度有效（如Facebook、Google和eBay），但是公共关系并非直接的营销信息。

从数据挖掘的观点来看，广告和直接营销效果较好。广告可以采用多种形式，从火柴盒封面到广告词，从商业网站的赞助商链接到重大体育赛事期间的电视节目，以及电影中的产品放置等。由此可见，广告基于共同特点定位目标人群，然而，许多广告媒介还不能对个体定制信息。

3. 挑选适当的信息

即使是售卖同样的基础产品或服务，不同的信息也只适合不同的人。一个典型的例子是权衡价格和便利程度。有些人对价格很敏感，他们愿意在仓库购物，在深夜打电话，以及不断更改航班以获得更低的价格。而有些人则愿意支付额外的费用以获得最便捷的服务。基于价格的信息不仅不能激发寻求便利的客户，而且还有把他们引向获利较少的产品的风险，即使他们乐意支付更多。

6.3.2 通过当前客户了解潜在客户

找到好的潜在客户的一种好办法是查看目前最好的客户来自哪里。这意味着使用某种方法来确定谁是当前最好的客户。这也意味着需要记录当前客户是如何获取的，以及在获取客户信息时他们的状态信息。

依赖当前客户寻找潜在客户的危险在于当前客户反映的是过去的营销决策，并且研究当前客户不会提出在尚未尝试的位置寻找新的潜在客户的意见。不过，当前客户的性能是评估现有获取渠道的好方法。

为了发现潜在客户，了解当前客户在他们还是潜在客户时的特点很重要。理想情况下应该做到以下几点。

1. 在客户成为“客户”以前开始跟踪他们

可以在潜在客户成为客户之前，开始记录他们在第一次访问目标信息网站时所发出的一个Cookie，剖析访问者在该网站上所做的事情。当访问者再次登录信息网站时，该Cookie会被识别，同时剖析将会更新。最终访问者成为一个客户或者注册用户时，导致这种转变的活动将成为客户记录的一部分。

在Cookie跟踪响应和响应者同样是好的做法。第一个需要记录的关键信息是潜在客户响应或者没有响应的事实。描述谁响应了、谁没有响应的数据是未来响应模型的一个要素。另外，只要有可能，响应数据还应该包括刺激响应的营销行为、响应的渠道、交易的时间以及响应进来的时间。

确定许多营销信息中的哪些信息刺激了响应是需要技巧的。在某些情况下，它甚至是不可能的。为了能够找到那些有用的信息，响应表单和目录中应包括标识代码（Identifying Code）。甚至连广告宣传活动也可以通过让用户输入电话号码、邮件信箱、Web地址等来获取这些信息。如果还是无法确定，则可以采用最后手段——询问响应者来区分。

2. 收集新的客户信息

当潜在客户开始成为客户时，存在一个收集更多信息的黄金机会。在从潜在客户转换为客户之前，关于潜在客户的任何数据往往都是地理和人口统计数据。购买列表中除了姓名、联系信息以及列表源之外不可能提供任何其他信息。使用地址信息可以根据所在社区的特征推断出潜在客户的其他信息。根据姓名、地址以及从营销数据提供商购买的潜在客户家庭有关的信息，根据这类数据可以把潜在客户定位在一个较为宽泛的目标范围，如“年轻母亲”或“城市青少年”等一般性分组，但是它们不足以详细到形成个性化的客户关系。

提示：在地理级别（邮政编码、人口普查域等）的人口统计信息非常强大。然而，这些信息不提供个人信息或家庭的信息，它只提供潜在客户所在社区的信息。

其中收集的对未来数据挖掘最有用的字段是初始购买日期、初始获取渠道、响应的优惠、初始产品、初始信用评分、响应时间和地理位置。这些字段可用于预测大量的有趣结果，如预期的关系持续期、坏账以及额外购买等。应保持这些初始值，而不是随着客户关系的发展用新值来覆盖它们。

3. 获取时间变量可以预测将来的结果

通过获取客户的交易信息，在随后的时间跟踪客户，企业就可以使用数据挖掘将获取的时间变量与将来的结果相关联，诸如客户关系的寿命、客户价值和默认的风险等。然后，从这些信息中挖掘出可产生最佳结果的渠道和信息，可用来指导营销工作。通常，有些渠道所影响的客户生存周期会是其他渠道的两倍，企业可以通过采取最佳的渠道来延长客户关系的生存周期，从而达到提高企业利润的目的。

6.3.3 客户流失

对于任何公司而言，客户流失都是一个重要问题。而且对于成熟的行业尤为重要，因为其初期阶段的指数性增长已经过去。流失（或者从积极的角度来看，保留）是数据挖掘的一个主要应用。

1. 为什么流失是问题

损失的客户必须用新的客户来替代，而获取新的客户代价很昂贵。通常，新的客户在近期内所产生的收益比老客户要少。对于市场相当饱和的成熟行业而言尤其如此，因为，想要拥有产品或服务的人可能都已经是同行业别的企业的客户，因此新客户的主要来源是离开竞争对手的客户。

图6-3说明了随着市场逐渐饱和，以及获取活动的响应率逐渐下降，获得新客户的成本将上升。该图显示了每个新的客户在直接邮寄获取活动中的成本，假定邮寄成本为1美元，而且它还包括某种形式的20美元的优惠，如一张优惠券或降低信用卡的利率。若获取活动的响应率高，如5%，那么获得一个新客户的成本是40美元（送抵100人的成本为100美元，其中5位响应的成本是每人20美元。因此，获取5个新客户的成本为200美元），随着响应率下降，成本会迅速地增加。当响应率下降到1%时，获得每个新客户的成本是120美元。在某些时候，花这些钱来保留现有客户比用来吸引新的客户更有意义。

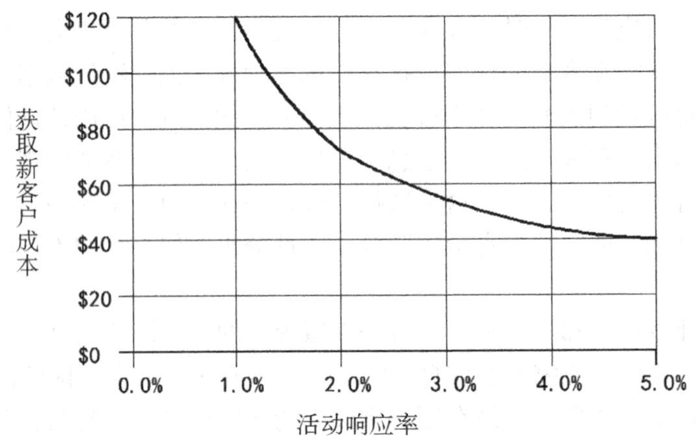

图6-3　活动响应率与获取客户成本的关系

保留活动有效，但也很昂贵。移动电话公司可能向延长合同的客户提供一款昂贵的新电话；信用卡公司可能会降低利率。这些优惠的问题在于得到优惠的客户都将接受它。谁不想要一个免费电话或较低的利率？许多接受该优惠的人无论如何都将一直保持为客户。构建流失模型的动机是要找出谁最有可能流失，从而向高价值的客户提供优惠，因为如果没有额外的奖励他们可能会流失。

2. 识别流失

流失建模（Attrition）的挑战之一是明确它是什么，并了解它何时会发生，这对于有些行业来说确实比较困难。一个极端的例子是处理匿名现金交易的业务。当一个曾经忠诚的客户放弃他经常喝咖啡的咖啡馆，去另一家咖啡馆时，牢记客户订单的咖啡师可能会注意到，但是这个事实不会被记录到任何公司的数据库中。即使在按名称标识客户的情况下，区分已经流失的客户和曾动摇过的客户之间的差异也可能很困难。如果一个忠诚于福特公司（Ford）的客户每五年会购买一辆新的福特车，但是他在第六年没有买，那么该客户是否已经流失到另一个品牌了？

当存在月度账单关系（如信用卡）时，流失会更容易被发现。即便如此，流失也可能会悄无声息。客户可能停止使用信用卡，但并未取消。流失在基于订阅的业务中很容易定义，因为这个原因，这些业务中的流失模型最受欢迎。长途公司、移动电话服务提供商、保险公司、有线电视公司、金融服务公司、Internet服务提供商、报纸、杂志以及某些零售商都共享一个订阅模型，其中客户有一个正式的、必须显式结束的合同关系。

3. 不同类型的流失

客户流失又分为自愿流失、非自愿流失和预期流失三种类型。客户根据自己的自由意志，决定把他们的业务放在其他地方。这种类型的流失，称为自愿流失。非自愿流失，也称为强制流失，发生在公司，而非客户终止关系时。最常见的是因为未支付账单。预期流失是指客观条件下，当前的客户已经不再是产品的目标用户，对于这类客户企业要能提前预期到，例如，婴儿长牙齿后不再需要婴儿食品；家庭搬家后更换有线电视提供商。

不混淆不同类型的流失很重要，但也不容易做到。考虑两个相同财务状况下的移动电话客户。由于一些不幸，两个客户都不能继续接受移动电话服务，两个电话都被取消了。其中一个通知了客户服务代理，其被记录为自愿离开；另一个不打电话通知客户服务代理，也不支付账单，并且使用这个电话，第二个客户是被迫离开。两个客户的根本问题——缺乏资金——都是相同的，所以他们很可能将得到类似的分数。模型不能预测两个用户所体验的持有时间方面的差别。

公司把非自愿流失误判断为自愿流失将导致两次损失 —— 一次是当他们花钱试图保留变坏的客户，另一次是增加了注销代价。对非自愿流失不准确的预测也可能会很危险。因为对不可能支付账单的客户的处理往往令人不快 —— 停止电话服务、增加滞纳金，并更频繁地发送催缴信，这些补救办法可能会疏远其他好的客户，增加他们自愿离开的可能。

从数据挖掘的角度看，能够较好地区分开自愿和非自愿流失，这样就降低了客户被误判的风险。

提示：当对流失建模时，对所有类型的流失进行建模是一个好主意。在他们彻底流失之前，客户都处于非自愿和自愿流失的风险，对某一种风险得分较高的客户可能（或可能不）对其他的风险同样具有较高的分数。

4. 不同种类的流失模型

对流失建模有两种基本方法，第一种是把流失看成是二分结果，其中客户将离开或者留下；第二种试图估计客户的剩余生存周期。

（1）预测谁会离开。

为了把流失建模成二分结果，必须选定某个时限。如果问题是“明天谁会离开”，答案是几乎没有人。但是如果这个问题是“谁将在下一个百年里离开”，那么大多数企业的答案几乎是每个人。二分结果流失模型通常有一个较短的时限，如60天、90天或者一年。当然，时限不能太短，否则将没有时间实施模型预测。

可以使用通常用于分类的工具来建立这种模型，包括逻辑回归分析、决策树和神经网络等。描述某一刻客户人口的历史数据将带有一个标志，以显示客户在某个后续时刻是否依然是活跃的。建模任务是区分哪些客户会离开以及哪些会留下。

这种模型通常会根据客户离开的可能性对他们进行打分并排序。最自然的打分是简单地使用模型，得出客户在某个时期内离开的可能性。那些自愿流失得分超过某个阈值的客户将被包含在一个保留方案中。那些非自愿流失得分超过某个阈值的客户将被放在一个观察列表中。

通常，流失预测器是基于一组客户的混合信息，包括在获取时所了解的客户信息，如获取渠道和初始信用类别。在客户关系期间发生的事情，如服务相关的问题、延迟还款和意外的高账单或低账单，以及客户的人口统计信息。第一类流失驱动给出了如何通过减少获取易于流失的客户来降低未来客户流失的信息，第二类流失驱动提供了如何减少已存在客户的风险的洞察力。

（2）预计客户将保留多长时间。

流失建模的第二种方法是生存分析，其基本思想是计算每个客户或者每组客户（他们具有相同的模型输入变量的值，如地理、信用等级以及获取渠道等）到目前为止将在明天离开的可能性。对于任何阶段，这种所谓的灾难可能性（Hazard Probability）的发生概率都相当小，但是某些阶段的可能性会高于其他阶段。通过干预灾难，企业能够估算出客户生存到某个更远的未来日期的概率。

6.4 客户维度与属性

一致性客户维度是建立高效客户关系管理的关键元素。维护、部署良好的一致性客户维度是实现优秀客户关系管理的基石。

客户维度通常是所有DW/BI（Data Warehouse / Business Intelligence）系统维度中最具挑战性的维度。在大的组织中，客户维度一般非常庞大，涉及上百万行，包含几十甚至几百个属性，有时变化非常快。对于超大型的零售商、信用卡公司、政府机关，其庞大的客户维度有时包含上亿条记录。更为复杂的情况是，客户维度通常表示的是融合了多个内部和外部源系统的集成数据。

接下来，将考虑多种客户维度设计。将以对姓名/地址的分析和其他公共客户属性（包括维度支架表）作为开端，并逐步深入讨论其他主要的、有趣的客户属性。当然，客户属性列表通常包含相当多的内容。从客户处获得的描述性信息越多，客户维度就越稳健，越能分析出更有价值的东西。

6.4.1 姓名与地址的语法分析

无论处理的是个人还是商业实体，通常都需要获取客户姓名和地址属性。操作型系统对姓名和地址的处理太过简单，难以为DW/BI系统所利用。许多设计者随意设计姓名和地址列，例如，姓名 1 至姓名 3 、地址 1 至地址 6 等，用于处理所有的情况。遗憾的是，要更好地理解和分段客户库，此类杂乱的列毫无价值。将姓名及地址列用上述一般方法设计会产生质量问题。如表6-1所示为用一般方法建立的列。

表6-1　过于一般化的客户姓名/地址示例数据

列	示例数据值
Name	Ms. R. Jane Smith， Atty
Address 1	123 Main Rd， North West， Ste 100A
Address 2	PO Box 2348
City	Kensington
State	Ark.
ZIP Code	88886-2348
Phone Number	888-555-3333 x776 main， 555-4444 fax

这样设计的姓名和地址数据列将会受到太多限制。很难采用一致的机制处理称谓、标题和前缀。用户无法获悉某人的姓名，也无法知道如何对其进行个性化的问候。如果查看该操作型系统的其他数据，会发现多个客户具有相同的姓名属性，也可能发现姓名列中额外的描述性信息，如机密的受托人或未成年人。

在示例的地址属性中，不同地方采用的缩写形式不一。地址列空间足够大，可以容纳任何地址，但没有建立与邮局规则一致的规则，或者支持地址匹配和横向/纵向识别。

与其使用通用意义的列，不如将姓名和地址属性拆分为多个部分。抽取过程需要针对原先混乱的姓名和地址进行语法分析。属性分析完成后，可以将它们标准化。例如，“Rd”将变为“Road”，“Ste”将变成“ Suite”。属性也可以被验证，例如，验证ZIP代码和关联的地区组成是否正确。目前，市场上已经存在专门针对姓名和地址进行清洗的工具，帮助用户开展分析、标准化和验证工作。

表6-2展示的是美国人姓名和地址属性。为方便理解，每个属性都包含一个示例数据，但真实的示例与展现的不同。当然，商业数据管理方需要确定针对客户维度进行分析数据元素的分析价值。

表6-2　包含姓名和地址语法分析的示例客户姓名/地址数据

列	示例数据值
Street Direction	North West
City	Kensington
District	Cornwall
Second District	Berkeleyshire
State	Arkansas
Region	South
Country	United States
Continent	North America
Primary Postal Code	88887
Secondary Postal Code	2348
Postal Code Type	United States

续表

列	示例数据值
Office Telephone Country Code	1
Office Telephone Area Code	888
Office Telephone Number	5553333
Office Extension	776
Mobile Telephone Country Code	1
Mobile Telephone Area Code	509
Mobile Telephone Number	5554444
E-mail	RJSmith@ABCGenlntl.com
Web Site	www.ABCGenlntl.com
Public Key Authentication	X.509
Certificate Authority	Verisign
Unique Individual Identifier	7346531

商业客户可能包含多个地址，如实体工厂地址和商店地址，每个地址都应该遵守表6-2展示的地址结构的逻辑规则。

6.4.2 国际姓名和地址的考虑

国际化展示和打印通常需要表示成外文字符，不仅包括来自西欧的重音字符，也包括斯拉夫语、阿拉伯语、日语和中文，以及其他一些并不为人所熟悉的书写系统。重要的是不要将这一问题理解为字体问题，而要将它视为字符集合的问题。字体仅仅是艺术家对一组字符的渲染。标准英语包含上百种可用的字体，但是标准英语仅包含相对小的字符集合，除非专业从事印刷工作，否则对一般人来说，这一字符集合基本能够满足所有使用需求。这些小字符集合通常都被编码到美国信息交换标准码（ASCII）中，该标准采用 8 字节编码方式，最多可以包含255个字符。这255个字符中仅有大约100个字符有标准解释，并可用普通英语键盘来输入。对以英语为母语的计算机用户来说，这通常已经足够了。但需要清楚的是，ASCII对于非英语写作系统所包含的成千上万个字符来说，就显得远远不够了。

国际系统构建组织Unicode协会定义了一个称为Unicode的标准，用于表示世界上几乎所有国家的语言和文化所涉及的字符和字母。具体情况可以通过访问www.unicode.org获取。 Unicode标准6.2.0版本为110 182种不同的字符定义了特殊解释，目前基本覆盖美国、欧洲、中东、非洲、印度、亚洲和太平洋等国家和地区的主要写作语言。Unicode是用于解决国际化字符集合的基础。

需要注意的是，实现Unicode解决方案的操作位于系统的基础层。首先，操作系统必须支持Unicode，目前主流操作系统的最新版本都支持Unicode。

除了操作系统，所有用于获取、存储、转换和打印字符的设备都必须支持Unicode。数据仓库后端工具也必须支持Unicode，包括封装类包、编程语言和自动ETL包。最后，DW/BI应用，包括数据库引擎、BI应用服务器、报表编写器、查询工具、

Web服务器、浏览器都必须支持Unicode。DW/BI架构师不仅要与数据管道中包含的每个包的提供商交谈，还需要指导各类端到端的测试，获取一些遗留应用中符合Unicode的姓名和地址数据，并将它们发送到系统中。将它们在DW/BI系统的报表中或浏览窗口中打印出，并观察特殊字符是否符合要求，这一简单的测试将会消除一些混乱。注意，即使开展了此项工作，同样的字符（如某个元音变音）在不同的国家（如挪威和德国）也有不同的分类。即使不能解决所有国际排序序列的变化，至少挪威和德国会同意该字符是一个元音。

如果要处理的客户来自多个国家，客户地理属性会变得相当复杂。就算没有国际客户，也可能需要处理国际姓名和地址，它们可能存在于DW/BI系统中，用于国际提供商和人力资源个人记录管理。

注意：有时客户维度可能包括完整的地址块属性。该列是特别制作的，组合了客户邮寄地址，包括邮件地址、ZIP编码和满足邮寄需要的其他属性。该属性可用于那些有当地特色的国际位置。

讨论了Unicode基础后，除了姓名和地址分析需求以外，还需要牢记以下目标。

（1）通用型和一致性。如果用户打算使设计的系统能够适合国际环境，让它能够在世界各地工作，则需要仔细考虑，BI工具是否产生多种语言的报表转换版本。可以考虑为每种语言提供维度的转换版本，但是转换维度也会带来一些敏感的问题。

如果属性粒度在跨语言环境下未能忠实保留，则要么分组统计将会出现差异，要么不同语言的某些分组将包含看起来不正确的表头。为避免出现这些问题，需要在报表建立后转换维度。首先需要以单一的基本语言建立报表，然后将报表转换为所需的目标语言。

所有BI工具的消息和提示符需要进行转换以方便用户使用。此过程被称为本地化。

（2）端到端数据质量以及与下游的兼容性。在整个数据流程中，数据仓库不是唯一需要考虑国际化姓名和地址的地方。从数据清洗和存储步骤开始，到最后一步执行地理和人口统计分析及打印报表步骤的整个过程，都需要提供设计方面的考虑，以实现对获取姓名和地址的支持。

（3）文化的正确性。多数情况下，国外客户和合作伙伴将以某种方式获取DW/BI系统的最终结果。如果不知道姓名的哪个部分是姓、哪个部分是名，就不知道如何称呼，那么将会冒不尊重他人的风险，或者至少看起来非常愚蠢。若输出句读不清，或出现拼写错误，外国客户和合作伙伴将会选择与了解他们的公司做生意。

（4）实时客户响应。DW/BI系统可以通过支持实时客户响应系统，扮演操作型角色。客户服务代理可以接听电话，或者在不多于 5 秒左右的等待时间后从屏幕上得到数据仓库推荐使用的问候。此类问候通常包括适当的称呼，包含恰当的用户头衔和姓名。这种问候代表一种完美的热响应缓存，它包含预先计算好的对每个客户的响应。

（5）其他类型的地址。在通信与网络的革命中，如果设计的系统能够处理国际姓名和地址，则必须预先考虑处理电子姓名、安全标志和网络地址。

与国际地址类似，电话号码必须根据呼叫源以不同方式表示。需要提供属性表示完整的外国拨号方式、完整的国内拨号方式以及本地拨号方式。需要注意的是，不同国家的电话拨号方式存在一定的差异。

6.4.3 客户为中心的日期

客户维度通常包含多种日期，如首次购买的日期、最近一次购买的日期、生日等。尽管这些日期最初可能是SQL日期类型的列，但如果希望根据特定的日历属性汇总这些日期（例如，按照季节、季度、财务周期等），则这些日期必须转变为引用日期维度的外键。需要注意，所有此类日期将会按照日期维度划分。这些日期维度将按照不同语义视图被定义，例如，包含唯一列标识的首次购买日期维度。图6-4所示的设计是一种日期维度支架表，将在6.4.7小节讨论。

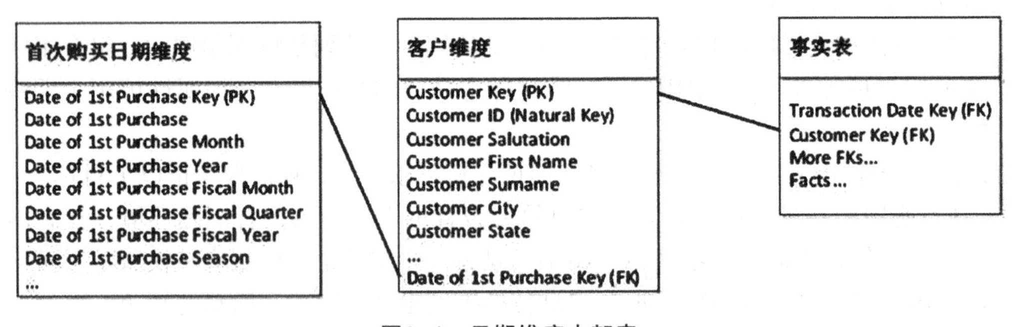

图6-4 日期维度支架表

6.4.4 基于事实表汇聚的维度属性

商业用户通常喜欢基于指标查询或者汇聚的性能度量客户维度，例如，从所有用户中过滤出那些在上一年度花费超过一定数额的客户。也许他们希望按照客户购买产品数量的多少进行约束统计，然后将查询结果作为维度属性再次进行汇聚，最后计算出客户满意的指标。他们也会提出在所有用户中找到那些满足判断标准的用户，然后在查询的结果之上提出另外一个查询，分析满足条件的客户的行为。但并非所有情况都是这样，建议不要将事实表的汇聚结果当成维度属性来存储。这样，商业用户可以方便地约束属性，就像他们在地理属性上所做的那样。这些属性可用于约束和标识，但不能用于数字计算。虽然把事实表的汇聚结果当作后面计算的维度属性能够优化计算过程，但主要的负担都落到ETL过程中，ETL过程需要确保属性的精确性，确保它们是最新的，并与实际的事实表保持一致。如果选择将这些事实的汇聚结果当成维度属性，则这些事实表一定是频繁使用的（一般事实表的数据量很大），这也往往会给服务器带来一些不必要的资源开销。

6.4.5 分段属性与记分

客户维度中最强有力的属性是分段类。在不同的商业环境下，这些属性的变化范围显然比较大。对某个个体客户来说，可能包括以下内容。

（1）性别。

（2）民族。

（3）年龄或其他生命分段方式。

（4）收入或其他生活类型分类。

（5）状态（例如，新客户、活跃客户、不活跃客户、已离去客户）。

（6）参考源。

（7）特定业务市场分段（例如，优先客户标识符）。

类似地，许多组织为其客户打分以刻画客户情况。统计分段模型通常以不同方式按照积分将客户进行分类，例如，基于他们的购买行为、支付行为、客户流失趋向或默认概率。每个客户用所得的分数进行标记。

1. 行为标记时间序列

一种常用的客户评分及系统分析方法用于考察客户行为的相关度（R）、频繁度（F）和强度（I），该方法被称为RFI方法。有时将强度替换为消费度（M），因此也被称为RFM度量。相关度是指距离客户上次购买或访问网站的天数。频繁度是指客户购买或访问网站的次数，通常是指过去一年的情况。强度是指客户在某一固定时间周期中消费的总金额。例如，在处理大型客户数据库时，某个客户的行为可以按照图6–5所示的RFI多维数据库建模。在此图中，某个轴的度量单位为1/5，1 ~ 5代表某个分组的实际值。

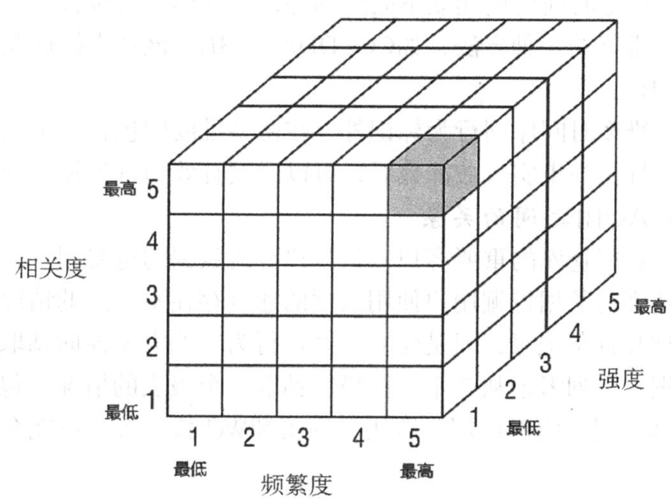

图6–5　相关度、频繁度和强度（RFI）多维数据库

如果在多维数据库中有上百万个点，要理解不同分组的含义就比较困难。此时，咨询数据挖掘专家，会发现有意义的分组非常必要。数据挖掘专家可能会利用下列行为标识，更复杂的场景可能会包含信用行为和回报情况。

（1）高容量常客户，信誉良好，产品回报一般。

（2）高容量常客户，信誉良好，产品回报多。

（3）最近的新用户，尚未建立信誉模式。

（4）偶尔出现的客户，信誉良好。

（5）偶尔出现的客户，信誉不好。

（6）以前的优秀客户，最近不常见。

（7）只逛不买的客户，几乎没有效益。

（8）其他客户。

至此，可以根据客户时间序列数据，将某个客户关联到报表期间的最近分类中。数据挖掘技术可以实现这一功能。例如，在最近10个考察期间，一位名为约翰的客户情况可以表示为：

约翰：CCCDDAAABE

这一行为时间序列标记是有特点的，因为它来自固定周期度量过程，观察值是文本类型的。行为标记不是数字型的，不能计算或求平均值，但是它们可以被查询。例如，可以发现在以前的第 5 个、第 4 个或第 3 个周期中获得A，且在第 2 个或第 1 个周期中获得B的所有用户。也许通过这样的进展分析，可以发现那些可能会失去的有价值的客户，这样的分析可用于提高产品回报率。

行为标记可能不会被当成普通事实存储。行为标记的主要作用在于为类似前一段描述的例子制定复杂的查询模式。如果行为标记被存储在不同的事实表行中，此类查询将非常困难，需要串联关联的子查询。处理行为标记的推荐方法是在客户维度中建立属性的时间序列，这样便可以通过建立时间戳索引来提高查询的性能。

除了为每个行为标记时间周期建立不同的列外，建立单一的包含将所有行为标记连在一起的属性也是非常好的一种方法，如CCCDDAAABB。该列支持通配符搜索外部模式，例如，D后紧跟B。

注意：除了客户维度时间序列行为标记外，在微型维度中包含一个当前行为标识值也是非常合理的。这样，在事实行被加载后，可以通过有效的行为标记分析事实。

2. 数据挖掘与DW/BI之间的关系

数据挖掘小组是数据仓库的重要客户，是客户行为数据的重要用户。然而，数据仓库用户发布数据的速度与数据挖掘用户使用数据的速度存在不匹配的情况。例如，决策树工具每秒可以处理几百条记录，但是建立“客户行为”的大型横向钻取报表却无法以这样的速度发布数据。下列考虑从 7 个方面横向钻取一个报表的情况，包括基本信息统计、人口统计、外部信用、内部信用、购买、回报和Web数据等，可能会产生几百万客户行为记录。

```
SELECT Customer Identifier, Census Tract, City, County, State, Postal Code, Demographic Cluster,
    Age, Sex, Marital Status, Years of Residency, Number of Dependents,
    Employment Profile, Education Profile, Sports Magazine Reader Flag,
    Personal Computer Owner Flag, Cellular Telephone Owner Flag, Current Credit Rating,
    Worst Historical Credit Rating, Best Historical Credit Rating, Date First Purchase,
```

```
Date Last Purchase, Number Purchases Last Year, Change in Number Purchases vs. Previous Year,
Total Number Purchases Lifetime, Total Value Purchases Lifetime,
Number Returned purchases Lifetime, Maximum Debt, Average Age Customer 's Debt Lifetime,
Number Late Payments, Number Fully Paid, Times Visited Web site,
Change in Frequency of Web Site Access, Number of Pages Visited Per Session,
Average Dwell Time Per Session, Number Web Product Orders, Value Web Product Orders,
Number Web site visits to Partner WebSites, Change in Partner Web Site visits
FROM*** WHERE*** ORDER BY*** GROUP BY***
```

数据挖掘小组可能会喜欢这样的数据，例如，包含上百万条此类查询结果的大型文件可以用决策树工具分析。在此分析中，决策树工具将决定哪些列可用于预测目标字段的变化。有了这个答案，企业就可以使用简单的方法预测谁将成为优秀客户，而不需要知道其他的数据内容。但是数据挖掘小组希望反复使用此类查询结果，用于不同种类的分析工具，可能使用人工神经网络或者基于示例的推理工具。与其反复让数据仓库小组建立复杂的查询来产生庞大、昂贵的查询结果，不如将查询结果集合写入一个文件中，让数据挖掘小组在他们自己的服务器上分析。

6.4.6　客户维变化的计算

在业务上，通常希望基于客户的属性，尽可能少与事实表连接来实现对客户的计算。如果要跟踪客户二维变化，则需要注意避免重复计算。因为在客户维度中，可能针对同一个体存在多行数据，需要针对唯一的客户标识执行COUNT DISTINCT操作，或者GROUP BY操作，条件是属性必须是唯一的、持久的。客户维度的当前行为标识也有助于开展客户实时计算的工作。

如果要针对客户的历史时间窗口进行分析，需要使用客户维度中的有效日期和失效日期进行计算。例如，如果需要知道2013年11月的客户数量，假设当前日期是2013年年初，则需要约束行为有效日期为有效期>=‘1/11/2013’且失效期<=‘30/11/2013’，这样的约束可以限制结果集。需要注意的是，在执行这样的操作时，要参考设置有效/失效日期的业务规则。

6.4.7　低粒度属性集合的维度表

通常情况下，设计者应避免使用雪花模型，雪花模型将维度中低粒度的列放入不同的规范化表中，然后将这些规范化表与原始维度表关联。一般来说，在DW/BI环境中不建议使用雪花模型，因为雪花模型总是会让用户的展示变得更复杂，此外对浏览性能也会带来负面影响。针对这种雪花模型的限制，可以采用支架模型，支架模型类似于雪花模型，它们都是用来处理多对一的关系的。支架模型是指维度表之间的连接，它并不是完全标准的雪花型，而是从事实表中派生的一个或以上的层次，支架模型通常在一个标准维度被另一个维度引用的情况下应用。

如图6-6所示，维度支架表是来自外部数据提供者的数据集合，包含150个与客户居住县有关的人口与社会经济属性。居住在指定县的所有客户的数据是相同的。与其为每个住在同一县中的客户重复保留该类数据，不如将其建模为支架表。支持“不采用雪花模型”的原因在于：首先，人口统计数据与主维度数据相比存在几种不同的粒度，并且没有多大的分析价值。与客户维度的其他数据比较，则在不同的时间被多次加载。其次，如果基本客户维度非常大，则采用该方法可以节省大量的空间。如果使用的查询工具仅包含经典的星型模型而没有雪花模型，则支架表可以隐藏在视图定义之后。

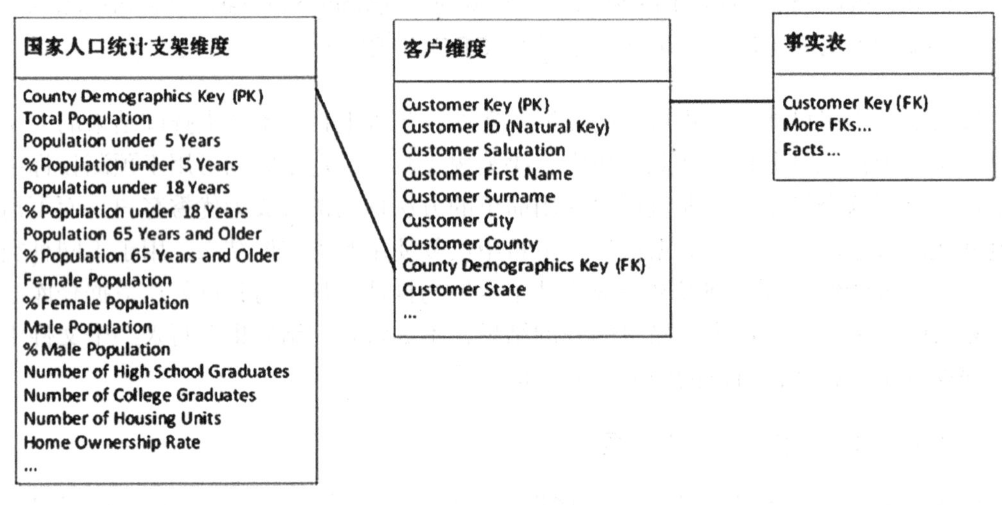

图6-6 分类低粒度属性的维度支架表

警告：可以使用维度支架表，但只可偶尔为之，不要常用。如果设计中包含大量的支架表，就应该提高警惕。开发者可能会陷入过度规范化设计的麻烦之中。

6.4.8 客户层次的考虑

商业客户问题中最具挑战性的问题之一是对企业组织的内部层次建模。商业客户往往都存在实体的嵌套层次，范围涉及个人位置或组织的地区办事处、业务部门总部以及终端母公司等。这些层次关系可能会因为客户内部重组或者参与收购与资产剥离而经常发生变化。

尽管不常见，偶尔还是能遇到层次结构比较稳定、不经常变化的企业客户。假设开发者遇到的是最大层次为3层的情况，如终端母公司、业务部门总部和地区办事处。在此情况下，在客户维度上包含三个不同的属性来对应这三个不同的层次。对那些具有复杂组织结构层次的商业客户或者层次结构经常发生变化的商业客户来说，最好将这3个层次适当地表示为与每个层次相关的3个不同实体。

在多层级的企业客户中，客户数据的流转过程一般为：所有地区办事处将数据汇总到所有业务部门总部的数据中，然后汇总到终端母公司的数据中。终端母公司在进行数据汇总时，可以按照数据来源打上企业的层次标签或者分层次存储，保证每个层次都有完整的数据库，方便对这些数据进行各层级的指标分析，终端母公司也可以根据汇总的数据计算企业的某一综合业务指标，然后和行业中的指标做对比，为企业的战略决策提供支持。

多数情况下，复杂的商业客户层次都具有无法确定层次深度和参差不齐的特性，因此需要采用参差不齐的、可变深度的层次建模技术。例如，如果某一公共事业公司正设计一个税率计划，用于所有公共消费者，这些消费者是涉及多个层次不同的办事处、分支位置、制造位置和销售位置的大量消费者的一部分，此时不能使用固定层次。最坏的设计是采用通用层次集合，命名为层次 1 、层次 2 等。当面对一个参差不齐的可变深度层次时，采用该方法会导致客户维度无法使用。

6.5　复杂的客户行为

客户行为可能非常复杂，本节将讨论客户行为类型分析、连续行为分析以及行为分析模型，同时还将包括事实表的准确时间范围问题，以及用客户满意度或异常情况的指标标注事实事件。

6.5.1　行为类型分析

在分析客户时，类似在某个地理区域内上一年向客户卖出多少产品这样的简单查询，已快速发展到类似在上个月有多少客户的购买量比他们在上一年的平均购买量要多这样的复杂查询。若要让商业客户用一条SQL语句来表达这样的复杂查询实在是太困难了。常见的做法是嵌入子查询，或者采用横向钻取技术，将复杂查询分解为多条查询语句分别执行，然后将查询结果合并为最后结果。

某些情况下，用户可能希望通过某个查询获得有相似行为的客户集合或异常情况报告，例如，去年最出色的1 100个客户、上个月消费超过1 000美元的客户，或接受了特殊测试要求的客户，然后使用客户行为类型分析，开展后续对某种行为的客户群体的分析工作。为了实现客户行为类型分析，通过运行一系列查询或者采用数据挖掘技术，对客户行为深入分析，可把客户分为不同的类型，然后从客户集合中选择某个属性来作为行为类型表的唯一标识，通常会选取能标识客户唯一性的持久键或者其他能和客户持久键相关联的属性。行为类型维度不会受制于客户维度的变化，但是会随着客户的年龄、地址等其他基本属性值的改变而发生变化。

注意：建立复杂行为类型分析的关键在于获取需要跟踪的客户或产品行为的主键。然后使用获取的主键在其他的事实表上建立约束，而不需要返回原始的行为。

如图6-7所示是客户行为类型分析的简单使用。

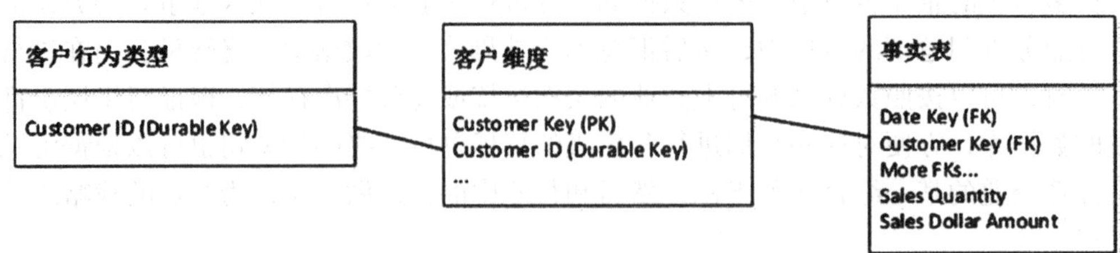

图6-7 通过客户维度持久性键与客户维度链接的客户行为类型分析

行为类型分析表附带一个客户维度持久性键（参考图6-7所示的Customer ID）的等值连接，这样就能够清楚地根据行为类型维度把客户的行为显示在视图中。采用该方法，来形成一个看起来行为上类似且不那么复杂的星型模型。

注意：由于行为类型分析表异常简单，可以对它们执行交集、合并和差集等操作。例如，本月问题客户的集合可以与上月问题客户求交集以获得连续两个月问题客户的集合。

通过加入客户行为发生日期属性，行为类型分析将变得更加强大。例如，行为类型分析可以指导某个客户的购买行为，当他们发现客户购买的花生酱品牌发生变化时，对客户进行研究分析，然后进一步跟踪购买的品牌，观察他们是否再次选择了新的品牌。要正确完成上述工作，跟踪这些购买事件时必须具有正确的时间戳，以便获得准确的行为结果。

这种策略在实际生产中有一定的局限性。首先，该方法需要有获取数据仓库中实际行为表的数据接口，并且要有人来管理和维护这些接口。当某个复杂的行为报告定义后，为了能方便地引用这一分析结果，需要从实际行为表选择某一个客户属性来作为行为维度的主键。这些行为类型表必须与主事实表使用同一种方式来存储，因为它们要直接和客户维度表关联，这显然会增加数据库管理员的工作量。

6.5.2 连续行为分析

企业在生产过程中有时候需要了解特定客户某段时间的行为动向，借此来改变对该客户的销售策略，这就需要用到连续行为分析。多数DW/BI系统都有实现连续过程的良好示例。通常，从特定位置开始，来考察用户流或产品动向。相比之下，连续性度量需要跟踪客户或产品的一系列步骤，通常通过不同的数据获取系统来度量。有关连续行为分析典型的例子，就是通过客户的Cookie获取客户在连续多个Web页面的会话信息。分析连续过程时，理解在整个序列中哪里是个体有效的步骤，是要面临的一个主要挑战。

步骤维度，即客户在整个会话环境中的具体操作，如图6-8所示。

步骤维度是一个事前定义的抽象维度。维度中的第 1 行只能用于一个步骤的会话，其中当前步骤是第 1 步并且没有其他多余的操作。步骤维度中第 1 行后紧接的两行用于标记后两步的会话。其中第 1 行（步骤键=2）的步骤号为 1 ，包含不止一个步骤，下一行（步骤键=3）的步骤号为 2 ，该步骤后没有其他步骤。步骤维度可以被方便地扩充至100个步骤的会话。从图6-8中可以发现，步骤维度可以与事务事实表关联，其中事实表

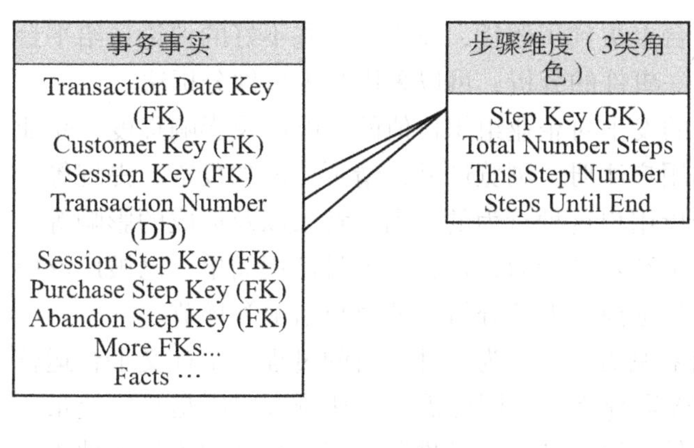

步骤键	步骤总号	该步步骤号	该步到结束的步骤数
1	1	1	0
2	2	1	1
3	2	2	0
4	3	1	2
5	3	2	1
6	3	3	0
7	4	1	3
8	4	2	2
9	4	3	1
10	4	4	0

图6-8　获取连续活动的步骤维度

的粒度是个体页面事件。在该例中，步骤维度有三种角色：第 1 个角色是整个会话；第 2 个角色是连续的购买子会话，其中页面事件的序列产生确认的购买；第 3 个角色是被遗弃的购物车，购买没有发生时，页面事件的序列被终止。

使用步骤维度，可以在特定的某个页面快速地找到页面所属的角色（整个会话、连续购买、抛弃的购物车）。更为有趣的是，可以查询每个步骤客户连续购买的页面。通过这个经典的Web时间步骤维度分析，来确定连续会话的“引导”页。相反，还可以查到客户抛弃购物车时的最后一个页面，抛弃购物车之后客户又访问了哪个页面。

建模连续行为的另外一种方法是为每个可能出现的步骤建立特殊的固定编码。如果需要跟踪零售环境中的客户购买产品的行为，并且如果每个产品可以被编码，如以 5 位数字号码编码，那么能够为每个客户建立包含产品代码序列的文本列。使用非数字的字符来分割代码。这样的系列如下所示。

11254 | 45882 | 53340 | 74934 | 21399 | 93636 | 36217 | 87952 | ……

现在使用通配符可以搜索特定的产品购买序列或与其一起购买的产品的情况，或者在卖出某个产品的同时，另外某个产品未被卖出的情况。现代关系型数据库管理系统也具备存储和处理这些长字符文本的能力，并且也提供很多利用通配符的搜索。

6.5.3　行为分析模型

企业针对客户的不同行为，会采用几种常用的分析模型，通过数据分析方法的科学应用，经过理论推导，能够相对完整地揭示用户行为的内在规律。通过这些分析，可以帮助企业建立快速反应、适应变化的敏捷商业智能决策系统。常用的分析模型有行为事件分析、漏斗分析和行为路径分析。

1. 行为事件分析

在现在的互联网模式下，事件的传播速度之快是无法想象的，但是事件能给企业带来的影响也是很难评估的。例如，某电商平台发现某个时间段内商品的销售量有所降低，据客服反馈说是有几个客户在平台上买到了假货，发表了一些不好的评论，给平台的声誉造成了坏的影响。这种针对某一事件的分析，可以采用行为事件分析法。

行为事件分析法研究某行为事件的发生对企业组织价值的影响以及影响程度。企业通过对用户的业务行为进行追踪，如用户注册、浏览产品详情页、成功投资、提现等，研究与事件发生关联的所有因素来分析用户这种行为的原因、背景以及造成的影响等。行为事件分析法具有强大的筛选、分组和聚合能力，逻辑清晰且使用简单，已被广泛应用。行为事件分析法一般有事件定义与选择、下钻分析、解释与结论等环节。

现在以“网络爬虫的识别”案例来说明客户行为事件分析的过程。某社交平台运营人员发现，8月10日以来某一地市的PV数异常高，因此需要快速排查原因是真实流量还是网络爬虫。首先企业可以先定义事件，通过“筛选条件”限定流量来源为这个地市，再从其他多个维度进行细分下钻，如“时间”“访问地址”“操作系统”“浏览器”等。当进行细分筛查时，网络爬虫就会现出原形。

2. *漏斗分析*

从启动APP到用户最终支付成功，为什么转化率很低，这应该是产品经理很关注的问题。这就需要对用户的整个行为过程做重点关注，所以“营销管理重在过程，控制了过程就控制了结果”也逐渐成为很多管理者的营销理念。漏斗分析模型是企业实现精细化运行、进行用户行为分析的重要数据分析模型，对营销管理的精细化程度以及用户行为有着重要影响。

漏斗分析是一套流程式数据分析，能够科学反映用户行为状态以及从起点到终点各阶段用户转化率情况的重要分析模型。例如，在一款游戏产品中，玩家从下载APP开始到花费，一般的用户会经过五大阶段：激活APP、注册账号、进入游戏、体验游戏、购买装备。漏斗模型能展现出各个阶段的转化率，通过对各环节相关数据的比较，直观地发现和说明问题所在，从而找到优化的突破口。现在漏斗分析模型已经广泛应用于流量监控、产品目标转化等日常数据运营与数据分析中。

漏斗分析模型仅仅是简单的转化率的呈现吗？答案是否定的，科学的漏斗分析模型能够帮助企业获得以下价值。

（1）企业可以监控用户在各个层级的转化情况，聚集用户选购全流程中最有效转化路径，同时找到可优化的短板，提升用户体验。保留客户、降低客户流失率是企业自始至终都要关注的重要问题，通过不同层级的转化情况，快速、直观地定位到客户流失的环节，针对性地对薄弱环节进行优化，如此就可以降低客户的流失率。

（2）多维度切分与呈现用户转化情况。通过漏斗分析还能够展现转化率趋势的曲线，帮助企业洞察客户的行为变化。提升转化分析的精度和效率，对企业的营销策略调整有着科学的指导意义。

（3）不同属性的用户群体漏斗分析比较，从差异角度窥视优化思路。在企业需要对不同客户群体（如新注册用户与老客户、不同渠道来源的客户）的行为过程做分析的时候，可以采用漏斗分析，分别对每个客户群体画出漏斗模型，对比各个环节的转化率，各流程步骤的转化率、了解转化率最高的客户群体，根据分析结果对不同的客户群体实施差异化的营销。

3. 行为路径分析

中国某个社区的O2O服务平台。在一次评估客户总体转化率的过程中，通过漏斗分析发现，从登录社区APP后，提交订单的商超客户仅有30%。问题已经暴露得很清楚了，提交订单这一环节的转化率太低。但是如何才能有效地提高客户在这一环节的转化率？应该从哪些方面来分析这些客户行为才是有效的？客户的行为路径分析是其中一种行之有效的方法，它为企业实现理想的数据驱动与布局调整提供科学指导，具有重要参考价值。

客户行为路径，顾名思义，用户在业务实现过程中的路径，在这里就是指用户在APP或网站中的访问行为路径。为了验证网站业务流程是否合适，衡量网站优化或者营销活动的效果，时常要对客户的访问路径的转换数据进行分析。以刚才提到的O2O平台为例，客户从登录网站或者APP到支付成功，需要经过浏览首页、搜索商品、加入购物车、提交订单、支付订单等过程。而用户的选购过程掺杂了很多个人情感，这是一个复杂的、难以推测的过程。例如，客户提交订单后，很可能会返回首页继续搜索商品，也可能取消订单，不管哪种路径都有客户的出发点和动机。综合其他分析模型，对客户行为进行深入分析后找到客户的动机，从而引导客户走到企业期望的路径上来，这是行为路径分析希望达到的最终结果。

客户行为路径分析以目标事件为起点，详细分析后续或者前置的行为，最终还原整个目标事件的流向。科学的客户行为路径分析能够给企业带来如下价值。

（1）可视化用户流，帮助企业全面了解用户整体行为路径。通过用户行为路径分析，可以将业务流程中某个特定事件以及上下游事件进行可视化展示。企业可以清楚地查看事件的相关信息，如事件的分组属性值、后续事件列表、后续事件统计、客户流失等。运营人员通过这些事件信息去找到客户行为规律，从而判断当前的业务流程是否合适、营销策略是否有效。

（2）定位影响转化的主次因素，使产品设计的优化与改进有的放矢。行为路径分析对网站的优化、产品的设计有着重要的指导意义。它清晰地展现了从客户登录到购买整个行为流程中各个环节的转化率，发现客户行为和偏好，判断影响转化的主要因素和次要因素，找到当前推荐路径中存在的问题，最终优化推荐路径。

6.5.4　时间范围事实表

在大量操作型应用中，企业可能希望检索客户在过去任意时刻的确切状态。例如，在被拒绝贷款延期后，客户是否处于欺诈警告状态？客户处于该状态多长时间了？过去两年来该客户处于欺诈警告的次数是多少？在过去两年中的某个时间点，有多少客户处于欺诈警告状态？若仔细管理包含客户事件的交易事实表，上述所有问题都能得到解答。关键是在建模步骤包括一对日期/时间戳，如图6-9所示。第1个日期/时间戳是事务的准确时间，第2个日期/时间戳是另外一个事务的准确时间。如果正确执行的话，客户事务的时间历史将维护一个无缝的日期/时间戳的连续序列。每个实际事务保证用户能够关联到客户人口统计信息和状态信息。高密度操作的事务事实表非常有意思，因为用户可以潜在地在事务发生时重新进行人口统计，特别是状态信息。

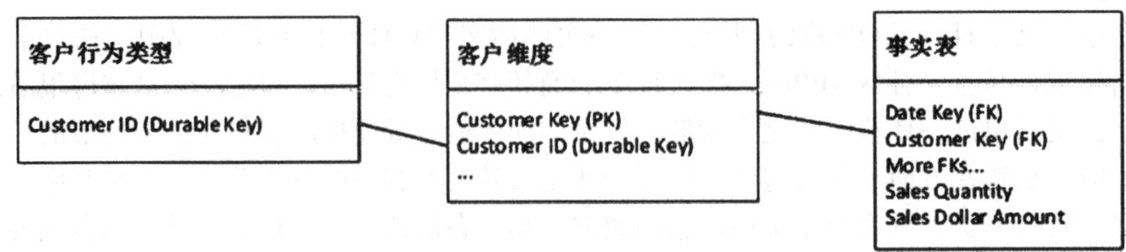

图6-9 时间范围时间表的双日期/时间戳

关键的理解在于给定事务的日期/时间戳，对指定时间范围的数据，其人口统计和状态是常量。查询可以利用此类“静态”的时间范围。如果希望找到客户“Jane Smith”在2013年6月18日上午6点33分所处的状态，可以编写下列查询代码来实现。

```
Select Customer. Customer _ Name， Status
From Transaction _ Fact， Customer _ dim， Status _ dim
Where Transaction _ Fact _ Customer _ Key= Customer _ dim. Customer_ key
   And Transaction _ Fact. Status _ key= Status _ dim. Status _ key
   And Customer _ dim. Customer _ Name= ' Jane Smith '
    And #July 18， 2013 6： 33： 00# >= Transaction _ Fact. Begin _ Eff _
DateTime
   And #July 18， 2013 6： 33： 00# < Transaction _ Fact. End _ Eff _ DateTime
```

这样的日期/时间戳可用于执行针对客户库的棘手的查询。如果希望发现所有在2013年曾经处于欺诈警告的客户，可以编写如下SQL语句。

```
Select Customer. Customer _ Name
From Transaction _ Fact， Customer _ dim， status _ dim
Where <joins>
   And status _ dim Status _ Description = ' Fraud Alert '
   And Transaction _ Fact. Begin _ Eff _ DateTime <= 12/31/2013:23:59:59
   And Transaction _ Fact. End _ Eff _ DateTime >= 1/1/2013:0:0:0
```

需要注意的是，该查询在处理所有结束有效日期是跨越2013年的情况，默认为包含在2013年内。

也可以计算每个客户在2013年处于欺诈警告的天数，可以编写如下SQL语句。

```
Select Customer. Customer _ Name,
   sum ( least(12/31/2013： 23:59:59， Transaction _ Fact. End_ Eff _ DateTime)
     -greatest ( 1/1/2013:0:0:0， Transaction _ Fact. Begin _ Eff _ DateTime))
```

```
From Transaction _ Fact,  Customer _ dim,  Status  _ dim
Where <joins>
   And Status _ dim Status _ Description = ' Fraud Alert '
   And Transaction _ Fact. Begin _ Eff_ DateTime <= 12/31/2013:23:59:59
   And Transaction _ Fact. End _ Eff _ Datetime >= 1/1/2013:0:0:0
Group By Customer. Customer _ Name
```

双重日期/时间戳的后端管理。

对某个给定的客户，事务序列中的日期/时间戳必须构成完整的无缝序列。需要注意的是，如果某个事务的结束有效日期/时间戳比下一个事务的开始有效日期/时间戳要早，使用类似上述展示的查询可能会导致查询失败。通常事务的结束有效日期/时间应该精确地等于下一个事务的开始日期/时间，可以消除这一问题。

当某个新事务行加入时，使用成对日期/时间戳需要两步过程。第1步，当前事务的结束有效日期/时间戳必须被设置为未来的虚拟日期/时间。尽管在日期/时间戳上插入NULL从语义上来看可能是正确的，但当在约束中遇到空值时处理起来会非常麻烦，因为在询问该字段是否等于某个特定值时，可能会导致数据库出错。通过使用虚拟日期/时间，可以避免该问题的出现。第2步，在将新事务插入数据库后，ETL过程必须检索先前的事务，并设置其结束有效日期/时间为新事务最新插入的日期/时间。这两步过程明显增加了成本，但该方法是在后端额外的ETL开销与减少前端查询复杂性之间典型的权衡方法。

6.5.5　使用满意度指标标记事实表

在多数机构中，盈利是最重要的关键性指标，客户满意度通常是处于第2位的指标。但在那些不考虑盈利的组织中，如政府机关，满意度是（或应该是）最重要的指标。

满意度类似于盈利指标，需要集成多种资源。实际上，每个面向过程的客户都是满意度信息的潜在来源之一，无论这一资源是销售、退货、客户支持、计费、网上活动、社会媒介，甚至是地理定位数据。

满意度数据可以是数值，也可以是文本，还可以以两种方式同时建模客户满意度度量。度量可以是可加的数值事实，也可以是服务级别维度的文本属性。满意度的其他纯数字度量包括产品退货的数量、失去客户的数量、支持呼叫的数量，以及来自社会媒体的产品态度度量。

图6-10展示了航空领域常旅客位置满意度维度，该维度可以被加入描述飞行活动事实表中。文本满意度数据一般以两种方式建模，主要看满意度属性的数量和输入数据的稀疏性。当满意度属性的列表有界且相当稳定时，采用图6-10所示的维度设计是非常有效的。

满意度维度
Satisfaction Key(PK) Delayed Arrival Indicator Diversion to Other Airport Indicator Lost Luggage Indicator Failure to Get Upgrade Indicator Middle Seat Indicator Personnel Problem Indicator

图6-10　航空领域常旅客位置满意度维度

6.5.6　使用异常情景指标标记事实表

累积快照事实表依赖一系列实现流水线过程的“标准场景”的日期。对订单实现来说，包含的步骤有订单建立、订单发货、订单交付、订单支付和订单退货等标准步骤。该设计在大于90%的情况中都会成功（希望没有退货）。

但是如果偶尔出现偏离正常的情况，目前没有好的办法用于揭示发生了什么情况。例如，也许当订单处于交付期时，送货的卡车轮胎瘪了。于是将货物卸载并重新装载到另外一辆卡车上，但遗憾的是，这时天空开始下雨，货物被雨淋湿了。客户拒绝收货，最终不得不对簿公堂。在累积快照的标准场景中往往没有考虑对此类情况建模。

描述针对标准情况的异常情况的方法是在累积快照事实表上增加一个发送状态维度。针对此类异常的交货场景，使用状态异常标记该订单完成列。如果分析人员希望查看整个过程，可以通过订单号和整个过程所涉及的列表号连接伙伴事务事实表。事务事实表连接事务维度，表明该事务的确出现轮胎漏气、货物损坏和诉讼等情况。尽管该事务维度将会随时间不断增长，但整体仍将呈现出有界且稳定的状态。

实验六　航空客运信息挖掘

【实验名称】航空客运信息挖掘
【实验目的】 （1）熟悉并学会使用Weka智能分析环境。 （2）根据数据源建立数据模型。 （3）根据数据模型预测潜在客户。 （4）根据业务逻辑，按照LRFMC模型进行数据变换。 （5）使用数据来进行分类预测客户的流失率。

【实验背景】

本实验利用Weka智能分析软件，从航空客运信息源数据中挖掘处理数据，建立数据模型，根据数据模型预测潜在客户。根据业务逻辑，按照LRFMC模型进行数据变换，并且使用数据来进行分类预测客户的流失率。

本实验利用到的数据源：数据库中custumer表代表客户信息表；TRANSACTION_DATE表示航空公司客运数据。

【实验原理】

Weka的全名是怀卡托智能分析环境（Waikato Environment for Knowledge Analysis），是一款免费的、非商业化的（与之对应的是SPSS公司商业数据挖掘产品——Clementine）、基于JAVA环境下开源的机器学习以及数据挖掘软件。Weka作为一个公开的数据挖掘工作平台，集合了大量能承担数据挖掘任务的机器学习算法，包括对数据进行预处理、分类、回归、聚类、关联规则以及在新的交互式界面上的可视化。

【实验环境】

（1）ubuntu 16.04。

（2）Weka 3.8.2。

【建议课时】

2课时。

【实验步骤】

一、数据准备

```
wget http://i9000.net:8888/sgn/LMS/BI/7/aireline_company_customer.arff
wget http://i9000.net:8888/sgn/LMS/BI/7/foodmart2008_predict_data.arff
```

二、数据抽取

首先需要将sql文件导入数据库mysql中。

（1）下载sql文件。

```
sudo -i
wget http://www.i9000.net:8888/sgn/HUP/BI/4/foodmart2008.sql
wget http://i9000.net:8888/sgn/LMS/BI/4/foodmart2008.xml
```

（2）启动数据库服务。

```
sudo -i
service mysql start
mysql -uroot -p123456
show databases;
```

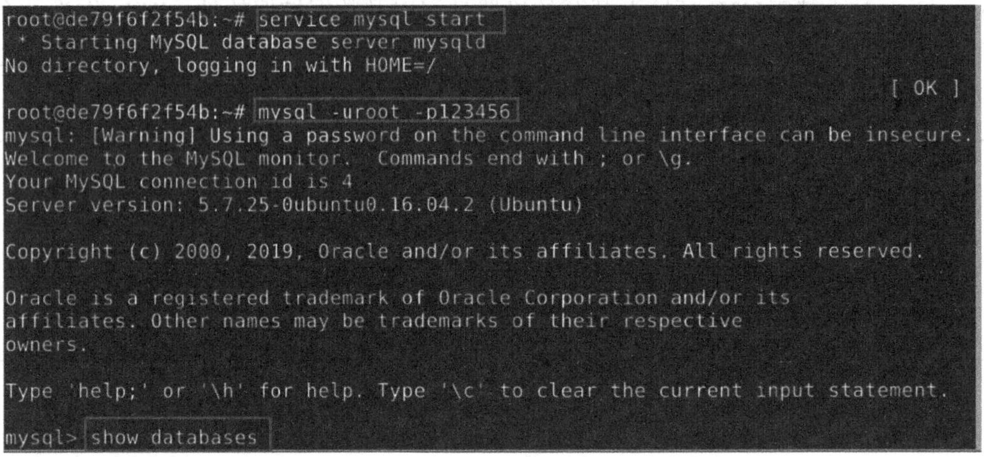

```
root@de79f6f2f54b:~# service mysql start
 * Starting MySQL database server mysqld
No directory, logging in with HOME=/
                                                                        [ OK ]
root@de79f6f2f54b:~# mysql -uroot -p123456
mysql: [Warning] Using a password on the command line interface can be insecure.
Welcome to the MySQL monitor.  Commands end with ; or \g.
Your MySQL connection id is 4
Server version: 5.7.25-0ubuntu0.16.04.2 (Ubuntu)

Copyright (c) 2000, 2019, Oracle and/or its affiliates. All rights reserved.

Oracle is a registered trademark of Oracle Corporation and/or its
affiliates. Other names may be trademarks of their respective
owners.

Type 'help;' or '\h' for help. Type '\c' to clear the current input statement.

mysql> show databases
```

（3）新建数据库Foodmart2008。

```
CREATE DATABASE Foodmart2008;
```

```
mysql> CREATE DATABASE Foodmart2008;
Query OK, 1 row affected (0.00 sec)
```

（4）使用数据库Foodmart2008。

```
use Foodmart2008
```

```
mysql> use Foodmart2008;
Database changed
```

（5）导入sql文件。

```
source foodmart2008.sql;
```

```
mysql> source foodmart2008.sql;
Query OK, 0 rows affected (0.01 sec)

Query OK, 0 rows affected (0.00 sec)

Query OK, 0 rows affected (0.00 sec)

Query OK, 0 rows affected (0.00 sec)

Query OK, 0 rows affected (0.00 sec)

Query OK, 0 rows affected (0.00 sec)

Query OK, 0 rows affected (0.00 sec)
```

（6）删除customer表中的date_accnt_opened、birthdate字段。

```
ALTER TABLE customer DROP COLUMN date_accnt_opened;
ALTER TABLE customer DROP COLUMN birthdate;
```

```
mysql> ALTER TABLE customer DROP COLUMN date_accnt_opened;

Query OK, 0 rows affected (4.84 sec)
Records: 0  Duplicates: 0  Warnings: 0

mysql> ALTER TABLE customer DROP COLUMN birthdate;

Query OK, 0 rows affected (4.04 sec)
Records: 0  Duplicates: 0  Warnings: 0
```

以上准备工作完成后，开始正式进入实验过程。

三、数据分析

（1）打开Weka，进入“Explorer”界面。

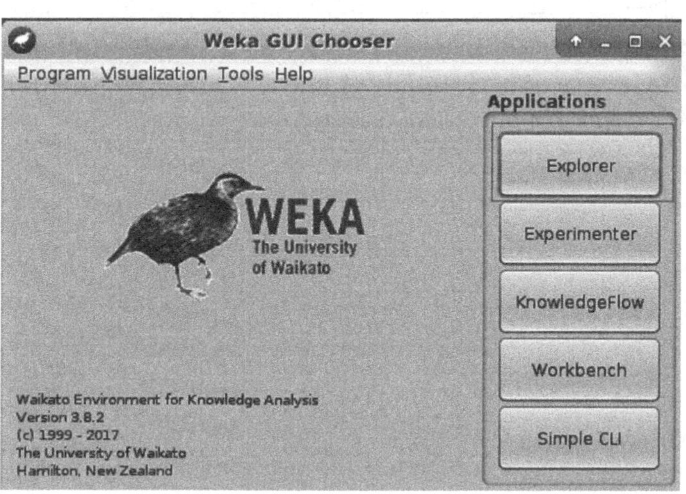

（2）然后打开数据源，因为这里的数据源是数据库，所以选择“Open DB”。

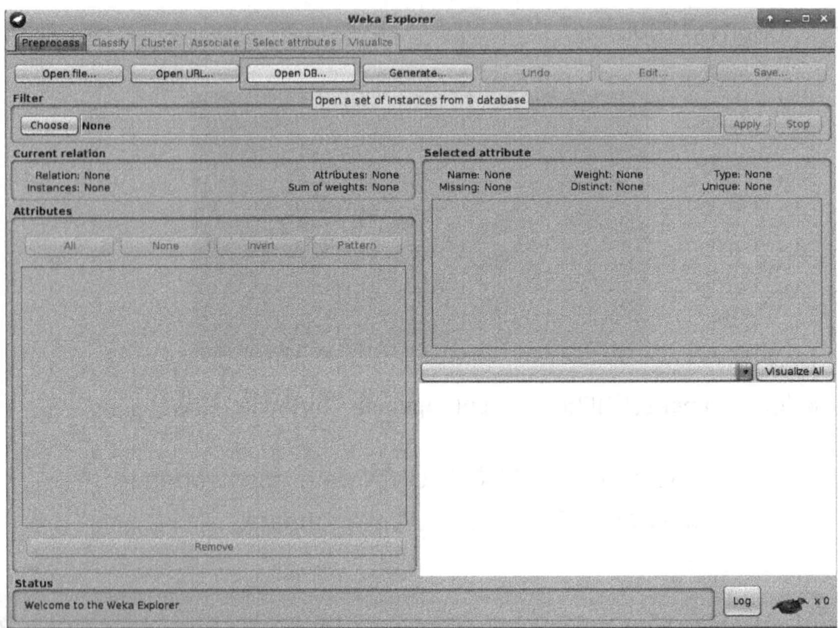

（3）填写参数，链接到数据库，图中的url如下。

jdbc:mysql://localhost:3306/Foodmart2008?characterEncoding=UTF-8，Username：root，Password：123456

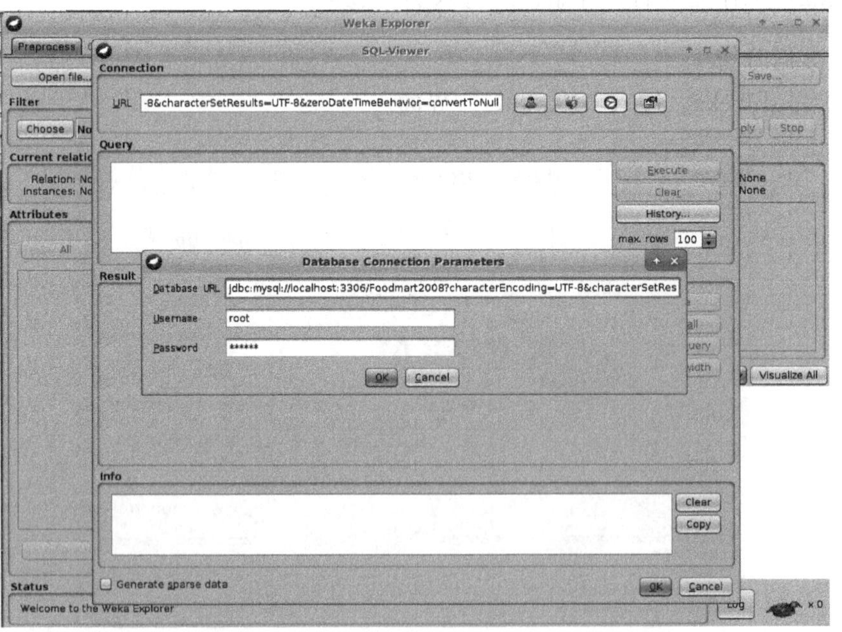

（4）点击链接按钮测试数据库链接是否连通，若如图所示，则表示已经联通成功。

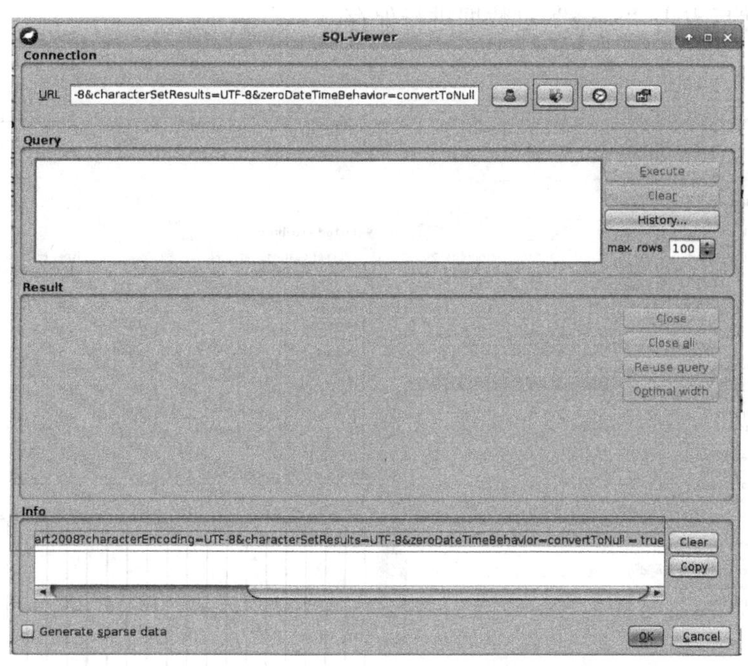

（5）在如图所示的文本框中写入查询数据的SQL语句“select *from customer”，然后点击右侧的“Execute”按钮，就会查询出相应的数据，如图所示，点击“OK”按钮，数据就会导入进去。

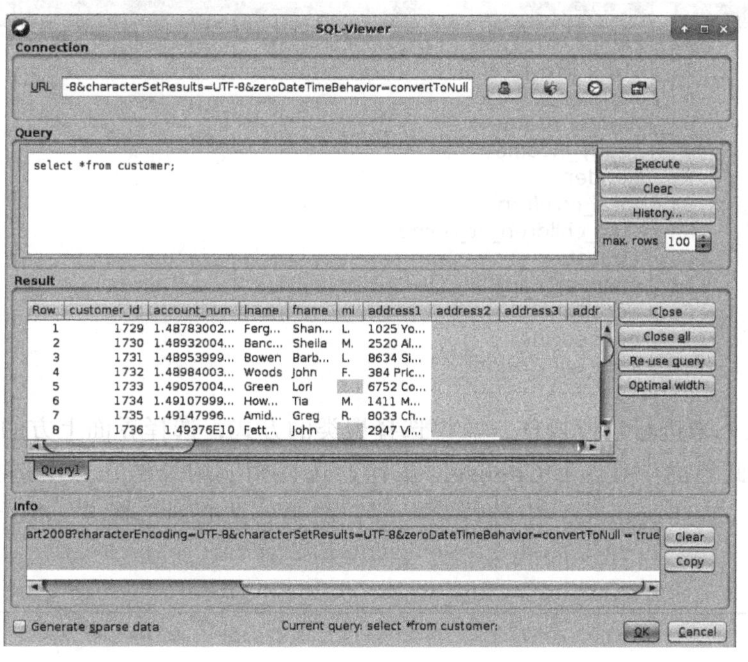

（6）在此处可以筛选字段，去除不必要的字段，下面第二张图所示为筛选后剩余的字段，然后点击“Save”对数据进行保存。

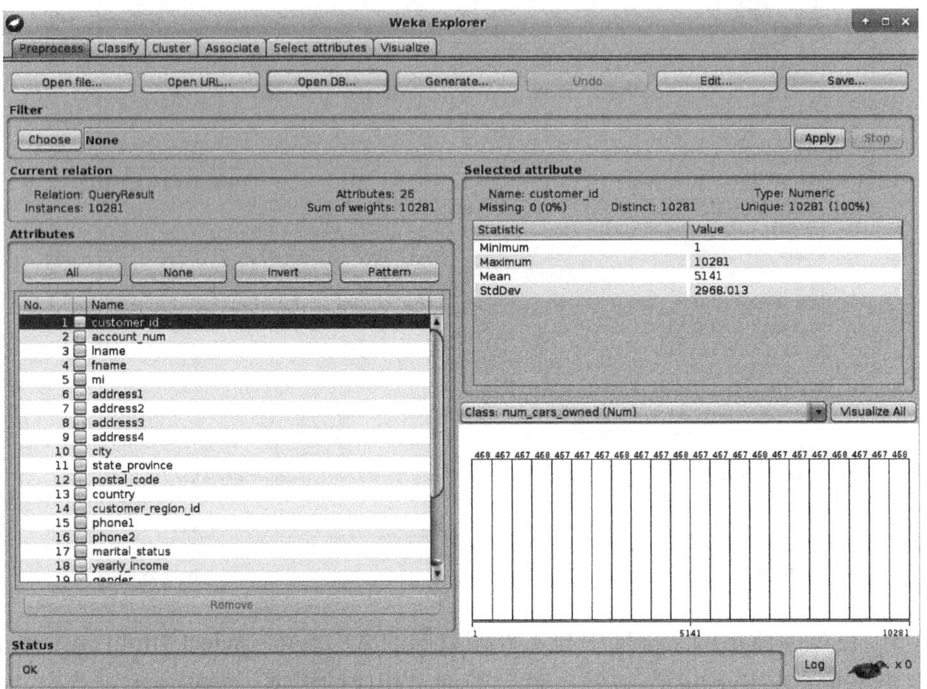

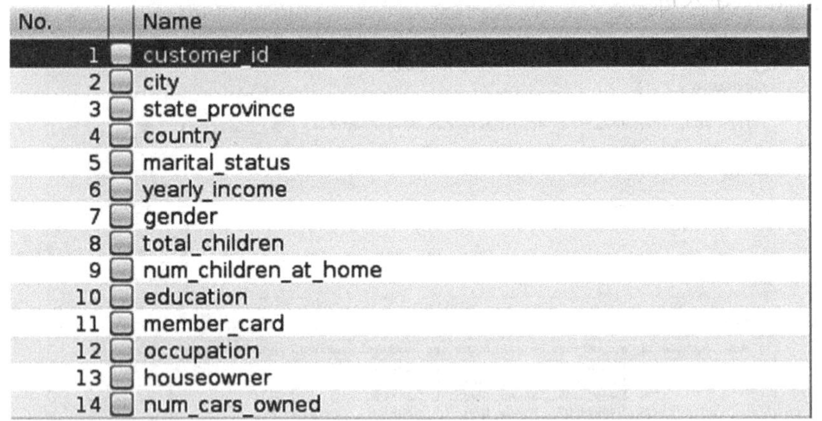

No.	Name
1	customer_id
2	city
3	state_province
4	country
5	marital_status
6	yearly_income
7	gender
8	total_children
9	num_children_at_home
10	education
11	member_card
12	occupation
13	houseowner
14	num_cars_owned

（7）接下来进行建模操作，这里选择聚类的方式，选择界面上方的“Classify”选项卡，在此界面中点击“Choose”按钮，选择相应的算法，这里选择的是“J48决策树”，“Test options”中选择第一项，需要分类的列选择“（Nom）member_card”。

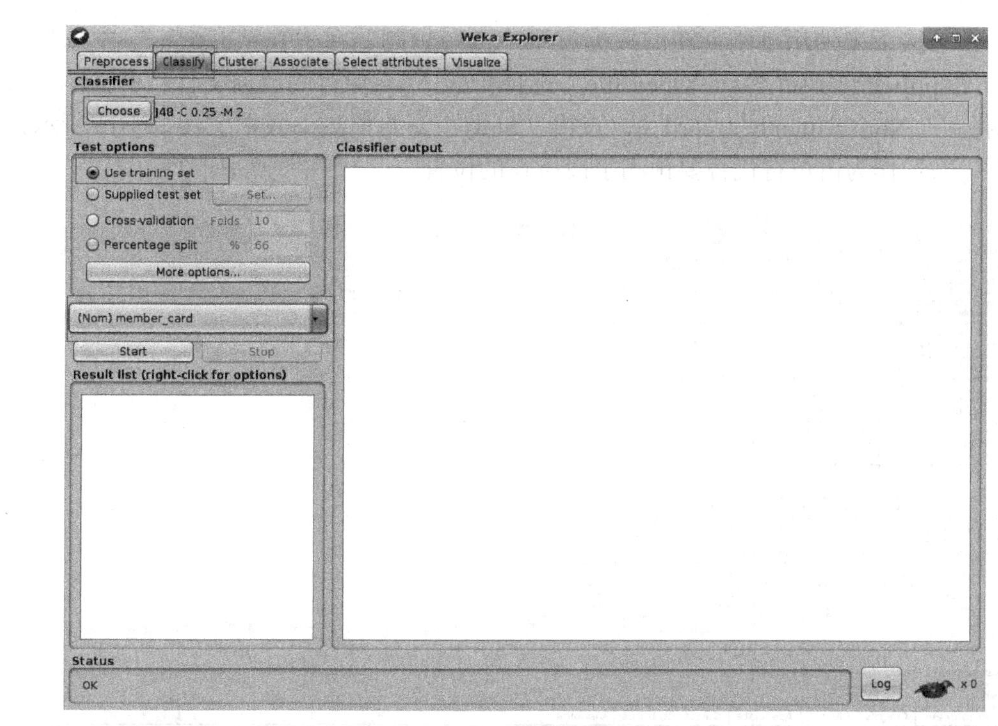

（8）点击“Start”开始训练，右侧会显示一些输出信息。

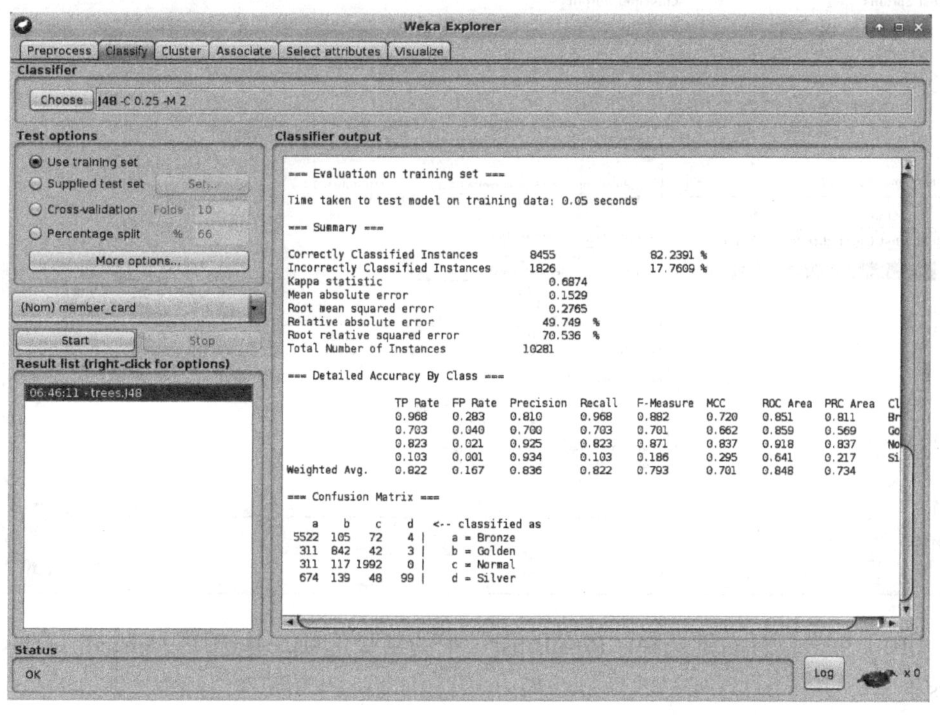

（9）接下来使用刚刚创建的数据模型来进行预测，在“Test options”中选择第二项“Supplied test set”，“Open file”选择步骤（6）保存的数据文件，“class”参数选择“（Nom）member_card”，点击“Start”开始预测，数据文件如下图所示，使用了“?”作为占位符代替要预测字段所在的位置。

```
foodmart2008_predict_data.arff
~/Desktop/foodmart2008
@attribute city {'Oregon City',Bellflower,'N. Vancouver',Lynnwood,'Sedro Woolley',Sooke,Woodburn,'Spring Valley',Glendale,'San Francisco',Guadalajara,Portland,Newton,'Long Beach',Tacoma,Acapulco,Tixapan,'Imperial Beach',Lakewood,Victoria,Burbank,Burien,Novato,Merida,Milwaukie,'Lemon Grove',Colma,'Port Orchard',Downey,'Lincoln Acres',Beaverton,Tlaxiaco,'Walla Walla',Haney,Vancouver,'Mexico City',Langley,Hidalgo,Marysville,Lebanon,Oakland,'Santa Cruz',Burnaby,Westminster,Bellingham,'Port Hammond',Cliffside,'El Cajon',Bremerton,'San Diego',Concord,'La Mesa',Albany,'Santa Anita',Salem,'W. Linn',Altadena,Yakima,Berkeley,'Mill Valley',Fremont,'Lake Oswego',Camacho,Olympia,Richmond,Anacortes,'Woodland Hills','Santa Monica',Arcadia,'La Cruz','West Covina','National City','Royal Oak','Chula Vista',Renton,Orizaba,Coronado,Shawnee,Ballard,Spokane,'Oak Bay','Daly City',Langford,Everett,Puyallup,'San Andres','San Carlos','Beverly Hills',Pomona,Grossmont,Seattle,Edmonds,'Los Angeles',Metchosin,Corvallis,'Redwood City','San Jose',Redmond,Kirkland,'Santa Fe',Issaquah,Burlingame,'Palo Alto','La Jolla',Ladner,'Newport Beach','San Gabriel',Torrance}
@attribute state_province {OR,CA,BC,WA,Jalisco,Guerrero,DF,Yucatan,Oaxaca,Mexico,Zacatecas,Sinaloa,Veracruz}
@attribute country {USA,Canada,Mexico}
@attribute marital_status {S,M}
@attribute yearly_income {'$110K - $130K','$30K - $50K','$10K - $30K','$130K - $150K','$150K +','$70K - $90K','$50K - $70K','$90K - $110K'}
@attribute gender {M,F}
@attribute total_children numeric
@attribute num_children_at_home numeric
@attribute education {'Partial High School','High School Degree','Graduate Degree','Bachelors Degree','Partial College'}
@attribute member_card {Golden,Bronze,Normal,Silver}
@attribute occupation {Professional,'Skilled Manual',Manual,Clerical,Management}
@attribute houseowner {Y,N}
@attribute num_cars_owned numeric

@data
1729,'Oregon City',OR,USA,S,'$110K - $130K',M,1,0,'Partial High School',?,Professional,Y,3
1730,'Oregon City',OR,USA,M,'$30K - $50K',F,1,1,'High School Degree',?,'Skilled Manual',Y,2
1731,Bellflower,CA,USA,M,'$10K - $30K',F,5,5,'Partial High School',?,Manual,N,0
1732,'N. Vancouver',BC,Canada,M,'$30K - $50K',M,2,1,'High School Degree',?,'Skilled Manual',Y,3
1733,Lynnwood,WA,USA,S,'$130K - $150K',F,1,0,'Graduate Degree',?,Professional,Y,2
1734,'Sedro Woolley',WA,USA,S,'$30K - $50K',F,1,0,'High School Degree',?,'Skilled Manual',N,2
1735,Sooke,BC,Canada,S,'$150K +',F,0,0,'High School Degree',?,Professional,Y,4
1736,Woodburn,OR,USA,S,'$70K - $90K',F,0,0,'Bachelors Degree',?,Professional,Y,2
1737,'Spring Valley',CA,USA,M,'$30K - $50K',M,5,2,'Partial College',?,Clerical,N,4
1738,Glendale,CA,USA,S,'$10K - $30K',M,4,0,'Partial High School',?,Manual,N,2
1739,'San Francisco',CA,USA,S,'$30K - $50K',M,0,0,'Partial High School',?,Manual,N,3
1740,Guadalajara,Jalisco,Mexico,M,'$50K - $70K',F,1,1,'Bachelors Degree',?,Professional,Y,2
```

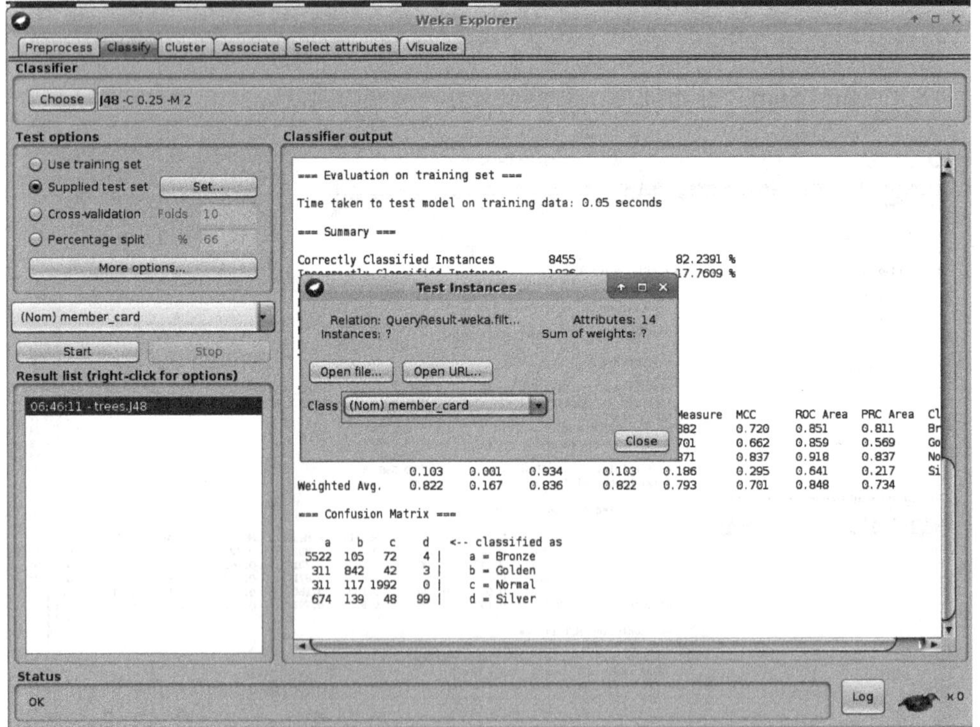

（10）单击鼠标右键选择“Result list”中的结果选项，并选择“Visualize classifier errors”。

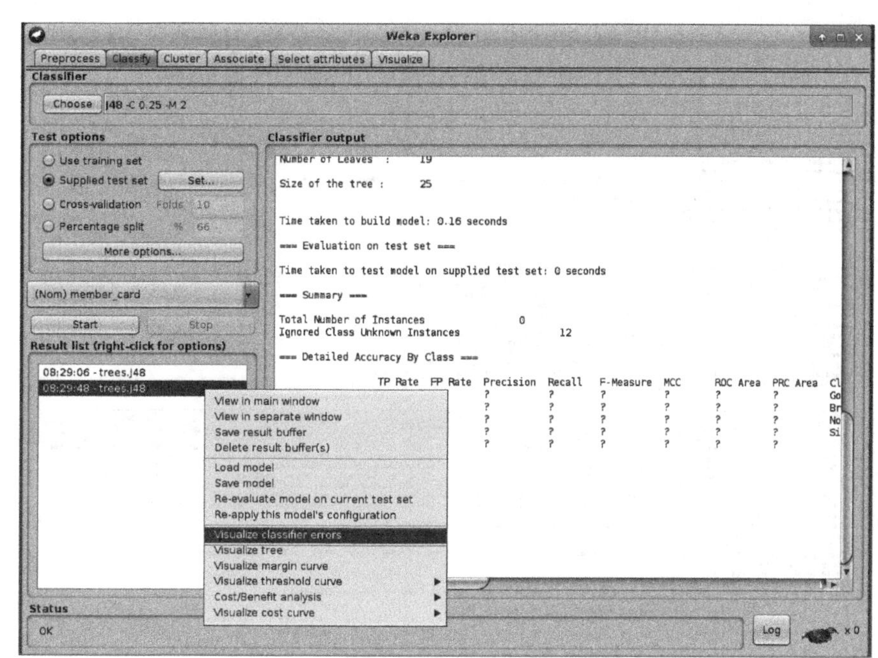

（11）选择“Save”保存结果。

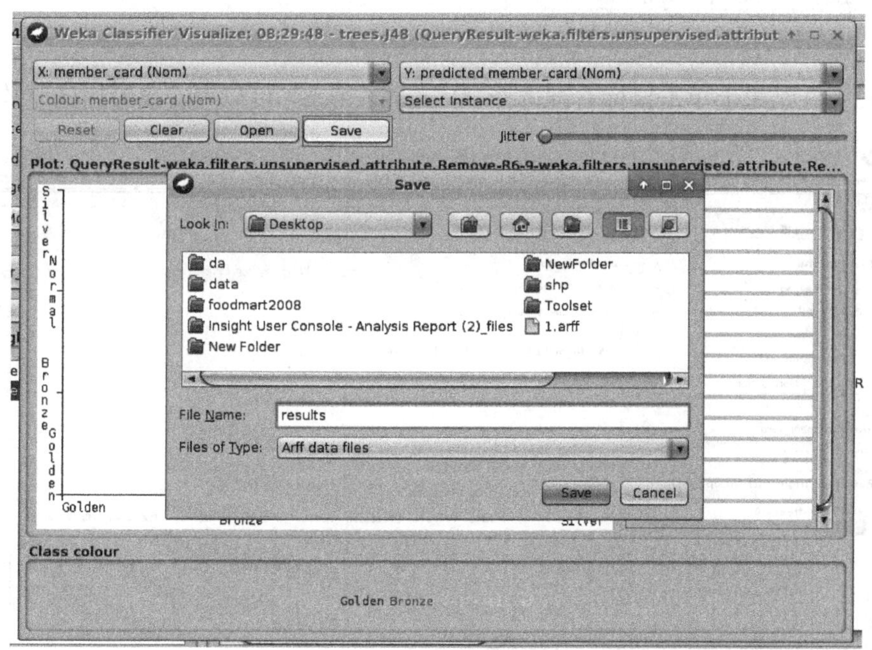

（12）打开结果文件查看结果，第一张图为结果，第二张图为预测数据，预测数据使用“?”代替要预测的字段，如下图所示，在原来问号前先出现了两列数据，数字为预测概率，字符为预测结果，即这个顾客办Bronze等级会员卡的概率为0.71。

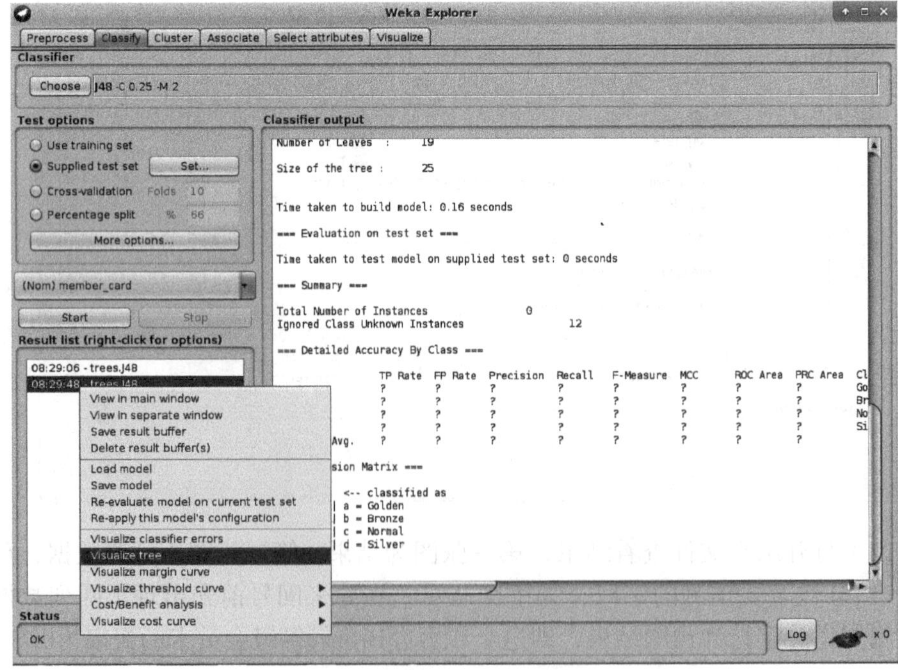

（13）在结果上单击鼠标右键选择“Visualize tree”可以查看决策树的结构。

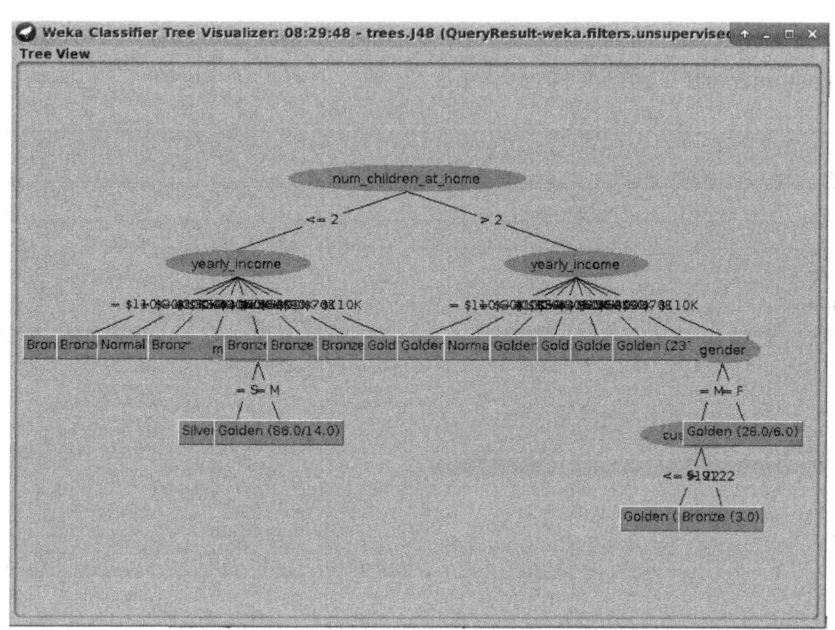

（14）在“Select attributes”选项卡中，可以预测出对目标字段影响程度最大的四个字段。

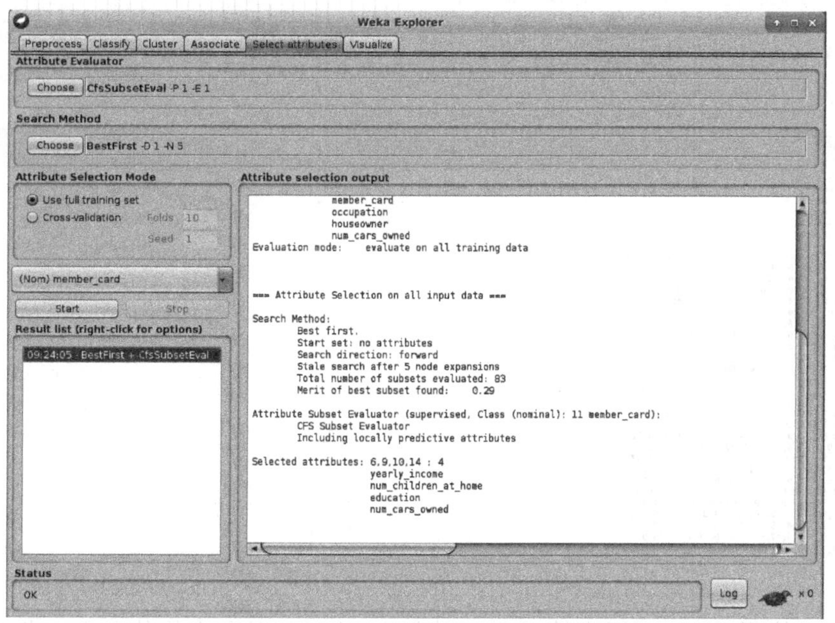

如此，预测潜在客户的模型就创建完成了，当有新的客户信息时，就可以根据已有模型判断客户会办某种会员卡的最大可能性，接下来，换一个航空公司数据集来预测客户流失的可能性。

（15）打开Weka，选择“Explorer”，点击“Open file”导入下载的“aireline_company_customer.arff”数据文件。

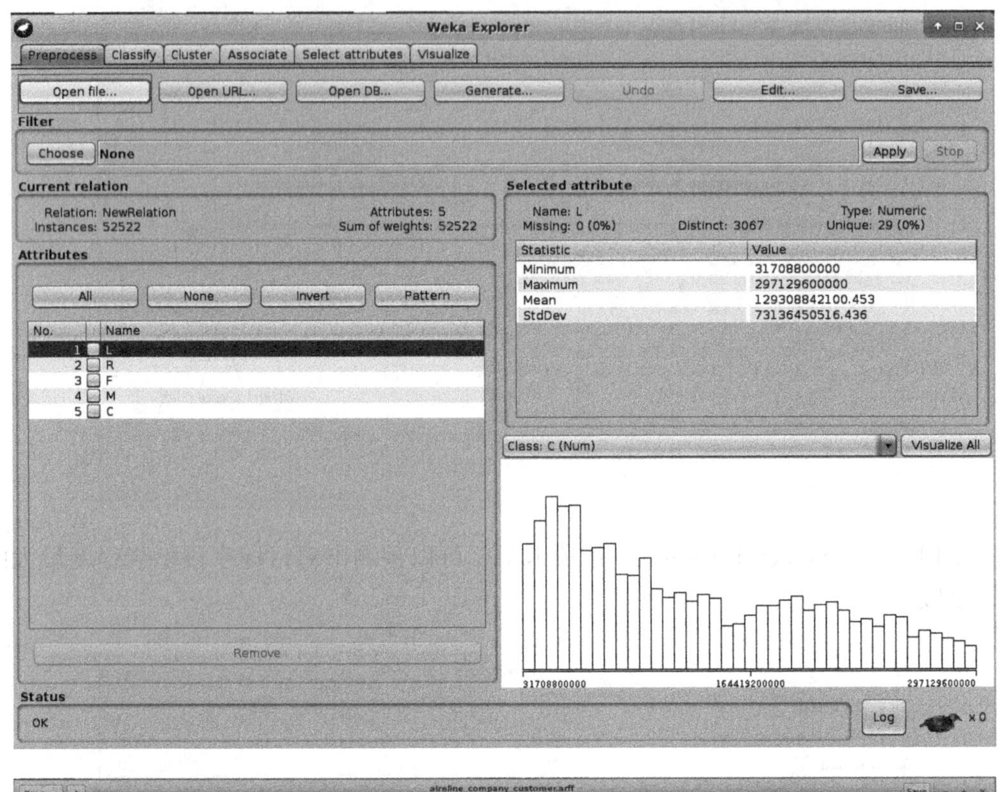

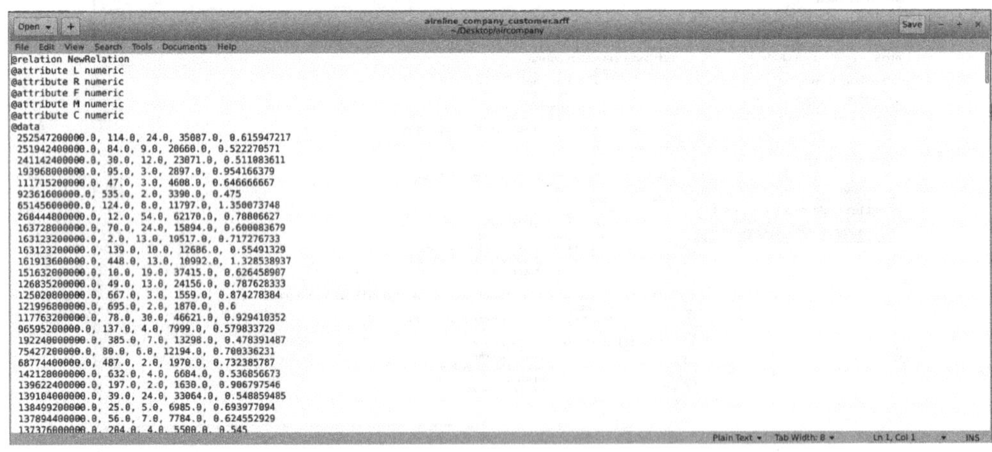

```
@relation NewRelation
@attribute L numeric
@attribute R numeric
@attribute F numeric
@attribute M numeric
@attribute C numeric
@data
 252547200000.0, 114.0, 24.0, 35087.0, 0.615947217
 251942400000.0, 84.0, 9.0, 20660.0, 0.522270571
 241142400000.0, 30.0, 12.0, 23071.0, 0.511083611
 193968000000.0, 95.0, 3.0, 2897.0, 0.954166379
 111715200000.0, 47.0, 3.0, 4608.0, 0.646666667
 92361600000.0, 535.0, 2.0, 3390.0, 0.475
 65145600000.0, 124.0, 8.0, 11797.0, 1.350073748
 268444800000.0, 12.0, 54.0, 62170.0, 0.78806627
 163728000000.0, 70.0, 24.0, 15894.0, 0.600083679
 163123200000.0, 2.0, 13.0, 19517.0, 0.717276733
 163123200000.0, 139.0, 10.0, 12686.0, 0.55491329
 161913600000.0, 448.0, 13.0, 10992.0, 1.328538937
 151632000000.0, 10.0, 19.0, 37415.0, 0.626458907
 126835200000.0, 49.0, 13.0, 24156.0, 0.787628333
 125020800000.0, 667.0, 3.0, 1559.0, 0.874278384
 121996800000.0, 695.0, 2.0, 1870.0, 0.6
 117763200000.0, 78.0, 30.0, 46621.0, 0.929410352
 96595200000.0, 137.0, 4.0, 7999.0, 0.579833729
 192240000000.0, 385.0, 7.0, 13298.0, 0.478391487
 75427200000.0, 80.0, 6.0, 12194.0, 0.700336231
 68774400000.0, 487.0, 2.0, 1970.0, 0.732385787
 142128000000.0, 632.0, 4.0, 6684.0, 0.536856673
 139622400000.0, 197.0, 2.0, 1630.0, 0.906797546
 139104000000.0, 39.0, 24.0, 33064.0, 0.548859485
 138499200000.0, 25.0, 5.0, 6985.0, 0.693977094
 137894400000.0, 56.0, 7.0, 7784.0, 0.624552929
 137376000000.0, 204.0, 4.0, 5500.0, 0.545
```

（16）使用KMeans聚类算法进行建模分析，实现客户价值分群，根据业务逻辑，确定将客户大致分为五类，k=5，k的含义是中心簇的个数，首先进入“Cluster选项卡，点击“Choose”选择“SimpleKMeans”算法，然后点击“Choose”右侧的“SimpleKMeans”栏进行中心簇设置。

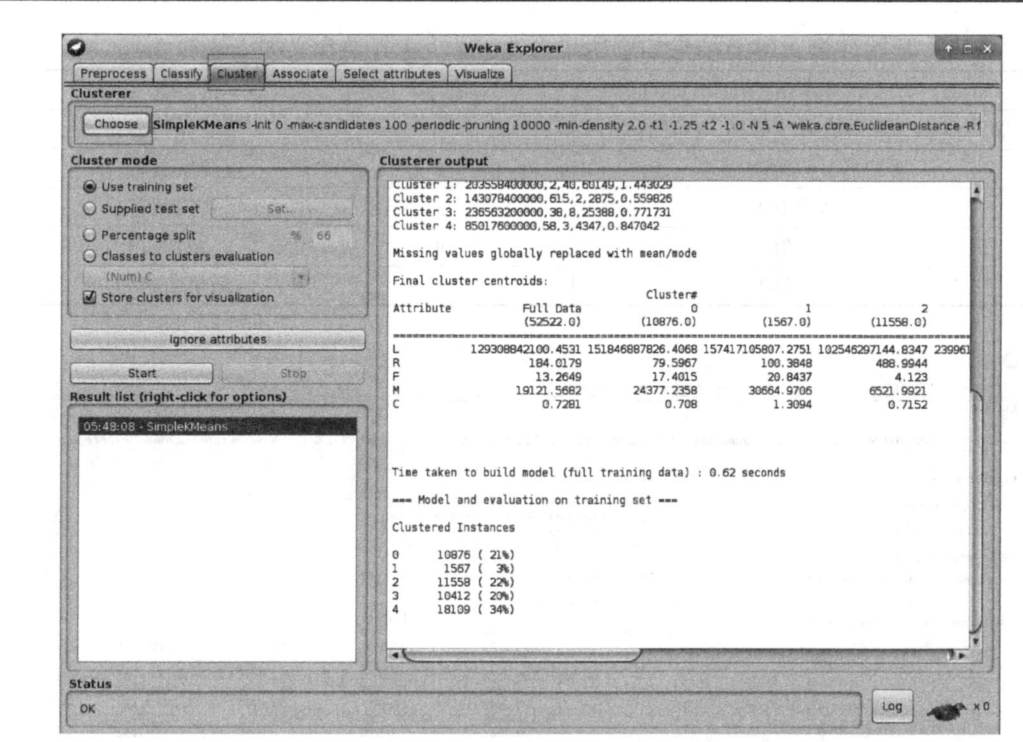

（17）接下来，点击“Choose”按钮旁红色标注的算法框，选择参数，将“numClusters”改成5，即为5个集群，等于k的数值。

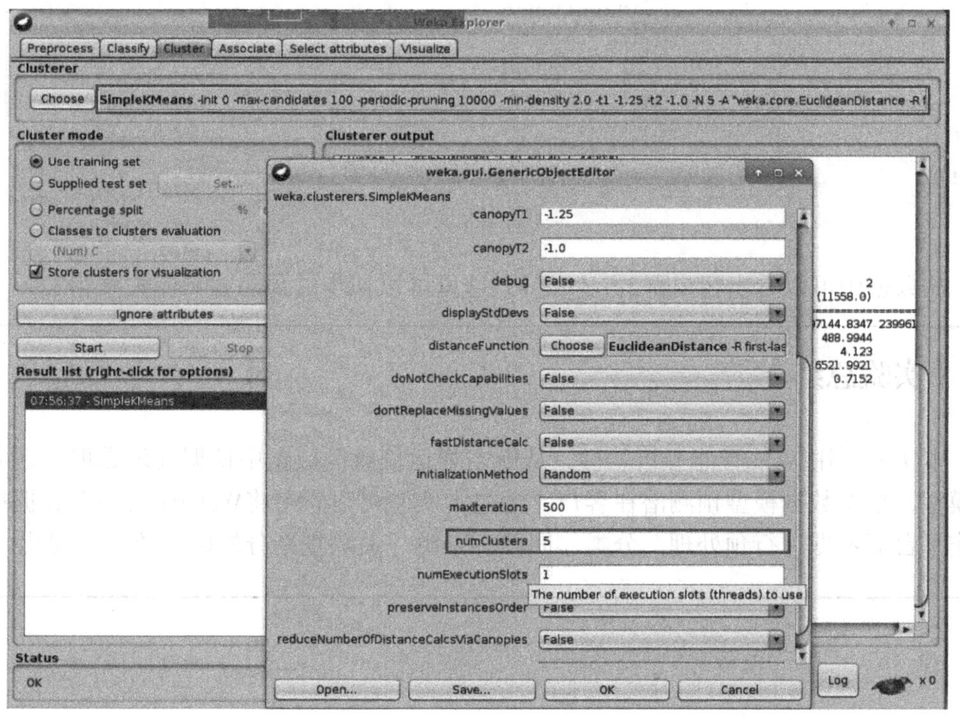

（18）开始计算，最终结果如图所示分为5类，这五类含义如下表：

客户群	排名	排名含义
客户群1（F和M值对应最高，C值最高）	1	重要保持客户
客户群3（C值次高）	2	重要发展客户
客户群0	3	重要挽留客户
客户群4	4	一般客户
客户群2	5	低价值客户

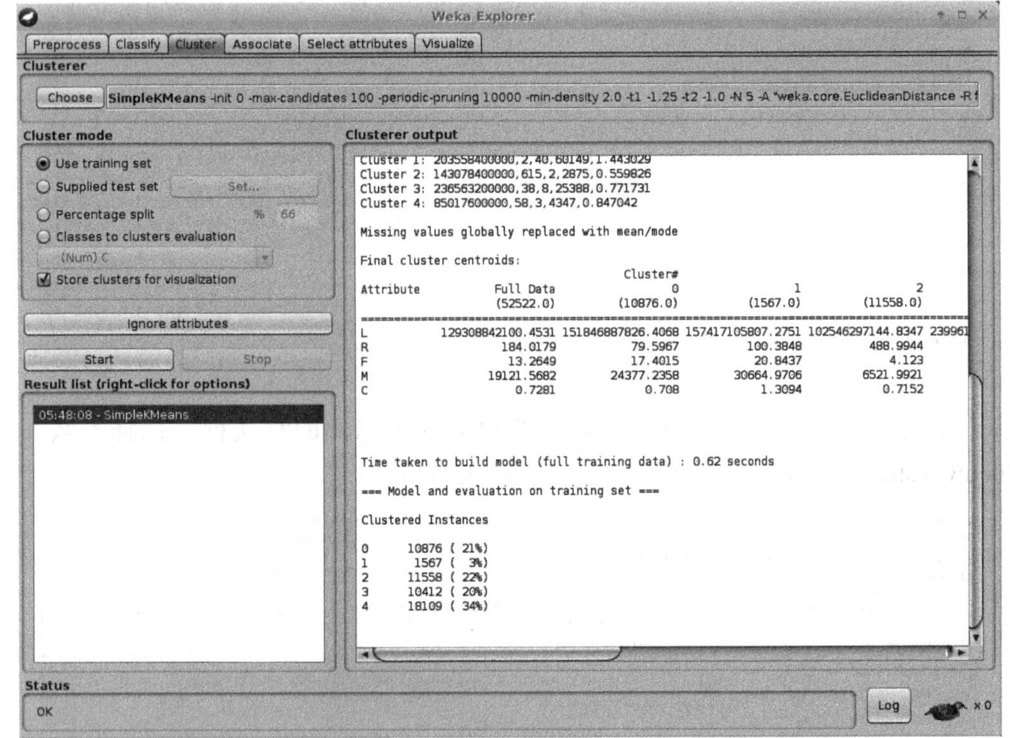

从数据中可以看出客户群2占比22%，这里可以初步的预测客户流失率为22%。

【实验总结】

本实验利用Weka智能分析软件，从航空客运信息源数据中挖掘处理数据，建立数据模型，根据数据模型预测潜在客户。通过本实验可以学习将Weka作为一个数据挖掘工作平台对数据进行预处理、分类、回归、聚类、关联规则分析以及数据可视化。

第7章 商务智能在电信行业的应用

电信行业是国内比较领先的拥有大型电子化运营数据的行业之一，而且目前电信市场的激烈竞争也迫使电信运营商选择更深层次的数据分析手段，以此来提高企业的分析能力，通过更加科学的决策活动，提高企业的市场竞争力。

在最近十年里，电信行业已经逐渐积累了大量成熟的数据库应用系统，如电信业务综合管理系统、本地网管系统、财务管理系统、客服系统等，通过这些系统产生了大量的业务处理数据。但是这些历史数据都分布在不同的硬件、数据库内，要查询一次历史数据，费时费力，更不用说把不同业务部门的数据关联起来比较分析了，同时，也会遇到如数据类型不匹配、数据定义不同、数据不一致、数据冗余等问题。因此，虽然电信行业积累了大量的业务数据，但是这些数据都是零散的、彼此孤立存放的，所以无法为电信企业的发展提供支持。如果针对电信行业的特点和发展需求，对这些数据进行结构上的重组，从更有利于决策分析的角度去重新整理和组织，就会使电信行业的宝贵资源——数据转变成真正有价值的信息。

商务智能在电信行业中具有广泛的应用，不仅涉及市场经营方面的内容，也包括财务、人力资源等方面的分析内容。这些应用增强了企业的总体经营水平，提升了企业的科学决策能力。

本章重点

◎电信行业商务智能现状。

◎应用商务智能的重要意义和必要性。

◎商务智能在电信行业的应用。

◎商务智能关键技术在电信行业中的应用。

◎数据分析模型。

◎数据采集与ETL处理。

◎OLAP案例研究。

◎数据挖掘在电信行业的应用案例分析。

7.1 电信行业商务智能现状

商务智能系统在国内大规模建设的经验很少，在电信领域的案例也不多，因此，国内的电信行业商务智能系统，具有如下的一些特点。

1. 经验较少

商务智能技术在国外有了一些比较广泛的应用，但在国内，无论是电信行业还是金融行业，都没有大规模建设的经验可以遵循，具体的业务应用，也是参考国外电信运营商的一些应用内容进行建设的。由于数据分析涉及很多用户的消费行为，有很多的文化特征，因此，国外的很多数据分析模型并不适用于国内，这对国内的商务智能建设造成了很多障碍。

2. 数据量大

由于中国通信事业的迅速发展，中国成为目前世界范围内十分巨大的电信运营市场。现在，中国已经有超过2亿的移动通信用户、2.4亿固定用户。如此庞大的用户群，仅存在于5 ~ 6个电信运营商，这必然导致每个运营商的用户数据十分庞大。

在商务智能项目上，国内电信运营商的数据积累也是十分庞大的，这些庞大的数据量的分析和存储，使商务智能项目面临很多技术上的挑战。如何统一整理如此庞大的数据源，并从中分析出有价值的信息，成为国内商务智能项目建设重要的技术难点。

3. 集成复杂

国内的电信运营商，涉及的业务种类十分繁杂，不仅有网络管理系统，而且还有大量的网络支撑系统（如计费系统等），同时也有管理系统（如财务系统、人力资源系统等）。由于历史的原因，这些庞杂的系统一般是由不同的开发商开发，系统构成有所差异，因此，要将这些系统进行集成，在技术上面临着很大的问题，怎样进行数据源的规划和采集，是个十分困难的问题。而数据仓库不仅会采集部门级的数据，最终也将演化成为企业级的数据仓库，涉及企业的各个运转环节，包括生产、支撑、管理等多个系统。因此，商务智能建设的过程是一个循序渐进的过程，无法一蹴而就，这本身也说明了商务智能项目的难度。

4. 业务种类多

国内的电信运营商都有不同的经营范围和内容，但经营的业务种类都比较多，商务智能的应用是与业务内容紧密结合的，业务种类的繁多，意味着商务智能后续的分析工作会比较多。例如，国内的电信企业不仅提供传统的通话业务，也提供一些数据业务，而通话业务和数据业务在业务特征方面的表现有很多的不同，因此，在数据分析方面，也将有很多不同的内容。

5. 分析系统性能要求高

由于国内电信运营商的用户数据量比较大，这导致数据仓库的规模比较庞大，因此，对数据分析系统的性能要求较高，否则将无法满足实际业务应用的需要。例如，国内电信运营商一个省的用户规模，就常常相当于欧洲一个中等国家的全国用户规模，因此，在进行数据分析的过程中，数据仓库的规模比较大，约有几十个TB的规模，常常出现系统运行繁忙的情况，而且无法判断是死机了，还是正在忙于计算，一时无法计算出结果。这就对分析系统有较高的性能要求。

6. 与管理数据进行结合

目前，国内的电信企业在建设商务智能过程的初期，仅是一个部门级的数据仓库，随着业务的不断扩展，最终必将完成企业级数据仓库的建设工作。

在建设企业级数据仓库的过程中，与管理数据进行结合将变得十分重要，因为只有财务、人力资源等数据才能反映出企业实际运营过程中，在成本支出等方面的信息，并就此进行有关的企业诊断活动，提高企业的管理效率。

7.2　应用商务智能的重要意义和必要性

国内的电信企业以中国移动通信公司为标志，已经开始建立自己的商务智能系统，之所以国内大规模建设商务智能系统首先发生在电信企业，是因为国内电信企业的数据电子化程度更高，而且，在用户数据的使用方面，没有金融行业的一些法律方面的限制。同时，市场竞争的加剧，也使电信行业首先开始涉足商务智能领域的建设。国内电信企业选择商务智能，有以下的一些必要原因。

1. 垄断格局已经打破

促使国内电信企业着手进行商务智能建设的根本原因，是垄断格局的打破，由于逐渐允许更多的企业经营电信业务，已有的高额利润将被打破，电信企业面临的生存环境将越来越紧迫，商务智能系统将提高企业在自由竞争的市场中的竞争力，因此，受到了国内电信企业的高度重视。

2. 竞争更趋激烈

随着垄断格局的打破，市场竞争越来越激烈，竞争有多种表现形式，目前国内电信市场主要的竞争手段依然表现为价格竞争这种比较低层面的竞争，“价格战”的双刃剑效应已经在电视等电子行业表现得淋漓尽致。因此，在价格竞争的同时，电信企业也在进行网络质量方面的竞争，如提高网络服务覆盖率、接通率等，通过提高网络设备的质量，增强市场竞争力。

随着设备投入方面的不断趋同，不同电信运营商间的网络质量差异将逐渐减小，这就要求电信企业能够在更高的层面上进行竞争，商务智能提供了必要的技术支持手段，因此，电信运营商最终必然选择商务智能。

3. 提高服务质量的要求

电信市场的竞争，要求企业能够不断地为用户提供个性化、针对性的服务，建立客户关系管理系统，这是电信市场竞争的必然结果。这种服务质量的提高，只有建立在商务智能的基础上，才能在技术层面提供足够的支持。商务智能能够提供分析型CRM系统，能够分析出用户很多非直观的、隐藏的信息，为市场活动提供更深层次的技术支持。通过商务智能技术，电信企业能够区分出具有战略意义的用户，更好地理解用户的行为，并预测市场的发展趋势。

4. 数据电子化程度较高

商务智能较早地应用于电信行业还有一个重要的原因，就是电信企业的数据电子化程度较高，这降低了商务智能建设过程中数据源的整理工作量。因此，电信企业比较容易迅速提升企业自身的市场竞争力，这也为电信企业应用商务智能奠定了数据基础。

总之，在竞争越来越激烈的市场环境下，电信企业迫切地需要一种高效的方式，精确地存取及时的、可信的信息，以提高市场的快速反应能力，提高市场经营的服务水平。因此，电信企业开始选择商务智能系统作为下阶段提高业务支撑能力的重要手段。

7.3 商务智能在电信行业的功能

商务智能技术可帮助电信行业实现如下的功能。

1. 固定电话话费行为分析

在固定电话通信市场，固定电话的“热装冷用”一直是令各电信公司困扰的事。如果能对用户历年来大量的长途电话、本地电话、信息台的详细话单数据和用户的档案资料等相关数据进行关联分析，通过对用户的分类，从消费能力、消费习惯、消费周期等诸多方面对用户的话费行为进行分析和预测，就可以寻找出消费能力比较强的用户，其具有发展成为通信大客户的潜力，然后针对性地提供一些优惠资费策略，就可以激发出这些用户通话的热情，有效地解决电话的“热装冷用”问题。还可以通过对通话起止时间及通过时长的分析，得到各类用户的通话时段分布情况、日消费高峰、月消费高峰、长话的消费时间、消费次数及什么地方的用户消费能力比较高、什么地方的用户消费能力偏低等信息。

行为分析的目的就是寻找电话用户消费的特点，并据此提出有关的业务推销策略，满足业务发展的需要。

2. 优惠策略预测仿真

电信市场中经常需要通过一些优惠策略，鼓励用户使用电信业务，增加通话时间等。这些优惠策略既方便了用户的使用，也增加了企业的实际利润额。优惠促销固然可以开拓市场，但如果优惠策略不当，结果可能适得其反。利用商务智能技术实现优惠策略在模型上的仿真，根据优惠策略进行模拟计费和模拟出账，其仿真结果将提示企业所制定的优惠策略是否合适，并可按情况进行调整、优化，使优惠策略带来最大的成功。

3. 欠费和动态防欺诈行为分析

欠费问题一直是电信企业面临的一个严重问题。催费、停机、拆机这样的举措层出不穷，但这并不能制止恶意欠费的用户，相反还会使一些偶尔欠费的用户怨声载道。欠费和动态防欺诈行为分析就是在总结各种骗费、欠费行为的内在规律后，在数据仓库的基础上建立一套欺骗行为和欠费行为的规则库。另外，欠费和动态防欺诈行为分析不仅仅可以被动地预防分析，还可以主动地进行统计分析。欠费和动态防欺诈行为分析能及时预警各种骗费、欠费行为，使企业尽量减少损失。同时，通过用户的缴费销账情况、社会类别、占用资源等分析用户的信誉度，对不同信誉度用户给予不同的服务及优惠。防欺诈分析是商务智能在电信领域的主要应用之一，可以为企业节约大量的资金，降低企业经营的风险。

4. 客户关系管理分析

在电信行业内，赢得一个新客户比保留一个老客户所付出的代价要高得多，因此，提高服务质量，赢得客户的忠诚对企业的生存发展意义重大。但是，电信企业的客户群体非常庞大，而且客户对服务的要求也越来越高，做好服务工作不再是漂亮的营业员会微笑就可以完成的事了，必须利用先进的商务智能技术，对客户进行客户关系管理分析。具体内容包括利用客户资料和一切可能有助于进行客户分析管理的资料进行客户概况分析、客户忠诚度分析、客户利润分析、客户性能分析、客户未来分析、客户产品分析、客户促销分析。通过对这些数据的分析，提供既能留住老客户又能吸引新客户的决策信息。

商务智能引入客户关系管理分析后，能够帮助电信企业发现许多原来无法发现的规律，提高企业对用户的了解程度，在技术层面帮助企业为用户提供更好的服务，从而提高用户的忠诚度。

5. 经营成本与收入分析

作为一个在市场经济中运作的企业，无疑以获得最大的经济效益为企业运作的核心目标之一，当然也会兼顾社会效益、客户服务等方面。

经营成本与收入分析就是对各种类型的经济活动进行成本核算，比较可能的业务收入（通信业务收入、其他收益）与各种费用（业务成本、管理费用、税收、其他支出）之间的收支差额，分析经济活动的曲线，得到相应的改进措施和办法，从而降低成本，减少开支，提高收入。

6. 网络管理和网络优化分析

国内电信企业目前大多都建成了省网管中心和各地网管集中操作维护中心，对网络进行管理。它们包含的数据是调整、优化固定网络结构，提高全网通话质量的根本依据。网络管理和网络优化分析就是在对目前网络管理中大量的数据进行分析、聚类，从而为提高全网质量、优化网络结构、进行网络规划提供可靠的保证。

网络管理和优化分析将在扩大并细化数据源、增加数据量、丰富统计分析类型三个方面对现行系统进行扩展。

7. 动态报表

由于业务和管理需求的不断变化，许多需求在系统设计之初都被忽略，报表输出已成为一个日益突出的矛盾，因此，报表形成困难和制表人员工作量增加是目前亟待解决的问题。

动态报表就是利用商务智能技术中元数据的思想，将报表元素分解成基本构件，实现对数据按用户轴、时间轴、地域轴、通话类型轴等，对用户按呼叫量、消费量等进行分析统计，形成各种各样的报表，即动态报表。

另外，商务智能在电信行业中的应用，不仅包括市场分析，而且也可以包括财务、人力资源等方面的数据，并就此完成对企业发展管理中各个环节的诊断分析，寻找企业内部管理的不足，并提出针对性的改进措施。

7.4 商务智能关键技术在电信中的应用

7.4.1 OLAP在电信中的应用

国内电信企业建设数据库，在初期一般是以OLAP分析为主，这样可以保证基本的业务需要，同时也可以熟悉商务智能中的技术内容。从电信运营商的角度，OLAP分析包含许多类型的分析主题，如各种各样的业务分析主题，通过这些分析主题，可以为市场活动提供直接的技术指导。

根据市场业务发展的需要，电信运营商商务智能中的数据分析可以包括如下的一些分析主题。

1. 客户发展情况分析

客户发展情况分析主要是依照客户的自然属性和消费行为属性对客户进行分析，分析的主要指标包括客户总量分析、新增客户分析、客户流失分析、客户行为分析、客户信用度分析和客户风险分析等。通过对一定时间段内的新增客户进行分析，能够对相应群体的潜在客户采取有针对性的发展策略，使其尽快成为现实客户。

2. 业务情况分析

业务情况分析主要反映电信业务发展方面的一些内容，包括业务发展量分析、业务资源使用特征等内容。在业务量分析方面，按照不同的地域、客户特征、消费层次、呼叫类型和漫游类型等角度对客户的业务量及其增量、新业务的使用量等进行分析，以此来了解不同业务量的客户构成、业务量的变化与发展趋势等。

3. 收益情况分析

收益情况分析使电信运营商了解自身业务收益的具体组成情况，包括收入总量及其变化分析、ARPU分析等内容。例如，在收入总量及变化分析中，包括从时间、地域、客户年龄组、客户性别、消费层次等不同角度分析收入总量及其变化（收入增量），预测其在一定条件下的变化趋势，为提高收入、制订合理的市场营销策略提供科学的、有效的依据。

4. 市场竞争分析

市场竞争方面的分析内容包括市场占有率分析、供应商市场行为特征分析等。在市场占有率分析中，市场人员能够了解不同时间段内的不同业务、品牌的产品或服务的市场占有率情况，了解市场中最有价值的产品或服务、了解不同产品的主要竞争对手，从而为市场经营提供指导。

5. 服务质量分析

服务质量方面的分析包括客户服务质量分析、客户服务时限分析、客户满意度分析等内容。在客户服务质量分析中，服务质量指标体系（A类、B类、C类）由服务功能、服务环境、服务质量、服务培训、服务分析和服务监督等方面的内容构成。通过各类检查方法（省内自查、全国互查、抽样调查、统计调查、调查/评估）对服务质量体系指标进行打分，实现移动电话售前、售中、售后各个环节的服务质量评估，从而发现服务中的薄弱点和优势，并得到不同客户群对服务的不同要求（包括服务质量和服务内容），为向客户提出正确的服务提供依据。

6. 营销管理分析

营销管理分析为电信运营商提供业务营销方面的分析，内容包括营销渠道分析、代销商客户发展分析等。在营销渠道分析中，通过对营销渠道作用的分析，可以得出采用何种营销渠道对电信企业的快速发展最为有利，从而不断地发展、健全电信企业的营销网络。

7. 大客户分析

由于大客户对于电信运营商，具有十分重要的作用，因此，大客户分析也是电信运营商分析工作的重点。大客户分析包括大客户构成分析、大客户发展与流失分析等方面的内容。在大客户构成分析中，通过对大客户年龄、性别、职业等属性的构成进行分析，了解大客户与整个客户群体之间的构成差异，了解按客户自然属性进行同等类型分群下大客户构成与普通客户构成的差异。

7.4.2　数据挖掘在电信行业中的应用

数据挖掘的算法比较多，在面对具体应用时，挖掘算法应该与具体的业务相结合，一个数据挖掘应用可能会同时使用到几个数据挖掘算法。在一个应用中，不同的步骤可能需要应用不同的算法，某个算法可能需要用到另一个算法的结果，其输出也可能是另一个算法的输入，在一个挖掘应用中，不同算法之间还可能是竞争关系——几种算法同时用于一个挖掘应用，经过评价之后，选择效果最好的算法。

针对我国电信运营商的业务，数据挖掘技术主要应用于以下几个领域。

1. 业务预测

背景：预测就是通过对历史数据的分析，找出影响业务发展的因素，然后对这些因素的未来发展做出预测，从而大致地确定未来的业务量。对业务的预测是制订今后发展计划的重要依据。另一方面，通过实际值与预测值的对比，可以测量预测的准确性，从而更加精确地找出相关因素，改进预测的方法。由于电信运营商的业务种类繁多，因此，应用预测方法的场合也很多。例如，为了确定未来的市场规模，需要对移动电话客户的增长情况做出预测；为了确定下一年的发展目标，需要对各种业务的增长情况做出预测；为了改善网络的运营质量，需要根据历史信息，对未来可能发生故障的设备做出预测。

需要的数据：根据预测主题的不同，预测所需要的数据也不尽相同。预测的基本思想就是根据以往的历史数据推导出未来的情况，因此，预测所需要的数据主要是与预测主题相关的历史数据。在具体应用时，所需数据还与所选择的算法以及算法所需的参数有关。例如，针对下一个月移动电话话务量的预测，可以使用时间序列分析预测，也可以使用神经网络中的BP算法进行预测，还可以使用简单的统计方法（如移动平均法），而每种算法还可以采用不同的数据粒度、采集不同的数据样本。例如，以过去12 个月的数据为样本，以月为单位；或者以过去3年的数据为样本，以季度为单位。预测所需的数据样本可以通过挖掘工具自带的数据库接口或者关系型数据库的管理工具获得。

应用的主要挖掘算法：

（1）时间序列分析。

（2）神经网络预测。

（3）简单的统计方法（移动平均法、修正的移动平均法等）。

2. 客户的呼叫模式分析

背景：对客户的呼叫模式进行细致的分析能够使移动运营商更清楚地了解客户的喜好，分析结果是电信运营商进行市场营销活动的依据。通过对呼叫模式的分析，运营商可以了解到一些客户的基本特征。例如，某些客户喜欢在白天打电话，某些客户喜欢在晚上打电话，某些客户可能每个月集中在某几天打电话，某些客户的呼叫对象主要集中在某几个电话。提取这些特征，将为分析客户的差异性提供依据，从而使市场部门有能力对不同的客户制定不同的营销策略。另外，呼叫模式分析还是一些挖掘应用（如客户群体的细分以及话费欺诈的识别）的基础。

需要的数据：呼叫模式分析应用的数据主要是话费清单。话费清单中记录了客户的详细通话信息，包括呼叫的时间、呼叫的时长、主叫号码、被叫号码、计费信息等。另外，特定客户群体的呼叫模式分析还需要该群体的基本账户数据，用于对数据进行交叉分析。话费清单和客户账户数据都可以直接从数据仓库提取。

应用的主要挖掘算法：

（1）基本统计方法（用于单个客户或特定客户群体的特征分析）。

（2）时间序列分析（整体趋势分析）。

（3）神经网络算法（Neural Networks）。

（4）关联分析。

3. 大客户特征的识别

背景：企业的大客户群体往往是利润的主要来源，大客户资源是企业竞争力的重要体现，也是其他电信运营商争夺的焦点。识别出大客户，为他们制定有针对性的营销措施，提高大客户的忠诚度，是电信运营商继续保持领先的关键所在。电信运营商分析系统中的数据挖掘工具应该具有识别大客户及其行为特征的能力。不仅能够根据现有的消费量来判断用户是否为大客户，还应该根据现有大客户的资料，提取出大客户的特征，并发现潜在的大客户。

需要的数据：

（1）账户数据。

（2）通话数据。

（3）计费数据。

应用的主要挖掘算法：

（1）聚类分析（Cluster）。

（2）分类（Classification）。

（3）神经网络算法。

4. 客户群体的细分

背景：客户群体的细分是一对一营销的基础，包括分类和聚类两类分析方法。其中分类分析方法是指事先人为地根据客户属性确定分类标准，再对用户进行归类。聚类分析方法是指系统根据客户属性，使群内客户具有最大的相同性，群间客户具有最大的相异性，自动产生聚类标准，再按此标准对用户进行归类。数据挖掘系统应可以在客户群体细分的基础上再进一步细分，直到获得所需要的粒度，并由此对客户群体进行各种分析。

需要的数据：客户行为数据。

①呼叫行为数据：包括用户的呼叫信息，如国际长途、夜间通话、优惠时长等。

②业务属性数据：包括用户使用各种业务的情况，如短信、WAP 等。

（2）客户自然属性数据：包括年龄、性别、职业等。

（3）其他数据：包括业务受理点、付费方式、套餐计划、用户状态、收入、在网时间等。其中，行为数据主要通过通话的详细清单获得，自然属性数据主要通过账户信息获得。

应用的主要挖掘算法：

（1）分类。

（2）聚类分析。

（3）神经网络算法。

5. *客户流失的预测与控制*

背景：争取一个新客户的代价往往比留住一个老客户的代价要大得多。由于关系到市场份额以及营业利润，客户流失预测是电信运营商最为关心的重点之一。导致客户流失的原因有很多种，根据流失原因的不同，可将流失分为主动流失（客户由于对服务质量不满或其他原因主动选择的流失）和被动流失（客户由于欠费或信用方面的原因，被动接受的流失）。

客户流失预测的分析对象是已经流失和未流失的客户，从他们的自然属性、行为属性以及其他属性中找出流失客户的特征，然后预测未来一段时间的客户流失概率。

需要的数据：

（1）流失标识：标识客户是否流失。

（2）客户信息资料。

①自然属性资料。

②合同资料：包括套餐计划、付费方式、定制业务、合同变更情况等。

（3）呼叫数据。

①呼叫频率：包括经常通话的电话号码、呼叫不同电话号码的数量等。

②呼叫质量：包括客户经常通话位置的掉话率、接通率等。

③呼叫模式：包括客户在优惠时段的通话次数、晚间通话次数、呼转的号码、次数和频率等。

④其他呼叫数据：长途呼叫次数、最常通话的电话号码占总通话的比例、呼叫时长的变化趋势等。

（4）账户和付费数据：包括用户的应收、欠费、延迟缴费次数等。

（5）其他数据：客服信息、竞争对手信息等。

应用的主要挖掘算法：

（1）分类、决策树算法（Decision Tree）。

（2）神经网络算法。

6. **网络资源的管理**

背景：通信网在运行过程中产生了大量的运行数据。对这些数据进行挖掘，有利于尽早发现潜在的网络故障，提高网络的利用率。具体来讲，数据挖掘可以应用于以下的网络管理领域。

（1）通信网流量峰值预测。

（2）故障预测。

（3）网络流量优化。

需要的数据：网络资源管理需要应用各种数据进行分析。例如，故障预测需要用到历史故障数据、网络拓扑数据、网络流量数据；而网络流量优化，则要用到网络拓扑数据和网络流量数据。

应用的主要挖掘算法：

（1）神经网络算法。

（2）决策树算法。

（3）分类。

数据挖掘技术在电信领域还有很多其他的应用内容，随着数据仓库的建设，数据挖掘也将逐渐走向深入，并为电信运营商提供更多有价值的信息。

7.4.3 数据分析模型在电信中的应用

1. **大客户资料分析主题的构建**

（1）构建逻辑模型。首先，需要根据分析的需求定义大客户资料所应包含的信息。

① 时间信息。入网时间、成为大客户的时间、流失时间等。

② 客户类型信息。是否为集团用户、单位类型等。

③ 客户个人资料。身份证号码、电话号码、E-mail等。

④ 客户账号信息。开户银行、银行账号等。

根据这些信息的进一步细化，将得到具体的数据字段。然后按照维度建模的规则将整个数据模型设计成星型结构。

（2）构建物理模型（部分）。在得到逻辑模型之后，就可以着手进行对应的物理模型设计了。要注意的是，物理模型的设计重点与逻辑模型不同。在物理模型设计阶段，需要详细地定义每一个字段的类型，以及各表之间的关系。这一步通常使用数据仓库建模工具（如ERwin以及Power Designer等）辅助完成，这些工具均有模型自动生成功能。逻辑模型对应的部分维度表的物理描述如下。

①日期维表。此维表用来对日期分级及各个级别的中文描述。日期维度表如表7-1所示，日期索引列表如表7-2所示。

表7-1　日期维度表

Name	Code	Type	P
层次级别	agg_level	SMALLINT	NO
实际日期	real_data	DATE	NO
日期描述	date_desc	CHAR(20)	NO
所属月份标号	month_no	INTEGER	NO
所属月份描述	month_desc	CHAR(20)	NO
所属季度标号	quarter_no	INTEGER	NO
所属季度描述	quarter_desc	CHAR(20)	NO
所属年度标号	year_no	INTEGER	NO
所属年度描述	year_desc	CHAR(10)	NO

表7-2　日期索引列表

Indexcode	p	F	U	Columncode	Sort
Inx01_03	NO	NO	NO	month_no	ASC

②计费月份维度表。此表用来描述出账月份，如200804、200905。计费月份维度表如表7-3所示，计费索引列表如表7-4所示。

表7-3　计费月份维度表

Name	Code	Type	P
维表级别	agl_level	SMALLINT	NO
月份标号	monthno	INTEGER	NO
月份描述	monthdesc	CHAR(20)	NO
季度标号	quarterno	INTEGER	NO
季度描述	quarterdesc	CHAR(20)	NO
年度标号	yearno	INTEGER	NO
年度描述	yeradesc	CHAR(10)	NO

表7-4　计费索引列表

Indexcode	p	F	U	Columncode	Sort
ixold18	NO	NO	NO	month_no	ASC

③行政区维度表。此表用于描述行政区的层次。行政区维度表如表7-5所示。行政区索引列表如表7-6所示。

表7-5　行政区维度表

Name	Code	Type	P
层次级别	agl_level	SMALLINT	NO
行政区编号	admin_no	CHAR(4)	NO
行政区描述	admin_desc	CHAR(10)	NO
所属交换局标号	exchange_no	CHAR(1)	NO
所属交换局描述	exchange_desc	CHAR(20)	NO

表7-6　行政区索引列表

Indexcode	p	F	U	Columncode	Sort
ixold19	NO	NO	NO	admin_no	ASC

2. 网络状况分析主题的构建

（1）构建逻辑模型。网络状况分析模型的逻辑结构概要。该逻辑模型包括网络状况分析事实表、被访问局维表、通话服务类行为表等。

（2）构建物理模型。数据库建模工具根据以上的逻辑模型构建出相应的物理模型，然后生成相应的代码与模型。

网络状况分析事实表如表7-7、表7-8所示。

表7-7　网络状况分析事实表1

Name	Code	Type	P
费用类型	Month	INTEGER	NO
统计日期	statistic_date	DATE	NO
电话号码	mobile_number	CHAR(14)	NO
imsi	imsi	CHAR(15)	NO
归属局编号	HPImn	CHAR(5)	NO
被访局编号	VPImn	CHAR(5)	NO
主被叫	call_direction	SMALLINT	NO
对方号码	oppoSite_number	CHAR(24)	NO
对方区号	oppoSite_area	CHAR(7)	NO
对方网络类型	oppoSite_nw_type	SMALLINT	NO
通知日期	call_date	DATE	NO
通话起始时段	call_hour	SMALLINT	NO
通话起始分钟	call_minute	SMALLINT	NO
通话起始秒数	call_second	SMALLINT	NO
Msm	Msm	CHAR(11)	NO
通话次数	call_times	SMALLINT	NO
通话时长	call_duration	SMALLINT	NO
通话分钟	call_min_duration	SMALLINT	NO
漫游类型	Roaming_code	SMALLINT	NO

续表

Name	Code	Type	P
长话类型	Toll_type	SMALLINT	NO
长话附加类型	Toll_extratype	SMALLINT	NO
其他附加类型	Other_extratype	SMALLINT	NO
交换机编号	msc_id	CHAR(10)	NO
定位码	Lac_id	INTEGER	NO
小区编号	Cell_id	CHAR(15)	NO
服务类型	Service_id	CHAR(2)	NO
服务代码	Service_code	CHAR(4)	NO
服务费	Service_charge	NUMBER(8,2)	NO
本地漫游费用	Loroam_charge	NUMBER(8,2)	NO
长话费	Toll_charge	NUMBER(8,2)	NO
长话附加费	Toll_extcharge	NUMBER(8,2)	NO
本地附加费	Local_extcharge	NUMBER(8,2)	NO
其他附加费	Other_extratype	NUMBER(12,2)	NO
总话费	Total_charge		NO

表7-8　网络状况分析事实表2

Name	Code	Type	P
实际日期	mal_date	DATE	NO
日期描述	Date_desc	CHAR(20)	NO
所属月份标号	month_no	INTEGER	NO
所属月份描述	month_desc	CHAR(20)	NO
所属季度标号	quarter_no	INTEGER	NO
所属季度描述	quarter_desc	CHAR(20)	NO
所属年度标号	year_no	INTEGER	NO
所属年度描述	year_desc	CHAR(10)	NO

7.4.4　数据采集与ETL处理

本节以电信系统的ETL处理过程为例进行讲解，该ETL模块主要实现两个功能。

（1）定时将业务和计费数据中相关的数据导入分析系统的临时数据库，实现初始化及增量数据的自动导入。

（2）定时调用后台存储过程，将上一步导入的数据按电信业务分析系统的要求进行整理，然后转入后台的数据仓库。

1. 数据采集清洗

该子系统主要用来对电信公司现有的业务账务、计费系统的接口源数据进行采集、清洗，是决策系统数据的源头。按接口类型可划分为业务账务数据采集清洗和计费数据采集清洗。两种操作类型都属于任务调度，后台运作，在前台应用界面上只提供相应的参数维护以及数据抽取状况监控。

（1）业务系统数据采集模块。业务系统数据采集参数设置，可以根据和业务账务系统的接口协议进行转换参数设置，配置的信息包括源数据、目标数据库、决策数据库的ODBC连接，以及数据抽取的频度。

（2）业务系统数据获取模块。用于采集每天业务账务系统的增量数据，数据包括增量的客户资料，客户资料变更、改号记录，大客户资料、行功能、交费记录、停机记录、开通新功能资料和客户应收等。

（3）业务系统源数据过滤、清洗、转换过滤模块。根据每日获取的业务增量源数据，按照DSS的物理结构，对源数据进行重整转化，最后导入DSS数据库。

（4）计费系统数据采集模块。此模块主要用于计费数据接口的数据采集，接口实现方法如下所述。

计费系统数据库每天定期按地区和详单类型将详单数据、用户汇总数据打包，形成备份文件，决策系统每天定时通过远程数据拷贝获取计费系统备份出来的详单、账单的备份文件，并对其进行解码，转换成目标数据库标准的装载格式文本文件。然后利用目标数据库的超速装载工具倒入DSS数据库。

需要注意的是，计费备份数据转换参数的配置，是根据计费系统备份数据获取的协议，设置转换参数来实现的。配置的参数有计费系统数据备计的主机名、主机、备份的目录，决策系统主机名、转换入口目录，转换后的数据存储目录等。

（5）计费备份数据转换装载入库模块。将远程复制的业务数据库的数据备份GSM详单、神州行详单、GSM账单文件转换备份文件为目标格式，通过目标数据库装载工具导入DSS数据库。

（6）计费数据每日预汇总模块。每日对GSM清单、神州行清单数据生成一次汇总中间数据，生成竞争对手数据、部分网络状况分析数据。

2. 数据源转换、重整及汇总

本子系统主要用来对数据采集子系统采集的数据按月进行变换、重整、汇总。它生成决策系统的实际表以及实际表的汇总数据。按数据类型划分为业务账务数据、计费数据、综合决策数据三部分。三种操作类型都属于任务调度，后台运作，在前台应用界面上只提供相应数据变换状况、数据汇总日志监控。它包括6个模块，分别为业务账务资料变换、重整、汇总模块；按照DSS数据组织结构，对业务账务数据进行变换、重整、汇总。相关的实际表有客户资料、客户历史资料、新开户资料、流失客户资料、大客户资料、客户开通新功能资料、客户消费层次表、客户信用度表和话费回收表。业务账务资料转换重整模块得到变换重整后的业务账务信息数据，以满足分析需求。业务账务资料的汇总模块对变换重整后的业务账务数据按照不同粒度进行汇总，以提高查询分析速度。

7.5　数据挖掘在电信行业的应用实例分析

7.5.1　应用决策树算法进行客户流失分析

1. 背景

移动通信的客户流失是一个长久以来困扰全球移动电话运营商的难题。在欧洲，每年有35～50万的客户流失，而获取一个新客户的平均成本超过了$700，这几乎相当于一个客户5年内给公司带来的净利润，这种情况直接导致客户回报率的下降。从全球的范围来看，移动通信运营商每年因为客户流失所带来的损失在100亿左右。

2. 分析目的

根据流失的客户和没有流失的客户性质和消费行为，进行数据挖掘分析，建立客户流失预测模型，分析哪些客户的流失概率较大，流失客户的消费行为如何，造成客户流失的其他相关因素是什么，如竞争对手的优惠政策、业务系统故障、国家政策和现行经济运行环境等。为市场经营与决策人员制定相应的策略和留住客户提供决策依据，并预测在该策略下的客户流失情况。

3. 挖掘过程

在本案例中，综合采用CRISP-DM和SEMMA的步骤。以下是整个挖掘过程的详细描述。

步骤1：数据准备。

建模人员从现有数据仓库中的物理数据模型数据表和源数据映像文件、最终用户访谈的记录、IT人员提供的系统相关文件，以及自己对其所要建立的模型主题（客户流失）的了解，提出他认为可能与客户流失这个主题相关的数据项（或称为变量），交给相关的系统开发人员编写数据抽取程序并抽取数据。抽取出来的数据交给建模人员做初步分析。建模人员根据初步分析结果来决定需要进一步衍生的变量。此过程可能反复若干次，直至得到全部“满意”的数据变量。最后，将这些衍生变量集合成一个衍生变量集合文件，包括每一个客户的各种资料，存入“流失数据集市”中。

步骤2：取样。

在这个步骤，建模人员从步骤1所得到的衍生变量集合文件中抽取样本。建模人员会抽取不同客户流失比例的样本，及不同大小的多份样本，作为训练模型及测试模型使用。抽取出来的样本需传送到数据挖掘服务器上。

步骤3、5：建立模型。

建模人员在取得步骤2的多份样本后，可将部分样本作为训练数据集，其余样本则作为验证数据集。建模人员也可取某月所有的流失客户作为训练数据集，并以次月的流失客户作为验证数据集。建模人员选用最恰当的模型技术，如决策树技术，利用训练数据集来训练并建立模型。

步骤4：验证模型。

建模人员在这个步骤中利用验证数据集来验证在步骤3所建立的模型。验证数据集和训练数据集是互相独立的。步骤3所建立的模型只“见过”训练数据集的数据，而验证数据集对于已建立的模型来说则是全新的数据，所以，可以用来验证已建立的模型是否能保证大致相同的模型准确性。

注意：如果利用验证数据集验证已建立的模型，发现模型的准确性有很大的差异，则建模人员应回到步骤3检查所抽取的数据样本的数据质量，看是否有明显的缺值或异常值，如有此类数据，则应先把这些数据做适当的处理，再重新抽取样本执行步骤4，如此重复步骤3、4、5，直到验证数据集可以在步骤4验证出已建立的模型具有一个大致相同的模型准确性。

步骤6：模型评分。

此步骤为通过步骤3、4、5 所建立的模型做模型评分准备，可将数据挖掘软件建立的模型输出为一个C语言的子程序，并传回数据挖掘主机，由主机上的模型评分主程序来调用。在主机上，通过数据抽取工具将模型评分所需的所有客户的相关变量抽取出来成为一个文本文件，以便评分主程序可以读取和计算每一个客户的流失分值。

步骤7、8：执行。

这两个步骤实际是计算每一个客户的流失分值、客户在决策树所经过的路径、决策树的内容及其路径所经过的变量。这三部分信息再由数据加载工具加载至“流失数据集市”中。除了客户的流失分值外，还会算出客户价值指数。综合以上指标就可以方便而且有效地找出价值高又很可能马上离开（流失分值也高）的客户。

步骤9：模型监测。

在利用模型计算客户的各种指标（流失分值、客户价值等）的同时，还需要计算与该模型相关的性能度量值（Performance Measurements），如捕获率（Capture Rate）等。企业需要通过这些性能度量值来监视模型的效能是否有退化的迹象或受到客户维系的影响，也需要利用这些性能度量值来比较不同的模型，从而选出最好的。

4. 数据源的描述

列出在“客户流失分析”中数据源可能需要的数据字段。

5. 用决策树方法来建立客户流失模型

客户流失模型的结果可以用决策树来展示。决策树可以区分不同的流失客户群组及每一群组的潜在流失因素，并指出某个流失群组的共同特性。在这一个流失群组中77%的客户将会流失，他们的共同特性包括以下几点：全球通用户；使用时间只有3～4个月的新客户；使用动感地带套餐，对价格较敏感；每个月打不同的电话号码（亲朋好友、公司同事等）的个数不多于40个，交友圈不是很广；同时拥有一个以上的手机号，想退掉其中一个手机号。

结合分析客户流失模型的分析以及决策树的输出结果，会产生多个客户的流失群组。对于每一个流失群组特性所隐含的意义及其合理与否，有赖于具有业务专长人员与建立客户流失模型人员的共同检查与诊断。通常会发现一些有趣的结果，例如，停机超过一段时间、曾经打电话到客户服务中心询问退租手续或每月通话费呈递减的趋势，并超过某一数值以上的客户，有很大的比例最后都离开了。客户流失模型的输出结果中可包括一个客户流失指数，用来作为客户流失的概率（介于0到1之间），以区别不同客户间流失可能性的高低，如一个流失指数为0.8的客户比一个流失指数为0.6的客户更可能离开。当营销部门计划推行一个客户挽留项目时，可由客户流失指数的高低，找出最可能解约的客户群组，以极少的成本和最适当的方式达到较好的客户挽留效果。客户流失的数据挖掘结果常用在OLAP中与其他的分析维度一起参照分析，例如，下面是一个利用客户流失指数和客户价值来找出很有价值却又最可能离开的客户总数及详细的客户名单，营销人员可以此作为接触客户的依据。当然，也可以与其他的分析维度结合到一起，更进一步了解名单中即将流失的客户特性。

这也是在线分析处理与数据挖掘结合的一个新的方向——在线数据挖掘（OLAM——OnLine Analysis & Mining）。

7.5.2　应用聚类分析对电信客户进行细分

现代的市场营销已由过去的产品中心论演变为客户中心论。客户中心论要求对客户进行全方位的认识，进行一对一的、准确的市场营销。一对一的市场营销强调为不同的客户提供个性化的服务，它的前提之一就是客户群的细分。

1. 背景与业务问题

了解谁是客户是了解电信市场环境的一个开端。随着国内电信市场竞争的日趋激烈，深入的了解客户，并对其进行细分变得越来越重要。对客户的认识主要包括客户分为哪几种类型；每一类客户有什么不同的构成特征与消费行为特征；客户群有什么流动趋势；这种流动包括了内部的流动（由企业的一种产品转到另一种产品，如对移动来说，客户从动感地带转为全球通用户），也包括了外部的流动（流入和流出）；一个产品或业务应该向哪一个群体的客户推销；如何鼓励一个特定客户群的消费行为，使客户价值最大化；不同类型的客户在某个特定时刻的需求是什么；同一个客户在不同时刻的消费需求是什么。

2. 传统的客户分类方式及其不足

大多数的企业是按照人口自然特征对客户进行分类的，如根据客户的性别、年龄、收入、文化程度、地理位置、职业类型、单位性质、婚姻状况等来划分客户群。但是，这种划分只能够回答一些“我的客户平均年龄是多少”“我的客户主要来自哪一个区域”这类简单的问题，并没有使客户与企业之间发生交互的信息。

以下是按照人口自然特征进行客户划分的一些缺点。

（1）过于笼统粗糙。按照这种方法分类，同一类客户在很多有商业含义的关键点存在很大的差别。

（2）没有与用户的消费行为特征结合，很难进行准确的市场推广活动。

（3）人口自然属性通常是难以获取的，还有很多不可靠的数据。

（4）人口自然属性是不断变化的，必须对客户进行长期的跟踪（如客户收入、学历、职业的变化等）。

OLAP分析虽然可以将人口自然属性与用户的部分消费行为特征（如在网时长分层、平均消费层次等）进行组合分析，但这种分析是按照人们凭经验事先设计好的路径进行组合查询分析的。在OLAP分析中，一般按照特定的维度离散化的方式进行分层

（如平均消费为0元、0～80元、80～200元、200～300元、300～500元、500元以上）。

但是，这种分段处理的方式是否能发现凭感观与经验难以发现的新客户群呢？如果客户等级的标准发生变化，处理方式能否做动态的调整呢？显然，OLAP分析只能够做一些机械的分段，而难以解决这些问题。而且，一旦客户的平均消费发生改变从而导致不同类型客户标准发生变化，这种分段阈值就需要推倒重来。对客户群进行细分的最好方法是全面地收集客户信息、存储客户信息、运用数据挖掘方法按客户内在特性（有商业价值的、反映客户与客户之间区别性或相似性的特征）对客户进行分类，而不是人为地设定某种分类方式。

3. 进行客户细分所依赖的数据

以客户为中心的市场营销并不意味以客户的自然属性（人口自然属性）为中心，相反，基于客户行为特征的分类更容易与市场营销进行结合。因此，在客户细分时，行为特征是主要的特征， 自然属性是辅助的特征。行为特征主要包括呼叫行为特征与业务行为特征，它们都可以从企业本身的事务数据（对电信企业来说，就是CDR数据）中得到，因此比较可靠。呼叫行为特征主要包括总呼叫时长、国际长途呼叫时长、国内长途呼叫时长、省内长途呼叫时长、本地呼叫时长、晚间呼叫时长、白天呼叫时长、正常时段呼叫时长、优惠时段呼叫时长、周末呼叫时长、周日呼叫时长、主叫（呼出）时长、被叫（呼入）时长、呼入电话号码数、呼出电话号码数、呼叫时长最长的呼叫位置处的呼叫时长、呼叫时长次长的呼叫位置处的呼叫时长、短消息条数、短消息发出号码、短消息接收号码等。

业务行为特征主要包括所使用的增值业务与新业务（如呼叫等待、呼叫前转等）的数目、使用GPRS或者CDMA的业务量、所使用的互联网类型的业务数目、所使用的计费业务数目、所使用的免费业务数目、所使用的信息业务数目、所使用的亲友与家庭类型的业务数目等。

其他行为特征主要包括入网渠道、入网时长、手机型号、到目前为止更换手机的次数、套餐类型、缴费方式、到目前为止改变缴费方式的次数、合同状态、客户级别等。另外，使用数据很多是聚集（汇总）数据，可以选择月聚集、季度聚集或半年聚集。

4. 进行客户细分采用的数据挖掘技术

进行客户细分采用的是聚类分析方法。聚类分析是一种统计分析方法，它通过将实体的特征进行归一化处理（转换为某种距离），对具有多特征的不同实体进行分组，使每一组之间的差异最大化，组内的差异最小化。从应用数学的工具角度来看，聚类分析又分为统计聚类方法与神经网络聚类、模糊聚类等聚类方式。其中统计聚类又分成欧式距离聚类、马式距离聚类等。

下面，使用一个简单的例子解释一下聚类的概念。假设一个电信公司希望通过分析不同年龄用户使用的增值业务，有针对性地构造业务的组合，提高盈利能力。在电信公司的数据仓库中存有如表7-9所示数据。

表7-9　数据仓库中的增值业务与年龄的记录表

顾客年龄	主要使用的增值业务
23	互连星空
45	来电显示
32	ADSL包月
47	来电显示
46	来电显示
34	ADSL
51	来电显示
28	互连星空
49	来电显示
29	互连星空
26	互连星空
31	ADSL包月

通过一个二维的图形，可以看到这些数据可以分为3个组，第一组是年龄为23 ~ 29岁之间的用户，他们主要使用的增值业务是互连星空；第二组是33 ~ 36岁之间的用户，这些用户主要使用ADSL包月服务；第三组是45 ~ 51岁之间的用户，他们仅使用了来电显示增值业务。各个分组的内部都有相似的特征（年龄相似、使用的业务相同），通过二维的图形，可以很容易地将3个分组识别出来。

在这个简单的例子中，只需要使用二维的坐标系就可以对数据进行聚类。但是，在实际情况中，需要参与聚类的变量很多，这个时候，就需要使用自动化的数据挖掘工具。

5. 客户群细分挖掘技术在电信行业中的应用结果举例

以下将介绍某电信公司运用聚类算法进行客户群细分的应用案例。在进行客户细分之前，首先需要从业务系统或者经营分析系统中抽取适当的数据，包括表7-10中的数据字段。

聚类分析时，选定kd 作为聚类算法的参数，得到9个不同的客户群，每个客户群的特点及主要统计特性如表7-11所示。

表7-10　客户群细分的应用案例表

需要用到的数据字段
用户数据
年龄
收入
工作单位
性别

呼叫行为数据
总呼叫时长
工作时间呼叫时长
国内长途话费使用时长
国际长途花费使用时长
夜间呼叫时长
使用的服务类型
使用的语音业务种类数量
使用的数据业务种类数量
打折业务数据数量
使用的点播类数据业务数量
使用免费业务的种类数量
其他类型的数据
使用的资费套餐
付费方式（后付费、预付费……）
网内通话数据
客户级别（钻石、黄金、白银）
最近半年的话费

表7-11　使用聚类算法得到的客户细分结果表

客户群编号	客户群名称	占总体客户的比例	呼叫行为	使用其他增值业务的频率	利润的比例	利润比例除以客户比例的比率
0	年轻而消费能力强的客户	12%	很频繁	中等	21.8%	1.82
1	真正的移动客户	8.5%	很频繁	高	13.9%	1.64
2	年轻客户	7.5%	中等	高	7.1%	0.95
3	本地客户	11.1%	频繁	低	15.0%	135
4	晚间客户	7.8%	中等	低	6.9%	0.88
5	使用增值业务的用户	9.7%	少	高	6.3%	0.65
6	保守用户	11.9%	中等	低	11.1%	0.93
7	经济群体	13.6%	少	低	9.5%	0.7
8	基础群体	18.1%	很少	低	8.4%	0.46

得到了分析结果之后，需要对结果进行解释。

例如，对客户群5的属性进行统计分析和描述。客户群5具有的特点为对几乎所有的增值业务感兴趣；在所有时段内通话时长都很短；呼出电话号码数很少；入网时长较长；年龄在40～50岁之间。

这个聚类主要包含中年客户，订购的业务数较多，但通话量很低。这个聚类可以命名为“使用增值业务的用户”。虽然这些客户的通话量很低，但是他们的收益却并不低，而且忠诚度很高，这意味着收益来自客户订购的业务的增值费用很高。

从市场角度来看，这个客户群是很有潜力的。市场人员可以发现销售新产品或业务的机会，最终为公司带来巨大的利润。例如，可以考虑向这个客户群推荐一些将语音业务以及增值数据业务结合在一起的套餐业务，从而提高他们对语音业务的使用量，增加该群体的语音业务收入。

又例如，对客户群4而言，他们具有的特征为通常在晚上打电话；除了“亲情电话之外”，对其他类型的业务不感兴趣；一般是10多岁的学生；绝大多数的电话都是本地的；对话费打折极为敏感；使用短信业务较多。

这一类客户是典型的学生客户，可以给这个群体起名为“夜间客户”。他们的消费能力偏弱，所以通常会在优惠时段打电话，而且更多使用的是较为便宜的短消息业务，对费用较高的GPRS 类业务不感兴趣。

这部分客户的利润率低于平均水平，利润比例除以客户比例的比率只有0.88。但是，如果采取适当的营销手段，提高他们对数据业务的使用量，就有可能提高这一群体的利润水平。而且，这个客户群在若干年之后，消费能力将整体增强，如果采取措施提高他们对企业的忠诚度，将有利于企业的长远发展。有鉴于此，市场部门可以为他们订做一个短消息包月，而且网内通话低于预付资费水平的服务套餐，从而提高他们的语音业务和消息类业务的使用量。

从客户群统计特性表还可以看出：客户群0、客户群1、客户群3的收益份额以及份额比（收益份额/客户数份额）都处于前3位，是需要保持的重要客户群(高端用户)，这些信息对市场营销人员制定正确的市场策略、开展准确的促销活动是非常有价值的。

7.5.3　应用数据挖掘预防电信欺诈

1. 背景与业务问题

每一年欺诈行为都给电信公司带来巨大的损失。据统计，2002年仅电信恶意欠费一项，就使中国的电信运营商损失了200亿元。那么，应该怎样确定这些欺诈行为?

欺诈行为通常涉及欺诈性的拨打客户、欺诈性的拨打方式以及一些特定的电话号码，特定的电话号码主要指从电信公司获取提成的如下类似服务的电话号码。

（1）计算机或其他技术设备的专家热线(如某些软件公司的收费售后支持热线，每分钟的收费大概为3块钱)。

（2）股票推荐及金融投资热线。

（3）色情声讯电话。

（4）体育比赛比分或者彩票热线。

拨打收费提成号码的费用通常都高于普通电话，这些服务的提供商一般都可以在月底从电信公司获得很高的总费用提成，而电信公司对客户一般采用按月收费，在收取客户的费用以前， 电信公司需要为打电话的人支付拨打上述号码时发生的所有费用的提成部分。

如果采用数据挖掘技术对可能发生的欺诈行为进行预测，则有可能在可疑的号码造成大量的损失之前，将其列入黑名单，并采取一定的措施进行限制(停机或催缴话费)，从而最大限度地减少损失。

2. 客户欺诈行为分析所依赖的数据

电信企业在CDR中记录了每一个电话的通话数据。CDR存储在数据库中，每条CDR记录一般由50～100个字段组成。这个数据库是欺诈检测的起始点。

表7-12给出了CDR字段里最重要的几个字段。

表7-12　CDR字段里最重要的几个字段表

字段描述
客户标识
费用提成服务号码标识
通话日期
通话开始时间
通话时长（以秒为单位）
通话费用

实践证明，大部分的欺诈案例都可以相当早地被发现。例如，在一个欺诈电话运营的第一个周末，利用CDR字段数据进行周聚集汇总，得到包含欺诈电话所有有用信息的“周内拨打情况”数据视图，利用此数据视图进行欺诈预测。“周内拨打情况”数据视图每周聚集和更新一次。

3. 进行客户欺诈行为分析所依赖的挖掘技术

客户欺诈行为分析采用聚类算法，需要强调的一点是为了检测异常拨打模式，不建议限制聚类的最大数目。因为如果选定的聚类数少，则每个类包含的客户数相对较多，这极有可能压制那些包含客户数较少的、紧凑的、异常拨打模式的聚类。

4. 数据挖掘在电信行业的应用实例分析

在某电信公司的例子中，选择聚类数为50。给予每个聚类的客户一个相同的聚类标识，将聚类标识字段插入客户“周内拨打情况”数据视图中，运用图形分析工具(如Businessobjeet、Brio、Cognos或者Mierostrategy等)可以对正常拨打模式的聚类与异常拨打模式的聚类进行对比的统计分析和细节分析。

经验显示，客户数较小的聚类有较高的欺诈概率。以下是在某电信公司运用欺诈预防系统对客户行为进行分析的结果。

（1）正常拨打方式。通常，将客户数据进行聚类以后，会得到一个大的聚类，包含了正常的客户拨打方式，这个聚类中不同特征的直方图分布与整个客户群对应特征的直方图分布是相似的。在这个例子中，这个类包含了所有拨打特定服务号码的总客户数的73%。

（2）合谋欺诈的拨打方式。在得到的聚类中，这样的聚类占所有拨打特定服务号码的总客户数的0.27%。对这个类的客户特征进行分析发现，客户反复拨打同一个服务热线号码，这就意味着合谋欺诈。这类客户特征的直方图分布与整个客户群对应特征的直方图分布有明显的区别。

（3）滥打方式。在结果中可能发现一个聚类，其数量占所有拨打特定服务号码的总客户数的0.09%，其中的客户过多地拨打同一个服务号码。这些电话的时长和费用异常高，这很可能是一个“打电话上瘾的人”。通常，这类客户中的大多数人没有能力或不愿意为他们的电话服务付费，针对这些客户可用特殊的付款方法防止损失。

（4）合谋欺诈/使用自动拨号器。可能会发现一个聚类，它占所有拨打特定服务号码的总客户数的0.18%。这个聚类包含两个客户，这两个客户拨打一个相同的服务热线号码168XXXXXXXX。

使用自动拨号器进行合谋欺诈的特征。除了这两个客户，没有其他拨打这个服务热线号码的人。这两个人拨打的次数都过多，总费用和总时长都异常高。然而，单个电话的最大时长非常低，电话的时长根本没有变化，在一段时间内，每两次拨打的间隔很短。包含这样连接的聚类显示拨打者和服务热线提供商之间合谋欺诈的概率很大。与一般合谋欺诈不同的是，拨打是通过计算机或自动拨号器进行的，因为次数多、平均时长短、时长值几乎不变化。

5. 将挖掘结果应用于业务流程

对于呈现异常拨打行为的客户，电信公司可以采取适当的处理措施，包括限制这些客户拨打服务热线号码的次数与时长；强迫这些客户使用预付费方式；审核正确的客户住址、单位和就业状态等信息。给这些客户发送话费催缴信息，如果不在某段时间内交付话费，则对其进行停机处理。

对于电信这样的易于发生欺诈的行业来说，基于数据挖掘的欺诈分析系统通常能够在较短的时间之内带来可观的回报。

举例来说，某个大型的外国电信公司与BM公司合作开发了欺诈分析系统，并将挖掘结果应用于电话服务热线，如天气预报和体育比分服务热线、新闻和财经/投资服务热线，对潜在的欺诈行为实施自动检测。第一个挖掘模型开发出来的几周后，就开始在这个电信公司运营使用。该挖掘模型每周分析大约五百万条CDR记录，检测到几万欧元规模的欺诈企图。6个月以后，就收回了全部投资。台湾的某电信企业与NCR公司开发了实时欺诈分析系统，也在短时间内取得了较好的经济效益。

实验七　移动用户分析

【实验名称】移动用户分析

【实验目的】

（1）熟悉Insight、Weka等软件的安装和使用。
（2）了解通过移动数据识别商圈的业务流程。
（3）熟悉商圈识别过程使用的算法。

【实验背景】

本实验利用Insight、Weka平台，基于移动用户的数据，利用聚类算法识别出不同的商圈。

本实验利用的数据源：移动用户的定位数据。

【实验原理】

Weka的全名是怀卡托智能分析环境（Waikato Environment for Knowledge Analysis），是一款免费的、非商业化的（与之对应的是SPSS公司商业数据挖掘产品——Clementine）、基于JAVA环境下开源的机器学习以及数据挖掘软件。Weka作为一个公开的数据挖掘工作平台，集合了大量能承担数据挖掘任务的机器学习算法，包括对数据进行预处理、分类、回归、聚类、关联规则以及在新的交互式界面上的可视化。

Insight产品是一个综合平台，用户可以通过该平台对数据进行访问、集成、操作、可视化以及分析。无论数据存储在平面文件、关系型数据库、Hadoop集群、NoSQL数据库、分析数据库、社交媒体流、操作型存储中还是存储在云中。

Saiku是一个模块化的分析套件，它提供轻量级的OLAP，并且可嵌入、可扩张、可配置。Saiku作为分析平台，提供可视化的操作，能够方便地对数据进行查询、分析，并提供图形化显示。

【实验环境】

（1）ubuntu 16.04。
（2）Weka 3.8.2。
（3）Insight 8.2。

【建议课时】

2课时。

【实验步骤】

一、数据准备

```
wget http://i9000.net:8888/sgn/LMS/BI/8/business_circle.xls
```

二、数据分析

（1）首先，将Excel数据转换成Weka使用的arff格式，使用Insight DI进行转换，保存为basestation.arff。

双击打开Insight客户端。

登录界面如下图。

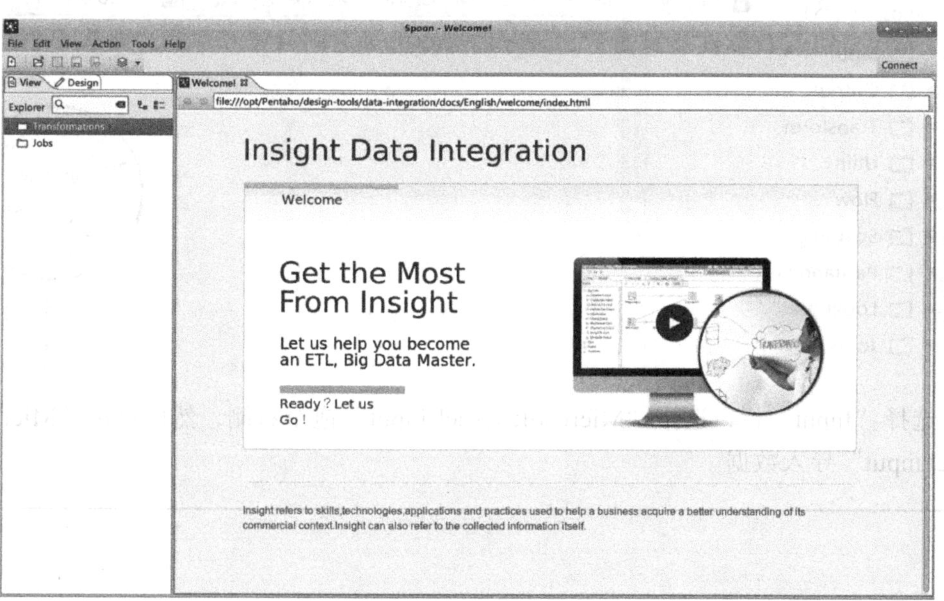

建立一个新的“Transformations”。“File”→“New”→“Transformation”。

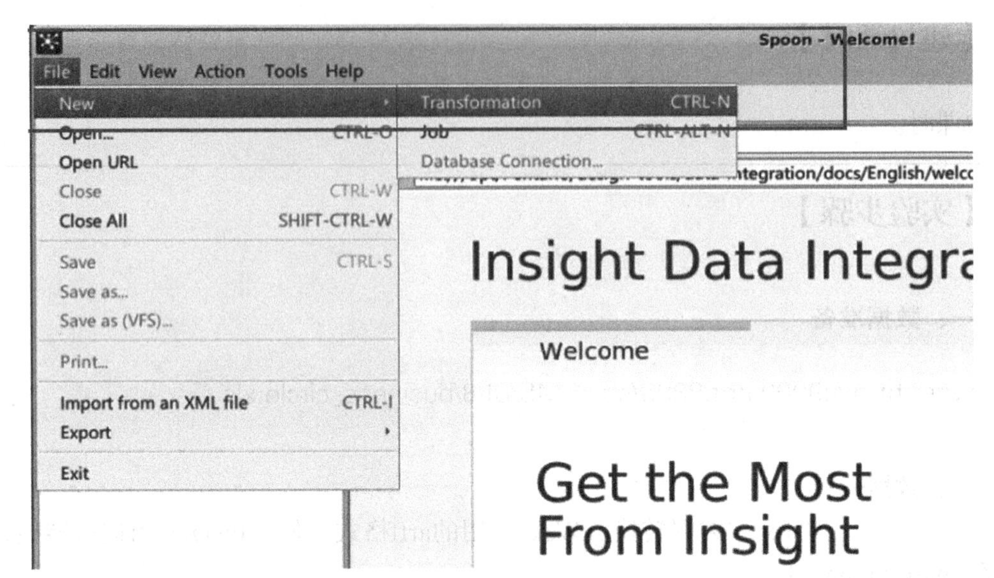

出现如下图所示页面。

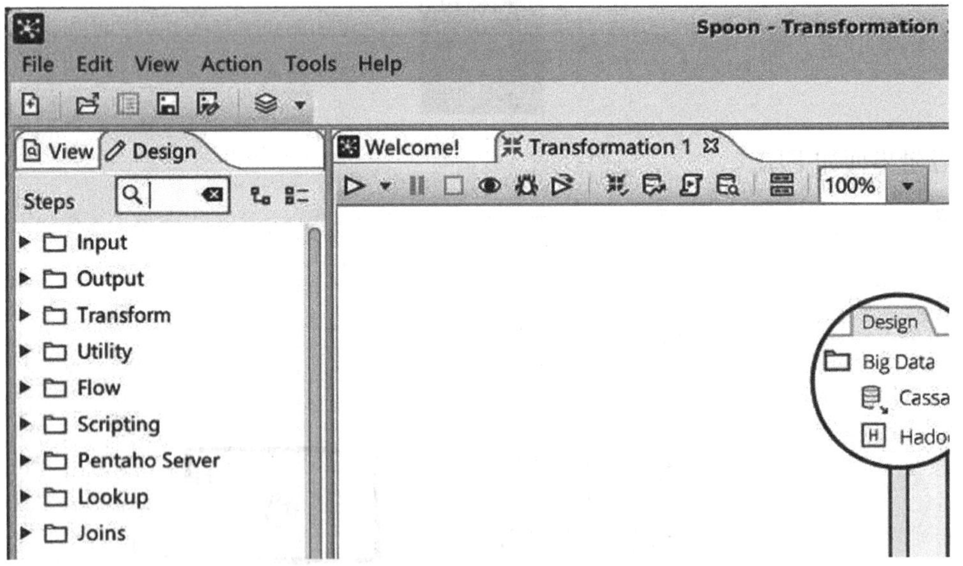

选择“Input”栏，选中“Microsoft Excel input”拖至右侧，然后点击“Microsoft Excel input”导入数据。

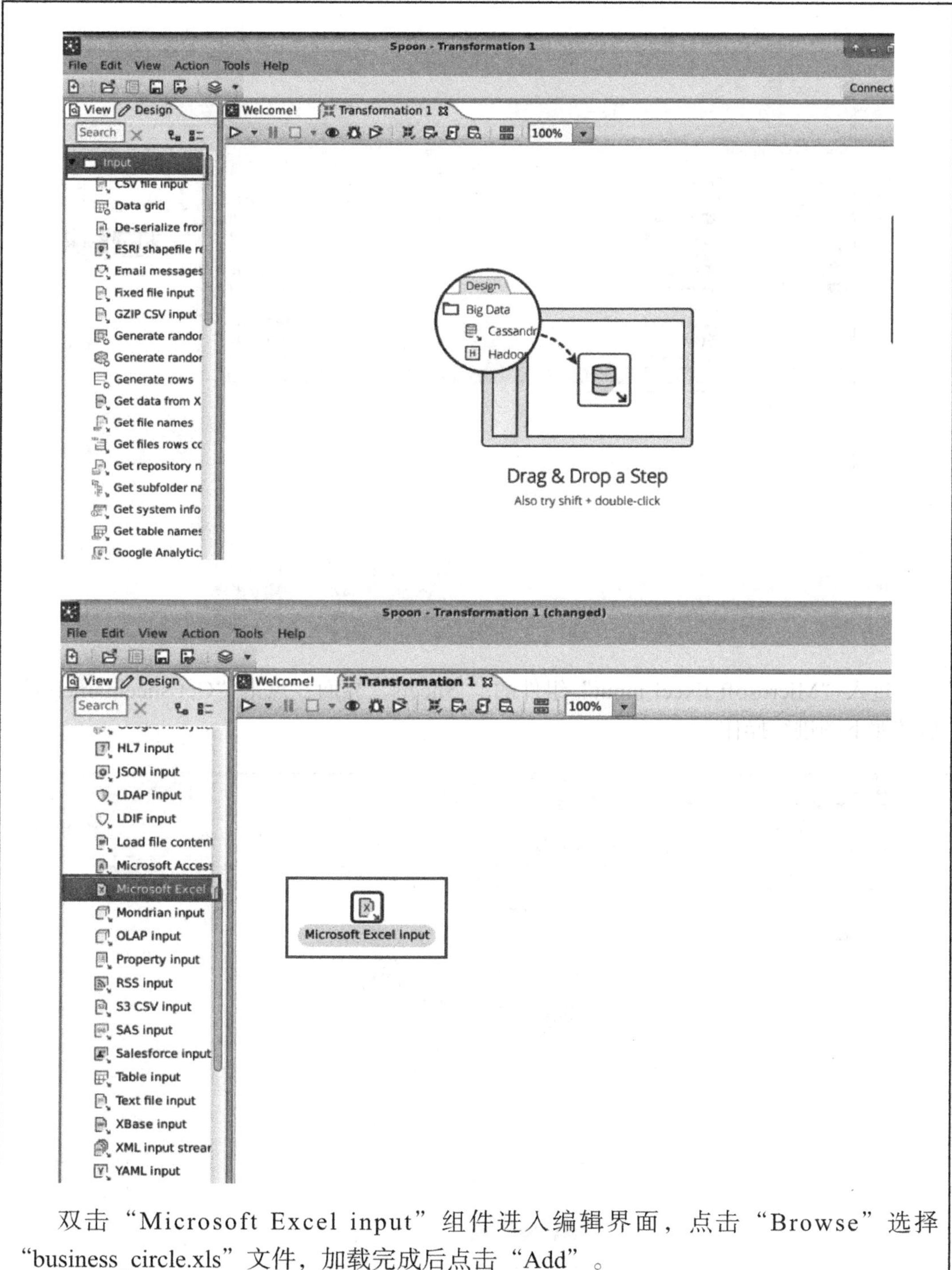

双击“Microsoft Excel input”组件进入编辑界面，点击“Browse”选择“business_circle.xls”文件，加载完成后点击“Add”。

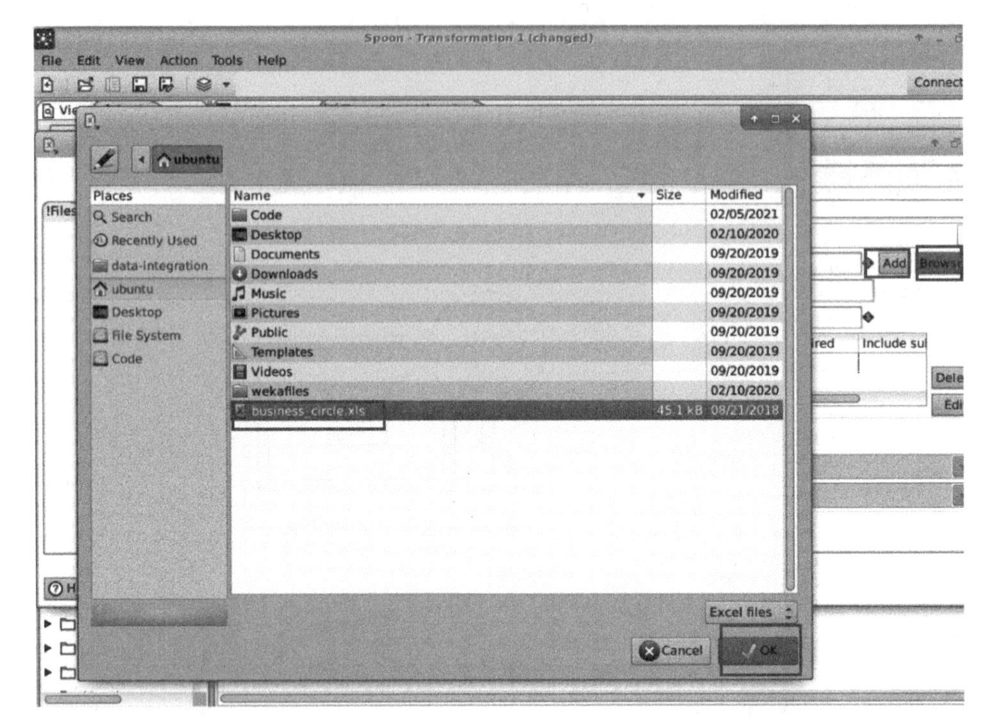

进入“Microsoft Excel input”组件的“!Sheets”界面，点击“Get sheetname(s)”后按照下图进行操作。

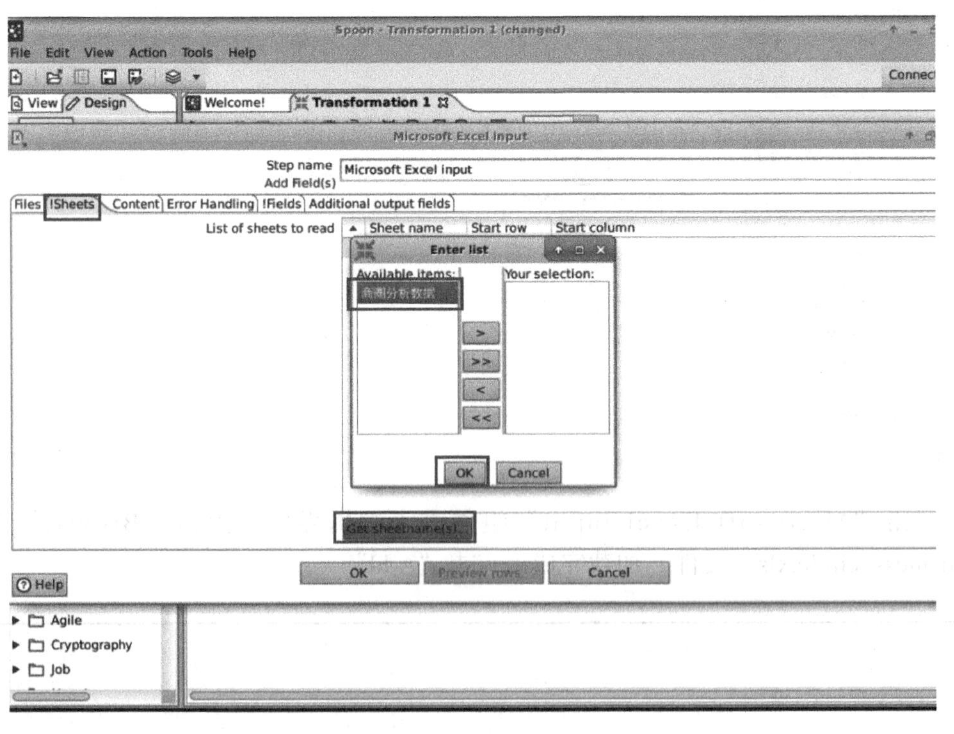

进入“Microsoft Excel input”组件的“Fields”界面，点击“Get fields from header row...”完成下图操作。

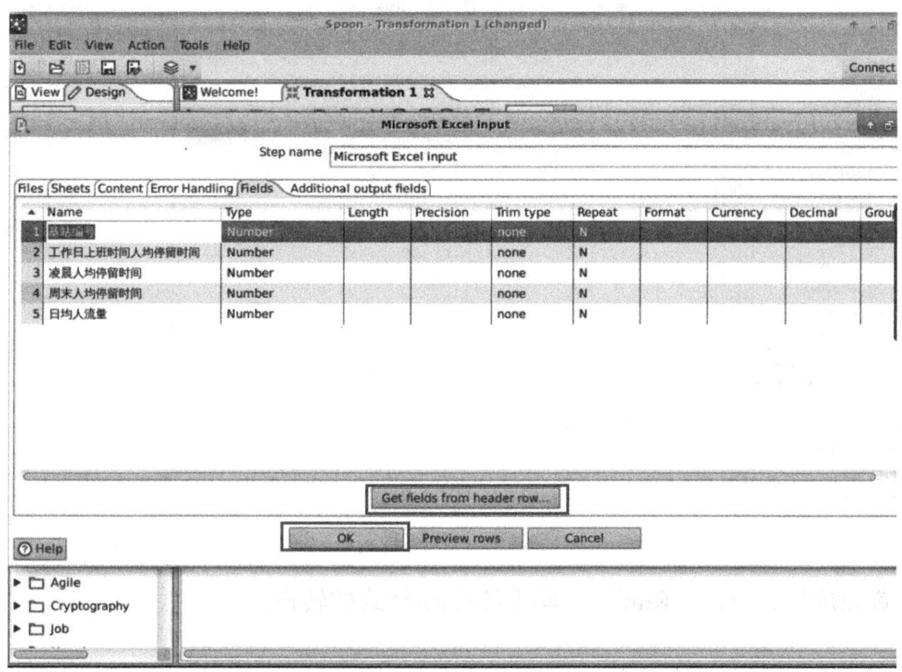

选择“Data Mining”栏，选中“Arff Output”拖至右侧，然后点击“Arff Output”设置输出路径及名称“basestation.arff”。

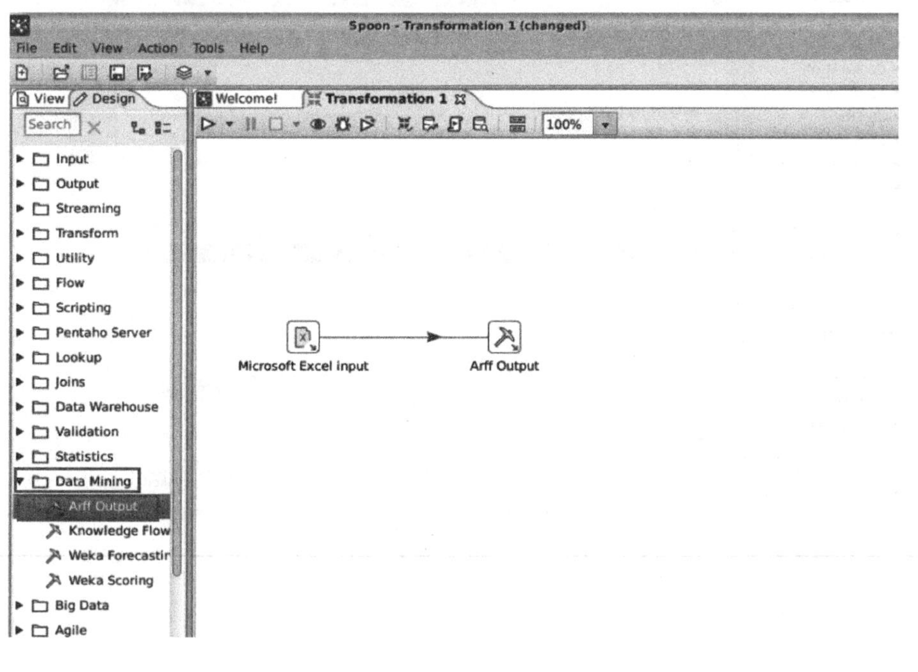

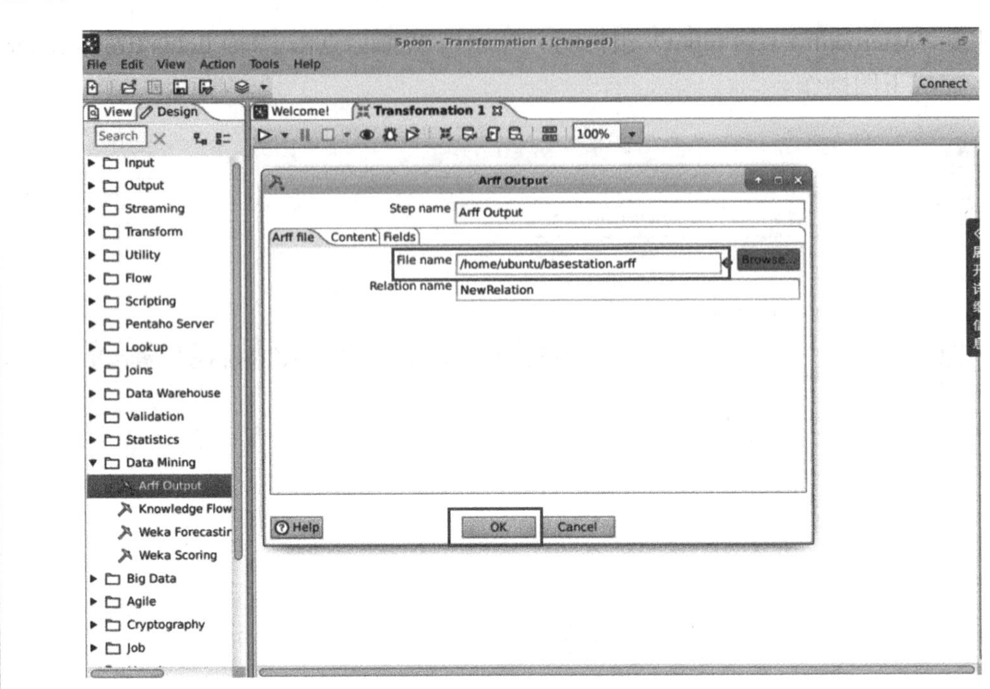

配置完成后，点击“Run”，即可完成arff格式的转换。

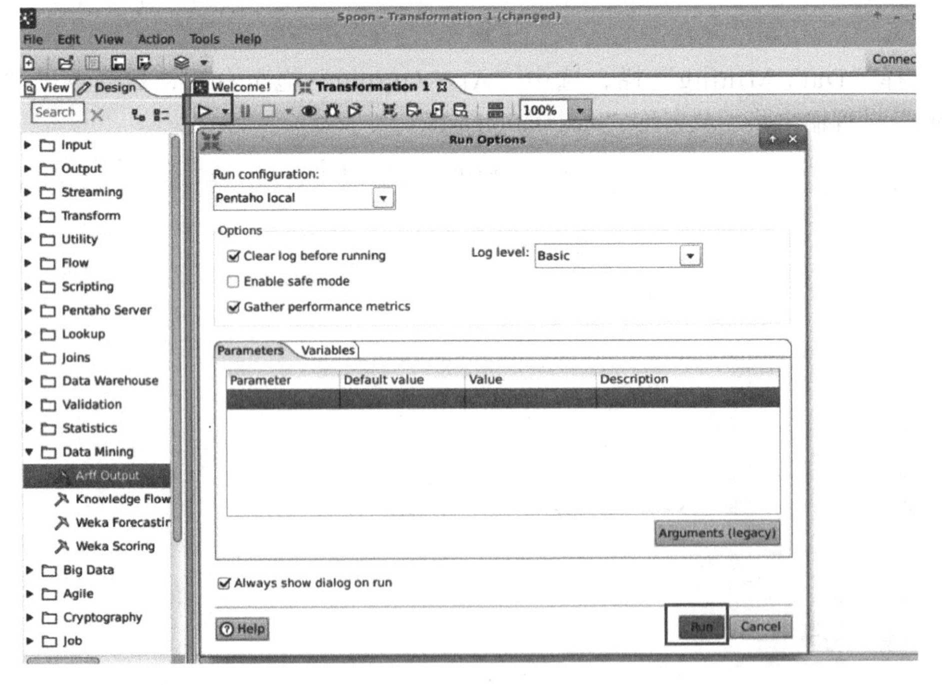

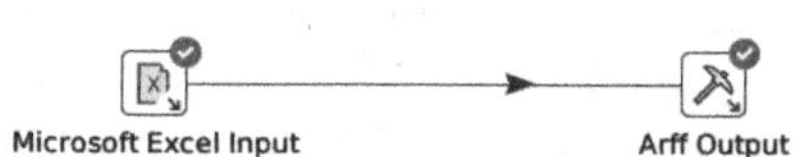

（2）使用Weka的“Explorer”打开数据集，点击“Open file”按钮，选择“basestation.arff”。

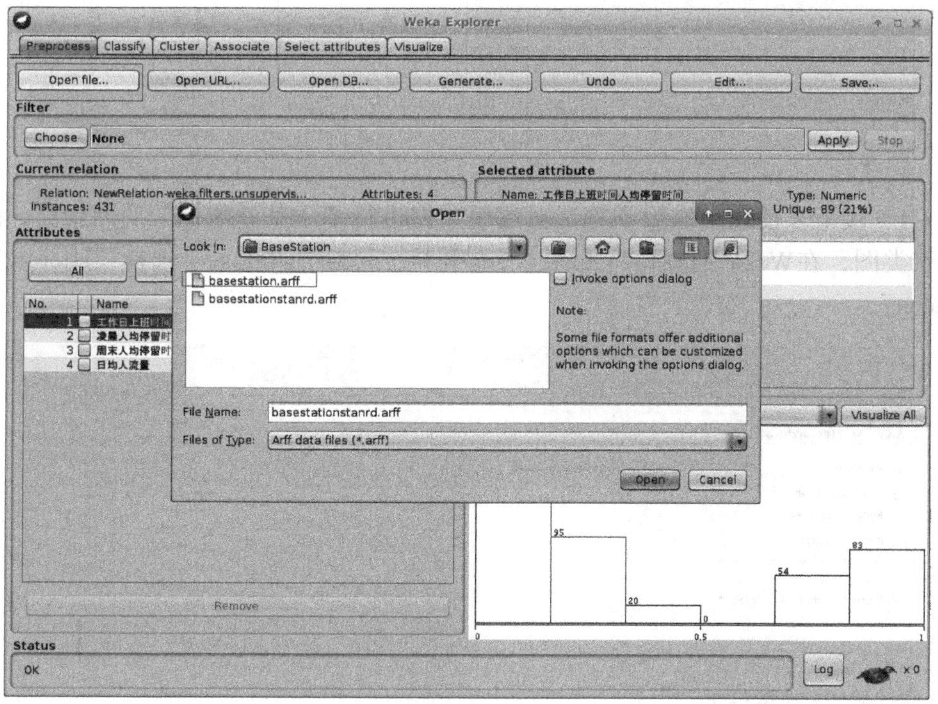

（3）因为基站编号不属于有价值的数据挖掘的数据，所以应该去掉，选中数据列，点击“Remove”。

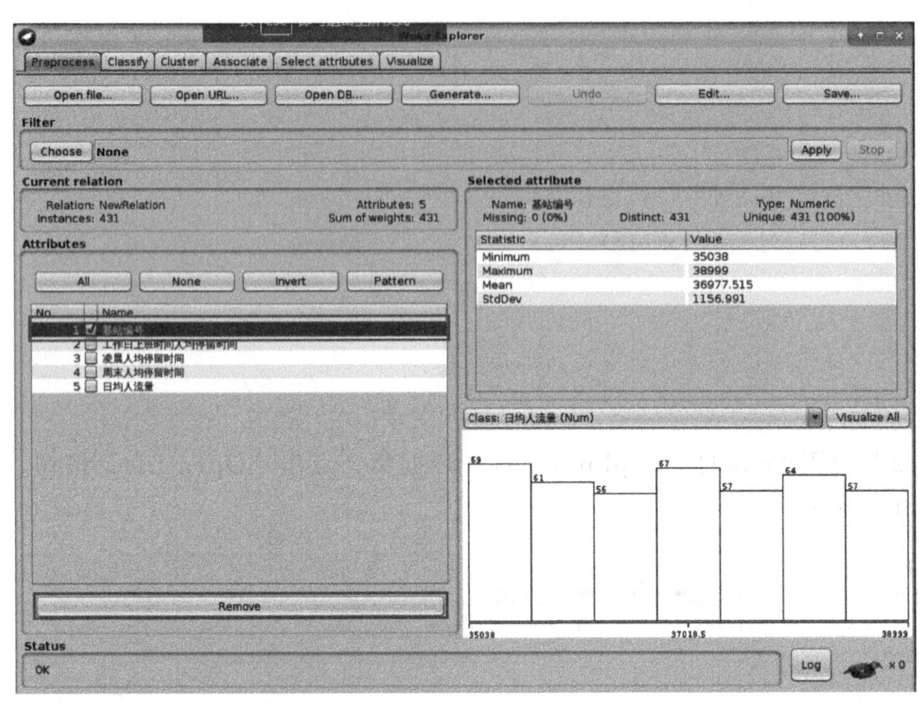

（4）接下来使用层次聚类算法对建模数据进行基于基站数据的商圈聚类，画出谱系聚类图，在Weka中选择“Cluster”选项卡，点击“Choose”选择“Hierarchical Clusterer”。

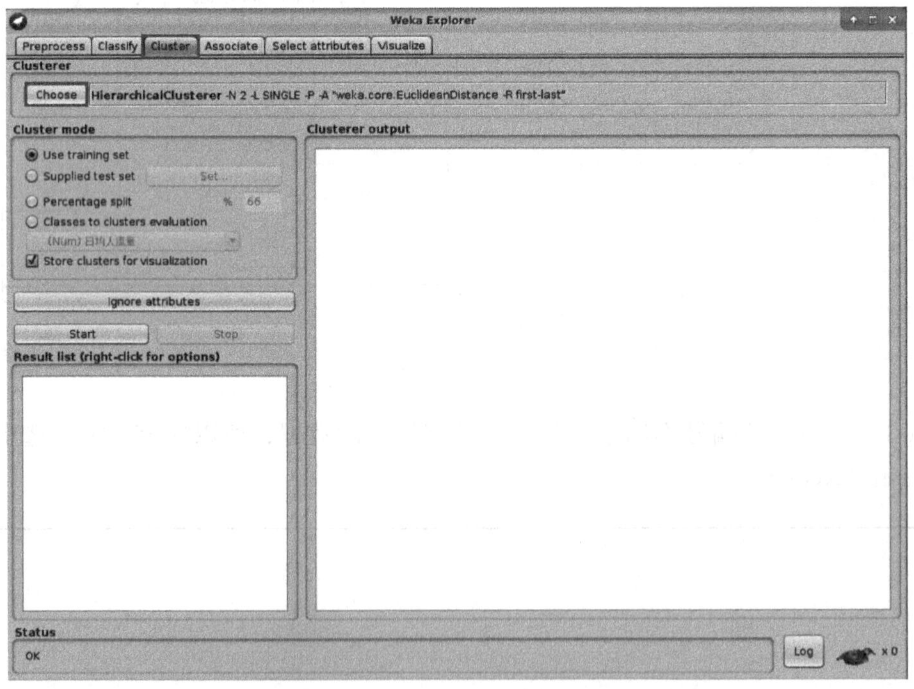

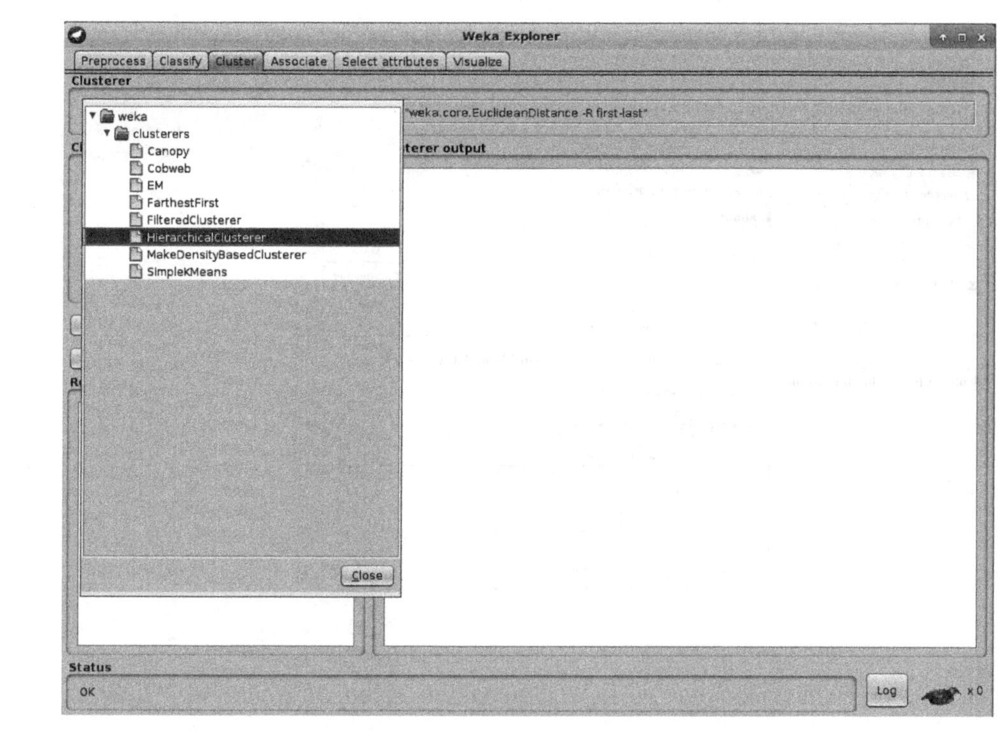

（5）点击算法，选择参数，将“linkType”选为“WARD”。

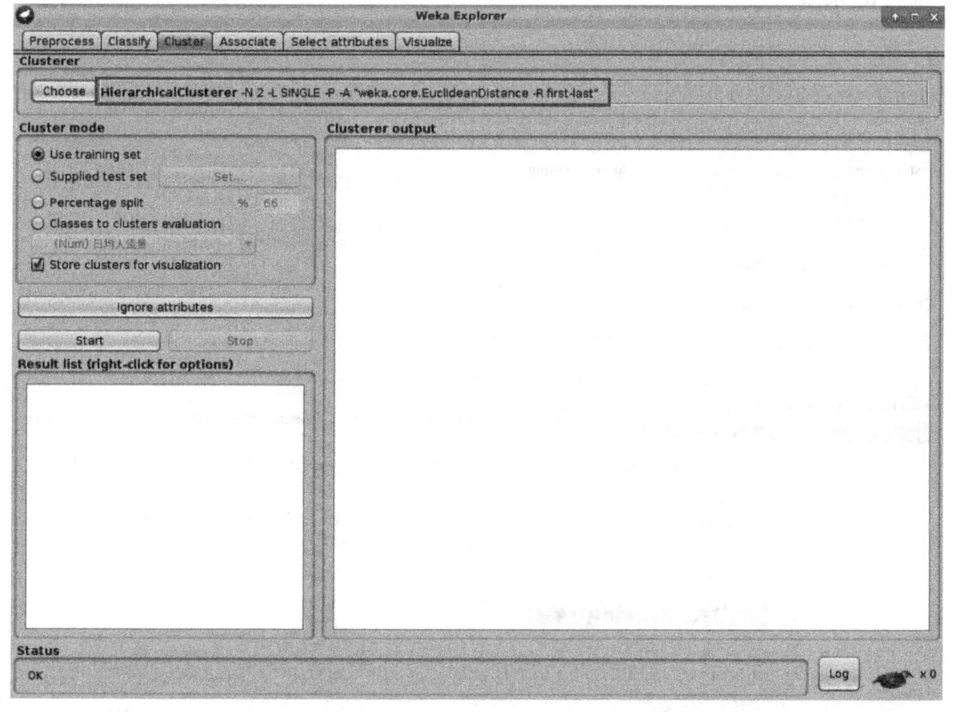

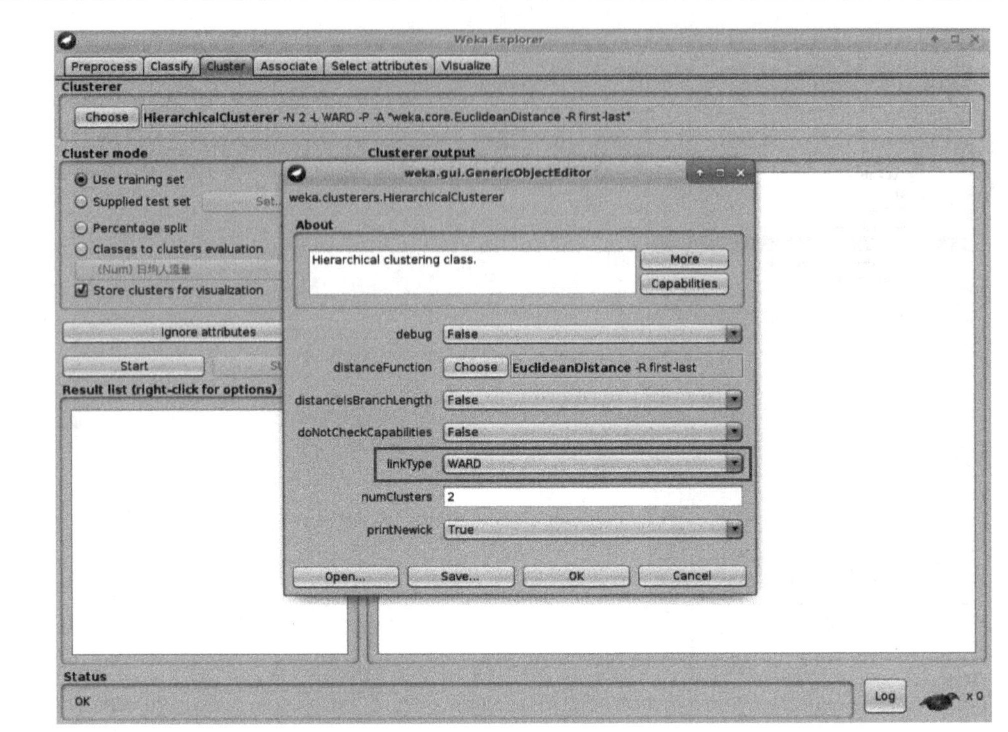

（6）点击“Start”开始计算，在生成的结果上点击鼠标右键选择“Visualize tree”查看谱系聚类图。

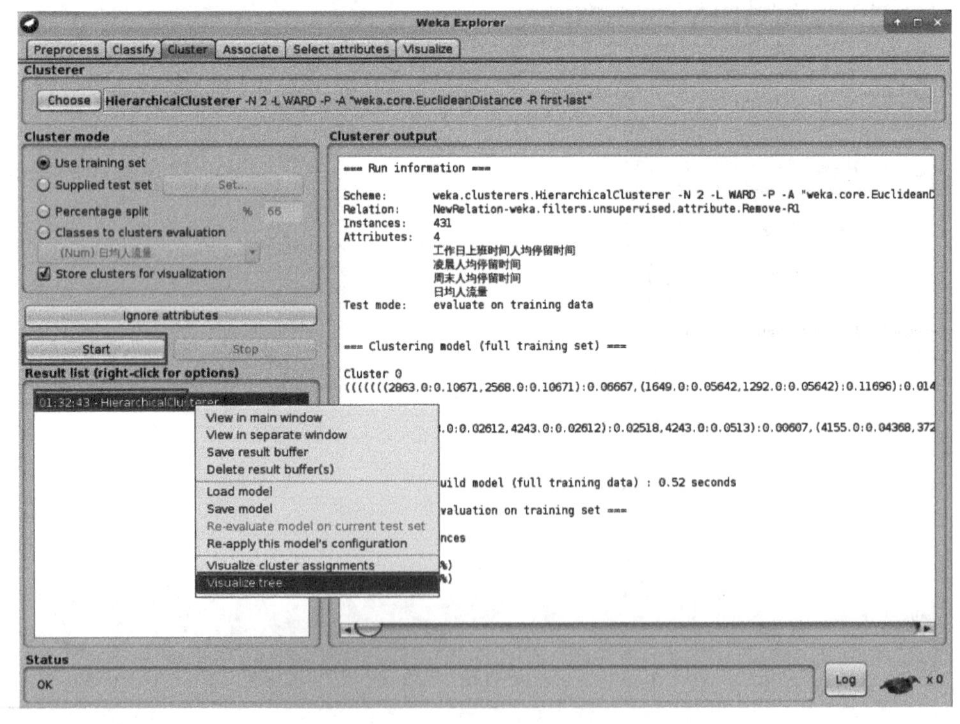

（7）从下面的谱系聚类图中可以看出，大致可以将聚类类别分为3类。

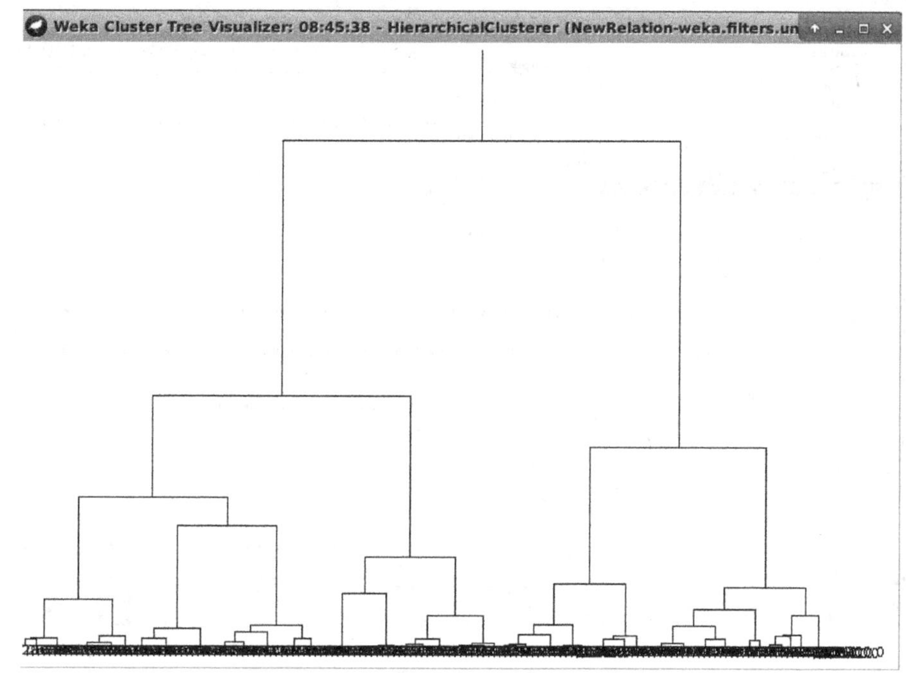

（8）接下来，使用KMeans聚类算法进行聚类，选择“SimpleKMeans”算法，点击算法选择参数，将“numClusters”改为3。

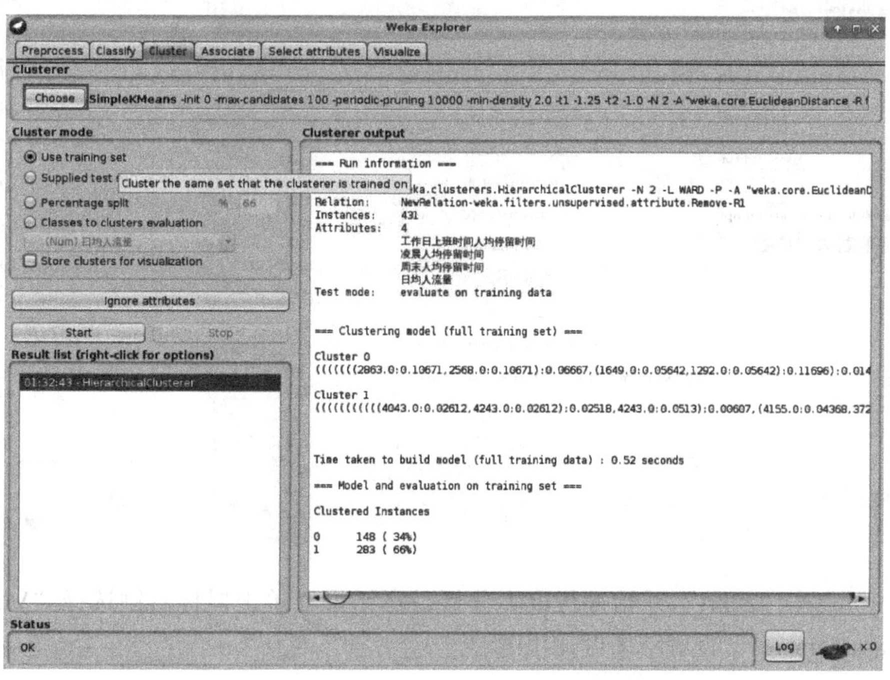

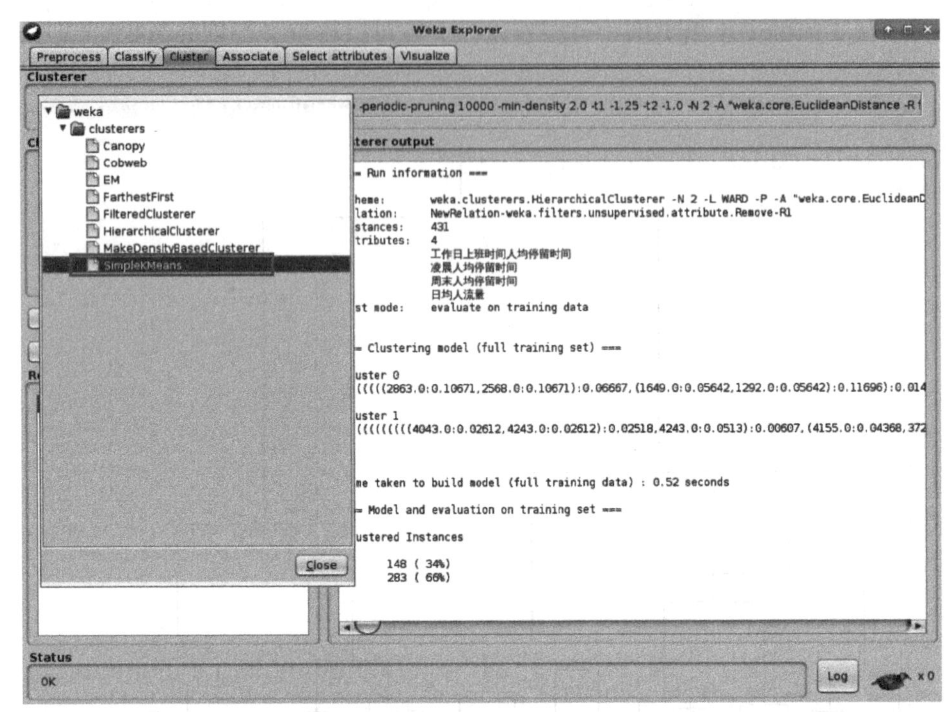

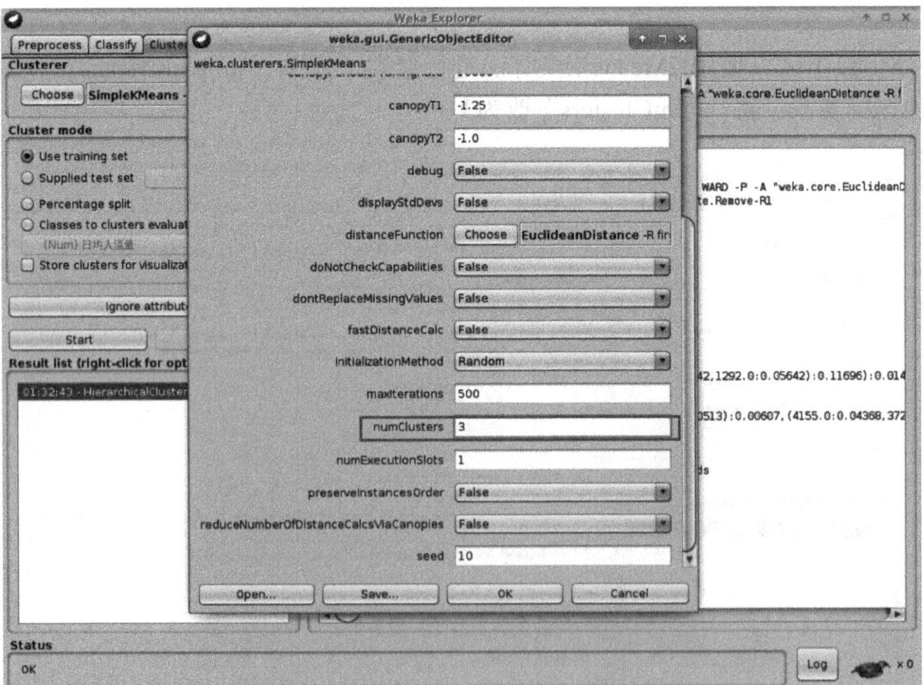

（9）点击“Start”开始进行聚类分析，在结果上单击鼠标右键选择“Visualize cluster assignments”查看结果可视化图形。

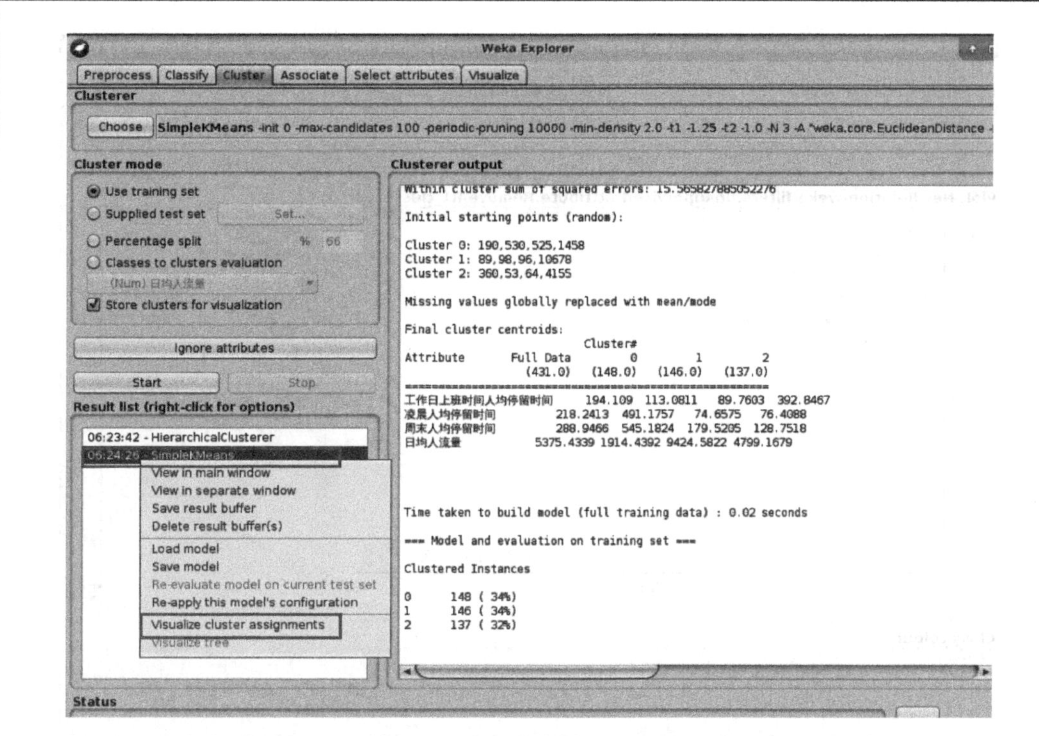

（10）分别选择工作日上班时间人均停留时间、凌晨人均停留时间、周末人均停留时间、日均人流量作为Y轴查看三个商圈的对比。

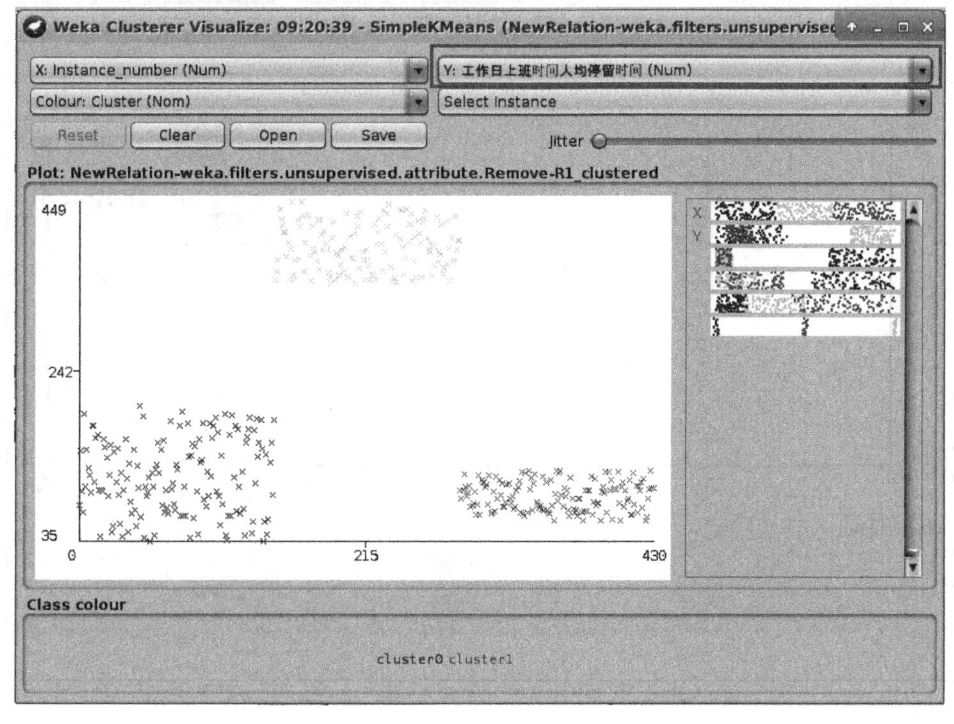

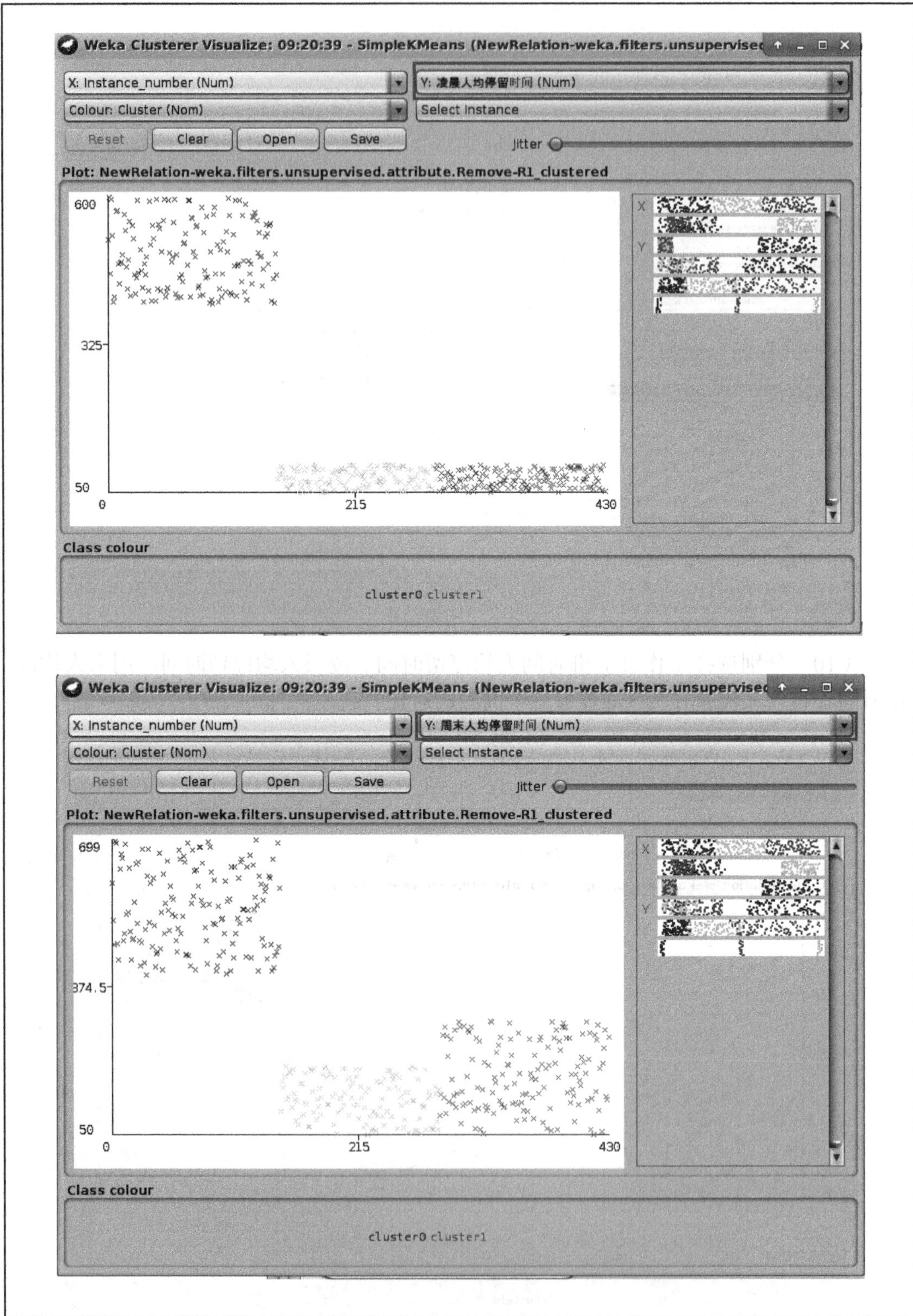

Weka Clusterer Visualize: 09:20:39 - SimpleKMeans (NewRelation-weka.filters.unsupervised
X: Instance_number (Num)
Y: 凌晨人均停留时间 (Num)
Colour: Cluster (Nom)
Select Instance
Reset
Clear
Open
Save
Jitter
Plot: NewRelation-weka.filters.unsupervised.attribute.Remove-R1_clustered
600
325
50
0
215
430
X
Y
Class colour
cluster0 cluster1
Weka Clusterer Visualize: 09:20:39 - SimpleKMeans (NewRelation-weka.filters.unsupervised
X: Instance_number (Num)
Y: 周末人均停留时间 (Num)
Colour: Cluster (Nom)
Select Instance
Reset
Clear
Open
Save
Jitter
Plot: NewRelation-weka.filters.unsupervised.attribute.Remove-R1_clustered
699
374.5
50
0
215
430
X
Y
Class colour
cluster0 cluster1

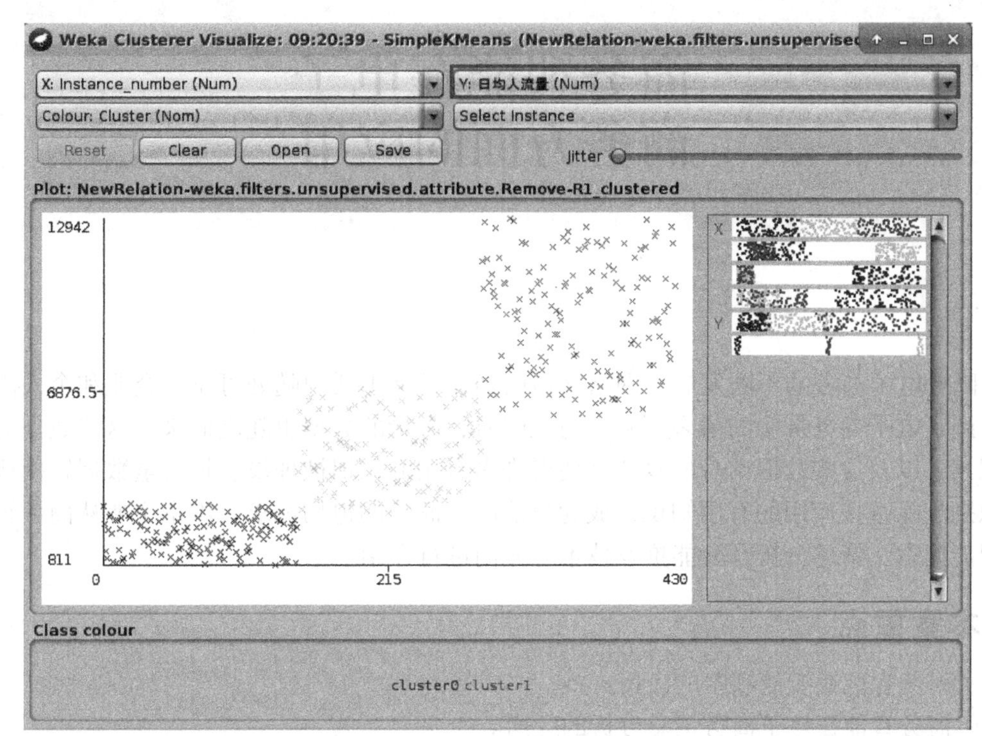

（11）在这里将cluster0称为商圈1、cluster1称为商圈2、cluster2称为商圈3。由上图可以看出，对于商圈3，这类基站覆盖范围的工作日上班时间人均停留时间较长，同时凌晨人均停留时间、周末人均停留时间相对较短，该类别基站覆盖的区域类似于白领上班族的工作区域。对于商圈2，日均人流量较大，同时工作日上班时间人均停留时间、凌晨人均停留时间和周末人均停留时间相对较短，该类别基站覆盖的区域类似于商业区。商圈1的日均人流量较少，凌晨人均停留时间和周末人均停留时间相对较长，而工作日上班时间人均停留时间较短，该类别基站覆盖的区域类似于住宅区。

商圈1的人流量较少，商圈3的人流量一般，而白领上班族的工作区域人员流动一般集中在上、下班时间和午间吃饭时间，这两类商圈均不利于运营商促销活动的开展。商圈2的人流量大，在这样的商业区有利于进行运营商的促销活动。

【实验总结】

本实验利用Insight、Weka平台，基于移动用户的数据，利用聚类算法识别出不同的商圈。通过本实验可以学习使用Weka作为数据挖掘工作平台对数据进行预处理、分类、回归、聚类、关联规则分析以及数据可视化。

第8章 商务智能在电子商务方面的应用

随着电子商务的不断发展，网络交易已经在日常生活中随处可见，企业和个人因此享受到了电子商务带来的诸多便利。与此同时，海量的数据也随之而来，这些数据的不断积累，以及这些数据本身的复杂度使得许多有用的知识被埋没。把海量数据转换成能被识别且能直接使用的有用知识，成为目前电子商务的迫切需求。本章主要从商务智能在智能搜索、情感分析及智能推荐技术等方面进行介绍。

本章重点

◎商务智能在智能搜索的应用。
◎商务智能在电子商务情感分析的应用。
◎商务智能在推荐技术的应用。

8.1 商务智能在智能搜索方面的应用

搜索引擎在用户访问互联网时是不可或缺的，它可以帮助用户快速、准确地找到所需的信息或资源。目前主流的搜索引擎大多是基于关键词的查询，如百度、谷歌和雅虎等，但目前搜索引擎存在以下问题。

（1）基于关键词的查询方式受到网页更新频率的限制。如果有关网页信息无法及时更新，就会不可避免地影响搜索结果，这就要求搜索引擎定期更新。此外，更新不及时还会造成链接失效等问题，引起用户的困扰。

（2）搜索引擎的智能化程度还不足以满足用户的精确度需求。在用户的搜索结果中，经常会存在大量与所需信息无关的干扰信息，用户需要从这些结果中再过滤出所需的信息，从而耗费更多时间。

（3）搜索引擎优化空间变大，但是难度不减。搜索引擎广告位置减少，预示着同样位置排名的搜索引擎优化（Search Engine Optimizction，SEO）流量正在稳步提升，但是各大搜索引擎都加大了与行业大站的合作力度，这种变相的广告位置正在抢夺SEO小站流量；其次PC流量移动化形势明显，未来移动端流量将变得越来越重要，SEO未来将从重视PC端转向“PC+移动”，虽然只是增加了一个移动端，但是工作量增加了，操作的难度也在变大，毕竟移动端屏幕小，在PC端首页十个SEO排位或许可以受到客户垂青，但是在移动端这个情况正在发生改变。

而Web挖掘技术，不仅可以提高搜索结果的准确率，而且能够提高搜索效率。搜索引擎由信息抽取系统和用户界面组成。在信息抽取系统中，由网络机器人获取互联网页面，经文本分析处理（通常为提取索引项、自动摘要、自动文档分类等）后建立索引库系统，利用文档相似性算法来完成对相关文档的查找。

搜索引擎通过用户界面接收用户的查询要求，按照特定的算法在事先建立的索引库中找出满足用户要求的数据集合，经排序后把搜索结果返回给用户，通常包含所查找的文章标题、简介、文档创建日期、文档所在网站的链接等信息。

搜索引擎可以分为索引搜索和目录搜索两种。前者为在互联网页面建立索引以进行搜索；后者依靠分类目录进行搜索，如雅虎提供了14个主题类别、百度提供网站的主题分类目录。目前大多数搜索引擎将两种结合使用，既可以按照某一类别进行搜索，也可以进行网页级的搜索。同时，产品搜索、新闻搜索、多媒体信息搜索等多种新型搜索服务也在不断产生，下面分别介绍搜索引擎的相关技术。

8.1.1　网络机器人

网络机器人（通常也称为网络蜘蛛、网络爬虫等）在针对互联网的数据统计、数据搜索、链接维护等方面被广泛使用。分析、获取互联网的链接和读取各链接所对应的网页内容是网络机器人的两个主要功能。网络机器人为完成任务必须具备一定的智能，可以概括为以下几方面。

（1）对无效的死链接、黑洞式链接等具有分析处理能力。

（2）判断某一页面所含链接的重要性。

（3）提取网页中的有效链接，剔除广告等无意义的链接，处理文档中链接的书写错误。

（4）链接内容发生变化时，具有迅速、及时的更新机制。

（5）识别访问过的链接。

（6）控制向服务器目标发送请求的频率或速度。

在特定领域进行信息搜索，网络机器人应能够对文档的相关性进行判断，过滤掉不适宜的文档，从而降低索引的混乱程度，使搜寻结果更加纯净。当网络机器人被用于特定范围（如某一网站）信息搜索时，还应能够滤去超出范围的链接。

信息的更新是上面所列举的要求中最重要的。海量互联网站点和页面数量，给索引库的及时更新带来了极大的困难，搜索引擎能够查询的网页数量在互联网的全部网页数量中所占比例正逐渐减小。所以，一种有效的内容更新机制和变化控制机制的建立是一个极其现实而又重大的问题。

网络机器人的另一个不容忽视的事实是服务器的资源消耗及带宽占用，所以在运行中需要加以控制和监视。随着服务器性能的提高和带宽的增加，这个矛盾将会有所缓解。但无论如何，设计对服务器影响小的、高智能的网络机器人仍是技术人员需要解决的一个难题。

关于网络机器人的搜索算法设计，一个好的算法需要经得起长时间的实践检验。如宽度优先算法能够较好地解决搜索面的问题，但往往会在一处停留过久；而深度优先算法更便于发现新的站点，但信息面的增长会相对慢一些。两种方法各有其优缺点，需要根据具体情况进行权衡和折中。

在抓取网页的时候，网络机器人一般有广度优先和深度优先两种策略。

（1）广度优先是指网络机器人会先抓取起始网页中的所有网页，然后再选择其中的一个链接网页，继续抓取在此网页中链接的所有网页。这是最常用的方式，因为这个方法可以让网络机器人并行处理，提高其抓取速度。

（2）深度优先是指网络机器人会从起始页开始，逐个链接跟踪下去，处理完这条线路之后再转入下一个起始页，继续跟踪链接。这个方法的优点是网络机器人在设计的时候比较容易。

抓取动态网页一直是网络机器人面临的难题。动态网页，是相对于静态网页而言的，是由程序自动生成的页面，它可以快速统一更改网页风格，也可以减少网页所占服务器的空间，但同样会给网络机器人的抓取带来一些麻烦。由于开发语言不断增多，动态网页的类型也越来越多，如asp、jsp、php等。这些类型的网页对于网络机器人来说，可能还稍微容易一些。网络机器人比较难处理的是一些脚本语言（如VBScript和JavaScript）生成的网页。如果要完善地处理好这些网页，网络机器人需要有自己的脚本解释程序。许多数据是放在数据库网站的，需要通过本网站的数据库搜索才能获得信息，这给网络机器人的抓取带来很大的困难。对于这类网站，如果网站设计者希望这些数据能被搜索引擎搜索，则需要提供一种可以遍历整个数据库内容的方法。

对于网页内容的提取，一直是网络机器人的重要技术。整个系统一般采用插件的形式，通过一个插件管理服务程序，遇到不同格式的网页采用不同的插件处理。这种方式的好处在于扩充性好，以后每发现一种新的类型，就可以把其处理方式做成一个插件补充到插件管理服务程序之中。

由于网站的内容经常在变化，因此网络机器人也需不断地更新其抓取网页的内容，这就需要网络机器人按照一定的周期去扫描网站，查看哪些是需要更新的页面、哪些是新增页面、哪些是已经过期的死链接。

搜索引擎的更新周期对搜索引擎搜索的查全率有很大影响。如果更新周期太长，则总会有一部分新生成的网页搜索不到；周期过短，技术实现会有一定难度，而且对带宽、服务器的资源都有浪费。搜索引擎的网络机器人并不是所有的网站都采用同一个周期进行更新，对于一些重要的更新量大的网站，更新的周期短，如有些新闻网站，几个小时就更新一次；相反对于一些不重要的网站，更新的周期就长，可能一两个月才更新一次。

一般来说，网络机器人在抓取网站更新内容的时候，不用把网站网页重新抓取一遍，对于大部分的网页，只需要判断网页的属性（主要是日期），把得到的属性和上次抓取的属性相比较，如果一样则不用更新。

8.1.2　文本分析

互联网上存在着多种格式的文档，如文本、图像、音频、视频等。人们使用搜索引擎时基本上都是进行文本搜索。搜索引擎还提供多媒体文件（如图像、MP3等）的搜索，但这些搜索的处理方式还是依赖于超文本文件中的标记和文本信息。对于基于视频文件的基本内容的搜索技术已经有了一些积累，但距离实际应用还有很大的差距，所以当前网络数据挖掘领域还是以研究文本分析为主。

文本分析是指对文本的表示及其特征项的选取。文本分析是文本挖掘、信息检索的一个基本问题，它把从文本中抽取出的特征词进行量化来表示文本信息。文本（Text）与信息（Message）的意义大致相同，指的是由一定的符号或符码组成的信息结构体，这种结构体可采用不同的表现形态，如语言、文字、影像等。文本是由特定的人制作的，文本的语义不可避免地会反映人的特定立场、观点、价值和利益。因此，由文本内容分析，可以推断文本提供者的意图和目的。

文本分析所研究的内容包括提取索引项、自动摘要、自动分类器、文本聚类等。文本分析所依据的主要是文本中所包含的词汇、超文本标记和超链接。

索引项是数据搜索时的主要依据，也是计算机能够进行搜索的必要条件。网页中出现的词汇通常被用作为索引项，根据文档所包含的概念来确定索引项是另一种更复杂的技术。很多搜索引擎是对网页的全文进行检索，即将文本中的所有词汇作为索引，从而产生了另一个很难解决的问题：索引的更新和检索速度。为了更有利于索引的更新、快速执行搜索以及节省存储空间，就需要有一个设计良好的数据结构。

文本的分类和聚类，两者都是将文档分类，只不过分类是在文档分类前就已经有了明确的概念类别或标准，而聚类是根据实际文档间的相似性来完成分类归组工作的。常用的分类算法包括后向反馈神经网络、k最近邻居法、贝叶斯分类器、模式识别和其他各种统计技术；常用的基本聚类算法是平面划分法和层次凝聚法。这些方法的组合使用可以获取更加满意的效果。

文本表示模型是将网络文本从一个无结构的原始文本转化为结构化的计算机可以识别处理的信息，即对文本进行科学的抽象，建立它的数学模型，用以描述和代替文本。使计算机能够通过对这种模型的计算和操作来实现对文本的识别。由于文本是非结构化的数据，要想从大量的文本中挖掘出有用的信息就必须首先将文本转化为可处理的结构化形式。目前人们通常采用向量空间模型来描述文本向量，但是如果直接用分词算法和词频统计方法得到的特征项来表示文本向量中的各个维，那么这个向量的维度将是非常大的。这种未经处理的文本向量不仅给后续工作带来巨大的计算开销，使整个处理过程的效率非常低下，而且会损害分类、聚类算法的精确性，从而使所得到的结果很难令人满意。因此，必须对文本向量做进一步净化处理，在保证原文含义的基础上，找出对文本特征类别最具代表性的文本特征。为了解决这个问题，最有效的办法就是通过特征词选择来降维。

特征词选择算法的选取：用于表示文本的基本单位通常称为文本的特征或特征项。特征项必须具备一定的特性：①特征项要能够确实标识文本内容。②特征项具有将目标文本与其他文本相区分的能力。③特征项的个数不能太多。④特征项分离要比较容易实现。

在中文文本中可以采用字、词或短语作为表示文本的特征项。相比较而言，词比字具有更强的表达能力，而词和短语相比，词的切分难度比短语的切分难度小得多。因此，目前大多数中文文本分类系统都采用词作为特征项，称作特征词。这些特征词作为文档的中间表示形式，用来实现文档与文档、文档与用户目标之间的相似度计算 。如果把所有的词都作为特征项，那么特征向量的维数将过于巨大，从而导致计算量太大，在这样的情况下，要完成文本分类几乎是不可能的。特征词抽取的主要功能是在不损伤文本核心信息的情况下尽量减少要处理的单词数，以此来降低向量空间维数，从而简化计算，提高文本处理的速度和效率。文本特征选择对文本内容的过滤和分类、聚类处理、自动摘要以及用户兴趣模式发现、知识发现等有关方面的研究都有非常重要的影响。通常根据某个特征评估函数，计算各个特征的评分值，然后按评分值对这些特征进行排序，选取若干个评分值最高的作为特征词，这就是特征选择。

除了作为搜索引擎的核心技术，文本分析技术在数字图书馆方面也是一个重要技术，只不过相对于网络，数字图书馆的文档更规范、数据的结构化程度更高一些。

8.1.3 搜索条件的获取和分析

当前的多数搜索引擎较为注重易用性，导致在用户查询请求的获取和分析上投入较少。通常搜索引擎支持最多的是关键词搜索及在此基础上的逻辑运算、在初步搜索结果中再搜索和限制条件较为复杂的高级搜索。个别搜索引擎宣称支持自然语言查询，实际上还是以关键词为核心的简单句查询。在分析算法不是很有效的情况下，这种简单的用户信息获取方式势必直接影响搜索结果的准确性、相关性。

搜索引擎将用户提供的查询条件转换为系统所能够识别的查询条件，其预处理主要包括下面两种。

（1）提取查询条件中词汇和逻辑关系等有效成分。

（2）通过知识库来获取关键词的同义词、近义词及相关词。

可以看到以上这些都是主要针对词汇的分析。当用户给出一个逻辑关系相对复杂的搜索条件时，搜索引擎就比较难于用关键词组合出搜索条件；同样，当用查询条件变为由自然语言进行描述时，搜索引擎的分析又面临更大的挑战。所以说搜索条件的获取和分析是搜索引擎从处理一开始就面对的难题。

对于用户搜索意图方面，一般归为 3 种类型：导航类、信息类和资源类。雅虎的研究人员在此基础上做了细化，将用户搜索意图划分为如下几种类别。

（1）导航类。用户明确地要去某个站点，但又不想自己输入 URL，如用户搜索“新浪网”。

（2）信息类。又可以细分为如下几种子类型。

①直接型。用户想知道关于一个话题某个方面明确的信息，如“地球为什么是圆的”“哪些水果维生素含量高”。

②间接型。用户想了解关于某个话题的任意方面的信息，如粉丝搜索“黄晓明”。

③建议型。用户希望能够搜索到一些建议、意见，或者某方面的指导，如“如何选股票”。

④定位型。用户希望了解在现实生活中，哪里可以找到某些产品或服务，如“汽车维修”。

⑤列表型。用户希望找到一批能够满足需求的信息，如“陆家嘴附近的酒店”。

（3）资源类。这种类型的搜索目的是希望能够从网上获取某种资源，又可以细分为以下几种子类型。

①下载型。用户希望从网络某个地方下载想要的产品或者服务，如“USB 驱动下载”。

②娱乐型。用户出于消遣的目的希望获得一些有关信息，如“益智小游戏”。

③交互型。用户希望使用某个软件或服务提供的结果，如用户希望找到一个网站，这个网站上可以直接计算房贷利息。

④获取型。用户希望获取一种资源，这种资源的使用场合不限于电脑，如“麦当劳优惠券”，用户希望搜到某个产品的折扣券，打印后可在现实生活中使用。

8.1.4　信息的搜索和排序

获取最相关的信息既是所有查询最基本的要求，同时又是最难以满足的要求。专家的经验在判断哪个文档可以满足特定用户的查询要求时尤为重要，这类似于中医开药方。目前搜索引擎所能实现的只是通常意义上的相关信息搜索。

相似性函数法、归类（组）法是常用的相关信息查找方法。索引项在文档内出现的频率、位置、相应的HTML标记（如字体、链接）等都会影响文档相似性，这些数据的统计在为文档建立索引的时候就已经完成。对各因素进行适当的加权处理，可以避免单一因素对搜索结果产生过大的影响。各因素的权重还需要在实践中进行反复地调整，以获得一个较好的结果。

主题目录是按照等级排列的主题类索引，排列的方法有字母顺序法、时间顺序法、地点法、主题法等，或是将各种方法综合使用。主题目录能让用户通过主题浏览Web站点列表检索相关信息。

主题目录主要是依靠图书馆和信息专业专家对已知的网站根据其主要内容进行筛选、组织和评论，从而编制的等级式的目录。有时也允许网站拥有者对他们自己的网站加以归类或进行类别描述；有的网站则干脆邀请随机的网站访问者来对网址进行分类。这些主题目录以超文本链接的方式，将不同学科、专业、行业和区域的信息按照分类目录的方式组织起来，类目之间按照等级系统排列，然后将待收录的网页与相应的类目或主题相连。这样，用户就可以通过主题目录的指引，在相应的等级结构中逐层浏览，直到找到与自己的需求相关的信息。

由于主题目录要由人工编制和维护，在信息的收集、编排、HTML编码以及信息注释等方面要花费大量的人力和时间。人工干预虽然减少了主题目录下不切题结果的可能性，但也往往会造成某一主题下的站点不够多、不够全面的缺陷。同时由于Internet上的网页数量庞大，并且在不断变化，若要所有的主题类别都能跟上站点内容的发展，也很难办到，所以碰上部分站点为“死链”或已经过期也就不奇怪了。

总体而言，主题目录特别适宜于一般性的、比较笼统的主题的浏览和检索。其等级式分类可以让用户自由选择检索范围，并且从大到小的范围逐级浏览也十分方便。但是使用主题目录很难检索到较为专业的信息，且由于人类的分析判断带有主观性，网址分析归纳者的网站分类方法也不一定与用户的需要相适应。如果用户的思路碰巧与网址分析归纳者的思路合拍的话，这些主题目录可能会给用户带来巨大的价值；但假如情况相反，用户则会感到它们牵强而且不可捉摸，精心分析和归纳的数据与实际需求风马牛不相及。在许多时候，用户需要的信息会分散在好几个不同的主题类别下，用户容易错过交叉的信息。另外，不同的网站提供的主题目录的分类和结构不尽相同，用户有时要找到合适的类别也有相当大的难度。

查找效果的评价指标通常采用召回率和精度。召回率是被抽取的相关文档占实际相关文档的比例，反映的是查全率；精度是被抽取的相关文档占抽取文档的比例，反映的是查准率。通常召回率增加，精度也会增加。

用户应该注意到，这些方法基本上没有涉及文本的语义分析，所以还不能从根本上解决相关性的问题。

通常搜索引擎的用户希望尽快得到按重要性（相关性）顺序排列的搜索结果。相对于网站分类目录，搜索结果的分类目录更能满足人们的需求。而目前的搜索引擎都没有提供搜索结果的分类，于是导致公司介绍、新闻报道、技术文章等混杂在一处，给用户带来很大的不便。实际上，对于文档类别的判断还是有很多线索的，如网页标题、文档名、文档中所含的链接、文档所在文件夹等。比较符合人们认知习惯的方法是按照学科、知识（概念）层次来进行分类的。毫无疑问，这种类别明确、层次清晰的搜索结果是绝大多数用户所需要的。

相对于传统方法，有如下几种较为新型的方法。

（1）Pagerank方法和 Authority and Hub方法是在这一研究领域的两种比较有影响的方法。这两种方法都是利用页面中的链接来对文档的重要性进行判断。

Pagerank方法将整个网络看作是由超链接所联系起来的有向图，链接好比民主投票，即如果某一网页被另一网页引用，则表示该网页向被引用的网页投了赞成票，从而使Pagerank成为基于网页链接的页面重要性评判依据。凭借这一技术，谷歌迅速成为行业的先锋。

Authority and Hub是由Kleinberg提出的，在IBM的 CLEVER系统中得到应用。该方法将搜索与特定的查询要求相结合，权威（Authority）是指被众多查询相关的页面所引用的页面，而包含多个权威网页链接的页面则称为中心（Hub），权威页面和中心页面当然是用户最想要得到的查询结果。

（2）元搜索引擎（Metasearch Engine）又称多元搜索引擎或者并行搜索引擎，也称作大容量搜索引擎，是近两年才陆续出现的新型搜索引擎。它是为弥补搜索引擎的不足而出现的一种辅助检索工具。一般搜索引擎的检索范围仅局限于其自身的数据库，而且即使是世界上功能最强大的搜索引擎数据库也只能涵盖世界上不到三分之一的公用网页。

同时，由于不同的搜索引擎各自的信息收集方式和范围、检索算法和结果排序方法都各不相同，同一检索表达式得到的结果也大不相同。若用户想得到较全面的网上信息，不得不使用多个搜索引擎，费时费力。

而元搜索引擎允许用户同时搜索若干个数据库和搜索引擎，有的甚至可以向用户提交单一的、集成的、分级排列的搜索结果清单。实际上，它将用户的检索提问同时送到数个搜索引擎的不同数据库中进行检索，短短几秒钟时间就能从这些搜索引擎数据库中找到相关记录的集合并进行不同程度的处理。这比一次只能访问一个搜索引擎方便得多，并且同样进行一次搜索，元搜索引擎使用户能够比使用单一搜索引擎查找到更多的网址。

元搜索引擎本身可以有、也可以没有自身的数据库。它就好像是有智能的中间代理，它发布用户的搜索请求，然后收集独立搜索引擎返回的结果，最后为用户提供一个统一界面的搜索结果报告。

元搜索引擎也有缺点。由于其出现的时间不长，一些搜索引擎强大的检索功能还不能实现。并且由于它要借助于别的搜索引擎，而不同的搜索引擎解析查询表达式的方式不同、处理大小写字母的方式不同；有的允许自然语言查询而有的不允许；有的可以采用NEAR（邻接）操作符而有的不可以。为了借用尽可能多的搜索引擎，元搜索通常只使用简单、直接的搜索策略，一般仅支持AND、OR、NOT等简单的、比较低级的通用搜索操作。这样用户就很难甚至不能利用每个搜索引擎的特色功能。

最新、最全面的检索功能和一些专门化的信息还是只能在特定的搜索引擎中获得。假如用户的需求比较一般化，用元搜索引擎会有很好的效果。但假如用户需要更精细的搜索结果，元搜索并不一定合适。另外，大量出现与需要信息无关的检索结果问题仍然不能得到解决。

8.2　商务智能在电子商务情感分析方面的应用

当代生活中，网购已经成为人们的日常行为。大部分用户在网购的时候，除了关注商品本身，大多还会关注本商品的用户评论数据，来更客观地了解商品。但是用户面临的一个主要问题是商品数据规模庞大，每个商品的评论数据也很大，这样用户就很难准确判断商品的好坏，从而影响用户购买，进而影响商品的成交量。

情感分析也被称为观点挖掘、意见挖掘，它通过对包含感情色彩的数据进行分析，得到数据中的主要情感，如积极、消极等。将情感分析应用到电子商务中，就是通过对商品所有的讨论数据进行分析，挖掘出已购买过的用户对该商品的情感倾向，为其他用户提供有价值的参考，同时这个结果也可以作为商家推荐商品的依据。

电子商务情感分析工作流程主要包括评论数据的收集及处理、情感词的扩充、词向量模型及情感分析模型的建模与训练、基于规则的数据分析。图8-1为其主要工作模块。

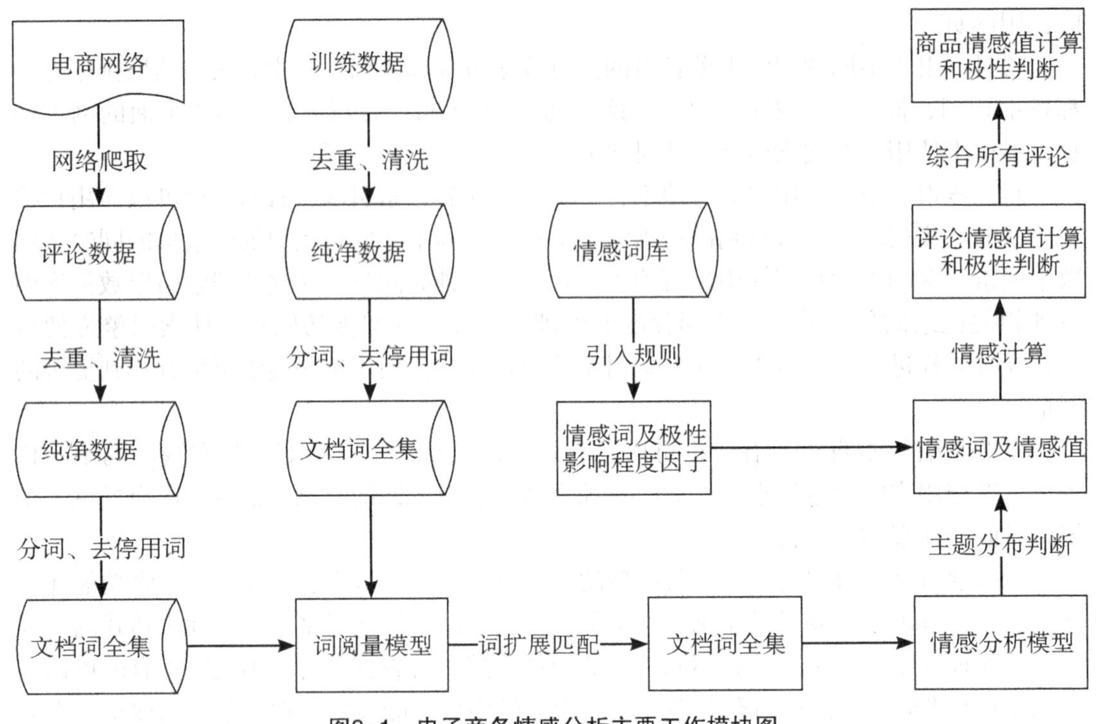

图8-1 电子商务情感分析主要工作模块图

8.2.1 评论数据收集及处理

评论数据主要来自天猫、京东和亚马逊等主流电商网店的商品评论，依据评分数对评论内容进行正负评论的划分，并将评论的主题及具体评论数据拼接在一起作为评论数据。

（1）数据去重及清洗。在评论数据中会存在大量重复数据，如“这个很好吃”“这个非常好吃”“这个味道不错”等，它们所表达的都是同一个意思，但是这类重复数据会对分析结果造成影响。为了去除这些因素的影响，需要对数据进行去重处理。去重算法有很多，如Simhash算法、SpotSig算法等，实际可根据具体情况进行选择。除了重复数据，过多的垃圾数据也影响分析结果。如广告宣传、特定模板回复、网址等。对于数据清洗主要基于如下原则：评论过短、评论中有广告词、基本模板的评论、含有网址的评论。最后再利用去重和过滤算法进行循环处理，直到数据稳定，则认为数据处理完成。该数据可作为后面模型的训练数据。

（2）评论数据分词、去停用词。可以利用中文分词工具，如NLPIR汉语分词、Jieba分词等，对评论数据进行分词处理。如“我去过北京天安门”的分词结果是“我 去过 北京 天安门”。分词后的结果可能还存在一些停用词，所谓停用词是指一些信息量很低或没有信息量的词。评论数据中的这些词也要过滤掉。可以采用正则“表达式+停用词表”的过滤方法过滤掉停用词。如分词后为“我 第一 次 购买 客服 和 售后 都 很好”，停用词过滤结果为“第一 购买 客服 售后 都 很好”。

8.2.2　扩展特征向量构造

词向量模型，即将词的0、1表示转换为分布表示，如“中国”则可以表示为[0.23，-1.25，0.26，0.53，-0.3…]。这个方法通过实数向量词，每一个向量维度表示一个隐藏的特性。当判断两个词的相似度时，就可以通过余弦定理或欧式距离来计算，通过相似度就可以判断两个词的相关程度。如“苹果”和“梨”通过这个方法计算的相关度会比“苹果”和“咖啡”的相关度高。利用这种方式计算词的近义词，然后对讨论数据分词的结果进行扩展匹配，以解决评论数据离散、短小的问题。

可以使用CBOW算法训练出词的特性向量，然后通过余弦定理对待扩展词和训练词进行相似度的计算，并对结果进行排序，保留和该词相似度最大的前N个词作为结果，并将该结果保留到HDFS上，通过getmerge将其获取到本地，然后对本地评论数据进行扩展匹配，得到扩展数据。

8.2.3　情感词库构建

情感词库的构建及完善可以由两部分组成，一是固有的情感词典，二是通过情感词扩展得到的情感词。

情感词典包含23419个汉语情感词，并且每个情感词对应各自的情感极性值，其基本格式为“情感词\t极性值”，如“勇敢1.247”“开心 1.174”等。但是固有的情感词比较少，还是需要扩充。

对于情感词的扩充，可以使用CBOW算法，计算出每个情感词的实数向量，再利用词扩展匹配算法得到相似度前5或前10的词语，作为情感词的扩充，以此完善情感词库。

8.2.4　情感分析模型

情感分析模型的选择有很多方法，大体可以分为向量空间模型和概率模型两类。

（1）向量空间模型。如词频—逆文本频率指数（Term Frequency-Imerse Document Frequery，TF-IDF）模型。这种模型用以评估一字词对于一个文件集或一个语料库中的其中一份文件的重要程度。其主要思想是如果某个词或短语在一篇文章中出现的频率高，并且在其他文章中很少出现，则认为该词或者短语具有很好的类别区分能力，适合用来分类。但是这种方法没有考虑文字背后的语义关联，可能两个语句中共同出现的词语很少，但是两个语句的意思是相近的。

（2）概率模型LDA（Latent Dirichlet Allocation）。这是一种文档主题生成模型，也称为三层贝叶斯概率模型，包含词、主题和文档三层结构。文档集到主题集服从概率分布，词集到主题集也服从概率分布。它是一种非监督机器学习技术，可以用来识别大规模文档集（Document Collection）或语料库（Corpus）中潜藏的主题信息。其生成过程包括如下三个步骤。

①对每一篇文档，从主题分布中抽取一个主题。

②从上述被抽到的主题所对应的单词分布中抽取一个单词。

③重复上述过程直至遍历文档中的每一个单词。

8.2.5 情感倾向值计算

对于评论数据及商品的情感倾向值计算主要有两个步骤，一是情感主题类别确定，二是基于规则的情感倾向值计算。

情感主题类别确定是通过评论数据的特征向量，结合情感分析模型与情感词库中情感词的极性，将该评论划分到某个情感对应的主题中。商品的各条评论都包含一定的情感词，通过对评论数据进行处理，将其表示为基于词的集合，然后对其进行情感主题类别确定。其中，感情主题类别确定可以采用基于概率和余弦定理的方法进行处理。

情感倾向值计算，首先依据情感词库，通过哈希算法逐条对评论数据进行情感词抽取。由于同一个情感词，在不同语境中可能出现极性增强、减弱甚至反转的情况，因此在抽取到情感词后，不能直接计算情感倾向值。例如，“这个味道特别好”，极性增强；“这个味道没有想象中的好”，极性减弱；“这个味道真是‘好’，哎！”，由于单引号的出现，极性完全反转。因此，在计算情感倾向值时，需要引入一些规则来规避以上的情况。

（1）语句中出现否定词“没有、不、无、非、拒绝”等。首先确定这些否定词和情感词是否存在修饰关系。如果二者之间无其他情感词和否定词存在，说明否定词修饰了情感词，则情感词极性发生变化；如果二者之间存在否定词，则又需要分为两种情况。一种是否定词不相邻，则认为是双重否定，情感词极性不变；如果否定词相邻，则表示程度加强。例如，“我不得不承认这个好吃”句中两个“不”表示肯定；但“我不不不喜欢这个味道”中的“不不不”则代表程度加强，表示非常不喜欢。

（2）语句中出现程度副词“很、非常、格外、更加、稍微”等。如果程度副词和情感词之间没有其他程度副词，则认为情感值倾向值对应单倍增强；如果程度副词和情感词之间存在情感副词，则根据出现次数及强度，进行乘法运算得到计算情感倾向值加强倍数。

（3）语句中出现连词。连词分为并连词和转折连词。并连词有“和、不但……而且……、不仅……还……、二者都”等；转折连词有“虽然……但是……、仍然……然而……”等。并连词的出现，是对同一方向情感的增强或减弱；转折连词的出现，是情感的一个变化，用户先表达一种情感，然后转折强调另外一种情感，相对转折前，要对转折后的情感给予增强或减弱。

（4）语句中出现影响情感极性的符号，主要关注引号和问号。对于引号，可认为是情感极性发生反转，即实际情感与当前含义相反；对于问号的情况，如果语句开头是反问词，如“难道”等，则表示情感极性可能发生变化，如果其中还有“为什么、是……什么……”等词语，则判断为一般疑问句，其情感当作正常处理。

通过以上情况的过滤筛选，最终可以计算出用户评论的情感值和情感倾向值。对于商品的情感值和情感倾向值可根据用户评论的情感值和情感倾向值来确定，最终可把用户评论和商品的情感倾向分析同时呈现出来，为用户购买商品和商家推送商品提供科学的参照。

8.3　商务智能在智能推荐技术方面的应用

8.3.1　智能推荐产生背景及定义

互联网的普及和快速发展产生的大量信息，满足了用户对信息的需求，但同时也大大降低了用户对信息的使用效率，这就产生了另外一个问题——信息超载。电子商务规模的进一步扩大，为顾客提供越来越多商品选择的同时，信息结构也变得更加复杂。一方面，顾客面对大量的商品信息束手无策，经常会迷失在大量的商品信息空间中，无法顺利找到自己需要的商品；另一方面，商家数据库里保存着大量顾客的信息，当商家有商品要促销时，无法从大量的顾客中找到正确的促销对象。

智能商务针对信息超载问题有一个非常有潜力的办法就是智能推荐，它是根据用户的信息需求、兴趣等，将用户感兴趣的信息、产品等推荐给用户的个性化信息推荐系统。和搜索引擎相比，智能推荐系统通过研究用户的兴趣偏好、日常行为等数据，进行个性化计算，由系统发现用户的兴趣点，从而引导用户发现自己的信息需求。一个好的智能推荐系统不仅能为用户提供个性化的服务，还能和用户建立密切关系，让用户对推荐产生依赖。这里的智能推荐系统是指广义的智能推荐系统，它的功能在于发现具有潜在市场价值的顾客和商品，包括通常所说的推荐（Recommendation）功能和营销（Direct Marketing 或Targeted Marketing）功能。之所以强调个性化，是因为需要推荐系统能为每个用户推荐适合他们偏好和兴趣的产品，而不是千篇一律的推荐。

智能推荐是一种信息过滤技术。在信息过载的电子商务时代，智能推荐系统（Intelligent Recommendation System）可以通过预测顾客的偏好和兴趣，来帮助顾客找到需要的信息、商品等，同时也可以提升商品的销售额。利用个性化商品推荐，可以帮助商家有效提升顾客的生命周期价值和转化率。因此，电子商务推荐系统具有良好的发展和应用前景。目前，几乎所有大型的电子商务系统，如淘宝、京东、亚马逊、当当等，都不同程度地使用了各种形式的智能推荐系统。各种提供个性化服务的Web站点也需要推荐系统的大力支持。

智能推荐系统能对电子商务发挥什么作用呢？或者说，电子商务应用智能推荐系统后，有哪些好处呢？不论是从顾客，还是商家，都受益于智能推荐系统。第一点，节省顾客购买商品的时间和精力。智能推荐系统通过分析顾客的购买习惯提供个性化的服务，直接推荐顾客感兴趣的商品。第二，促进电子商务系统的交叉销售。智能推荐系统在顾客购买过程中向顾客提供其他有价值的商品推荐，顾客能够从提供的推荐列表中购买自己确实需要但在购买过程中没有想到的商品，从而有效提高电子商务系统的交叉销售。第三点，保留顾客。智能推荐系统分析顾客的购买习惯，根据顾客需求向顾客提供有价值的商品推荐。如果智能推荐系统的推荐质量很高，那么顾客会对该智能推荐系统产生依赖。因此，智能推荐系统不仅能为顾客提供个性化的推荐服务，而且能与顾客建立长期稳定的关系，从而能有效保留顾客，防止顾客流失。第四，发现潜在的顾客。智能推荐系统通过顾客数据，分析顾客的购买习惯和趋向，预测顾客对营销方式的响应率，发现有利于顾客的特征，有目的性地开展广告和销售业务。通过对顾客的忠诚度进行分析，相应调整商品的价格和类型，改进销售服务，有利于保留现有顾客，发现潜在的顾客。

当今，电子商务系统自身的特点也有利于智能推荐系统的顺利实施，主要原因包括以下两点。

（1）丰富的数据。电子商务环境收集的各种数据比较丰富，如顾客注册数据、顾客交易数据、顾客评分数据、顾客购物篮数据、顾客浏览数据等。丰富的数据为建立推荐模型，产生高质量的推荐提供了可能。

（2）方便的数据收集方式。为电子商务环境中的各种数据提供了方便的收集方式，减少了数据收集的时间，降低了数据收集的成本。

智能推荐系统能够在用户没有给出明确需求的情况下，帮助用户快速发现有用的信息。系统根据用户的注册、浏览、交易和评论等历史行为数据对其兴趣进行建模，然后把用户模型中的兴趣需求信息和推荐对象模型中的特征信息匹配，同时使用相应的推荐算法进行计算筛选，找到用户可能感兴趣的推荐对象，然后推荐给用户。其基本模型如图8-2。

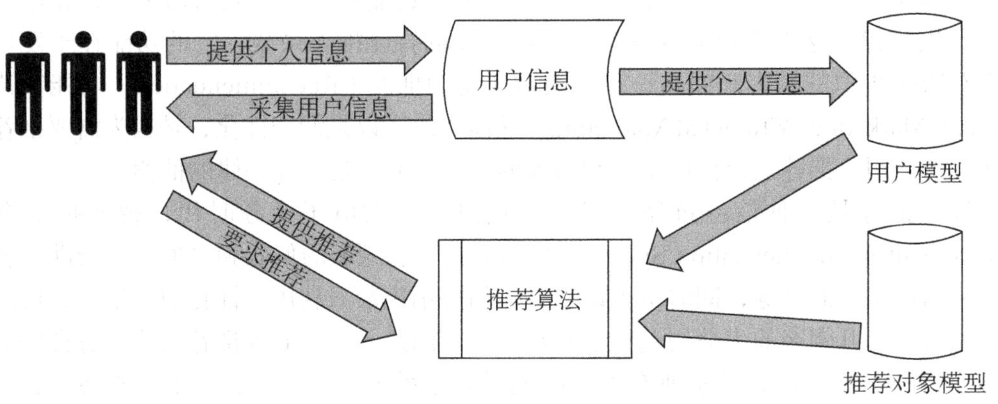

图8-2　推荐系统模型

智能推荐系统的研究内容和研究方向主要包括如下几点：

（1）推荐技术研究。目前主要的推荐技术包括基于内容的过滤和协同过滤推荐、基于效用和关联规则推荐、混合推荐等。

（2）数据挖掘技术在推荐系统中的应用。随着研究的深入，各种数据挖掘技术在推荐系统中得到了广泛的应用。基于Web挖掘的推荐系统得到了越来越多研究者的关注。

（3）实时性研究。在大型电子商务推荐系统中，推荐系统的伸缩能力和实时性要求越来越难以保证。如何有效满足推荐系统的实时性要求得到了越来越多研究者的关注。

（4）推荐质量研究。在大型电子商务系统中，顾客评分数据极端稀疏，这导致推荐系统无法产生有效的推荐，推荐系统的推荐质量难以保证。

（5）多种数据多种技术的集成。当前大部分的电子商务推荐系统都只利用了一部分可用信息来产生推荐。随着研究的深入，新型电子商务推荐系统应该利用尽可能多的信息，收集多种类型的数据，有效集成多种推荐技术，从而提供更加有效的推荐服务。

（6）顾客隐私保护研究。由于推荐系统需要分析顾客的购买习惯和兴趣爱好，涉及顾客隐私问题，如何在提供推荐服务的同时有效保护顾客隐私，值得做进一步深入研究。

（7）推荐系统可视化研究。推荐系统的目的是为顾客提供服务，因此必须为顾客提供友好的可视化服务界面。主要包括推荐结果可视化研究和推荐结果解释研究等方面的内容。

8.3.2　智能推荐主要算法

目前常用的智能推荐算法有很多种，本节主要介绍基于内容的推荐、基于协同过滤的推荐、基于效用的推荐、基于关联规则的推荐以及混合推荐。

1. 基于内容的推荐

基于内容的推荐是用机器学习的方法从关于内容的特征描述的事例中得到用户偏好或兴趣的特征，然后基于这些特征，匹配内容相似的商品推荐给用户。

基于内容的推荐方法的优点如下。

（1）不需要其他用户的数据，没有冷开始问题和稀疏问题。

（2）能为具有特殊兴趣爱好的用户进行推荐。

（3）能推荐新的或不是很流行的项目，没有新项目问题。

（4）通过列出推荐项目的内容特征，可以解释为什么推荐那些项目。

（5）已有比较好的技术，如关于分类学习方面的技术已相当成熟。

基于内容的推荐方法的缺点是要求内容能容易抽取成有意义的特征，要求特征内容有良好的结构性，并且用户的偏好必须能够用内容特征形式来表达，且不能显式地得到其他用户的判断情况。

2. 基于协同过滤的推荐

基于协同过滤（Collaborative Filtering Recommendation）的推荐算法是利用用户的历史喜好信息计算用户之间的距离，然后利用目标用户的最近邻居用户对商品评价的加权评价值来预测目标用户对特定商品的喜好程度，从而系统根据这一喜好程度来对目标用户进行推荐。这种算法可分为两类：一类是基于物品的协同过滤算法（item- based CF），另一类是基于用户的协同过滤算法（user- based CF）。基于物品的协同推荐通过计算物品之间的相似性，为用户推荐已购买或浏览物品的相似物品。基于用户的协同过滤算法通过计算用户之间的相似度，找出与目标用户相似的用户集合，利用相似用户的偏好预测目标客户的偏好。基于协同过滤的推荐系统可以说是从用户的角度来进行相应推荐的，而且是自动的，即用户获得的推荐是系统从购买模式或浏览行为等隐式获得的，不需要用户努力地找到适合自己兴趣的推荐信息，如填写一些调查表格等。

和基于内容的过滤方法相比，协同过滤具有如下的优点。

（1）能够过滤机器难以进行自动内容分析的信息，如艺术品、音乐等。

（2）共享其他人的经验，避免了内容分析的不完全和不精确，并且能够基于一些复杂的、难以表述的概念（如信息质量、个人品位）进行过滤。

（3）有推荐新信息的能力。可以发现内容上完全不相似的信息，用户对推荐信息的内容事先是预料不到的。这也是协同过滤和基于内容的过滤一个较大的差别，基于内容的过滤推荐很多都是用户本来就熟悉的内容，而协同过滤可以发现用户潜在的、但自己尚未发现的兴趣偏好。

（4）能够有效地使用其他相似用户的反馈信息，减少用户的反馈量，加快个性化学习的速度。

虽然协同过滤作为一种典型的推荐技术有相当广泛的应用，但协同过滤仍有许多的问题需要解决。最典型的问题是稀疏问题（Sparsity）和可扩展问题（Scalability）。

3. 基于效用的推荐

基于效用的推荐（Utility-based Recommendation）是建立在对用户使用项目的效用情况上计算的，其核心问题是如何为每一个用户创建一个效用函数。因此，用户资料模型很大程度上是由系统所采用的效用函数决定的。基于效用推荐的好处是它能把非产品的属性，如提供商的可靠性（Vendor Reliability）和产品的可得性（Product Availability）等考虑到效用计算中。

也就是说，基于效用的推荐是为用户设计一个效用函数，度量用户使用项目（商品）的效用，在此基础上推荐效用最大的商品。这种推荐方法可以综合考虑产品属性以外的各种因素。

4. 基于关联规则的推荐

基于关联规则的推荐是以关联规则为基础，把已购商品作为规则头、推荐对象作为规则体。关联规则挖掘可以发现不同商品在销售过程中的相关性，在零售业中已经得到了成功的应用。关联规则就是在一个交易数据库中统计购买了商品集X的交易中有多大比例的交易同时购买了商品集Y，其直观的意义就是用户在购买某些商品的时候有多大倾向去购买另外一些商品。如购买牛奶的同时很多人会购买面包。

算法的第一步关联规则的发现最为关键且耗时，是算法的瓶颈，但可以离线进行。其次，商品名称的同义性问题也是关联规则的一个难点。

5. 混合推荐

在学习混合推荐之前，先来回顾并比较一下前面几种推荐的优缺点。

基于内容的推荐优点是：推荐结果直观，容易解释；不需要领域知识。其缺点是：稀疏问题；新用户问题；复杂属性不好处理；要有足够数据构造分类器。

基于协同过滤的推荐优点是：能发现新兴趣点、不需要领域知识；随着时间推移性能提高；推荐个性化、自动化程度高；能处理复杂的非结构化对象。而缺点是：有稀疏问题、可扩展性问题、新用户问题；质量取决于历史数据集；系统开始时推荐质量差。

基于效应的推荐优点是：无冷开始和稀疏问题；对用户偏好变化敏感；能考虑非产品特性。而缺点是：用户必须输入效用函数；推荐是静态的，灵活性差；有属性重叠问题。

最后，基于关联规则的推荐优点是：能发现新兴趣点；不要领域知识。而缺点是：

规则抽取难、耗时；产品名同义性问题；个性化程度低。

以上算法基本都有各自的优缺点，所以实际应用中经常采集混合推荐。混合推荐是以加权、串联、并联等方式组合上述推荐方法，这种方法能综合各种推荐算法的优点，从而获得更优的推荐效果。

在组合方式上，有研究人员提出了七种组合思路。

（1）加权（Weight）。加权多种推荐技术结果。

（2）变换（Switch）。根据问题背景和实际情况或要求决定变换采用不同的推荐技术。

（3）混合（Mixed）。同时采用多种推荐技术、给出多种推荐结果为用户提供参考。

（4）特征组合（Feature Combination）。组合来自不同推荐数据源的特征被另一种推荐算法所采用。

（5）层叠（Cascade）。先用一种推荐技术产生一种粗糙的推荐结果，再用第二种推荐技术在此推荐结果的基础上进一步做出更精确的推荐。

（6）特征扩充（Feature Augmentation）。将一种技术产生附加的特征信息嵌入到另一种推荐技术的特征输入中。

（7）元级别（Meta-level）。用一种推荐方法所产生的模型作为另一种推荐方法的输入。

8.3.3　智能推荐在电子商务中的应用

1. 电子商务推荐系统作用

电子商务推荐系统最大的优点在于它能收集用户感兴趣的资料，并根据用户兴趣偏好主动为用户做出个性化推荐，而且给出的推荐是实时更新的。当系统中的产品库和用户兴趣资料发生改变时，给出的推荐序列也会自动改变，这大大方便了用户对商品信息的浏览，也提高了企业的服务水平。总的来说，电子商务推荐系统的作用主要表现在三个方面。

（1）将电子商务网站的浏览者转变为购买者。

（2）提高电子商务网站的交叉销售能力（Cross Selling）。

（3）提高客户对电子商务网站的忠诚度。

研究表明，电子商务的销售行业使用个性化推荐系统后，销售额能有很大提高，尤其在书籍、电影、CD音像、日用百货等产品价格相对较为低廉且商品种类繁多、用户使用个性化推荐系统程度高的行业，推荐系统能大大提高企业的销售额。

2. 电子商务推荐系统分类

电子商务推荐系统以用户为中心，为用户提供服务，可以根据用户获得推荐的自动化程度和持久性程度对电子商务推荐系统进行分类。什么是自动化程度和持久性程度呢？自动化程度是指：用户为了得到推荐是否需要显式地输入信息，可分为自动化方式和手工方式。持久性程度是指电子商务推荐系统产生推荐是基于用户当前的单个会话还是多个会话。

根据自动化程度和持久性程度，可以将电子商务推荐系统分为四类。

（1）非个性化电子商务推荐系统。向当前用户提供的推荐结果可能基于其他用户对商品的平均评价、基于电子商务系统的销售排行，或者基于电子商务系统的编辑推荐。这种推荐技术独立于各个用户，每个用户得到的推荐都是相同的。它属于自动化方式推荐，产生的推荐基于用户的单个会话。

（2）基于属性的电子商务推荐系统。根据商品的属性特征向用户产生推荐列表，这种推荐系统类似于搜索引擎，用户需要手工输入所需商品的属性特征。属于手工方式推荐。产生的推荐可以基于用户的单个会话，也可以基于用户的多个会话。

（3）商品相关性推荐系统。根据商品之间的相关性向用户提供相应的推荐。它可以是全自动推荐系统，也可以是全手工方式推荐系统。这种推荐技术一般是基于用户的单个会话。

（4）协同过滤推荐系统。又称为用户相关性推荐系统，这种系统首先搜索当前用户的最近邻居，然后根据最近邻居的购买历史或评分信息向当前用户产生推荐。一般不需要用户显式输入信息，产生的推荐一般是基于用户的多个会话。

3. 电子商务推荐系统的组成

整个电子商务推荐系统的组成主要可以分为：输入功能（Input Function）模块、推荐方法（Recommendation Method）模块、输出功能（Output Function）模块三个模块。

（1）输入功能模块主要负责对用户信息的收集和更新。输入可来自客户个人和社团群体两部分。客户个人输入（Targeted Customer Inputs）主要指目标用户，即要求获得推荐的人为得到推荐而必须对一些项目进行评价，以表达自己的偏好，包括隐式浏览输入、显式浏览输入、关键词和项目属性输入以及用户购买历史等。社团群体输入（Comunity Inputs）主要指集体形式的评价数据，包括项目属性、社团购买历史、文本评价、等级评分。

（2）输出功能模块主要负责在系统获得输入信息后，输出推荐给用户的内容。主要形式包括：①建议（Suggestion），又分为单个建议（Single Item）、未排序建议列表（Unordered List）、排序建议列表（Ordered List）；②预测（Prediction），系统对给定项目的总体评分；③个体评分（Individual Rating），输出其他客户对商品的个体评分；④评论（Review），输出其他客户对商品的文本评价。

（3）推荐方法模块是推荐系统的核心部分，负责由输入如何得到输出，决定着推荐系统的性能优劣。推荐方法模块以推荐技术和算法为技术支撑。

4. 电子商务推荐系统实例

智能推荐系统主要应用在电子商务网站、搜索引擎及社交网站中。在社交网站中，如豆瓣、FaceBook等都使用了智能推荐技术。电子商务企业可以根据不同顾客群的兴趣，为顾客提供更为恰当的个性化推荐的服务，从而使用户由单纯的网站浏览者转变为创造企业利润的消费者，智能推荐也是一种很重要的营销手段。

（1）亚马逊书店是世界上销售量最大的书店之一。它可以提供310万册图书目录，书店的1600名员工人均销售额为37.5万美元。这一切的实现，电子商务推荐系统起了十分关键的作用。在这里介绍最具有代表性的几种推荐。

①用户评价（Your Recommendations）。亚马逊鼓励客户对感兴趣的商品进行评价。评价分成五个等级，当客户评价过若干商品后，系统就会根据客户的喜好给出推荐，通常推荐为几种商品。客户还可以通过刷新推荐，实时获取更多更新的推荐。

②买此商品的顾客同时买什么（Customer who bought this also bought）。这是大多电子商务网站都采用的一种推荐方式。以书籍为例，亚马逊通常把这种推荐方法以两个推荐列表的形式输出，一个是购买本书的客户还经常购买的其他书籍；另一个是购买本书作者作品的用户还经常购买的其他作者的作品。

③浏览此商品的顾客同时浏览什么（Customer who viewed this also viewed）。与上面所提到的推荐方法相似，只有一个推荐列表，浏览本地客户还经常浏览的其他任何类别的商品。比起上面的方法，推荐的广度更大，可以提高网站的交叉销售能力。

④捆绑销售（Better Together & Best Value）。将当前商品和其他相关商品捆绑销售。同时购买这些捆绑销售的产品，会比购买单件商品便宜。通过价格的下调，刺激浏览者转变为购买者。

（2）易趣网是世界上最大的网上拍卖平台，它拥有超过1000万的注册用户，每天进行100多万宗拍卖业务。易趣网能比其他网络站点开展更多的经济活动，它的推荐系统起了重要作用。

易趣网使用用户反馈模型机制来促进买卖双方的交易。反馈包括一个满意度的评分以及关于其他客户相关评价，系统根据反馈信息向客户提供推荐。这里介绍三种推荐。

①高级搜索（Advanced Search）。搜索的方法种类相当齐全。可以通过输入关键字或者商品编号搜索商品；通过输入卖家ID搜索卖家所售商品；通过输入店铺名或者店主ID搜索店铺。搜索关键字可以在在线商品的关键字或者商品描述中进行，也可以在已经结束的商品中进行。所有的搜索结果可以根据地区、登录时间、价格、出价商品、物品状态进行排序，还可以选择输出商品的显示方式（按橱窗或物品号显示）。

②收藏卖家（Favorite Sellers）。当客户把喜欢的店铺收藏后，可定制直接从店主那里接收新闻快递，也可以选择不同时间接收卖方通知。

③个性化选择（Personalized Picks）。购物万花筒，也就是个性化的挑选，有助于客户在易趣网找到感兴趣的商品。

实验八　消费者声音情感分析

【实验名称】消费者声音情感分析

【实验目的】

（1）熟悉并学会使用python代码进行评论语句情感分析。

（2）熟悉并学会通过机器学习的算法来辅助分析，对用户的评论数据进行提炼和洞察。

【实验背景】

用户体验的工作可以说是对用户需求和用户认知的分析。而消费者的声音是其中很重要的一环，它包含了用户对产品的评论，不管是好的还是坏的，都将对产品的改进和迭代有帮助。另外任何事情都要考虑金钱成本和人力成本，因此希望能通过机器学习的算法来辅助分析，对用户的评论数据进行提炼和洞察。

【实验原理】

文本情感分析，又称意见挖掘、倾向性分析等，简单而言，就是对带有情感色彩的主观性文本进行分析、处理、归纳和推理的过程。互联网（如博客和论坛以及社会服务网络如大众点评）上产生了大量用户参与的，对于诸如人物、事件、产品等有价值的评论信息。这些评论信息表达了人们的各种情感色彩和情感倾向性，如喜、怒、哀、乐和批评、赞扬等。基于此，潜在的用户就可以通过浏览这些主观色彩的评论来了解大众舆论对于某一事件或产品的看法。

【实验环境】

（1）ubuntu 16.04。
（2）Python 3.6.5。
（3）Jupyter Notebook 6.1.3。

【建议课时】

4课时。

【实验步骤】

一、数据准备和导入相关库

1．数据准备

```
wget http://www.i9000.net:8888/sgn/HUP/BI/data.zip
unzip data.zip
```

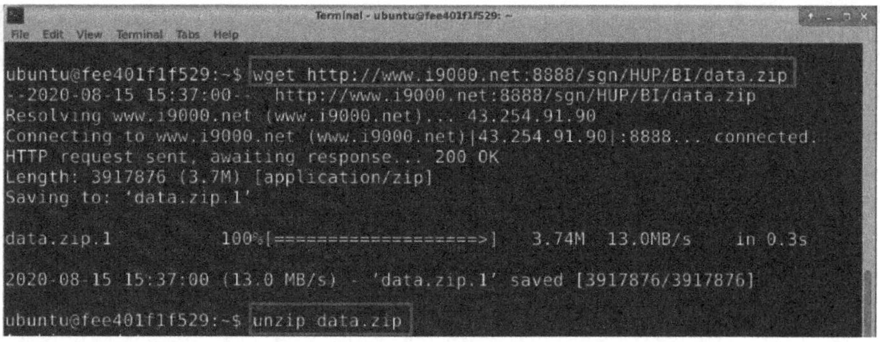

```
ubuntu@fee401f1f529:~$ wget http://www.i9000.net:8888/sgn/HUP/BI/data.zip
--2020-08-15 15:37:00--  http://www.i9000.net:8888/sgn/HUP/BI/data.zip
Resolving www.i9000.net (www.i9000.net)... 43.254.91.90
Connecting to www.i9000.net (www.i9000.net)|43.254.91.90|:8888... connected.
HTTP request sent, awaiting response... 200 OK
Length: 3917876 (3.7M) [application/zip]
Saving to: 'data.zip.1'

data.zip.1          100%[===================>]   3.74M  13.0MB/s    in 0.3s

2020-08-15 15:37:00 (13.0 MB/s) - 'data.zip.1' saved [3917876/3917876]

ubuntu@fee401f1f529:~$ unzip data.zip
```

2．安装第三方库

```
pip install gensim==3.8.3
pip install jieba==0.42.1
pip install Orange3-Associate==1.1.6
pip install snownlp==0.12.3
pip install scikit-learn==0.23.2
pip install Pillow==7.2.0
pip install wordcloud==1.7.0
```

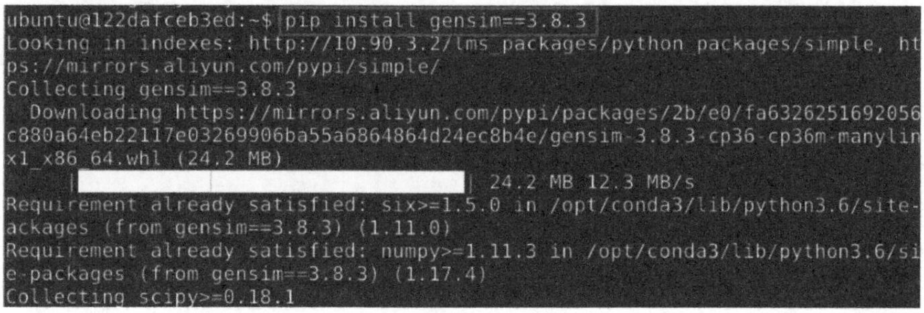

```
ubuntu@122dafceb3ed:~$ pip install gensim==3.8.3
Looking in indexes: http://10.90.3.2/lms_packages/python_packages/simple, ht
ps://mirrors.aliyun.com/pypi/simple/
Collecting gensim==3.8.3
  Downloading https://mirrors.aliyun.com/pypi/packages/2b/e0/fa6326251692056
c880a64eb22117e03269906ba55a6864864d24ec8b4e/gensim-3.8.3-cp36-cp36m-manylin
x1_x86_64.whl (24.2 MB)
     |████████████████████████████████| 24.2 MB 12.3 MB/s
Requirement already satisfied: six>=1.5.0 in /opt/conda3/lib/python3.6/site-
ackages (from gensim==3.8.3) (1.11.0)
Requirement already satisfied: numpy>=1.11.3 in /opt/conda3/lib/python3.6/si
e-packages (from gensim==3.8.3) (1.17.4)
Collecting scipy>=0.18.1
```

3．打开Jupyter Notebook和导入相关库（注意：在Jupyter Notebook环境下，复制的汉字会变成乱码，需要手动输入汉字）

```
jupyter notebook
```

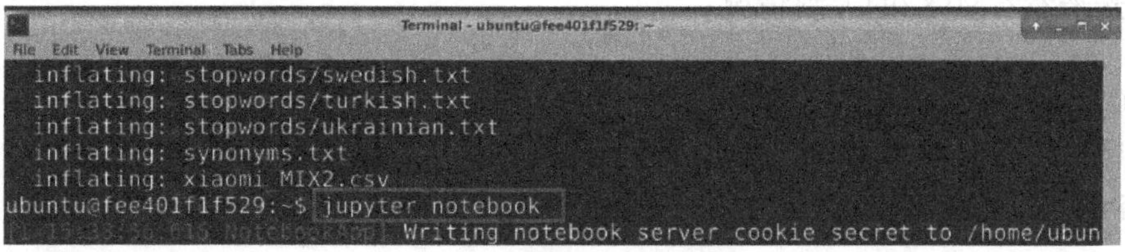

```
  inflating: stopwords/swedish.txt
  inflating: stopwords/turkish.txt
  inflating: stopwords/ukrainian.txt
  inflating: synonyms.txt
  inflating: xiaomi_MIX2.csv
ubuntu@fee401f1f529:~$ jupyter notebook
[I 13:38:56.616 NotebookApp] Writing notebook server cookie secret to /home/ubun
```

```
import pandas as pd
import numpy as np
import matplotlib.pyplot as plt
from CustomerReviews import Reviews
import warnings
warnings.filterwarnings( “ignore” )
from imp import reload
```

```
In [1]: import pandas as pd
        import numpy as np
        import matplotlib.pyplot as plt
        %matplotlib inline
        from CustomerReviews import Reviews
        import warnings
        warnings.filterwarnings("ignore")
        from imp import reload
```

二、数据获取和清洗

网络公开数据的获取并不再是一个难题，用户可以利用一些互联网的爬虫服务（如神箭手、八爪鱼等），也可以自己编写爬虫程序。这里用爬虫来获取京东的评论数据。本实验爬取了小米MIX手机和小米MIX2手机的评论数据，其中小米MIX手机共1578条，小米MIX2手机共3292条。

本文通过分析这些数据预期完成如下几个目标：

（1）数据清洗后的好评率。

（2）好/中/差评的概览。

（3）典型意见分析。

首先来看看MIX2的大致情况：

```
data=pd.read_csv('小米MIX2.csv')
# 爬取的数据包含的字段
print('包含字段:\n'+'||'.join(data.columns))
```

```
# 将评论创建的时间转化为时间格式
data['creationTime']=pd.to_datetime(data['creationTime'])
# days 是从购买到首次评论的天数，score是用户的评分，1～5分
data[['days','score']].describe()
```

包含字段：
pid||guid||creationTime||days||content||nickname||productColor||referenceId||referenceName||referenceTime||score||userClient||userLevelId||userLevelName||userProvince||userRegisterTime||版本||购买方式

	days	score
count	3497.000000	3497.000000
mean	9.056048	4.877323
std	11.497973	0.581064
min	0.000000	1.000000
25%	1.000000	5.000000
50%	4.000000	5.000000
75%	10.000000	5.000000
max	42.000000	5.000000

```
data[['content','productColor']].describe()
```

	content	productColor
count	3497	3497
unique	3309	1
top	好	黑
freq	24	3497

一共有3497条评论，其中有些评论内容还是完全相同的。用户大概在购买9天后评论（可能与到货日期有关），平均打分为4.87分，评论里面有些完全相同的，小米MIX2手机只有一种颜色等。

接下来先做第一件事情。

```
comments=Reviews(texts=data['content'],scores=data['score'],\
                          creationTime=data['creationTime'])
comments.describe()
```

```
样本数              3292
平均字符数            38.5
好评        3181(96.63%)
中评          61(1.85%)
差评          50(1.52%)
dtype: object
```

京东采用的是5分制，其中4～5分为好评，2～3分为中评，1分为差评。小米MIX2手机的好评率为96.63%，与京东官网的一致。

粗略的浏览以下评论，发现有这么几种无效评论：

（1）全是标点符号或者就一两个字，这种情况可以利用正则表达式来去除。

（2）纯属凑字数和“灌水”，不含任何产品的特征。这种评论处理起来比较麻烦，需要看看评论中涉及的名词是否是手机领域中的词语，但是实际情况会非常复杂，比如“用的很不错”“太差了”等。这种评论没有主语，并不知道它评价的是什么。这里可以假设每一类无效评论都有类似的关键词，一个评论中的词语只要有一些垃圾评论关键词，就把它判定为无效评论。当然并不需要给定所有的无效评论词，利用tfidf可以通过一个词语顺藤摸瓜找到其他类似的词语。

```
# 解决一词多义问题以及统一产品特征名词。比如触摸屏→触屏，samsung→三星等
comments.replace('synonyms.txt')
# 分词。此处用的是结巴分词工具.
# 添加了手机领域的专有词、以及产品特点词语，比如磨砂黑、玫瑰金等
comments.segment(product_dict='mobile_dict.txt',\
            stopwords='stopwords/chinese.txt',\
            add_words=['磨砂黑','玫瑰金'])
# 去除无效评论
initial_words=['京东豆','数数','经济','杂交','今生今世','红红火火',\
          '彰显','荣华富贵','仰慕','滔滔不绝','永不变心',\
          '海枯石烂','天崩地裂']
comments.drop_invalid(initial_words=initial_words,max_rate=0.6)
comments.describe()
```

```
Building prefix dict from the default dictionary ...
Loading model from cache /tmp/jieba.cache
Loading model cost 0.965 seconds.
Prefix dict has been built succesfully.
```

```
样本数            3174
平均字符数          39.3
好评        3064(96.53%)
中评          60(1.89%)
差评          50(1.58%)
dtype: object
```

（3）虽然不属于无效评论，但是影响好评占比。这种情况在追评中出现较多，还有就是京东默认的好评。虽然内容是差评，但是标记的分值是5分。理论上也可以通过算法找出大部分。在NLP领域中，有一个课题叫作情感分析（Sentiment Analysis），它可以判断一句话的情感方向是正面的还是负面的（以概率大小给出，数值在0～1之间）。如果一段评论的情感方向与对应的评分差异过大，则有理由相信它的评分是有误的。当然这里有一个条件，那就是这个情感分析算法是非常准确的。

有人用电商评论训练了一个开源的情感分析包snownlp，下面用snownlp进行分析。

```
from sklearn import metrics
# 情感分析，返回每一个评论的正向情感概率
ss=comments.sentiments(method='snownlp')
# 此处是典型的样本不平衡问题，所以预测概率需要 "再缩放"
acc=metrics.accuracy_score(comments.scores,\
                pd.cut(ss,[-0.1,0.0158,0.0347,1],\
                    labels=['差评','中评','好评']))
scores_bin=comments.scores.replace({'好评':-1,'中评':1,'差评':1})
fpr, tpr, thresholds = metrics.roc_curve(scores_bin, ss)
auc=metrics.roc_auc_score(scores_bin,ss)
print('acc = {:.2f}%, AUC = {:.3f}'.format(acc*100,auc))
plt.plot(fpr,tpr)
```

[<matplotlib.lines.Line2D at 0x7ff82cc0eeb8>]

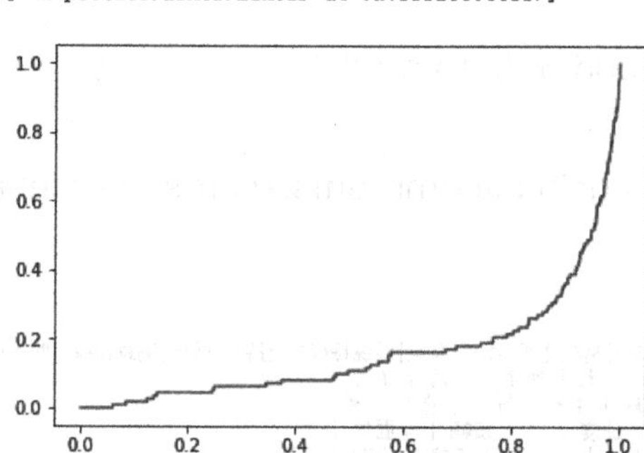

运行结果显示准确率为92.63%，看上去很高，但因为把所有评论都判定为好评，正确率也有96.54%。再看上图中的ROC曲线。曲线与x轴之间的面积（记作AUC）越大，说明模型的判别能力越好。一般情况下，曲线会在对角线之上（对角线相当于随机预测的结果），此时AUC=0.157，比随机结果差较大。更好的情感分析估计需要利用大量手机领域的语料重新训练才行。

三、好/中/差评的语义理解

语义理解是一个非常难的课题，本实验不追求绝对精准，仅希望能对产品的评论有一个快速的理解。本实验将从三个方面来阐述同类型评论语料的语义。

（1）词云。它会统计一段文本中各个词语出现的次数（频数），次数越大，在词云中对应的字体也越大。通过观察词云，可以知道一段文本主要在讲哪些内容。

（2）TextRank。TextRank 算法是一种用于文本的基于图的排序算法，可以给出一段文本的关键词。其基本思想来源于谷歌的PageRank算法，通过把文本分割成若干组成单元（单词、句子）并建立图模型，利用投票机制对文本中的重要成分进行排

序，仅利用单篇文档本身的信息即可实现关键词提取、文摘。和LDA、HMM等模型不同，TextRank不需要事先对多篇文档进行学习训练，因其简洁有效而得到广泛应用。

（3）主题分解。假设每一段文本都是有主题的，如新闻里的体育类、时事类、八卦类等。通过对一系列的语料库进行主题分解（本文采用的是LDA模型），可以了解语料库涉及哪些主题。

```
warnings.filterwarnings("ignore")
for k in ['好评','中评','差评']:
    # textrank 关键词
    keywords=comments.get_keywords(comments.scores==k)
    print('{} 的关键词为：'.format(k)+'|'.join(keywords))
    # 主题分解
    comments.find_topic(comments.scores==k,n_topics=5);
    # 生成词云
    filename='wordcloud of {}'.format(k)
    print(filename)
    comments.genwordcloud(comments.scores==k,filename=filename);
    print('='*20)
```

```
好评 的关键词为：手机|小米|京东|没有|屏幕|感觉|手感|速度|有点|系统|喜欢|支持|全面屏|满意|问题|使用|边框|抢到|拍照|摄像头
主题 0: 不错 | 满意 | 手机 | 用 | 感觉 | 小米 | 速度 | 东西 | 抢 | 京东
主题 1: 不错 | 手机 | 黑 | 宽 | 挺 | 屏幕 | 手感 | 好评 | 喜欢 | 买
主题 2: 不错 | 小米 | 手机 | 用 | 京东 | 速度 | 买 | 流畅 | 全面屏 | 高
主题 3: 用 | 不错 | 手机 | 感觉 | 手感 | 小米 | 屏幕 | 惊艳 | 喜欢 | 很快
主题 4: 手机 | 很好 | 京东 | 用 | 买 | 评价 | 小米 | 东西 | 产品 | 屏幕
wordcloud of 好评
====================
中评 的关键词为：手机|没有|小米|屏幕|还有|感觉|拍照|摄像头|问题|设计|还好|时候|拿到|全面屏|京东|电池|解决|机器|微信|使用
主题 0: 手机 | 差 | 不错 | 用 | 评 | 感觉 | 发货 | 玩 | 太 | 屏幕
主题 1: 手机 | 太 | 小米 | 用 | 不错 | 机器 | 信号 | 屏幕 | 还好 | mix2
主题 2: 小米 | 说 | 手机 | 屏 | 感觉 | 星 | 还好 | 还行 | 用 | 客服
主题 3: 屏幕 | 设计 | 小米 | 全面屏 | 高 | 手机 | mix2 | nit | 外形 | 太
主题 4: 屏幕 | 小米 | 手机 | 不行 | 用 | 买 | 摄像头 | 拍照 | 拍 | 说
wordcloud of 中评
```

分析词云、关键词和主题容易发现以下结论：

（1）好评集中在“屏幕”“惊讶”“手感”“全面屏”“边框”等词，大致就是讲小米手机不错、手感很好、全面屏很惊艳之类的。

（2）中评集中在“屏幕”“还好”“失望”“边框”等词。

（3）差评集中在“客服”“失灵”“售后”“失望”“模式”“微信”等词，大致就是讲手机失灵、微信电话时的屏幕因为版本等出现了一些售后客服问题。只能模模糊糊、断断续续理解一些。因为它只给出了词语，并没有配套的情感。

四、典型意见抽取和挖掘

电商评论不同于一般的网络文本，它主要的特点在于语料都是在针对产品的某些特征做出评价。下面希望能通过算法找到这些特征。

细想下，语料主要在对特征做出评价，而特征一般是名词，评价一般是形容词。相对来讲描述产品的形容词不会很多，如“不错”“流畅”“很好”之类的，所以可以通过关联分析来发现初始的特征—形容词对，如“手机”—“不错”、“手机”—“流畅”等。

通过关联分析找到的特征—形容词对需要筛选，主要表现在两点：

（1）里面不只名词—形容词对，两个名词、形容词—动词等都有可能。

（2）没有考虑两个词语在文本之间的距离。如名词是第一句话中的，形容词则是最后一句话中的。

筛选完成后其实还不够，关联分析只会挖掘支持度大于一定数值的特征，这种特征被称为“常见特征”。那不常见特征怎么办？怎么才能挖出来？注意到上面已经挖掘出很多形容词啦，这些就是产品的最常用评价词语，可以通过它们反向挖掘出“不常见特征”。

```
features=comments.get_product_features(min_support=0.005)
np.array(features).T
```

```
array(['质感', '效果', '购物', '小米mix2', '小米', '机壳', '机子', '产品', '摄像头', '边框',
       '体验', '方面', '玩游戏', '256g', '评价', '想象', '系统', '手感', '陶瓷', '开机',
       '全面屏', '感觉', '功能', '信号', '机系统', '价格', '手机', '总体', '外观设计', '运气',
       '速度', '外形', '软件', '质量', '物流', '机器', '续航', '有点', '指纹', '色彩', '性能',
       '性价比', '京东', '快递', '颜值', '东西', '外观', '屏幕', '整体', 'miui'],
      dtype='<U6')
```

可以看到与手机有关的大部分特征都已找出，另外有一些是关于京东的，如“速度”“京东”“快递”。还有一些不是特征的，如“有点”“想象”。在语料中搜索与“外观”有关的语句，可看到用户在讲“外观”时，都在聊些什么。

```
texts_fw=comments.find_keywords('外观|质感')
texts_fw.head(15)
```

```
0              买这电话就是奔着外观
4                    质感不错
5                  手机在外观
6        质感 | 质感壳就原汁原味了
17                     外观
18             买这电话就是奔着外观
20                  mix2的外观
21      外观 | 没有一个人没有被外观
27                     质感
40        质感有点lumia的正面感觉
76          还没有小米note外观
79          用了5天了手机不管是外观
80                     外观
90            机身边角更圆润在外观
149                 内心和外观
Name: content, dtype: object
```

可以看出小米MIX2手机的外观还是很不错的，有很多用户都是冲着外观买的。接下来量化各个特征的好评占比和差评占比。

本来这里是想利用snownlp情感分析包来完成的，因为它能给出评价是否是正面的具体概率大小。考虑到情感分析目前的准确率不高，这里还是用原始的评分来量化。以前文提及的关键词“外观|质感”为例。

```
comments.scores[texts_fw.index].value_counts()
```

```
好评    130
差评      2
中评      2
Name: score, dtype: int64
```

利用这种方法，扩大到上述所有的特征可以得到：

```
features_new=list(set(features)-set(['有点','物流','想象','速度快'])\
            |set(['拍照','照相','内存','续航','全面屏']))
features_opinion,feature_corpus=\
comments.features_sentiments(features_new,method='score')
print(features_opinion.sort_values('mention_count',ascending=False))
```

	total	mention_count	p_positive	p_negative
手机	3174	896	0.957589	0.0200893
小米	3174	604	0.956954	0.0165563
手感	3174	355	0.991549	0.0028169
京东	3174	340	0.952941	0.0352941
屏幕	3174	333	0.936937	0.018018
感觉	3174	298	0.963087	0.0134228
速度	3174	263	0.984791	0.00380228
全面屏	3174	187	0.973262	0.0106952
系统	3174	184	0.972826	0.0108696
东西	3174	141	0.950355	0.0283688
边框	3174	132	0.931818	0.0227273
摄像头	3174	122	0.942623	0.0245902
拍照	3174	114	0.921053	0.0175439
外观	3174	108	0.962963	0.0185185
性价比	3174	93	1	0
评价	3174	89	1	0
效果	3174	79	0.987342	0
体验	3174	78	0.961538	0.0128205
质量	3174	77	0.961039	0.012987
快递	3174	77	0.974026	0.012987
miui	3174	77	0.961039	0.025974
陶瓷	3174	74	0.986486	0
总体	3174	72	0.958333	0.0138889
256g	3174	72	0.916667	0.0694444
颜值	3174	71	0.985915	0.0140845
产品	3174	69	0.927536	0.0289855
机器	3174	59	0.898305	0.0508475
指纹	3174	56	0.982143	0
整体	3174	56	0.892857	0.0357143
购物	3174	53	0.981132	0.0188679
小米mix2	3174	51	1	0

```
print(features_opinion[features_opinion['mention_count']>=30]\
    .sort_values('p_positive'))
print('\n好评占比大于所有样本(好评率96.54%)的特征：')
print(features_opinion[(features_opinion['mention_count']>=30)\
            &(features_opinion['p_positive']>=0.9654)].index)
print('\n好评占比小于所有样本(好评率96.54%)的特征：')
print(features_opinion[(features_opinion['mention_count']>=30)\
            &(features_opinion['p_positive']<0.9654)].index)
```

	total	mention_count	p_positive	p_negative
软件	3174	44	0.840909	0.0909091
整体	3174	56	0.892857	0.0357143
机器	3174	59	0.898305	0.0508475
功能	3174	43	0.906977	0.0697674
256g	3174	72	0.916667	0.0694444
玩游戏	3174	36	0.916667	0.0277778
拍照	3174	114	0.921053	0.0175439
产品	3174	69	0.927536	0.0289855
边框	3174	132	0.931818	0.0227273
屏幕	3174	333	0.936937	0.018018
性能	3174	51	0.941176	0.0196078
摄像头	3174	122	0.942623	0.0245902
机壳	3174	35	0.942857	0
东西	3174	141	0.950355	0.0283688
京东	3174	340	0.952941	0.0352941
小米	3174	604	0.956954	0.0165563
手机	3174	896	0.957589	0.0200893
总体	3174	72	0.958333	0.0138889
价格	3174	48	0.958333	0.0208333
质量	3174	77	0.961039	0.012987
miui	3174	77	0.961039	0.025974
体验	3174	78	0.961538	0.0128205
外观	3174	108	0.962963	0.0185185
感觉	3174	298	0.963087	0.0134228
照相	3174	32	0.96875	0.03125
系统	3174	184	0.972826	0.0108696
全面屏	3174	187	0.973262	0.0106952
快递	3174	77	0.974026	0.012987
机子	3174	39	0.974359	0.025641
内存	3174	40	0.975	0.025
方面	3174	45	0.977778	0.0222222

```
购物      3174        53  0.981132   0.0188679
指纹      3174        56  0.982143           0
速度      3174       263  0.984791  0.00380228
颜值      3174        71  0.985915   0.0140845
陶瓷      3174        74  0.986486           0
效果      3174        79  0.987342           0
手感      3174       355  0.991549   0.0028169
评价      3174        89         1           0
小米mix2  3174        51         1           0
性价比    3174        93         1           0

好评占比大于所有样本(好评率96.54%)的特征:
Index(['效果', '购物', '小米mix2', '内存', '机子', '方面', '评价', '系统', '手感', '陶瓷', '全面屏',
       '速度', '指纹', '性价比', '快递', '颜值', '照相'],
      dtype='object')

好评占比小于所有样本(好评率96.54%)的特征:
Index(['小米', '机壳', '产品', '摄像头', '边框', '体验', '玩游戏', '256g', '拍照', '感觉', '功能',
       '价格', '手机', '总体', '软件', '质量', '机器', '性能', '京东', '东西', '外观', '屏幕', '整体',
       'miui'],
      dtype='object')
```

可以看到提及最多的特征依次为：感觉、屏幕、速度、手感、系统、边框、摄像头、全面屏、拍照、体验、256G、外观、质量、性价比。

其中比较好的依次为：性价比、质量、手感、速度、外观、感觉。

其中稍差些的依次为：256G、屏幕、边框、拍照、摄像头、系统、体验、全面屏。

最后来看下这些特征对应的语料。

```
print('='*20+'256g'+'='*20)
print('//'.join(comments.find_keywords('256g').head(15)))
print('='*20+'屏幕'+'='*20)
print('//'.join(comments.find_keywords('屏幕').head(15)))
print('='*20+'边框'+'='*20)
print('//'.join(comments.find_keywords('边框').head(15)))
print('='*20+'拍照'+'='*20)
print('//'.join(comments.find_keywords('拍照').head(15)))
print('='*20+'摄像头'+'='*20)
print('//'.join(comments.find_keywords('摄像头').head(15)))
print('='*20+'系统'+'='*20)
print('//'.join(comments.find_keywords('系统').head(15)))
print('='*20+'体验'+'='*20)
print('//'.join(comments.find_keywords('体验').head(15)))
print('='*20+'全面屏'+'='*20)
print('//'.join(comments.find_keywords('全面屏').head(15)))
```

```
====================256g====================
我购买的是最高配256g产品//256g可以拍摄存储大量照片和文件//256g轻松在手//256g内存随意用//256g不用抢//256g的不愁存储空间不够用//不过256g这个价格的手机也就这款了//运气好看到256g版的突然有货了//只有京东有256g//256gb机身存储空间//256g的很好//256g的//256g的//是256g的没错//内存有256g版本的
====================屏幕====================
屏幕清晰//打开手机给我的感觉是屏幕边框比较小//缺点就是屏幕太脆弱//但是荣耀8屏幕有点小//应该是屏幕的问题//所以从屏幕正面看过去 | 屏幕边缘和边框的边缘还是有不少距离的//屏幕四周触控不灵敏//屏幕有5 | 屏幕显示效果也还不错//圆角的屏幕从视觉上还需要适应一下 | 9的屏幕有些app在使用时会出问题//屏幕也变好了//屏幕偏暖//可以说mix2的屏幕跟小米6机身差不多大//屏幕和手感都还行//但解决了一代用屏幕共振传音小的问题//屏幕惊艳 | 屏幕和边框之间有少许残胶
====================边框====================
边框是宽了点 | 上边框的圈角有时看着像不对称样//打开手机给我的感觉是屏幕边框比较小//边框 | 希望mix3在边框//边框比你想象的厚一点 | 屏幕边缘和边框的边缘还是有不少距离的//一开始收到的时候看见确实边框大点//网上说的黑边框实际看起来还是可以接受 | 毕竟边框在摔落时能抵抗不少冲击//屏幕和边框之间有少许残胶//三边框宽 | mix2宣传照的边框你能p更细点吗//边框太宽了//这外边框比宣传图大不止一点//比如金属边框//的机身边框也采用弧度设计//其实连超窄边框都没有做到 | 其实只是做到了缩减上边框 | 屏幕外的玻璃离边框是挺近的//我觉得无边框不适合我 | 这个边框大一点反而不容易误触//就是屏幕大了边框窄了
====================拍照====================
手机拍照效果比较上一代有大步的提升//拍照方面特别是夜晚拍照//拍照后置摄像头也室//的摄像头在下面拍照不方便//如果是讲究拍照的话 | 如果对拍照不是很在意的话 | 现在只能原机拍照//没有oppor7拍照好//白光下拍照一般般//拍照效果个人觉得还挺好的//唯一最大败笔就是居然3000多的手机拍照居然还比不上1000多的//但是夜景拍照效果欠缺//拍照尚可//拍照打不过小米5//拍照也能接受//用了十天感觉拍照不能忍于是就挂 | 因为我发现其他吹嘘拍照很
```

总结一下差评主要表现在：

① 256G版本发货问题。

② 窄边框问题。

③ 拍照问题，小米MIX2手机的拍照效果有待提升。

④ 前置摄像头在下面，使用不方便。

⑤ 系统问题，暂不明确是好是坏。

再来看好评。

```
print('='*20+'性价比'+'='*20)
print('//'.join(comments.find_keywords('性价比').head(15)))
print('='*20+'质量'+'='*20)
print('//'.join(comments.find_keywords('质量').head(15)))
print('='*20+'手感'+'='*20)
print('//'.join(comments.find_keywords('手感').head(15)))
print('='*20+'速度'+'='*20)
print('//'.join(comments.find_keywords('速度').head(15)))
print('='*20+'外观'+'='*20)
print('//'.join(comments.find_keywords('外观').head(15)))
```

```
====================性价比====================
小米性价比还是很高的 | 华为做大之后慢慢没了性价比//确实性价比还是高的//感觉性价比比较高//mix2性价比绝对不如米6//小米性价比还是高//性价比超级高//性价比超高//的确性价比超高//性价比高//小米手机性价比很高哦//超高性价比//性价比高//性价比高//性价比很高//而且跟水果机相比还是性价比不错的
====================质量====================
通话质量也没问题//8的拍照质量//手机质量绝对没问题//很好下次还会购买物流很快质量很好//商品质量好//货还没有试不知道质量如何到时再评论吧//质量问题杠杠的//比一代通话质量好了很多//所以大家就当作是产品质量合格的意思来看就行了//而商家也会因此改进商品质量//而商家也会因此改进商品质量//质量不错//质量不错//质量有待提高//通话质量相比1确实好了不少
====================手感====================
手感超棒 | 向手感妥协了//手感的确很好//陶瓷手感就是不一样//陶瓷后盖不论手感还是视觉都非常好//手感非常棒//手感一流//屏幕和手感都还行//手感杠杠的//配的手机后盖手感很好//手感超棒//手感很好//到手把玩手感不错//背面的手感真心好//手感很好//拿在手里的手感很好
====================速度====================
晚上照相速度太慢//运营速度很快//速度就是快//运行速度快//超快的反应速度//用户体验上速度不比6s差//晚上照相速度太慢//手机运行速度也很流畅 | 打开软件速度也很快//但是速度快//速度也是可以的//速度很快//速度超快值得够买//处理器835同821处理任务及反应速度误差很小//三是运行速度比预期的慢//速度没毛病
====================外观====================
买这电话就是奔着外观去买的//手机在外观看不算惊奇//外观还行//买这电话就是奔着外观去买的//mix2的外观和做工在国产手机里算不错的//外观和颜值绝对牛b | 没有一个人没有被外观所折服//还没有小米note外观颜值好看//用了5天了手机不管是外观还是配置//外观和配置顶级//机身边角更圆润在外观设计上//内心和外观一样完美//机子外观手感都挺不错的//外观霸气//外观也很好看//这款手机外观很漂亮
```

总结一下好主要表现在：

① 性价比高。

② 质量不错，通话质量提升很多。

③ 陶瓷手感很好，外观很漂亮。

④ 运行速度还行。

【实验总结】

本实验在Jupyter Notebook中使用python代码进行评论语句情感分析，并使用机器学习的算法来辅助分析，对用户的评论数据进行提炼和洞察。

第9章 商务智能在医疗卫生行业的应用

信息技术、互联网、物联网的不断发展，促进了各医疗机构信息化水平的提高，也将医疗领域推向了大数据时代。医疗大数据是指个人从出生到死亡的全生命周期过程中，因为免疫、体检、门诊、住院等健康活动所产生的大数据。

医疗领域中数据规模庞大、格式复杂、缺乏标准，由于缺乏有效收集、转换、分析和挖掘数据的工具，目前数据有效利用率还非常低，远未发挥其在临床医疗、疾病预防、健康管理等方面应有的价值。大多数医疗组织淹没在“大数据”的深潭里，陷入“数据丰富但信息贫乏”的困境。

本章的目的是引导读者了解商务智能在医疗卫生行业的应用现状及前景，通过商务智能在医疗卫生行业的应用实例分析，启发读者能将商务智能应用于更多医疗卫生领域，让庞大的医疗数据发挥更多的价值，造福人类。

9.1 商务智能在医疗卫生行业的现状

近年来人口老龄化的加快和慢性病患者的大量增加，使得医疗成本日益增高，同时面临医疗资源配置不合理、过度医疗等问题，亟须新的技术和工具对医疗环境进行全面监测和监管；在国家政策的大力推动下，目前医疗机构中信息系统得到广泛应用，但由于缺乏相关系统的集成工具，致使医疗机构中众多异构系统中的数据难以有机整合和共享，形成“信息孤岛”现象。另外，大多数信息系统定位于收费、电子病历等特定业务，并不具备分析、预测功能，很难为管理者提供决策支持。

9.1.1 医疗信息化快速发展

回顾美国医疗信息化行业的发展，近年来推动行业大步向前的两个最重要的节点分别为 2004 年布什总统签发总统令要求 10 年内为全体美国公民建立电子健康档案，以及 2009 年奥巴马总统签署HITECH 法案推行电子病历。此后，美国医疗信息化行业发展进入快车道，至2017 年电子健康档案（EHR）和电子病历（EMR）的医院普及率分别达到 94%和 92%。

虽然国内外医疗信息化行业在监管体制、发展侧重等方面略有不同，但整体上来讲，医疗信息化的发展由政府作为规划者和监督者，显著地受到政府相关政策影响。国内医疗信息化发展受政策重视源于 2009 年医疗信息化作为医疗深化改革的“四梁八柱”成为医疗行业发展的重要方向之一。近年来，医疗信息化相关政策频出，直接推动了行业的快速发展。

下面列出了近几年医疗信息化相关重要政策梳理：

（1）2019年，国务院发布了《深化医药卫生体制改革 2019 年重点工作任务》，核心内容是发展互联互通的区域医疗信息平台以及面向居民的线上服务等；卫健委、中医药局发布了《关于开展城市医疗联合体建设试点工作的通知、关于推进紧密型县域医疗卫生共同体建设的通知》，核心内容是到 2019 年年底，100 个试点城市全面启动城市医联体网格化布局与管理；到 2020 年年底，100 个试点城市形成医联体网格化布局且取得明显成效，在500个县（含县级市、市辖区）初步建成新型县域医疗卫生服务体系。

（2）2018年，卫健委、中医药局发布了《关于印发进一步改善医疗服务行动计划（2018—2020年）》，核心内容是建设智慧医院、实现配药信息化等；国务院发布了《国务院关于机构设置的通知》，核心内容是组建国家医疗保障局；卫健委发布了《国家健康医疗大数据标准、安全和服务管理办法（试行）》，核心内容是发展健康医疗大数据；卫健委、财政部、中医药局发布《关于做好 2018 年国家基本公共卫生服务项目工作的通知》，核心内容是将电子健康档案向个人开放作为年度重点工作；国务院发布《关于促进“互联网+医疗健康”发展的意见》，提出到 2020 年二级以上医院普遍提供多种线上服务；卫健委发布《全国医院信息化建设标准与规范（试行）》，主要内容是明确二级以上医院信息化建设主要内容及要求；卫健委发布《关于进一步推进以电子病历为核心的医疗机构信息化建设工作的通知》，指出将电子病历信息化建设列为重点工作任务；卫健委发布《电子病历系统应用水平分级评价标准（试行）》，指出到 2019 年，所有三级医院电子病历系统应用水平要达到分级评价 3 级以上；到 2020 年，所有三级医院要达到分级评价 4 级以上，二级医院要达到分级评价 3 级以上。

（3）2017年，卫健委发布《十三五全国人口健康信息发展规划》，核心内容是加强人口健康信息化和健康医疗大数据服务体系建设，探索创新“互联网+健康医疗”；国务院发布《关于推进医疗联合体建设和发展的指导意见》，指出到 2020 年所有二级公立医院和政府办基层医疗卫生机构全部参与医联体；卫健委发布《电子病历应用管理规范（试行）》，核心内容是明确电子病历相关概念及规范。

（4）2016年，国务院发布《关于促进和规范健康医疗大数据应用发展的指导意见》，指出到 2020 年建成国家医疗卫生信息分级开放应用平台。

（5）2015年，国务院发布《全国医疗卫生服务体系规划纲要（2015—2020年）》，指出到 2020 年实现全员人口信息、电子健康档案和电子病历基本覆盖。

9.1.2 AI+医疗的痛点

随着我国医疗体制改革的深化、分级诊疗制度的落实，政府开始加大力度解决医疗资源分配问题以及医疗服务效率问题。其中，医疗人工智能的广泛应用在提高医疗质量和服务效率、减少误诊误治方面发挥了重要作用。然而，目前AI+医疗仍存在医学数据相关问题、复合人才短缺、行业标准缺失以及医疗科研转化为成熟产品的周期过长等问题。其中，数据的获取、使用与数据共享是阻碍AI+医疗发展的最大因素。艾瑞咨询

（IResearch）在《中国AI+医疗行业研究报告 2020》中对AI+医疗进行了痛点分析：

1. 医学数据问题

医学数据的特征包含数据量大、数据种类多，数据生产处理快，数据缺乏标准等特点。医学数据的问题主要体现在以下三点：

（1）合规问题，目前医疗数据的归属权、使用权、存储权、交易权利等尚不明确。

（2）数据质量，当前数据标注方法、工具、平台不统一导致的标注质量不一致。

（3）数据共享，医疗数据目前仍如“孤岛”，共享仍待时日。

2. 复合人才问题

目前医疗卫生行业严重缺乏复合人才，AI+医疗领域所需人才不仅要掌握人工智能相应技术，还需理解医疗业务流程，目前我国的人工智能人才培养机制尚无法满足医疗领域专门人才的培养需求。

3. 行业标准问题

缺标准，认证尚不健全，大多数医疗机构对于采购和使用医疗人工智能产品的态度是谨慎的，主要原因就是此类产品缺乏相关标准，无法得到国家认证许可，但深层原因在于目前国家层面的相关技术标准仍不健全。

4. 医疗机构合作

目前的合作模式大多是企业与医疗机构合作进行相关医疗人工智能的科研，但科研成果转化为成熟产品路径过长，其中涉及的知识产权、利益分配、品牌所有权等诸多不确定因素都会影响AI+医疗的落地。

此外，由于传统的技术和方法已经无法满足日益复杂的医疗数据分析的需求，为了解决以上医疗机构面临的难题，并在医疗成本、医疗质量和运营效率之间实现最优化，医疗管理者纷纷将目光投向了稳定、集成和具有强大分析挖掘功能的商业智能。

9.2　商务智能在医疗卫生行业实施的必要性

20世纪90年代开始，医院的信息化开始启动，持续推动软硬件搭建、数据互通、信息共享和数据应用。在信息化建设的政策和环境影响下，医院积极成立信息化部门来负责相关工作，然而，相当一部分医院的信息化发展规划不够清晰，信息化进展缓慢。到2018年为止，97.25%的医院设立了专门的信息化部门，但只有约25%的医院通过区域信息平台参与了区域数据联通共享，且电子病历与居民健康档案的互动非常有限，“信息孤岛”问题严重。

在我国建设数字化医院的指导方针下，各个医疗机构都在根据自身的实际情况逐步建设自己的信息化系统，其发展普遍遵循从医院管理信息系统（HIS）到临床医疗信息系统（CIS）再到区域公共医疗信息系统（GMIS）的路径。但是，上述系统都是作用于医疗行业的业务系统：

（1）HIS以收费为核心，旨在解决医疗机构的日常运营需求（如挂号、核算、收费等）。

（2）CIS以患者为核心，旨在解决医疗机构临床医疗业务信息化需求（如影像存档传输、放射信息采集及处理、病理信息采集及处理等）。

（3）GMIS以共享为核心，旨在实现区域医疗资源的智能管理和信息共享，提高区域医疗服务水平、医疗卫生体系运转效率等。

没有任何一个系统是按管理需求对敏感业务数据进行分析整理，生成相关的分析结果，通过报表、指标、图表等方式为管理人员提供辅助决策支持的。商务智能作为数据抽取、分析建模和报表系统，是现有医疗卫生行业业务系统的有效补充，也是充分利用医疗大数据的有效手段。有助于医疗机构分析当前医疗服务状况，从而为决策者完善资源配置，解决医改中的敏感问题，提高医疗机构层次提供有效工具。

目前，虽然医院在信息化建设方面取得了一定的成果，但信息化水平十分有限：

（1）基础数据不完善，数据统计缺少科学标准，且未完全电子化，导致基础数据混乱，主观记录的随意性大，核实成本高。

（2）系统搭建不完备，包括缺失部分系统、相关功能，影响工作开展和管理效率。

（3）数据统计工作繁重，在一些数据未实现电子化、无数据统计和分析系统的医院，数据统计耗费大量时间。

（4）数据应用偏基础，部分医院有“院长日报”的类似功能，定期更新门诊、住院、手术、收入等模块的基础统计数据，但数据下钻功能有限，对决策支持的帮助有限。

医院商务智能系统依赖于信息化的支撑，业务系统的运行为其提供可供分析的数据，数据仓库技术、OLAP和数据挖掘技术为其提供独具优势的技术支持。这三个关键技术很好地诠释了商务智能系统的特点，也很好地解决了传统数据应用方式的不足。

9.2.1 数据仓库技术提供了稳定的集成分析平台

数据仓库是决策支持的基础，是一个面向主题的、集成的、不可更新的、随时间不断变化的数据集合，用来更好地支持分析型数据处理。

通过主题设计，将不同业务系统中分散的数据集中存放在一个存储容器内。在此数据集成平台上，各业务系统之间的数据可互通互用，例如，可将病案编目系统的病种数据与医疗业务系统的医嘱项关联起来分析病种的费用情况、药品使用情况、治疗项目等；可将财务收入系统与成本核算系统的数据关联整合，可直接计算医院收益率等指标。一旦定义出指标规则，系统即可自动计算出相应的指标值，大大降低了数据处理时间。将分析人员从以往手工处理数据的工作中解放出来，可以将更多的精力投入到面向主题需求的数据分析工作中。

另外，数据仓库的不可变特性，保障了数据的可溯源性，不会因为业务上的变动引起数据的变化，从而产生不同时间点的同一数据内容查询或分析的结果不相同的现象。

9.2.2 OLAP技术提供了高效的多维分析方法

OLAP是多维数据分析工具的集合，其特点是查询高效、分析多角度、剖析数据方法多样化。OLAP技术可以让管理者对TB级的海量数据进行轻松高效的查询，这得益于它的数据聚合和数据多维组织机制。例如医院医疗业务收入在时间维存放时不仅存放每日收入，还聚合成每月、每季、每年的收入；在科室维存放时不仅存放科内机构收入，还聚合成科室、部门的收入。在每个维度不同层级成员交叉处也计算出聚合收入，如某季某科室的收入，通过这样的多维聚合机制，使得数据查询速度大大提升。另外，OLAP还提供切片、切块、上钻、下钻、旋转等操作方法，在不同的层级上对数据进行试探性分析，得到不同形式的结果。

9.2.3　数据挖掘技术提供了科学的知识发现途径

数据挖掘技术是提升洞察力的主要手段，可辅助分析人员在大量看似无序的数据之中找出数据相关性，发掘潜在的知识。数据挖掘技术涵盖了一系列科学分析方法，包括数据总结、聚类及关联分析等描述性挖掘方法和分类、回归及时间序列分析等预测型挖掘方法等。可以通过选择合适的分析方法，智能地建立模型，从海量数据中归纳出有用信息。在临床医学数据分析中，数据挖掘技术被应用得比较多，通常我们会依据临床现象先提出一个假设，再借助数据挖掘技术建模，选择合适的分析方法进行数据处理，最终得到对假设的验证或推翻。借助数据挖掘技术，可拓宽管理思维，融合专家智囊团的智慧结晶，使管理决策变得更科学也更有趣。

9.3　商务智能在医疗卫生行业的应用前景

商务智能是近年来企业信息化的热点，对企业的决策分析有着决定性的帮助，拥有广阔的应用前景。商务智能为医疗卫生行业提供更加科学的管理决策依据，实现了在人、财、物、信息等方面的优化管理，变革了医疗卫生行业的传统管理模式和服务模式，为行业提高了综合效益和竞争力。

商务智能系统是一个复杂的综合系统，它的成败不仅取决于技术因素，经济、环境、人员、组织等因素也起着非常重要的作用。从医疗卫生行业发展来看，商务智能作为医疗业务驱动的商务智能系统，其发展要以较为完善的企业信息系统和稳定的业务系统为基础。

随着信息化水平的不断提高，商务智能产品将强调对过程的预测和分析，与现有管理软件进一步融合，从企业决策分析的角度拓展更大的发展空间，真正做到科学管理、精细型管理和过程管理，更加体现以客户为中心的营销战略，医疗卫生行业信息化建设是一个长期的过程，目前商务智能的应用和发展势必会带给医疗卫生行业新的发展契机。

动脉网从医疗大数据的数据采集、数据治理和数据应用三个方面描述了医疗大数据的发展流向，绘制了医疗大数据的沙漏模型，如图9-1所示。数据的采集、治理和应用这三步，反映了大数据的状态变化，从数据形成知识，从知识指导行动的过程。

大数据领域可以分成数据采集、数据存储、数据清洗加工、数据分析、数据应用五个方面。医疗大数据的输入端，是各种信息化系统、传感器、智能设备所产生的医疗健康数据。庞大的医疗大数据在收集完成后存储在数据中心，然后经过清洗加工之后，挖掘其内在有用的数据。最后，通过大数据分析之后产生的知识来指导医疗行为，从而产生价值。

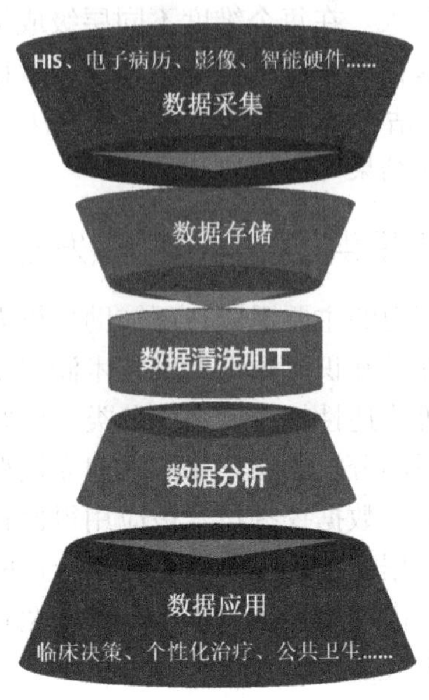

图9-1　医疗大数据的沙漏模型

9.3.1　国民健康保障

国民健康与政策强相关，其重点是推进公共卫生建设，预防控制疾病。疾病防控是保障国民健康的重要举措，是政府部门重点关注的主题，2019年6月29日，《中华人民共和国疫苗管理法》通过，将疫苗定义为“预防、控制疾病发生、流行的手段，事关公共卫生和国家安全”，并对疫苗管理提出“最严格”要求，可以归结为三点：

（1）安全第一：疫苗上市许可持有人应加强疫苗全生命周期质量管理，对疫苗的安全性、有效性和质量可控性负责。

（2）全程管控：实行疫苗全程电子追溯制度，整合生产、流通、预防接种全过程追溯信息，实现最小包装单位疫苗可追溯、可核查；

（3）公众科普：推动安全法律、法规以及预防接种知识等的宣传教育、普及，提升政策知晓度和接种参与度。

通过应用商业智能，可以更好地解决疫苗库存供应不匹配、接种体验差以及接种咨询量大等问题。

9.3.2　医疗行业发展

医疗卫生行业的发展与服务建设强相关，重点是提升行业服务质量和运营效率，提高机构影响力。在医疗行业的发展中，主体是医院，推进公立医院改革是保障和改善民生的重要举措，为提升医院运营效率和服务质量，线上需推进信息化建设，线下跟进就医流程优化与体验提升。在医院服务建设中，信息化建设和便民化服务将是两个非常重要的主题。

医院的信息化建设是一个长期的工程，在信息化建设上，底层建设、架构搭建、商业智能和影响力是重点，如图9-2所示，《医院信息化需求调研（2019—2020年）》给出了各个流程的主要内容。

图9-2　医院信息化建设流程及主要内容

在便民化服务方面，可以应用商务智能进行就医流程的优化，结合线上线下就医，通过商务智能平台实时监控各系统数据，辅助精细化管理。

9.3.3　个人健康管理

随着国家经济的迅速发展，越来越多人更加关注个人健康，个人健康的一个最主要的依据便是个人健康档案。个人健康档案保存和管理个人的健康信息，不仅仅可以作为居民就医的重要材料、提升就医效率，同时能帮助居民进行更全面的健康状况评估，开展健康管理和健康干预，提高生活质量，尤其对慢性疾病的管理和预防有着至关重要的作用。

9.4　商务智能在医疗卫生行业的应用实例分析

商务智能在医疗卫生行业已经有大量的应用案例，包括日常统计工作自动化、医疗服务监管、风险预警、智慧医疗、智慧管理、科研教学等，接下来介绍中医证型的关联规则挖掘。

恶性肿瘤俗称癌症，当前已经成为危害我国居民生命健康的主要“杀手”。应用中医药治疗恶性肿瘤已成为公认的综合治疗方法之一，中医药治疗乳腺癌有着广泛的适用证和独特的优势。中医讲求的是人体的气血、阴阳、脏腑功能的平衡，根据不同的临床证候进行辩证论治。确定“先证而治”的方向，就是要掌握疾病整个发展过程中的变化规律，料知预后，提前一步有预见性地先发制病，未症先治，药先于证，在相应的证出现之前预先落实截治措施。

发现中医症状间的关联关系和诸多症状间的规律性，并且依据规则分析病因、预测病情发展以及为未来临床诊治提供有效借鉴。这样，在治疗患者的过程中，可以有效地减少西医治疗的毒副作用，为后续治疗打下基础。并且还可以帮助患者在手术后恢复体质，改善生存质量，有利于提高患者的生存机率。

由于患者在不同的病程阶段基本都会出现特定的临床症状，故而可以运用中医截断疗法进行治疗，在辨病的基础上围绕各个病程的特殊证候先证后治。截断扭转的主要观点是强调早期治疗，力图快速控制病情，截断病情邪变深入，扭转阻止疾病恶化。

如图9-3所示，在整个数据挖掘的过程当中，首先进行数据收集；运用相关数据预处理技术对收集的数据进行数据探索与预处理，形成建模数据；采用关联规则算法，挖掘各中医证素与乳腺癌TNM分期之间的关系，其中乳腺癌TNM分期是乳腺癌分期基本原则，I期较轻，IV期较严重。探索不同分期阶段的中医证素分布规律，以及采用截断病变发展，先期干预的治疗思路，指导三阴乳腺癌的中医临床治疗。

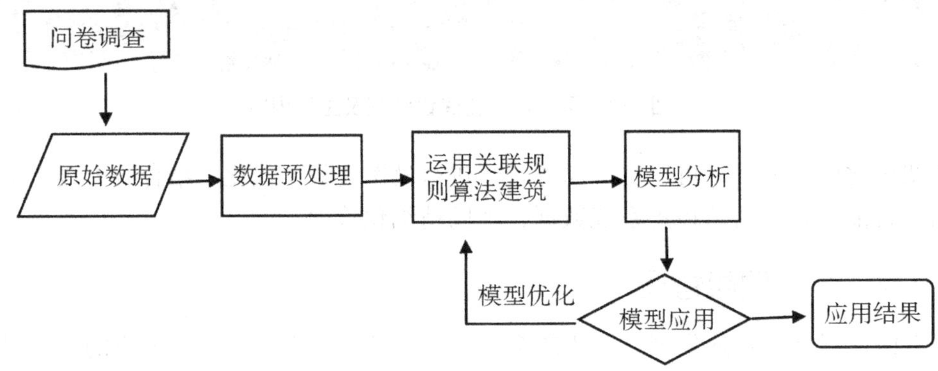

图9-3　中医证型关联规则挖掘模型总体流程图

1. ***数据获取***

本案例的数据获取可以采用调查问卷的形式进行搜集，具体过程如下：

（1）拟定调查问卷表并形成原始指标表。

（2）定义纳入标准和排除标准。

（3）将收集回来的问卷表整理成原始数据。

首先根据中华中医药学会制定的相关指南与标准，从乳腺癌6种分型的症状（见表9-1）中提取相应证素，拟定调查问卷表。

表9-1　乳腺癌辩证分型

证型	主要症状
肝气郁结证	乳房肿块，时觉胀痛，情绪忧郁或急躁，心烦易怒，苔薄白或薄黄，脉弦滑
热毒蕴结证	乳房肿块，增大迅速，疼痛，间或红肿，甚则溃烂、恶臭，或发热，心烦口干，便秘，小便短赤，舌暗红，有瘀斑，苔黄腻，脉弦数
冲任失调证	乳房肿块，月经前胀痛明显，或月经不调，腰腿酸软，烦劳体倦，五心烦热，口干咽燥，舌淡，苔少，脉细无力

续表

证型	主要症状
气血两虚证	乳房肿块，与胸壁粘连，推之不动，头晕目眩，气短乏力，面色苍白，消瘦纳呆，舌淡，脉沉细无力
脾胃虚弱证	纳呆或腹胀，便溏或便秘，舌淡，苔白腻，脉细弱
肝肾阴虚证	头晕目眩，腰膝酸软，目涩梦多，咽干口燥，大便干结，月经紊乱或停经，舌红，苔少脉细数

2. **数据预处理**

本案例的数据清洗过程包括数据清洗、数据规约和数据变换。数据来源于问卷调查，因此在数据预处理开始阶段，需要把纸质的问卷整理成原始数据集。针对原始数据集，经过数据预处理形成建模数据集。

（1）数据清洗：在收回的问卷中，进行问卷的有效性筛选，并将有效问卷整理成原始数据。

（2）数据规约：本案例收集的数据共有73个属性，为了更有效地进行数据挖掘，将其中冗余属性与挖掘任务不相关属性剔除。选取其中6种证型得分、TNM分期的属性值构成数据集（见表9-2）。

表9-2　属性选择后的数据集

编号	肝气郁结证得分	热毒蕴结证得分	冲任失调证得分	气血两虚证得分	脾胃虚弱证得分	肝肾阴虚证得分	TNM分期
20140001	7	30	7	23	18	17	H4
20140179	12	34	12	16	19	5	H4
……	……	……	……	……	……	……	……
20140930	4	4	12	12	7	15	H4

（3）数据变换：本案例的数据变换主要采用数据规范化和数据离散化两种方法对数据进行处理。首先通过数据规范化，将各个证型的得分转换成证型系数，然后通过聚类算法对数据进行离散化处理，形成构建数据。

① 数据规范化。为了更好地反映出中医各证素分布的特征，通过最小—最大规范化方法将证型得分转换成0～1的证型系数，计算方式为：证型系数 = 证型得分 / 证型总分。

② 数据离散化。本案例将采用Apriori算法进行关联规则分析，但该算法无法处理连续型数值变量，因此我们需要对数据进行离散化处理。可以参照离散表进行离散化（见表9-3）。

表9-3 各证型系数离散化表

系数	系数范围及标识
肝气郁结证型系数	范围：（0, 0.179]，（0.179, 0.258]，（0.258, 0.35]，（0.35, 1] 标识：A1, A2, A3, A4
热毒蕴结证型系数	范围：（0, 0.15]，（0.15, 0.296]，（0.296, 0.485]，（0.485, 1] 标识：B1, B2, B3, B4
冲任失调证型系数	范围：（0, 0.201]，（0.201, 0.288]，（0.288, 0.415]，（0.415, 1] 标识：C1, C2, C3, C4
气血两虚证型系数	范围：（0, 0.172]，（0.172, 0.251]，（0.251, 0.357]，（0.357, 1] 标识：D1, D2, D3, D4
脾胃虚弱证型系数	范围：（0, 0.154]，（0.154, 0.256]，（0.256, 0.375]，（0.375, 1] 标识：E1, E2, E3, E4
肝肾阴虚证型系数	范围：（0, 0.178]，（0.178, 0.261]，（0.261, 0.353]，（0.353, 1] 标识：F1, F2, F3, F4

3. 模型构建

本案例的目标是探索乳腺癌患者TNM分期与中医证型系数之间的关系，我们将采用Apriori算法进行数据的关联规则分析。

（1）中医证型关联规则模型。模型主要由输入、算法处理、输出部分组成：输入部分包括，建模样本数据的输入和建模参数的输入（这里的模型参数主要指最小支持度和最小置信度）；算法部分是Apriori关联规则算法；输出部分为关联规则的结果。中医证型关联规则模型流程图如图9-4所示。

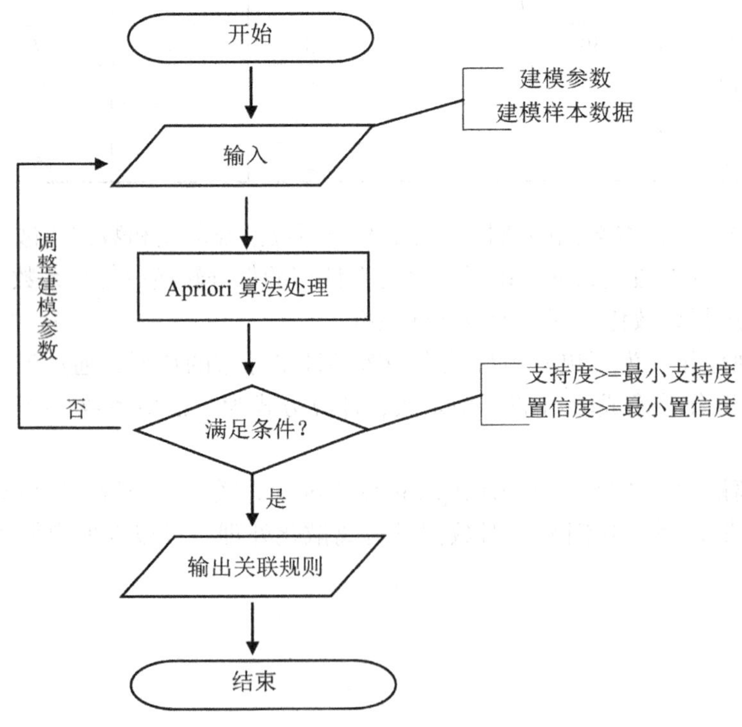

图9-4 中医证型关联规则模型流程图

（2）模型分析。根据上面的模型构建，当模型的输入参数为最小支持度6%和最小置信度75%时，得出如下5个关联规则：

	Support	Confidence
A3---F4---H4	0.078495	0.879518
C3---F4---H4	0.075269	0.875000
B2---F4---H4	0.062366	0.794521
C2---E3---D2	0.092473	0.754386
D2---F3---H4---A2	0.062366	0.753247

以上5个关联规则只有3个是以H为规则结果的规则，不难得出如下结论。

① A3、F4=>H4支持度最大，达到7.85%，置信度最大，达到87.96%，说明肝气郁结证型系数处于（0.58，0.35］，肝肾阴虚证型系数处于（0.353，1］范围内，TNM分期诊断为H4期的可能性为87.96%，而这种情况发生的可能性为7.85%。

② C3、F4 =>H4 支持度7.53 %，置信度 87.5 %，说明冲任失调证型系数处于（0.201 , 0.288］，肝肾阴虚证型系数处于（ 0.353 , 1］范围内，TNM分期诊断为H4期的可能性为87.5%，而这种情况发生的可能性为7.53%。

③ B2、F4 =>H4支持度6.24 %，置信度79.45%，说明热毒蕴结证型系数处于（0.15, 0.296]，肝肾阴虚证型系数处于（0.353 ，1］范围内，TNM分期诊断为H4期的可能性为79.45%，而这种情况发生的可能性为6.24%。

（3）模型应用。综合以上分析，TNM分期为H4期的三阴乳腺癌患者证型主要为肝肾阴虚证、热毒蕴结证、肝气郁结证和冲任失调证，H4期患者肝肾阴虚证和肝气郁结证的临床表现较为突出，其置信度高达87.96%，且肝肾阴虚证临床表现都存在。故当IV 期患者出现肝肾阴虚证之表现时，应当选取滋补肝肾、清热解毒类抗癌中药，以滋养肝肾为补，清热解毒为攻，攻补兼施，截断热毒蕴结证的出现，为患者接受进一步治疗争取机会。由于患者多有肝气郁结证的表现，在进行治疗时须本着身心一体、综合治疗的精神，重视心理调适。一方面要在药方中注重疏肝解郁，另一方需要及时疏导患者抑郁、焦虑的不良情绪，帮助患者建立合理的认知，树立继续治疗延长生存期的勇气。

实验九　中医证型关联性分析

【实验名称】中医证型关联性分析

【实验目的】

（1）熟悉并学会使用Weka智能分析环境。

（2）根据数据源建立数据模型。

（3）根据数据模型对中医证型数据进行关联性分析。

【实验背景】

本实验利用weka智能分析软件，对中医证型数据进行关联性分析，借助患者的病理信息，挖掘患者症状与中医证型之间的关联关系。

【实验原理】

Weka的全名是怀卡托智能分析环境（Waikato Environment for Knowledge Analysis），是一款免费的、非商业化的（与之对应的是SPSS公司商业数据挖掘产品——Clementine）、基于JAVA环境下开源的机器学习以及数据挖掘软件。Weka作为一个公开的数据挖掘工作平台，集合了大量能承担数据挖掘任务的机器学习算法，包括对数据进行预处理、分类、回归、聚类、关联规则以及在新的交互式界面上的可视化。

Insight产品是一个综合平台，用户可以通过该平台对数据进行访问、集成、操作、可视化以及分析。无论数据存储在平面文件、关系型数据库、Hadoop集群、NoSQL数据库、分析数据库、社交媒体流、操作型存储中还是存储在云中。

Saiku是一个模块化的分析套件，它提供轻量级的OLAP，并且可嵌入、可扩张、可配置。Saiku作为分析平台，提供可视化的操作，能够方便地对数据进行查询、分析，并提供图形化显示。

【实验环境】

（1）ubuntu 16.04。
（2）Weka 3.8.2。
（3）Insight 8.2。

【实验课时】

2课时。

【实验步骤】

一、数据准备

```
wget http://i9000.net:8888/sgn/LMS/BI/10/Data-Set.xls
```

二、数据分析

（1）首先根据中华中医药学会制定的相关指南与标准，从某癌症6种分型的症状中提取相应证素拟定调查问卷表，并制定该癌症的中医证素诊断量表，从调查问卷中提炼信息形成原始属性表。然后依据标准定义，将有效的问卷表整理成原始数据。问卷调查需要满足两个条件：①问卷信息采集者均要求有中医诊断学基础，能准确识别病人的舌苔脉象，用通俗的语言解释医学术语，并确保患者信息填写准确。②问卷调查对象必须是同类型癌症患者。

本实验的调查对象是某省中医院以及肿瘤医院等处于各病程阶段的1253位某类型癌患者，经过数据有效性条件筛选后，保留了930条数据。

为了更好地反映出中医证素分布的特征，采用证型系数代替具体单证型的证素得分，证型相关系数计算公式为：证型系数=该证型得分/该证型总分，数据存储为Data.xls。

肝气郁结证型系数	热毒蕴结证型系数	冲任失调证型系数	气血两虚证型系数	脾胃虚弱证型系数	肝肾阴虚证型系数	病程阶段	TNM分期	转移部位	确诊后几年发现转移
0.056	0.460	0.281	0.352	0.119	0.350	S4	H4	R1	J1
0.488	0.099	0.283	0.333	0.116	0.293	S4	H4	R1	J1
0.107	0.008	0.204	0.150	0.032	0.159	S4	H4	R2	J2
0.322	0.208	0.305	0.130	0.184	0.317	S4	H4	R2	J1
0.242	0.280	0.131	0.210	0.191	0.351	S4	H4	R2R5	J1
0.389	0.112	0.456	0.277	0.185	0.396	S4	H4	R3	J1
0.246	0.202	0.277	0.178	0.237	0.483	S4	H4	R1R3	J3
0.330	0.125	0.356	0.268	0.366	0.397	S4	H4	R1R2R3R5	J1
0.257	0.314	0.328	0.140	0.128	0.335	S4	H4	R2	J2
0.205	0.330	0.253	0.295	0.115	0.224	S4	H4	R2	J1
0.330	0.161	0.232	0.122	0.133	0.394	S4	H4	R1	J3
0.235	0.170	0.176	0.197	0.185	0.329	S4	H4	R2	J3
0.267	0.355	0.328	0.136	0.299	0.444	S4	H4	R1R2R3R5	J1
0.281	0.174	0.331	0.190	0.146	0.390	S4	H4	R1	J2
0.184	0.258	0.384	0.227	0.189	0.332	S4	H4	R5	J3
0.271	0.148	0.229	0.186	0.134	0.289	S4	H4	R1	J1
0.100	0.101	0.301	0.283	0.167	0.400	S3	H4	R1R2R3	J1
0.173	0.187	0.203	0.192	0.168	0.239	S3	H4	R2	J2
0.302	0.780	0.305	0.376	0.443	0.140	S3	H4	R1R2R3R4R5	J1
0.176	0.690	0.181	0.543	0.419	0.449	S3	H4	R1R2R3R5	J1
0.172	0.503	0.138	0.239	0.137	0.366	S3	H4	R2R3R5	J1
0.195	0.369	0.130	0.152	0.211	0.428	S3	H4	R1R3	J1
0.281	0.322	0.272	0.225	0.235	0.178	S3	H4	R3	J1
0.245	0.111	0.254	0.184	0.208	0.339	S3	H4	R3	J1
0.156	0.259	0.131	0.134	0.226	0.323	S3	H4	R3	J1
0.168	0.398	0.184	0.222	0.135	0.304	S3	H4	R3	J1
0.211	0.417	0.225	0.138	0.150	0.390	S3	H4	R3	J1
0.255	0.468	0.203	0.156	0.252	0.369	S3	H4	R1R3	J2
0.279	0.481	0.331	0.219	0.182	0.402	S3	H4	R5	J1
0.341	0.429	0.231	0.217	0.147	0.397	S3	H4	R5	J1
0.230	0.429	0.178	0.237	0.188	0.324	S3	H4	R0	J0
0.266	0.429	0.375	0.162	0.222	0.433	S3	H4	R1	J3

（2）由于Apriori关联规则算法无法处理连续型数值变量，为了将原始数据格式转换为适合建模的格式，需要对数据进行离散化。本实验采用聚类算法对6个证型系数进行离散化处理，将每个属性聚成4类，其离散化规则如下。

肝气郁结证型系数离散表

范围标识	肝气郁结证型系数范围	范围内元素的个数
A1	（0，0.179]	244
A2	（0.179，0.258]	355
A3	（0.258，0.35]	278
A4	（0.35，0.504]	53

热毒蕴结证型系数离散表

范围标识	热毒蕴结证型系数范围	范围内元素的个数
B1	（0，0.15]	325
B2	（0.15，0.296]	396
B3	（0.296，0.485]	180
B4	（0.485，0.78]	29

冲任失调证型系数离散表

范围标识	冲任失调证型系数范围	范围内元素的个数
C1	(0，0.201]	296
C2	(0.201，0.288]	393
C3	(0.288，0.415]	206
C4	(0.415，0.61]	35

气血两虚证型系数离散表

范围标识	气血两虚证型系数范围	范围内元素的个数
D1	(0，0.172]	283
D2	(0.172，0.251]	375
D3	(0.251，0.357]	228
D4	(0.357，0.552]	44

脾胃虚弱证型系数离散表

范围标识	脾胃虚弱证型系数范围	范围内元素的个数
E1	(0，0.154]	285
E2	(0.154，0.256]	307
E3	(0.256，0.375]	244
E4	(0.375，0.526]	94

肝肾阴虚证型系数离散表

范围标识	肝肾阴虚证型系数范围	范围内元素的个数
F1	(0，0.178]	200
F2	(0.178，0.261]	237
F3	(0.261，0.353]	265
F4	(0.353，0.607]	228

离散化后的数据格式Data-Set.xls如下：x1表示肝气郁结证型系数，x2表示热毒蕴结证型系数，x3表示冲任失调证型系数，x4表示气血两虚证型系数，x5表示脾胃虚弱证型系数，x6表示肝肾阴虚证型系数，y表示TNM分期。

x1	x2	x3	x4	x5	x6	y
A2	B1	C3	D3	E1	F1	H1
A2	B1	C3	D3	E1	F1	H1
A2	B1	C3	D3	E1	F1	H1
A2	B1	C3	D3	E1	F1	H1
A2	B2	C3	D3	E1	F1	H1
A1	B2	C1	D1	E1	F1	H1
A1	B1	C1	D1	E1	F1	H1
A1	B2	C1	D1	E1	F1	H1
A1	B2	C1	D1	E1	F1	H1
A1	B2	C1	D1	E1	F1	H1
A1	B2	C1	D3	E2	F1	H2
A3	B2	C1	D2	E3	F1	H2
A2	B2	C1	D3	E1	F1	H2
A2	B2	C1	D3	E1	F1	H2
A2	B1	C3	D1	E1	F1	H2
A1	B1	C2	D1	E3	F1	H1
A2	B2	C1	D3	E1	F1	H2
A1	B2	C1	D3	E2	F1	H2
A1	B2	C1	D3	E2	F1	H2
A1	B2	C1	D3	E2	F1	H2
A3	B2	C1	D2	E3	F1	H2
A3	B1	C2	D1	E1	F1	H1
A3	B2	C1	D2	E3	F1	H2
A1	B2	C1	D3	E2	F1	H2
A2	B2	C1	D2	E2	F1	H3
A3	B4	C2	D3	E4	F1	H4
A3	B1	C2	D1	E1	F1	H1
A1	B2	C1	D2	E2	F1	H3
A3	B1	C2	D1	E1	F1	H1
A1	B1	C2	D2	E3	F1	H1

Data-Set

（3）将Excel数据转换成Weka使用的arff格式，使用Insight DI进行转换，转换后保存为“data_transform.arff”。

双击打开Insight客户端。

登录界面如下图所示。

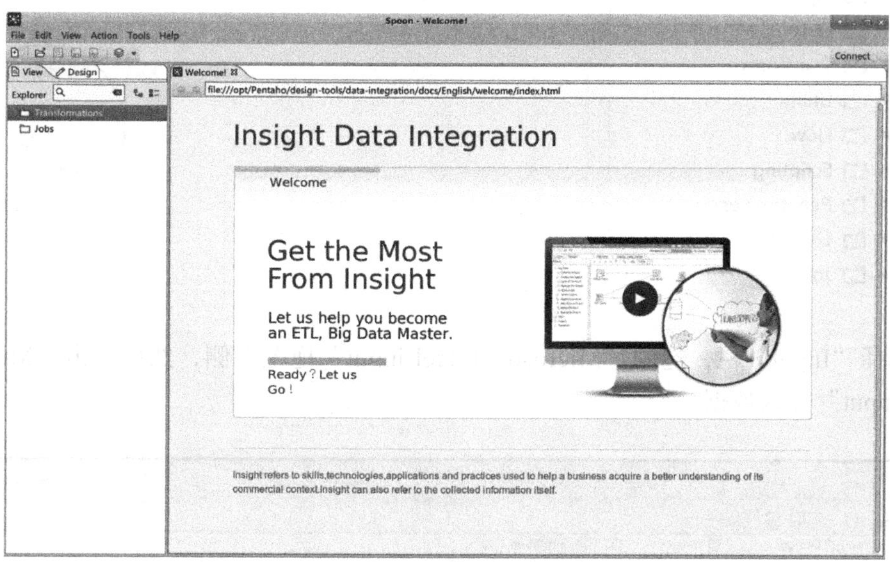

建立一个新的“Transformation”。“File”→“New”→“Transformation”。

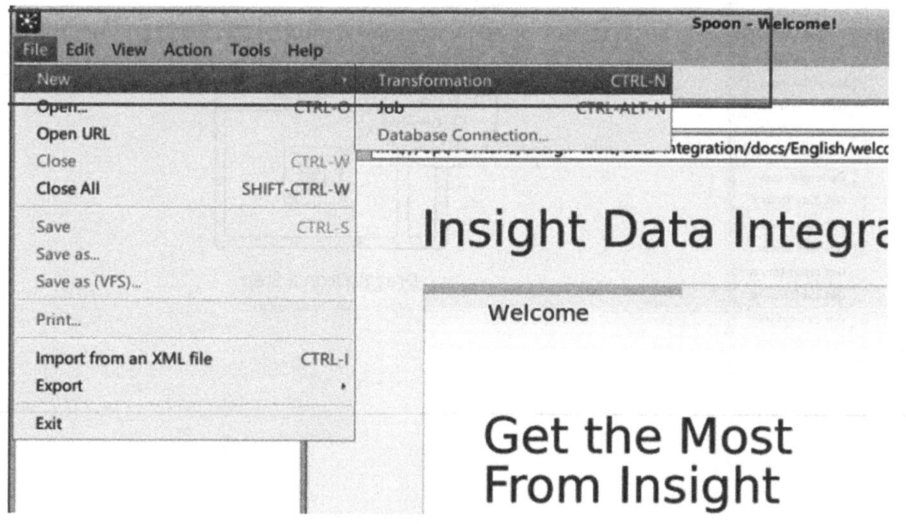

出现如下图所示页面。

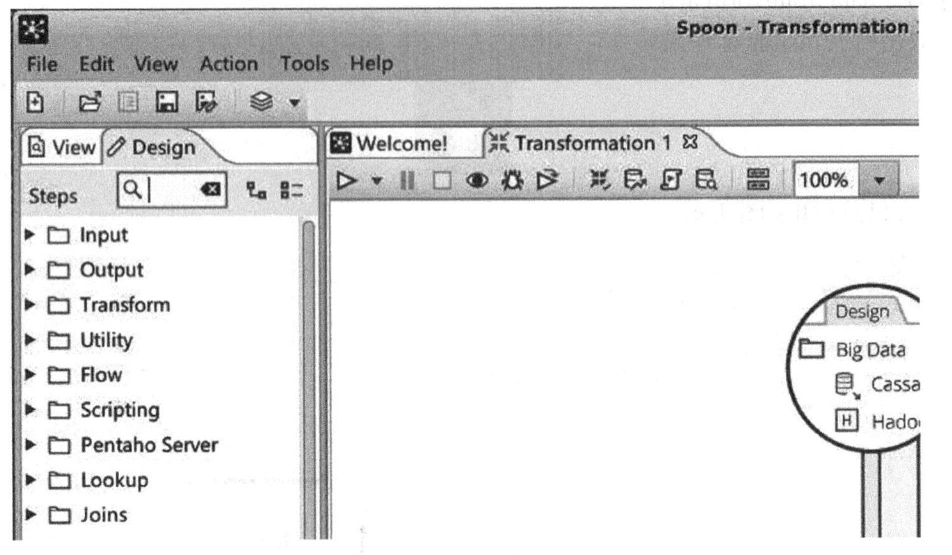

选择“Input”栏，选中“Microsoft Excel input”拖至右侧，然后点击“Microsoft Excel input”导入数据。

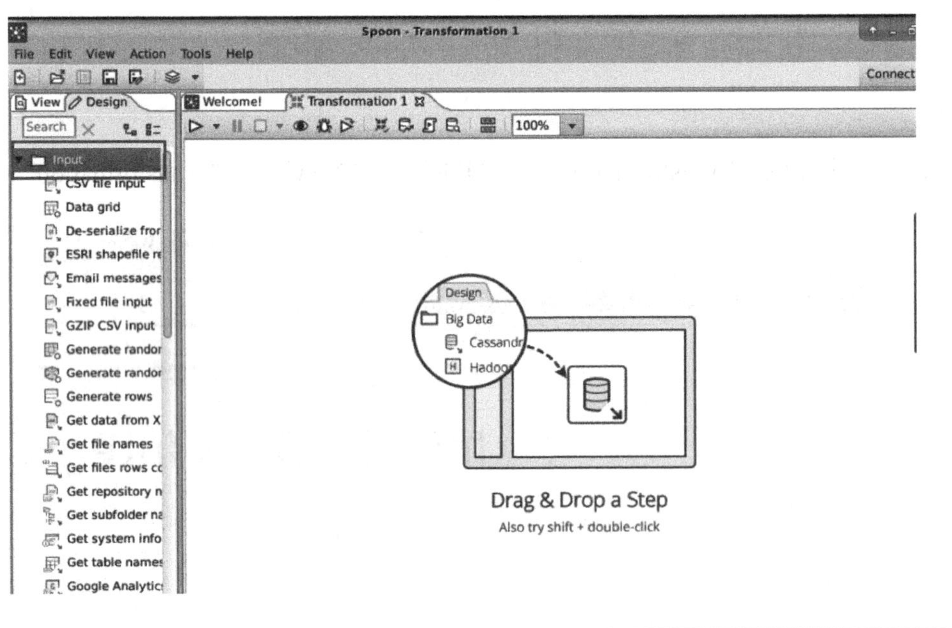

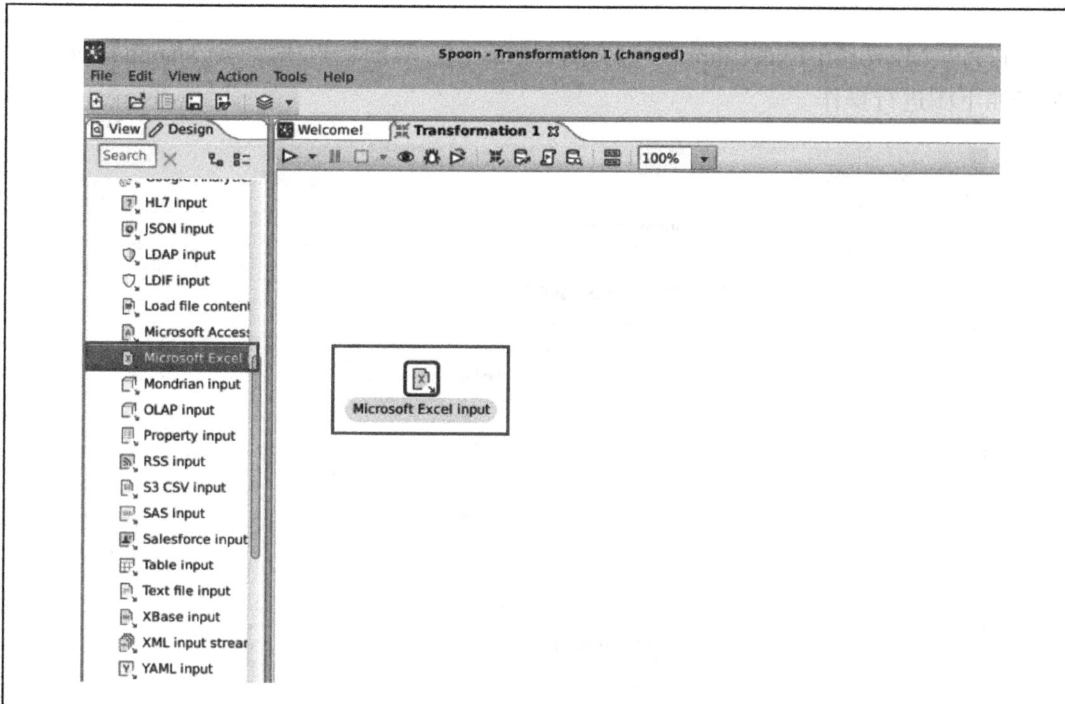

双击“Microsoft Excel input”组件进入编辑界面，点击“Browse”选择“Data-Sets.xls”文件，加载完成后点击“Add”。

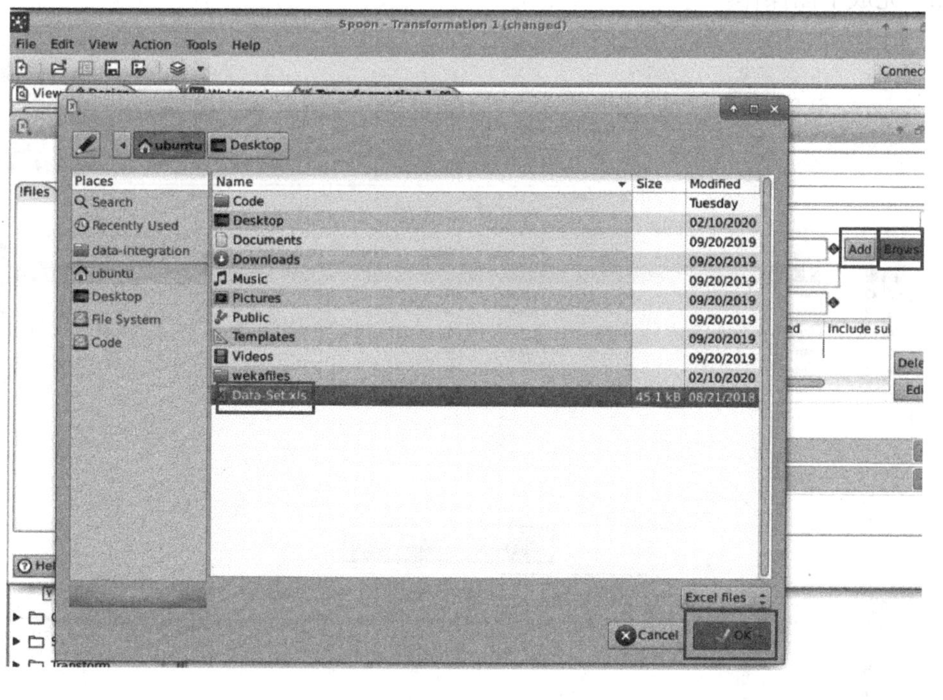

进入“Microsoft Excel input”组件的“!Sheets”界面，点击“Get sheetname(s)”后按照下图进行操作。

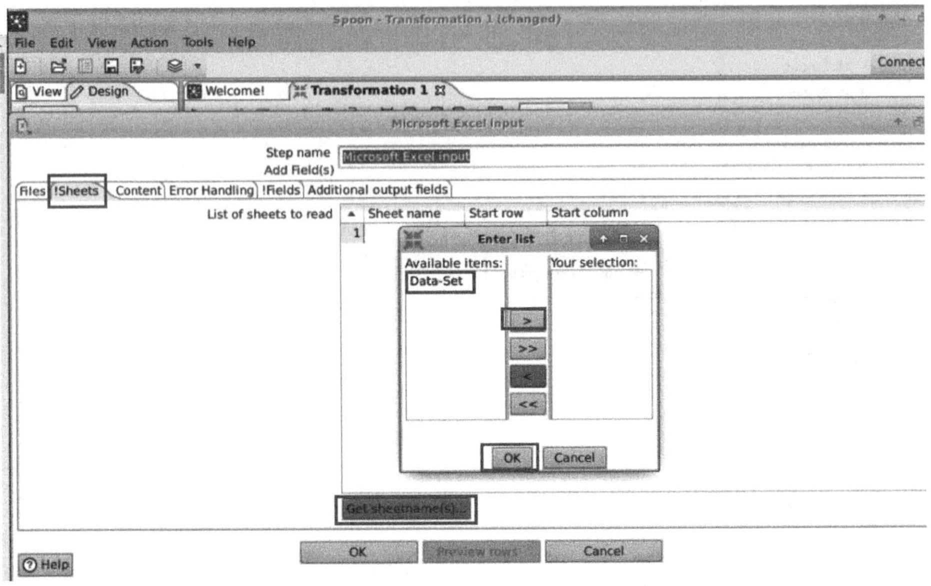

进入“Microsoft Excel input”组件的“Fields”界面，点击“Get fields from header row...”完成下图操作。

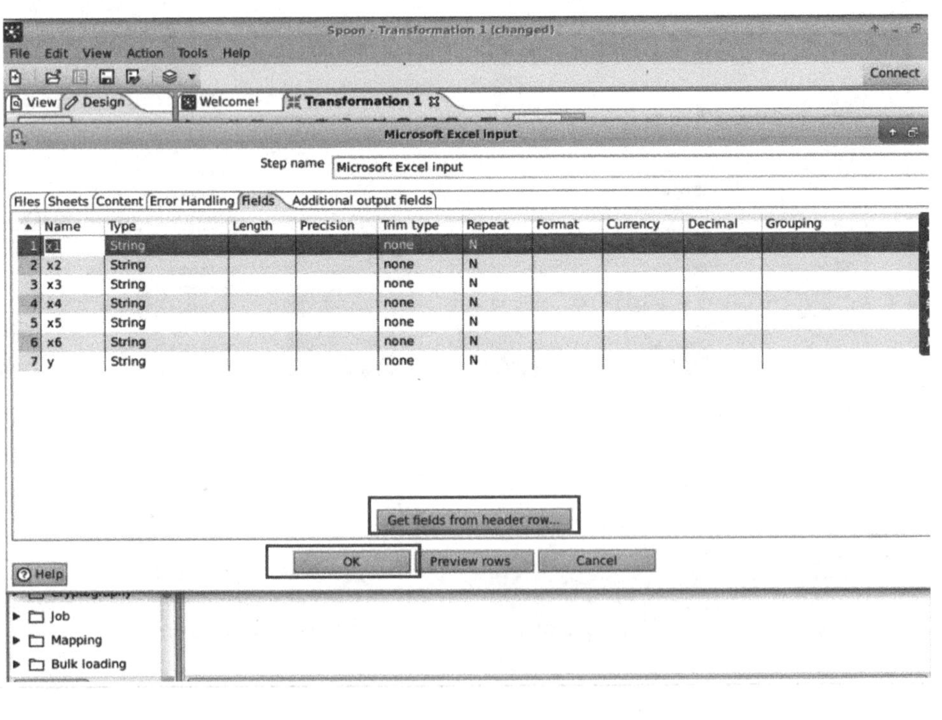

选择“Data Mining”栏，选中“Arff Output”拖至右侧，然后点击“Arff Output”设置输出路径及名称“data_transform.arff”。

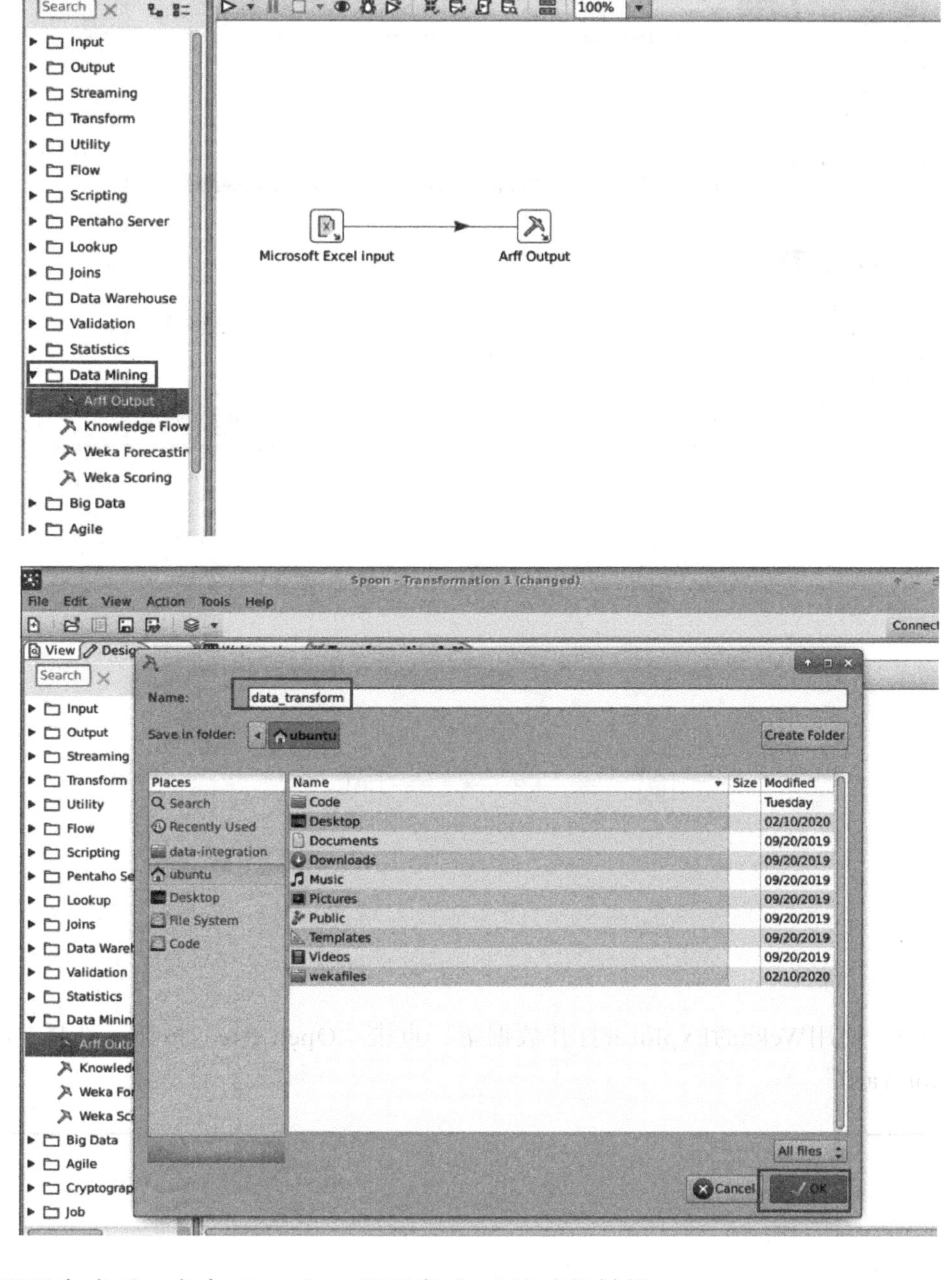

配置完成后，点击“Run”，即可完成arff格式的转换。

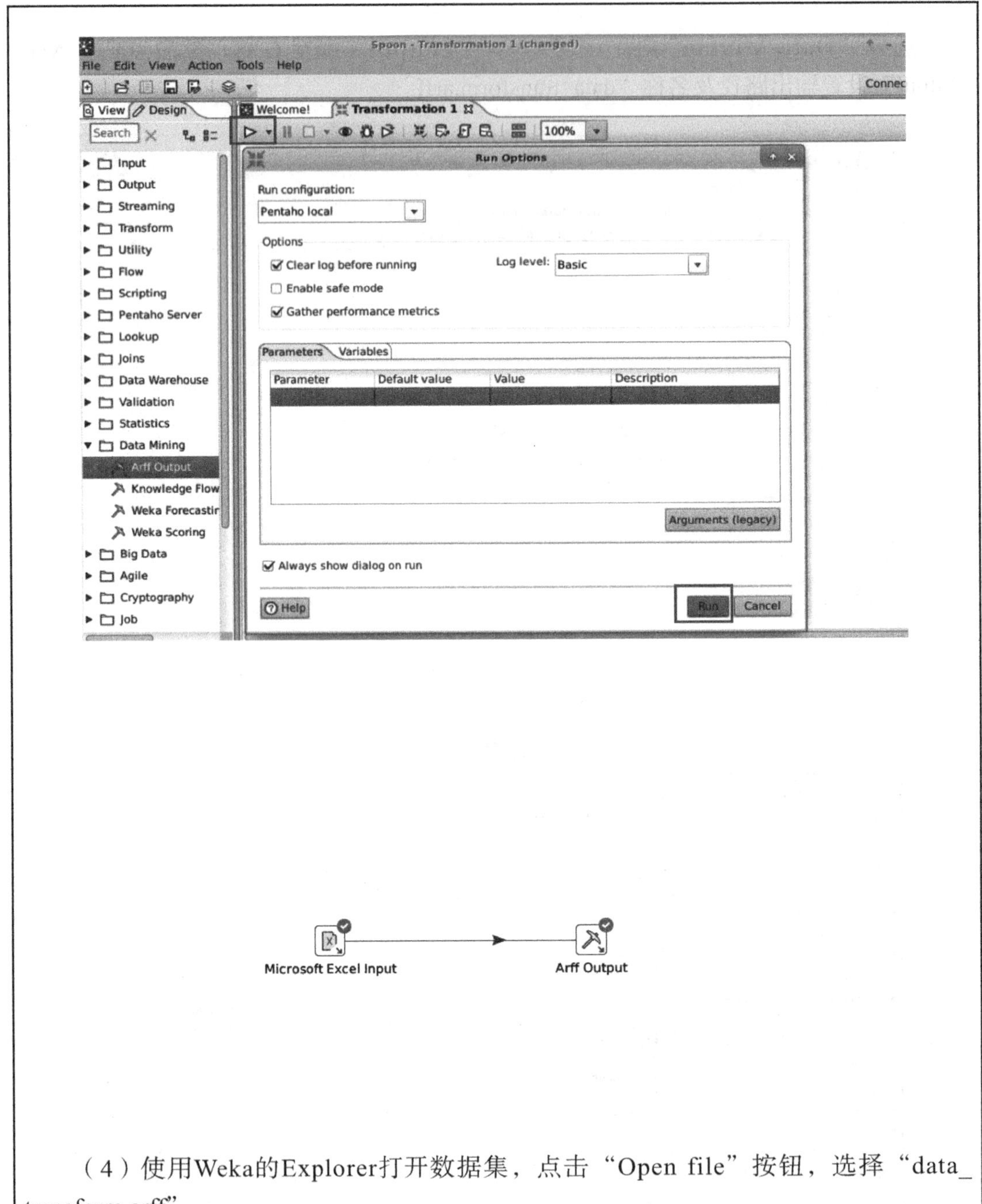

（4）使用Weka的Explorer打开数据集，点击“Open file”按钮，选择“data_transform.arff”。

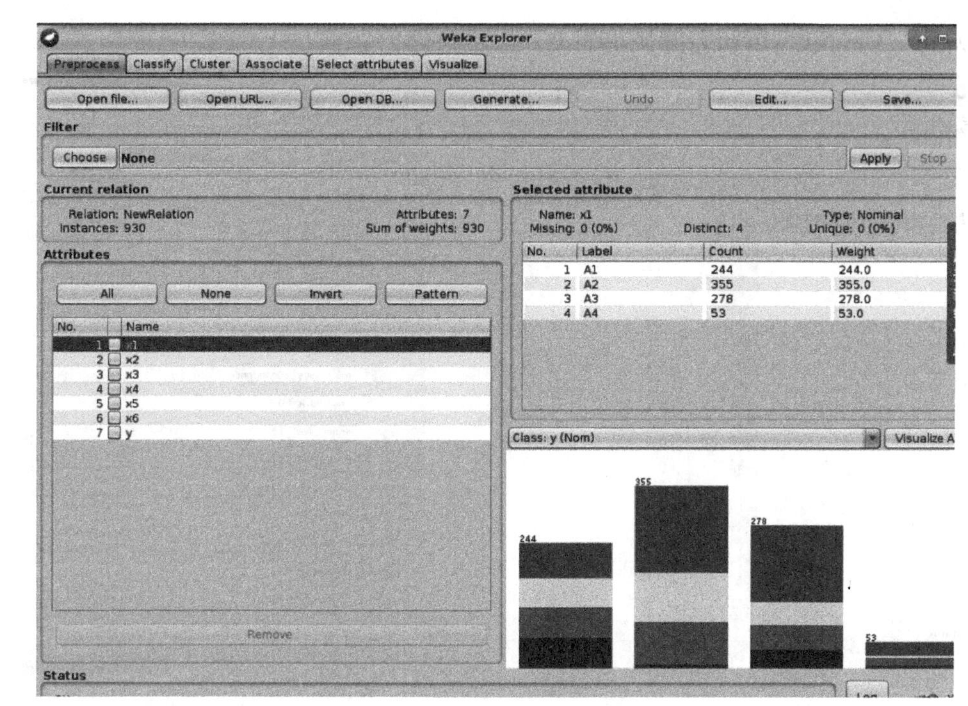

（5）选择关联规则挖掘，选择算法。

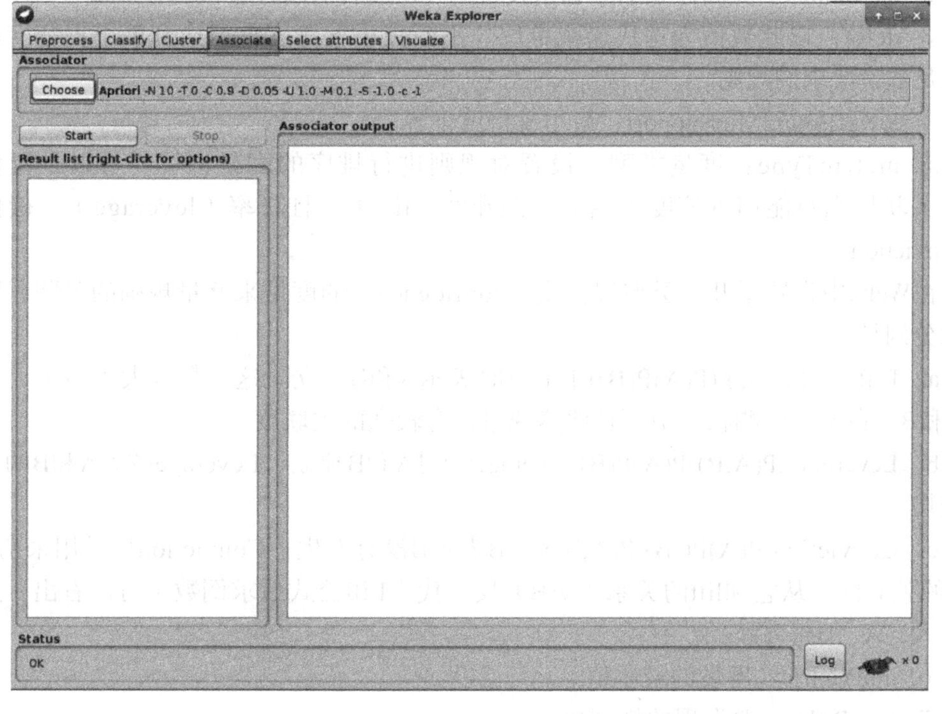

点击“Choose”按钮右侧显示如下，可进行参数设置。

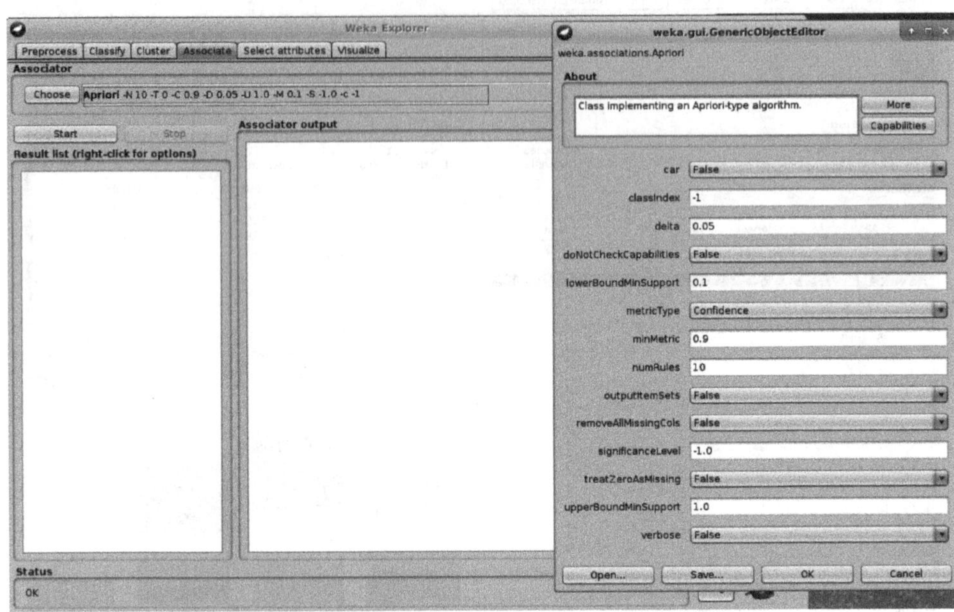

参数说明如下:

① car：如果设为真，则会挖掘类关联规则；反之则是全局关联规则。

② classindex：类属性索引。如果设置为-1，最后的属性会被当作类属性。

③ delta：以此数值为迭代递减单位。不断减小支持度直至达到最小支持度或产生满足数量要求的规则。

④ lowerBoundMinSupport：最小支持度下界。

⑤ metricType：度量类型。设置对规则进行排序的度量依据。可以是置信度（类关联规则只能用置信度挖掘）、提升度（lift）、杠杆率（leverage）、确信度（conviction）。

在Weka中设置了几个类似置信度（confidence）的度量来衡量规则的关联程度，它们分别是:

a. Lift ： P(A,B)/(P(A)P(B)) Lift=1时表示A和B独立。这个数越大（>1），越表明A和B存在于一个购物篮中不是偶然现象，有较强的关联度。

b. Leverage :P(A,B)-P(A)P(B)Leverage=0时A和B独立，Leverage越大A和B的关系越密切。

c. Conviction:P(A)P(!B)/P(A,!B)（!B表示B没有发生）Conviction也是用来衡量A和B的独立性。从它和lift的关系（对B取反，代入Lift公式后求倒数）可以看出，这个值越大，A、B越关联。

⑥ minMetric：度量的最小值。

⑦ numRules：要发现的规则数。

⑧ outputItemSets：如果设置为真，会在结果中输出项集。

⑨ removeAllMissingCols：移除全部为缺省值的列。

⑩ significanceLevel：重要程度。重要性测试（仅用于置信度）。

⑪ upperBoundMinSupport：最小支持度上界。从这个值开始迭代减小最小支持度。

⑫ verbose：如果设置为真，则算法会以冗余模式运行。

（6）经过多次调整并结合实际业务分析，选取模型的输入参数为：最小支持度6%、最小置信度75%。将lowerBoundMinSupport设置为0.06，minMetric设置为 0.75，设置好参数后点击“Start”运行可以看到Apriori的运行结果:

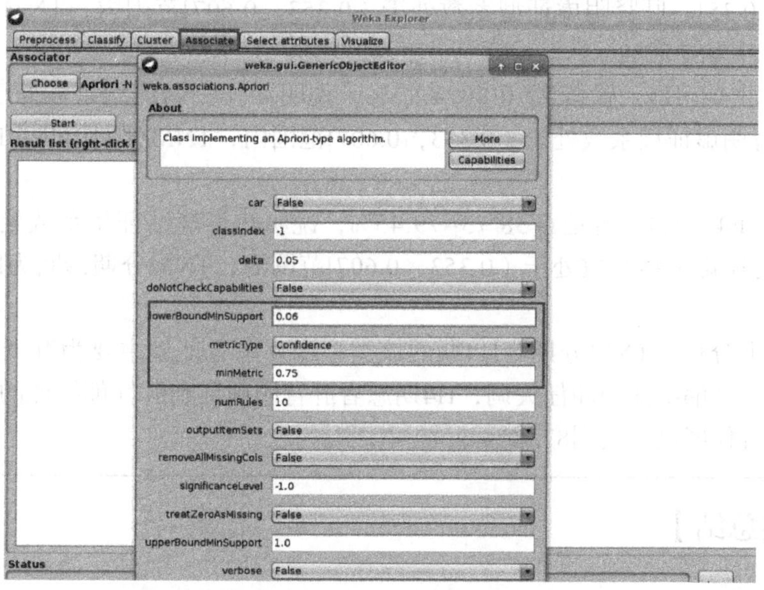

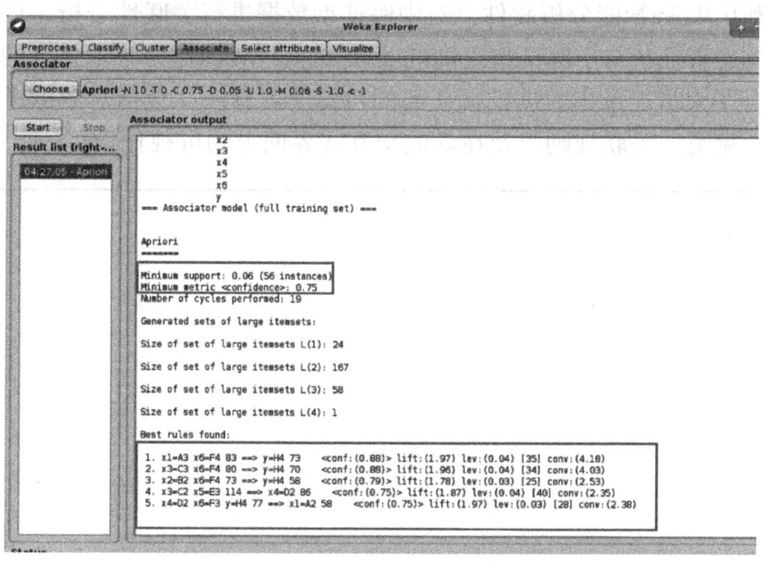

（7）根据上述运行结果，得出了5个关联规则，但是，并非所有关联规则都有意义的，只在乎那些以H为规则结果的规则，也就是上图所示的规则1、2、3。每个关联规则都可以表示成X=>Y，其中X表示各个证型系数范围标识组合而成的规则，Y表示TNM分期为H4期。A3表示肝气郁结证型系数处于（0.258，0.35]范围内的数值，B2表示热毒蕴结证型系数处于（0.15，0.296]范围内的数值，C3表示冲任失调证型系数处于（0.288，0.415]范围内的数值，F4表示肝肾阴虚证型系数处于（0.353，0.607]范围内的数值。

分析上图可以得到如下结论：

① A3、F4==>H4，置信度最大，达到73/83=87.95%，说明肝气郁结证型系数处于（0.258，0.35]，肝肾阴虚证型系数处于（0.353，0.607]范围内，TNM分期诊断为H4期的可能性为87.95%。

② C3、F4=>H4，置信度70/80=87.5%，说明冲任失调证型系数处于（0.201，0.288]，肝肾阴虚证型系数处于（0.353，0.607]范围内，TNM分期诊断为H4期的可能性为87.5%。

③ B2、F4=>H4，置信度58/73=79.45%，说明热毒蕴结证型系数处于（0.15，0.296]，肝肾阴虚证型系数处于（0.353，0.607]范围内，TNM分期诊断为H4期的可能性为79.45%。

综合以上分析，TNM分期为H4期的该类型癌症患者证型主要为肝肾阴虚证、热毒蕴结证、肝气郁结证和冲任失调，H4期患者肝肾阴虚证和肝气郁结证的临床表现较为突出，其置信度最大达到87.96%。

【实验总结】

本实验利用Weka智能分析软件，对中医证型数据进行关联性分析，借助患者的病理信息，挖掘患者症状与中医证型之间的关联关系。Weka作为一个公开的数据挖掘工作平台，集合了大量能承担数据挖掘任务的机器学习算法，包括对数据进行预处理、分类、回归、聚类、关联规则以及在新的交互式界面上的可视化。

参考文献

[1] Kimball R，Ross M．The Data Warehouse Toolkit[M]，3rd Edition．WILEY，2013.

[2] 陈国青，卫强，张瑾．商务智能原理与方法 [M]．北京：电子工业出版社，2014.

[3] 孙岩，董毅明，邓峰．商业智能在客户关系管理中的应用研究 [J]．计算技术与自动化，2005.

[4] 王茁，顾洁．三位一体的商务智能——管理、技术与应用 [M]．北京：电子工业出版社，2004.

[5] Varshney U，Vetter R．Mobile commerce：framework，applications and networking support[J]．Mobile networks and Applications，2002.

[6] 刘元海，宋如顺．商业智能 BI 在银行信贷决策中的应用 [J]．计算机时代．2009.

[7] 郑岩．中国电信领域商业智能的研究与展望 [J]．北京邮电大学学报．2009.

[8] 林杰斌，刘明德，陈湘．数据挖掘与 OLAP：理论与实务 [M]．北京：清华大学出版社，2003.

[9] Mannila H，Toivonen H．Discovering generalised episodes using minimal occurences [C]．In：proc．SecondInt'l Conf．Knowledeg Discoveryand DataMining (KDD's 96)[C]．Portland，Orgen：AAAIPress，1996.

[10] Lan Y，Chen G．Davy Ianssens and Geert Wets．Dilated Chi-Square：A Novel Interestingness Measureto Build Accurateand Compact Decision List[J]．Intelligent Information Processing，2004.

[11] Zhang X，Chen G，Wei Q．Building a Highly-Compactand Accurate Associative Classfie[J]．Submittedto Applied Intelligent，2009.

[12] Chen K，Fu W．Efficient Time Series Matchingby Wavelets[R]．ICDE，1999.

[13] 马保君．互联网信息搜索服务的多样性评估测度及提取方法研究 [D]．北京：清华大学，2013.

[14] Liu B．Web data mining：Exploring hyperlinks．Contents，and usage data[M]．Springer Berlin Heidelberg，2007.

[15] 钟晓鸣．运用商业智能，提高零售业企业竞争力 [J]．商场现代化，2005.

[16] 李文琼．电子商务企业数据分析与智能系统 [J]．信息系统工程，2015.

[17] 郭崇．商务智能在电信企业的应用研究 [D]．大连：东北财经大学，2004.

[18] 赵华，张立厚，宋静．用商务智能完善客户关系管理的信息流程 [J]．情报杂志．2005．

[19] 钟敏．基于商务智能的客户关系管理研究 [D]．大连：东北财经大学，2010．

[20] 夏文轩．商务智能在客户关系管理中的应用 [D]．大连：东北财经大学，2004．

[21] 王学颖．智能代理在电子商务客户关系管理中的应用中国管理信息化 [J]．商场现代化，2006．

[22] 李玉先．基于商务智能的虚拟企业客户关系管理研究 [D]．北京：华北电力大学，2009．

[23] 覃洁．商务智能在某零售企业客户关系管理中的应用分析 [D]．长春：吉林大学，2009．

[24] Page L，Brin S，Motwani R，et al．The PageRank citation ranking：binging order to the web[J]．Stanford Pigital Libraries Working Panper, 1999．

[25] Koren Y．Collaborative fitering with temporal dynamics[J]．Communications of the ACM，2010．

[26] Burke R．Hybird recommender system：Survey and experiment[J]．User modeling and user-adapted interaction，2002．

[27] KantorP B，Rokach L，Ricci F，et al．Recommer system handbook[M]．Springer，2011．